Silke Chorus
Care-Ökonomie im Postfordismus

Silke Chorus, geb. 1979, Dr. rer.pol., Studium der Politikwissenschaften und Neueren Geschichte in Berlin, Potsdam und Bilbao, Promotion zu den „Care-Seiten (in) der politischen Ökonomie" an der FU Berlin, zurzeit in Elternzeit. Wissenschaftliche und politische Arbeitsschwerpunkte: Queerfeministische Kritik der politischen Ökonomie und feministische Ökonomik, Organisierung von Care-Arbeit in New York City, Gender-Theorien, NS-Geschichte.

Silke Chorus

Care-Ökonomie im Postfordismus

Perspektiven einer integralen Ökonomietheorie

WESTFÄLISCHES DAMPFBOOT

gedruckt mit Unterstützung der DFG und der Graduate School
of North American Studies des JFK Instituts der FU Berlin

Bibliografische Information der Deutschen Nationalbibliothek
Die Deutsche Nationalbibliothek verzeichnet diese Publikation in der Deutschen Nationalbibliografie; detaillierte bibliografische Daten sind im Internet über http://dnb.d-nb.de abrufbar.

1. Auflage Münster 2013

Umschlag: Lütke Fahle Seifert AGD, Münster
Druck: Books on Demand GmbH, Norderstedt
Gedruckt auf säurefreiem, alterungsbeständigem Papier
ISBN 978-3-89691-915-1

Inhalt

Danke!

Ich danke allen Menschen, die direkt oder indirekt, in personeller An- oder Abwesenheit, wissentlich oder unwissentlich, gewollt oder ungewollt dazu beigetragen haben, dass ich diese Buch so schreiben konnte, wie ich es konnte.

Ich danke außerdem der DfG und der Graduate School of North American Studies vom John F. Kennedy Institut der FU für die finanzielle, inhaltliche und anderweitige Unterstützung währen meiner Promotion; der „Cohort" dafür, dass wir eine schöne Zeit und ein unterstützendes Miteinander hatten;

dem formellen „Mentor_innen"-Team (Prof. Margit Mayer, Prof. Friederike Maier und Prof. Bodo Zeuner) danke ich für Kritik, Rat, Aufmunterung, Korrektur und Diskussion und insbesondere Prof. Margit Mayer für ihre zuverlässige Präsenz in den entscheidenden Momenten (trotz großer Zeitnot); dem informellen „Mentor_innen"-Team und den feministischen Netzwerken, für die Räume, die da waren;

meinem Vater fürs feine Essen, meiner Mutter für das wertvolle Coaching und Jens; Großmutter Hilde, die mir altern (heute) zeigt und wie gut es ist, dabei begleiten zu können; Großvater Koelle für die „Mondperspektive", dem Bethanien, der Büro-Crew und dem Mittagstisch, meinen lieben Freund_innen, meiner WG, den Weisen, Michelino (trotz *und* wegen) – und dem Mini.

Einleitung: Care-Seiten des (im) Postfordismus

> „Die Vision der vollkommenen Einheit [...] ist ein Ideal [...]. Dieses Ideal wird noch erhöht in Reaktion auf das Gefühl der Hilflosigkeit angesichts von Not, Ohnmacht und Tod. [...] Was es noch schwerer macht, Hilflosigkeit zu ertragen, ist das Gefühl, die Quelle des Guten nicht in sich selbst zu haben, sich weder selbst trösten noch eine Möglichkeit finden zu können, dieses Bedürfnis einer Person mitzuteilen, die helfen könnte. Ein Vertrauen, daß andere helfen werden, kann – ähnlich wie das durch frühe Einstimmung geschaffene Vertrauen – das Gefühl der Hilflosigkeit lindern. Solch ein Vertrauen wird durch eine Kultur gefördert, in der Fürsorglichkeit, Ansprechbarkeit und physische Nähe allgemeine Wertschätzung genießen [...]. Es wird geschwächt, wenn diese Werte ausschließlich mit der frühen Kindheit [und der Mutter-Kind-Bindung, S.C.] assoziiert sind und aufgegeben werden müssen, um Autonomie zu erlangen" (Benjamin 1993: 158).

Postfordismus ist ein Begriff aus den gesellschaftskritischen Ansätzen der Politik-, Sozial- und Wirtschaftswissenschaften. Er beschreibt das aktuelle Modell des westlichen Kapitalismus – oder besser: die Produktionsweise, die Klassenverhältnisse und die Staatsform im aktuellen Kapitalismus.[1] Im Postfordismus herrschen „High-Tech"-Paradigmen (Haug 2005) in der inzwischen transnational organsierten kapitalistischen Produktionsweise vor, Arbeitsverhältnisse sind flexibilisiert (worden) und neue Formen der internationalen Arbeitsteilung haben sich etabliert[2]. Im postfordistischen Kapitalismus steigen im Zuge der Globalisierung Profite auf Basis transnationaler Produktions- und Wertketten und einer flexibilisierten *just-in-time* Produktion, in der über *supply chains*, Outsourcing, Subcontracting und Standortverlagerung Produktions-, Lohn- und Lagerkosten

---

1 Der Begriff Postfordismus als Bezeichnung für das Entwicklungsmodell des Kapitalismus nach dem Fordismus ist umstritten. So wird diskutiert, ob sich nach dem Fordismus tatsächlich eine neue, stabile Ordnung herausbilden konnte (vgl. Hirsch 2002), oder ob der sog. Postfordismus nicht eher eine lang anhaltende Auflösungs- und Krisenphase des Fordismus ist, die in den Neoliberalismus mündet(e) (vgl. z.B. Candeias 2004). Mit Blick auf die aktuelle Weltwirtschaftskrise stellt Joachim Hirsch (2009) fest, dass der „neoliberale Finanzkapitalismus, auch Postfordismus genannt" – ob nun „zu Ende gehende Form [...] oder eher [...] Dahinschleppen der Fordismus-Krise" (182) – nunmehr jedenfalls „der Vergangenheit" (183) angehöre. Trotz der berechtigten Kritiken an dem Begriff Postfordismus verwende ich ihn als „Hilfsbezeichnung" (Hirsch 2009: 182), da er von seinem analytischen Gehalt für mein Untersuchungsanliegen ausreicht. Ich meine damit also die kapitalistische (Un-)Ordnung nach der Krise des Fordismus in den 1970er Jahren bis hin zur Wirtschaftskrise 2009.

2 vgl. z.B. Candeias 2004; Lipietz 1992b

möglichst gering gehalten werden[3]. Das postfordistische Akkumulationsregime ist finanzgetrieben, und es zieht Wissen und Kreativität der Arbeitskräfte in den Akkumulationsprozess hinein[4]. Dieses neue Modell wurde ausgehend von der gesellschaftlichen und ökonomischen Krise des Fordismus in einem „Klassenkampf von oben" und unter einer neoliberalen Hegemonie durchgesetzt, die sich langsam aber sicher in politischen Kämpfen und Kampagnen, Diskursverschiebungen und einem Wandel in den gesellschaftlichen Normen und Deutungsmustern herstellen konnte[5]. Auf dem Weg zum Postfordismus wurde *welfare* zu *workfare* und Bildung zu Humankapital, Staatsbürger_innen wurden zu Marktbürger_innen, soziale Kollektive/Klassen zu Unternehmer_innen ihrer selbst und die Subjekte zu selbstverantwortlichen Individuen in jeder Hinsicht – und damit auch in Bezug auf ihre Versorgung und die Versorgung ihrer Angehörigen [6].

Vor diesem Hintergrund gehe ich in der vorliegenden Arbeit der Frage nach, wie sich im Zuge dieser scheinbar recht grundlegenden und umfassenden sozioökonomischen Transformation die traditionell bis heute maßgeblich von Frauen bevölkerten *Care*-Bereiche unseres Wirtschafts- und Gesellschaftssystems verändern. Dabei untersuche ich jene Bereiche, in denen betreut, gepflegt und umsorgt wird, wo Menschen klein, krank oder alt sind und sterben.

Trotz der Fülle an Untersuchungen zum Postfordismus – als neue Arbeits- *und* Lebensweise – ist über die Transformation der gesellschaftlichen Organisation von Care und ihre gesellschaftlichen und ökonomischen Implikationen in den nicht dezidiert feministischen Debatten Einiges am Rande, aber Weniges systematisch gesagt worden[7]. So „breit die Palette der Theorien über die postfordistische Transformation in ökonomischer Hinsicht ist, so dürftig fällt die feministische Auseinandersetzung damit aus" (Knittler/Birkner 2006: 345).

Gegenstand dieser Arbeit ist insofern die *Care-Seite* des Postfordismus.

„Care", das im Deutschen mit den Begriffen Sorgen, Fürsorgen, Betreuen, Pflegen übersetzt werden kann, wird in den angeführten Untersuchungen zwar implizit oder explizit als anthropologische Konstante berücksichtigt – allerdings werden die Formen, in denen Care-Arbeiten organisiert werden und die gesellschaftlich und historisch spezifisch ausfallen, nicht weiter untersucht. Auch wird nicht gefragt, welchen Einfluss die jeweiligen gesellschaftlichen und bislang

---

3 vgl. z.B. Altvater/Mahnkopf 1999; Lipietz 1992b

4 vgl z.B. Hirsch 2002; Aglietta 2000

5 vgl. z.B. Candeias 2004; Kohlmorgen 2004: 298ff.

6 vgl. z.B. Jessop 2001; Mackert/Müller 2007;Voß/Pongratz 1998

7 Eine der wenigen Ausnahmen ist Kohlmorgen 2004

immer auch vergeschlechtlichten Organisationsformen von Care auf das kapitalistische Wirtschaftssystem haben.

So tangiert die Frage, wie Care gesellschaftlich organisiert wird, unmittelbar den Kern dessen, was unser Sein als Menschen-in-Beziehungen und Menschen-in-Gesellschaft ausmacht: das Verhältnis zu uns selbst in Zeiten, in denen wir nicht für uns selbst Sorge tragen können – und das Verhältnis zu unseren näheren und entfernteren Mitmenschen, wenn diese alt, krank oder jung sind und abhängig von der Versorgung, Pflege oder Betreuung durch andere[8]. Wie ich in dieser Arbeit zeige, hat die Art und Weise, wie Care in kapitalistischen Gesellschaftsformationen organisiert wird, nicht nur eine geschlechterpolitische, sondern ebenso eine ökonomische und gesamtgesellschaftliche Relevanz. Gesellschaftliche und ökonomische Zeitdiagnosen und Analysen sind insofern nicht allein geschlechterblind, sondern bleiben solange unvollständig, wie sie die historisch verschiedenen Organisationsformen zentraler Care-Bereiche unserer Gesellschaften nicht einbeziehen.

Die Care-Bereiche der Gesellschaft, wie beispielsweise Kinderbetreuung, Altenpflege, Assistenz bei Menschen mit körperlichen Einschränkungen, lassen sich nicht ohne Weiteres durch Hightech und flexible Re-Organisierung an lohnkostengünstige Standorte verlagern oder „*just-in-time*" produzieren. Dennoch wurde die Care-Organisation im Postfordismus grundlegend modifiziert. Heute beobachten wir, dass es eine Vielfalt verschiedenster Organisationsmodelle und Formen gibt, in denen Care gewährleistet wird, darunter Doppelverdiener_innen-Haushalte, 1,5-Verdiener_innen Haushalte mit Halbzeit fürsorgender_en Hausfrau/Hausmann, arbeitende Alleinerziehende, alternative Lebensformen und Patchwork-Familien. In diesen Organisationsmodellen findet ein Großteil der Care-Arbeit weiterhin so statt, wie es in den Zeiten des fordistischen Modells – männlicher Ernährer und fürsorgende Hausfrau – auch der Fall war: über unbezahlte, häufig von Frauen geleistete Care-Arbeit, die „aus Liebe" getan wird (Bock/Duden 1977: 123).

Daneben ist in postfordistischen Gesellschaftsformationen mit einer neoliberalen Hegemonie, *Workfare*-Staaten und einer Tendenz hin zu Zwei-Verdiener_innen-Modellen (vgl. Woods 2004) als hegemonialen Lebensformen zu erkennen, dass Privatmärkte für die Versorgung abhängiger Menschen mit Care eine wachsende Bedeutung erhalten. In diesem Prozess werden bezahlte Care-Arbeiten zunehmend zu einer Quelle des Einkommens für lohnabhängige Menschen *und* zu einer Quelle von Care für Care-abhängige Menschen. Der

8 vgl. Nelson 1996; Madörin 2006

bezahlte Care-Sektor, der von einer Vielzahl sehr verschiedener Arbeitsformen besiedelt ist, ist ein sich schnell verändernder und wachsender Sektor sowohl der formellen und informellen Ökonomie[9] als *auch* der Care-Ökonomie.

Eine Care-Seite: die Kommodifzierung von Care&Ü2&

Der zentrale Fokus dieser Arbeit liegt auf *einer* der (vielen) *Care-Seiten* der postfordistischen Transformation: das „Zur-Ware-Werden" (Kommodifizierung) von Care und Care-Arbeit. Die (Re-)Kommodifizierung von Care und Care-Arbeit bedeutet, dass ehemals in den Privathaushalten bzw. Familien, im öffentlichen Sektor, in der Zivilgesellschaft oder im Freund_innenkreis erledigte Care-Arbeiten nunmehr als privatwirtschaftlich organisierte Care-Dienstleistungen auf einem Markt angeboten werden, einen entsprechenden Preis haben und käuflich erworben werden können – sofern auf der Nachfrageseite „Cash for Care" (Ungerson/Yeandle 2004) vorhanden ist.

In feministischen Debatten und Analysen hat *diese* Care-Seite in den letzten Jahren eine zunehmende Aufmerksamkeit erfahren (vgl. zum Überblick Olympe 2010; Das Argument 292 2011; Hoppe 2002). Subsumiert unter den Begriff der sozialen Reproduktion (Bakker/Gill 2003; Bakker et al. 2008; Katz 2001) wird in der feministischen politischen Ökonomie auch bezüglich Care eine „doppelte Privatisierung" (Brodie 1994) festgestellt: in Zeiten, in denen Frauen immer häufiger einer Erwerbsarbeit nachgehen, ist die soziale Reproduktion Privatisierungsprozessen ausgesetzt, die maßgeblich durch Strukturanpassungsprogramme in den Ländern des globalen Südens zum einen und einen neoliberalen Umbau der Wohlfahrtsstaaten – insbesondere durch Restriktionen sowie eine stärkere *Workfare*-Orientierung in den sozial- und familienpolitischen Leistungen – in vielen Ländern des globalen Nordens zum anderen vorangetrieben werden. Die Privatisierung ehemals öffentlicher Care-Verantwortungsbereiche begünstigt, dass Reproduktions- und Care-Arbeiten vermehrt über private Märkte angeboten und nachgefragt werden (müssen). In dieser Forschungsrichtung wird primär in den Blick genommen, wie sich die soziale Reproduktion *in Folge von Veränderungen* in der politischen Regulation des globalen Kapitalismus verändert. Es wird herausgestellt, dass eine Ausrichtung der Gesellschaften nach neoliberalen Prinzipien der Effizienz, des „schlanken" Staates und der Geldwertstabilität (El-

---

9 vgl. OECD 1998: 183; Kohlmorgen 2004: 282ff.; Florida 2010: 11 in den Financial Times vom 06.07.2010

son/Cagatay 2000) eine Mehrarbeit von Frauen in der sozialen Reproduktion „stillschweigend" voraussetzt (Donath 2000; Bakker 1994) und die weibliche Arbeitskraft zusätzlichen Belastungen aussetzt (Mc Dowell 1991: 192).

In der feministischen Wohlfahrtsforschung wird auf der Ebene der nationalstaatlichen Regulation aufgezeigt, wie sich implizite oder explizite Genderregime in den postfordistischen Wohlfahrtsstaaten in Richtung eines *Adult-worker-* bzw. Zwei-Verdiener_innen-Modelles entwickeln (Woods 2004). Neben dem verstärkten Einzug der Frauen in die Erwerbsarbeit wird in den meisten Wohlfahrtsstaaten die relativ hartnäckige Persistenz einer geringen Beteiligung der Männer an der Haus- und Care-Arbeit festgestellt (Kohlmorgen 2004: 282). Vermehrt ist zu beobachten, dass private Lösungen für Care durch sozialstaatliche „Cash-for-Care"-Transfers für Haushalte mit Versorgungsverantwortung unterstützt werden (Ungerson 1997; Ungerson/Yeandle 2007) und Privathaushalte mit zwei Verdiener_innen Care-Dienstleistungen auf dem Markt nachfragen (müssen).

Sowohl die feministischen Ansätze und Analysen, die mit dem Begriff der sozialen Reproduktion arbeiten, als auch die feministische Wohlfahrtsstaatsforschung legen ihren Fokus vor allem auf die Transformationen in den Geschlechterverhältnissen und in der Care-Organisation angesichts der Veränderungen im globalen, neoliberalen „Hightech-Kapitalismus" bzw. angesichts der Transformationen in den Gender- und Wohlfahrtsregimen. Sie befragen selten die Veränderungen in Produktionsweise und Ökonomie *ausgehend* von den Veränderungen in den Geschlechterverhältnissen, der Care-Organisation und der sozialen Reproduktion. Geschlechterverhältnisse und gesellschaftliche Formen der Care-Organisation erscheinen so nicht „aktiv" als gesellschaftliche Verhältnisse und Bereiche, deren Veränderung (durch soziales Handeln) ein integraler Bestandteil dessen ist, was ökonomische und gesellschaftliche Entwicklung mitbestimmt und vorantreibt.

In der jüngeren feministischen Ökonomik, die sich an den Rändern der etablierten Wirtschaftswissenschaften bewegt, wird ein ökonomischer Fokus auf Geschlechterverhältnisse und Care-Arbeiten gelegt. Die feministische Ökonomik zeigt auf, dass die gängigen ökonomischen Modelle nicht geeignet sind, die aktuellen Transformationsprozesse in der bezahlten und unbezahlten Care-Ökonomie angemessen zu verstehen und empirisch und theoretisch zu untersuchen (vgl. Ferber/Nelson 2003). Die feministischen Ökonom_innen erarbeiten daher neue Modelle und Theorien, die dazu in der Lage sind, die aktuellen Transformationsprozesse in der unbezahlten und bezahlten Care-Ökonomie angemessen aus einer feministisch-ökonomischen Perspektive zu untersuchen und ihre ökonomische Relevanz zu klären (vgl. Waring 1988; Jochimsen 2003; Madörin 2006; Himmelweit 2005); Abhängigkeit, Zeitintensität und „Zwischenmenschlichkeit" von Care-

Beziehungen (Nelson 1996) spielen als Grundlagen der feministischen Ökonomik (der Care-Ökonomie) dabei eine zentrale Rolle (Jochimsen 2003). Ausgehend hiervon werden ökonomische „Care-Probleme" diskutiert, die sich ergeben, wenn zeitintensive Care-Arbeiten und/oder weibliche Arbeitskräfte zunehmend Bestandteil der Geldökonomie werden. Darunter fallen z.B. das Problem eines strukturellen Drucks auf Löhne und/oder Preise in der Care-Ökonomie (Himmelweit 2005), die steigenden Opportunitätskosten für Care-Arbeit angesichts steigender Einkommensaussichten weiblicher Arbeitskräfte auf den Arbeitsmärkten (z.B. Ott 1995), die Auswirkungen einer „divergierenden Arbeitsproduktivität" von zeitintensiven Care-Sektoren einerseits und hochproduktiven Sektoren in der Ökonomie andererseits (Madörin 2006; ähnlich auch Esping-Andersen 1999). In soziologisch orientierten Strängen der feministischen Ökonomik werden Care-Fragen auch als Fragen der sozialen Gerechtigkeit diskutiert. In der Care-Ökonomie würde eine Art gesellschaftliches Kapital produziert – Lynch et al. nennen dies das „nurturing capital" (Lynch et al. 2009) –, und wie dieses Kapital verteilt wird, wer Zugang hierzu besitzt und wem dieser Zugang verweigert wird, ist sowohl eine Frage individueller (Über-)Lebensmöglichkeiten als auch eine Frage gesellschaftlicher Gerechtigkeit bzw. sozio-ökonomischer Ungleichheit. Lynch et al. (2009) sprechen in diesem Zusammenhang von *affektiver Ungleichheit* (vgl. ähnlich Folbre 2007; Rerrich 2010). In den verschiedenen Debattensträngen der feministischen Ökonomik liegt ein zentraler Fokus darauf, Frauen und die Care-Ökonomie als die „andere" Seite der Ökonomie sichtbar zu machen und die Besonderheiten der Care-Ökonomie in Abgrenzung zum Allgemeinen – der Ökonomie – deutlich herauszuarbeiten (vgl. z.B. Joachimsen 2003).

Allerdings bleibt die Frage bestehen, aus welchen Gründen in der allgemeinen Ökonomie Dynamiken vorherrschen, in denen Löhne, Arbeitsbedingungen und die Qualität von Care-Arbeiten tendenziell einem Abwärtsdruck ausgesetzt werden und individuelle und gesamtökonomische Opportunitätskosten steigen, wenn Menschen für andere sorgen. So bleibt in einer Argumentation, welche die Besonderheit der Care-Ökonomie in Kontrast zur allgemeinen Ökonomie setzt, letzere theoretisch merkwürdig unbestimmt. Es erscheint dann als eine Art „Naturgesetz" der (androzentrischen) Ökonomie, dass z.B. *Fortschritte* in der durchschnittlichen Arbeitsproduktivität zu *Rückschritten* in den Arbeitsbedingungen, Löhnen oder Preisen im Care-Sektor führen (vgl. Himmelweit 2005).

Die Kommodifizierung von Care als *eine* Care-Seite des Postfordismus stellt die feministische Kritik der politischen Ökonomie und die feministische Ökonomik vor neue Herausforderungen. Schließlich wurde in den Debatten des marxistischen Feminismus zu Zeiten der zweiten Welle der Frauenbewegung noch herausgearbeitet und betont, dass unbezahlte Haus- und Reproduktionsarbeit von Frauen eine wichtige Ressource für den Kapitalismus sei (vgl. zum Überblick Hoppe 2002; Benston 1969: 24; Dalla Costa/James 1973; Mies 1983). Demnach bilden Familien- und Hausarbeit eine Grundlage, auf der sich eine Gesellschaftsformation entwickeln kann, „in der gesellschaftlich im wesentlichen produziert wird, was Profit bringen kann, so dass alle Arbeiten, die der Profitlogik und ihrem Zeitregime nicht folgen können, weil sie nicht rationalisierbar, autonomatisierbar, beschleunigbar sind, liegengelassen oder der unentgeltlichen Besorgung zumeist durch Frauen überlassen werden, wodurch Frauenunterdrückung in die Grundlagen der kapitalistischen Produktionsweise eingeschrieben [...] [ist]" (F. Haug 1999: 121).

Retrospektiv ist nicht von der Hand zu weisen, dass die feministischen Forderungen der 1970er Jahre nach einem Lohn für Hausarbeit und einer Kommodifizierung der weiblichen Arbeitskraft aus der heutigen Perspektive im Kontext einer neoliberalen Hegemonie aussehen wie eine zweite *unhappy marriage*, nach der „ersten", die Hartmann (1979) bezüglich der Verbindung von Feminismus und Marxismus in den 1970er Jahren vermutete. Die Ambivalenzen der feministischen Forderungen nach gleichberechtigter Teilhabe an Lohnarbeit und der Bezahlung von Hausarbeit, so wie sie von Mariarosa Dalla Costa und Selma James (1973: 56f.) formuliert wurden, sind im Zuge eines sich mit seiner Etablierung eher liberal ausrichtenden Feminismus weitgehend in Vergessenheit geraten. Im Zentrum der gleichstellungspolitischen Debatten stehen heute Fragen der Vereinbarkeit von Beruf und Care-Verpflichtungen (für Frauen). Allenthalben wird thematisiert, wie verschiedene Organisationsformen von Care die Wahlmöglichkeiten und Entscheidungsfreiheiten sowie das Recht auf Versorgung und Fürsorge verändern (vgl. Leitner 2010; Leira/Saraceno 2002: 68; auch Ungerson 1997). Nur selten wird die Diskussion um die angemessenen Organisationsformen von Care-Arbeit und die zu beobachtenden Veränderungen in diesem Bereich unter einer gesellschafts- und ökonomietheoretischen Perspektive diskutiert.

Jüngere Debatten drehen sich weiterhin um eine geschlechtsspezifische Ungleichheit in der Verteilung von Care-Arbeit, wobei davon ausgegangen werden kann, dass Fragen um Care-Arbeit nicht ohne die Thematisierung ungleicher Geschlechterverhältnisse beantwortet werden können. Diese Debatten wenden sich allerdings zunehmend auch „anderen" ökonomischen und gesellschaftlichen Problemstellungen zu, die auch mit der Frage nach adäquaten Organisationsformen von Care und den Krisentendenzen in den Care-Ökonomien zusammenhängen, darunter Themenfelder wie Migration und Care[10],

10 z.B. Apitsch et al. 2010; Williams 2010; Lutz 2008

Care-Krisen in Nord und Süd[11] und/oder Care und soziale Ungleichheit und Gerechtigkeit[12].

Das Phänomen der zunehmenden Kommodifizierung von Care und Care-Arbeit wirft, wenn man es aus der Perspektive einer feministischen, Care-informierten Kritik der politischen Ökonomie betrachtet, insbesondere folgende Fragen auf:

Wenn Reproduktions- und Care-Arbeiten sich nicht der kapitalistischen Profitlogik und ihrem Zeitregime ohne Weiteres unterordnen lassen, was sind dann die sozio-ökonomischen Bedingungen, unter denen diese Arbeit im Postfordismus dennoch eine vermarktbare Ressource werden kann? Wieso funktioniert im Postfordismus, was im Fordismus[13] offenkundig nicht gleichermaßen möglich, nötig oder gewollt war: die zunehmende Delegation von Care-Arbeit an bezahlte Dritte und die Organisation dieser Arbeit bzw. Dienstleistung über private Märkte? Bedeuten die Ausweitung von bezahlten Care-Arbeiten auf Privatmärkten und der Ersatz von Reproduktionsarbeiten durch technische Geräte und Fast Food, dass die häusliche Produktionsweise sich auflöst?

Rosa Luxemburg stellte Anfang des 20. Jahrhunderts fest, dass aus der Dynamik der kapitalistischen Produktionsweise eine inhärente Vereinnahmungstendenz von anderen, nicht-kapitalistischen Produktionsweisen resultiert. Diese Tendenz sah sie auch als eine (mögliche) Chance für die Frauenemanzipation (vgl. Luxemburg 1972: 410f.). Hat sie also bezüglich der häuslichen Produktionsweise Recht behalten? In den Debatten der 1970er Jahre galt als zentrale Position jedenfalls (noch) die unbezahlte Haus- und Familienarbeit innerhalb der kapitalistischen Produktionsweise als eine entscheidende Stütze für die Kapitalakkumulation (vgl. Dalla Costa/James 1973: 6; Seccombe 1973: 9; ähnlich auch Lipietz 1985: 110). Hat sich also der Widerspruch zwischen Produktion und Reproduktion im Postfordismus aufgelöst – oder wird er heute anders gesellschaftlich bearbeitet?

Daran schließt sich die Frage an, ob und inwiefern sich das kapitalistische Wirtschaftssystem verändert, wenn Care und Care-Arbeit zur Ware werden und somit direkter, anwesender Bestandteil der Geldökonomie werden. Schließ-

---

11 z.B. WIDE 2009; Madörin 2006; Himmelweit 2005; Folbre 1994

12 z.B. Lynch et al. 2009; Nelson 1996; Fraser 2009

13 Der „Idealtypus" Fordismus zeichnete sich aus durch eine tayloristische Massenproduktion, den großen Klassenkompromiss, die Hausfrau, den Familienernährer und den Wohlfahrtsstaat, eine vornehmlich nationalstaatlich orientierte und keynesianisch regulierte Wirtschaft.

lich wissen wir, dass Kommodifizierungsprozesse im Kapitalismus früher oder später an soziale, ökologische oder ökonomische Grenzen stoßen (vgl. Polanyi 1948; Jessop 2001), die sich ökonomisch in Krisen artikulieren. Angesichts der Kommodifizierung von Care stellt sich daher ebenso die Frage, wo die Grenzen dieser Kommodifizierung liegen und ob sie sich bereits absehen lassen.

Das Projekt einer integralen Ökonomietheorie, die Geschlechterverhältnisse und unbezahlte wie auch bezahlte Care-Arbeiten einbezieht, ist also nicht einzig aus feministischer Perspektive äußerst relevant, sondern sie ist überdies auch für die Untersuchung postfordistischer Dienstleistungsökonomien und Gesellschaften zentral. Denn Care-Tätigkeiten sind gegenwärtig in ihrer kommodifizierten Form ein wichtiger Bereich der formellen und informellen Geld-Ökonomie geworden und nehmen in den westlichen post-industriellen Ländern einen zunehmend zentralen Stellenwert innerhalb der nationalen Arbeitsmärkte ein (vgl. Esping-Andersen 1999), insbesondere auch im Rahmen der aktuellen Krise (vgl. Florida 2010: 11).

Fragestellung dieses Buches und Vorgehen

Aus den o.g. Fragen zum Phänomen der zunehmenden Kommodifizierung von Care und Care-Arbeit analysiere ich im vorliegenden Buch insbesondere folgende drei Fragenkomplexe:

1. *Emergenz und Ausweitung von kommodifzierter Care-Arbeit:* Unter welchen sozio-ökonomischen Bedingungen bildet sich kommodifiziertes Care als Form von Care und Care-Arbeit heraus? Inwiefern machen hier verschiedene soziale Akteur_innen, darunter Frauen und die Frauenbewegung, die ökonomische und gesellschaftliche Geschichte von Care?
2. *Ökonomische Funktionsweise und Einbettung:* Wie „funktioniert" kommodifiziertes Care als Form von Care und Care-Arbeit ökonomisch betrachtet, trotz der Zeitintensität der Care-Arbeit und der eingeschränkten Handlungsfähigkeit von Menschen, die diese Arbeit nachfragen? Auf welchen ökonomischen Voraussetzungen basiert Care in Warenform und wie ist diese Ware über das Geld in die Gesamtökonomie eingebettet?
3. *Ökonomische Tendenzen und Grenzen der Kommodifizierung von Care:* Wie verändert die Kommodifizierung von Care das kapitalistische Wirtschaftssystem? Wo sind ökonomische und gesellschaftliche Grenzen und Widersprüche in der Kommodifizierung von Care zu erkennen oder abzusehen? Wie artikulieren sich diese Grenzen und wie werden sie gesellschaftlich bearbeitet?

Die Volkswirtin Mascha Madörin (2006) fordert eine „eigenständige“ Theorie der *Care-Economy*, die sie aber bei Weitem noch nicht entwickelt sieht. In diesem Sinne ist das erste und *übergeordnete Ziel* dieser Arbeit, zu der Weiterentwicklung eines solchen genuin feministischen Projektes – welches zwar weit über die Interessen von Frauen hinausgeht, aber für das sich bislang vor allem Frauen interessieren – beizutragen. Ziel ist eine Skizze von Ansatzpunkten für eine ökonomische, kritische *und* feministische Perspektive, in der Geschlechterverhältnisse und Care-Arbeiten von Anfang an, d.h. integral einbezogen werden.

Eine solche Perspektive setzt voraus, dass Care-Tätigkeiten als ökonomisch relevante Tätigkeiten konzipiert werden – unabhängig davon, ob sie bezahlt oder unbezahlt organisiert sind. *Wie* sie in historisch spezifischen Gesellschaftsformationen organisiert sind, muss als politisch-sozial bestimmt werden, also als Resultat von sozialem und vergeschlechtlichtem Handeln und sozialer Kompromissbildung und nicht etwa als durch eine vermeintlich ahistorische Biologie begründet. Dieses soziale Handeln verorte ich innerhalb eines gesellschaftlichen Strukturzusammenhanges, der durch die Existenz einer dominanten kapitalistischen Produktionsweise geprägt ist, die eine expansive Tendenz besitzt und die eine spezifische Art der Vergesellschaftung voraussetzt und hervorbringt, in denen das warentauschende autonome und produktive Individuum zum Inbegriff des Menschen wird (Heinrich 2005).

Die Kommodifizierung von Care bildet als sozio-ökonomisches Phänomen den Kristallisationspunkt für das genannte übergeordnete Ziel der Arbeit. Das Phänomen der Kommodifizierung von Care genauer zu verstehen, v.a. in seinen ökonomischen Implikationen, *ist das zweite Ziel dieser Arbeit.*

Care und Care-Arbeit begreife ich dabei als anthropologische Konstante, *in Warenform* jedoch verstehe ich sie als historisches und soziales Produkt. Diese Perspektive basiert auf den marxistischen Einsichten über die ökonomischen und historischen Formen von Arbeit und Bedürfnisbefriedigung, die als *gesellschaftliche Formen* eben keine anthropologischen Konstanten sind, sondern Ausdruck sozialer Verhältnisse, die im wechselseitigen Handeln der Menschen erschaffen und verändert werden. Zu diesen sozialen Verhältnissen zähle ich insbesondere Geschlechterverhältnisse. Auf dieser Basis wird dann deutlich, dass der Modus der sozialen Reproduktion *und* der Produktion von Akteur_innen gestaltet wird, die ein Geschlecht „tragen“ und die in Geschlechterverhältnissen leben. Geschlechterverhältnisse und die Veränderungen in der gesellschaftlichen Organisation der sozialen Reproduktion (und dementsprechend in den Care-Arbeiten) können so als integrale Bestandteile der politischen Ökonomie betrachtet werden. In einer solch integralen Perspektive erscheint das „Care-Problem“ in unseren Gesellschaften nicht mehr allein als vereinbarkeits- und gleichstellungspolitisches Problem (von Frauen) oder als Problem der Zeitintensität von Care-Arbeiten, sondern als Problem eines Wirtschaftssystems, das maßgeblich von kapitalistischen Produktionsparadigmen geleitet wird. So bietet eine solche Perspektive auch die Möglichkeit, das Care-Problem nicht mehr allein symptomatisch – in seinen Auswirkungen – zu behandeln, sondern seine Ursachen in den Blick zu bekommen und hier entsprechend nach anderen Lösungswegen zu suchen.

Die Arbeit gliedert sich in drei Teile und sie folgt der Methode der spiralförmigen Erkenntnisgewinnung vom Abstrakten (Kap. 1–3) zum Konkreten (4.1–4.3) und zurück (Kap. 5). Diese Methode ist ein von Marx begründeter wissenschaftlicher Weg, sich das Konkrete und Komplexe im Denken anzueignen (vgl. Pietilä 1994: 52), welches durch einen gesamtgesellschaftlichen Zusammenhang bestimmt wird, der im Konkreten nicht unmittelbar und ohne Weiteres erkennbar ist. Marx unterscheidet daher zwischen allgemeinen Gesetzen und weiterentwickelten konkreten Verhältnisses (MEW 26.3: 83), die notwendigerweise in einer komplexeren Gestalt auftreten:

> „Da die Abstraktionen im Kapital reale, gesamtgesellschaftliche Wirkungszusammenhänge bezeichnen, die sich aus dem für den Kapitalismus spezifischen Vergesellschaftungsmodus ergeben – also daraus, dass der gesellschaftliche Zusammenhang verschiedener Arbeiten nur mittelbar, durch den Tausch der Arbeitsprodukte, hergestellt wird –, sind sie als solche nicht unmittelbar, in isolierten Wirkungen fassbar. Man muss den Produktions- und Austauschprozess insgesamt ins Auge fassen und von allen unmittelbar sichtbaren Fluktuationen und Abweichungen absehen“ (Pietilä 1994: 54; vgl. auch MEW 26.3: 83).

Die Erkenntnisgewinnung verläuft bei dieser Methode in einem Prozess, in dem zunächst „reine“ Gesetze idealisiert werden, wobei von vielen konkreten Faktoren abgesehen wird. Sodann werden diese „reinen“ Gesetze in einem konkreten und notwendigerweise weniger reinen, vielfach überdeterminierten Kontext in ihrer Wirkung untersucht. In der anschließenden Rückkehr vom Konkreten zum Abstrakten werden die in der Idealisierung weggelassenen Faktoren in das Abstrakte integriert (vgl. Pietilä 1994: 54). Dieser „two way process“ vom Abstrakten zum Konkreten und zurück (Aglietta 1979: 15) ist ein kontinuierlicher Prozess wissenschaftlicher Erkenntnis über die kapitalistische Gesellschaft und ihre Veränderungen, wobei die vorliegende Untersuchung lediglich auf einen Durchgang beschränkt ist. Die Anwendung der Methode spiralförmiger Erkenntnisgewinnung impliziert vor dem Hintergrund einer feministischen Perspektive auf Ökonomie die doppelte Herausforderung, dass sie den Gegenstandsbereich des ökonomisch Relevanten schon in der Theorie weiter abstecken muss. Je weiter der Bereich des ökonomisch Relevanten definiert wird, desto komplexer wird das Konkrete, welches sich ohnehin nicht auf die theoretischen Begriffe reduzieren lässt (Candeias 2004).

Im ersten Teil der Untersuchung (Kapitel 1–3) werden insofern die verschiedenen Begriffe erarbeitet, die nötig sind, um die Kommodifizierung von Care und Care-Arbeit aus der Perspektive einer integralen Ökonomietheorie als einen gesellschaftlich und ökonomisch relevanten Formwechsel von Care und Care-Arbeit auf einer abstrakten, theoretischen Ebene zu erfassen, der durch soziales Handeln von Menschen, die außer in anderen Verhältnissen auch in Geschlechterverhältnissen leben und handeln, hervorgebracht wird. Die in diesem Teil betrachteten Begriffe reichen von Care und der Care-Ökonomie, Geschlechterverhältnissen und der sozialen Reproduktion, bis hin zur Produktionsweise, Klassenverhältnissen und der Warenform.

Im ersten Kapitel werden die theoretischen Ansätze zum Care-Begriff eingeführt und die besonderen Eigenschaften von Care, Care-Arbeit und der Care-Ökonomie zusammengetragen. Ich schlage im Weiteren vor, die Ausdehnung einer privatwirtschaftlichen Care-Organisation mit dem Kommodifizierungsbegriff als sozio-ökonomische Transformation zu fassen, denn so wird deutlich, dass es sich hier nicht allein um die Bezahlung von Care-Arbeit handelt, sondern um eine Veränderung in den gesellschaftlichen Verhältnissen, in denen Menschen füreinander sorgen, einander pflegen und betreuen und in denen sie ihr Einkommen durch (Care-)Lohnarbeit sichern.

Kapitel zwei widmet sich den Makro-Begriffen, mit denen eine derart umfassende Transformation auf einer abstrakten Ebene beschrieben werden kann. In diesem Kapitel stelle ich ein theoretisches Gerüst für eine soziale Ontologie (vgl. Bakker/Gill 2003) von Produktion *und* sozialer Reproduktion zusammen, in dem Produktion und soziale Reproduktion, Lohnarbeit und Care-Arbeit, Geschlechterverhältnisse und ökonomische Verhältnisse in ihren historischen Formen als sich wechselseitig im sozialen Handeln ausprägende Bestandteile eines gesellschaftlichen Strukturzusammenhanges erscheinen. Hierfür greife ich auf die Pariser Schule der Regulationstheorie[14] sowie die Feminist Global Political Economy (FGPE)[15] zurück, die sich jeweils auf einen der beiden zentralen Bestandteile der gesellschaftlichen Reproduktion im umfassenden Sinne spezialisiert haben. Ich versuche mich hier an einer integralen Lesart der beiden theoretischen Begriffe von Produktion und sozialer Reproduktion.

---

14 Aglietta 1979; Lipietz 1985; Boyer 2002 u.a.

15 Bakker/Gill 2003; Bezanson/Luxton 2006; Bakker/Silvey 2008 u.a.

Integral nenne ich diese Lesart, da ich beide Begriffe und die gesellschaftlichen Verhältnisse, welche die von ihnen beschriebenen gesellschaftlichen Bereiche strukturieren, gleichberechtig aufeinander beziehe. Die sozio-ökonomischen Veränderungen vom Fordismus zum Postfordismus erscheinen in dieser Lesart als sowohl durch die Frauenbewegung und Veränderungen in den Geschlechterverhältnissen als auch durch Globalisierung, Feminisierung der Migration, Neoliberalismus und die Veränderungen in den Klassenverhältnissen „gemachte" Transformationsprozesse.

Im Zuge dieser Transformation weitet sich warenförmiges Care als Form von Lohnarbeit und Care aus. Im dritten Kapitel untersuche ich die Warenform mit der Methode der Formanalyse eingehender. Die Warenform Care weist die Eigenschaft auf, dass die Care-Arbeit („Care-Ware") immer dann nachgefragt wird, wenn Menschen abhängig sind und nicht aktiv oder nur eingeschränkt an der warenproduzierenden Tauschgesellschaft partizipieren können. Die Existenz eines individuell oder kollektiv angesparten Care-Schatzes oder eines verfügbaren Care-Bestandteils in den Löhnen von Care-Verantwortlichen ist daher eine Voraussetzung dafür, dass Menschen in abhängigen Lebenslagen Care-Arbeit über Privatmärkte kaufen können.

In den folgenden Kapiteln (4, 5 und 6) steige ich „hinab" in das Konkret-Komplexe: die globale Stadt (Sassen 2002) New York City auf dem Weg zum Postfordismus. Ich betrachte hier die Regimetransformationen, das soziale Handeln und die ökonomischen Formen, die es generiert, als Bestandteil und Resultat der postfordistischen Transformation. Ich fokussiere die Emergenz, Entwicklung und ökonomische Einbettung von drei ausgewählten Formen von warenförmigem Care.

Im Konkretum zeigt sich, dass Care zunehmend in Warenform angeboten und nachgefragt wird und dass die privatwirtschaftliche Care-Ökonomie in Teilen ein Raum wird, in dem sich profitorientierte Unternehmen ansiedeln. Die ökonomischen Oberflächenerscheinungen bestätigen also meine Arbeitshypothese, dass die Kommodifizierung von Care eine zentrale Care-Seite des Postfordismus ist. Im Konkretum zeigt sich jedoch auch, dass selbst in den USA/New York City mit ihrer liberalen Tradition, einem hohen Anteil an verletzlichen, undokumentierten und illegalisierten migrantischen Arbeitskräften, einem *workfare*-orientierten Wohlfahrtsregime und einem Modell der Lohnarbeit für alle Geschlechter mit und ohne Versorgungsverantwortung kommodifiziertes Care in „Reinform" – d.h. als *Tausch*produkt von warenbesitzenden Privatmenschen, die sich gegenseitig als solche anerkennen – nur unter extremen Ungleichheitsbedingungen existiert. Care in Warenform erweist sich als eine Form von Care und Care-Arbeit, die in den meisten Fällen staatlich (co-)finanziert ist und/oder auf der Indienstnahme unbezahlter Care-Arbeitskraft basiert.

Im Verlaufe der Betrachtung des Konkreten löst sich der zentrale Gegenstand der Betrachtung – warenförmiges Care und Care-Arbeit – also zu einem gewissen Grad auf. Die Arbeitshypothese, die den Anfang des hier abgebildeten Forschungs- und Erkenntnisprozesses bildete, erweist sich im weiteren Verlauf als zunehmend „verkehrt". Auch der hochentwickelte, post-industrielle Kapitalismus mit rudimentärem Wohlfahrtsstaat und einer starken Betonung von individueller Verantwortung und privaten Märkten kommt ohne eine gesellschaftliche Care-Organisation nicht aus bzw. stößt in der Kommodifizierung von Care an eine menschliche, gesellschaftliche und ökonomische Grenze.

In der Rückkehr zum Abstrakten im letzen Kapitel (7) untersuche ich allgemeine Muster, Tendenzen und Grenzen, die sich angesichts der Kommodifizierung von Care und Care-Arbeit in Postfordismus abzeichnen. Zu diesem Zwecke ziehe ich die Einsichten aus dem Konkretum heran und arbeite mit der marxschen Analyseperspektive vom Standpunkt der erweiterten Reproduktion aus, den ich wiederum um den Care-Standpunkt ergänze. Ich entwickele auf dieser Basis vorläufige Thesen zu den ökonomischen Implikationen der Kommodifzierung von Care im Postfordismus, die deutlich machen, dass Care-Fragen als ökonomisch relevante Fragen diskutiert und weiter elaboriert gehören (und die zur weiteren Diskussion ermuntern sollen).

Die vorliegende Arbeit verdeutlich, dass menschliche „Care-Sicherheit" (Bakker/Gill 2008), Care-Gerechtigkeit (Lynch et al. 2009) *und* ökonomische Stabilität nicht zu haben sind, sofern die „unsichtbare Hand" des kapitalistischen Marktes – durch die eher das privilegiert wird, was profitabel ist, als das, was für die individuelle und soziale Reproduktion nötig ist – und das Wertgesetz – durch das teurer wird, was Zeit braucht – freies Spiel erhalten. Ein konkreter politischer Vorschlag, der sich aus den Erkenntnissen der vorliegenden Arbeit ableiten lässt, ist der nach einer Begrenzung kapitalistischer Märkte (mindestens) dort, wo es um Pflege, Betreuung und Fürsorge für Kinder, Kranke und Alte geht. Einen wissenschaftlichen und politischen Mehrwert generiert die Arbeit, insofern sie aufzeigt, dass dies nicht nur in einem feministischen oder einem gerechtigkeitspolitischen Interesse wäre, sondern auch im Interesse der gesellschaftlichen Kohärenz *und* ökonomischen Stabilität.

Die einzelnen Kapitel sind eingangs mit Zitaten bestückt, die unkommentiert für sich selbst stehen sollen. Dort, wo eingangs mehrere Zitate hintereinander aufgeführt werden, handelt es sich in der Regel um ein Nebeneinander verschiedener nicht-feministischer und feministischer Zugriffe auf Geschlechterverhältnisse,

Ökonomie und ökonomische Prozesse. Diese Zitate haben keinen direkt erklärenden Bezug zum Fließtext, sondern sind als zusätzliche Illustrationen gedacht. Ferner sollen die Zitate kenntlich machen und würdigen, dass diese Arbeit auf verschiedenen „Geschichten“ basiert. Unter diesen Geschichten befinden sich drei Wellen von feministischen Bewegungen und viele Einzelpersonen, die sich dazu zählen mögen oder nicht. Ohne ihre Kämpfe, Anstrengungen, Diskussionen, Erfolge, Frustrationen und Arbeiten wäre diese Arbeit nicht geschrieben worden.

1. Care, Care-Ökonomie, Kommodifizierung und die Kommodifizierung von Care

> 19. Jahrhundert: „Die ökonomischen Formen, unter denen Menschen produzieren, konsumieren, austauschen, [füreinander sorgen, Kinder, Kranke und Alte betreuen und pflegen, S.C.] sind also vorübergehende und historische" (MEW 4: 549).
>
> 1970er Jahre: „Die Herausforderung der Frauenbewegung liegt darin, Kampfformen zu finden, die, während sie die Frau vom Haus befreien, auf der einen Seite eine doppelte Knechtschaft der Frau vermeiden und auf der anderen Seite eine weitere Stufe der Kontrolle und Disziplinierung durch das Kapital verhindern" (Dalla Costa/James 1973: 56, 58).
>
> 21. Jahrhundert: „Es geht auch um die Zukunft der gesellschaftlichen Organisation der Care-Tätigkeiten und damit der Care-Beziehungen, die wir alle brauchen, um gut aufwachsen, leben und in Würde sterben zu können. [...] In Zukunft werden aber bezahlte Care-Tätigkeiten als 'Massendienstleistungen' ökonomisch immer wichtiger" (Madörin 2007: 152).

Die Kommodifizierung von Care und Care-Arbeit ist das „Zur-Ware-Werden" eines menschlichen Grundbedürfnisses, und zwar eines Grundbedürfnisses in doppelter Hinsicht – auf der einen Seite versorgt, betreut und gepflegt zu werden, wenn dies nötig ist, auf der anderen Seite für die Versorgung, Betreuung und Pflege von abhängigen Alten, Kindern oder Kranken sorgen zu können, wenn dies nötig ist.

Sowohl in gesellschaftlicher als auch in ökonomischer Hinsicht ist die Kommodifizierung von Care und Care-Arbeit ein umfassender sozio-ökonomischer Transformationsprozess, denn Care und Care-Arbeit sind „besondere" Bereiche der menschlichen Arbeit und der menschlichen Bedürfnisse (1.1.). Ihre historisch-konkrete, gesellschaftliche Gestalt/Gestaltung prägt die historische Form des „Mensch-Seins in sozialen Beziehungen zu anderen Menschen" (Nelson 1996) wesentlich. Eine gesellschaftstheoretische Unterfütterung des Begriffes von der Kommodifzierung von Care und Care-Arbeit (1.2.) ist nötig, um diesen Prozess als sozial und ökonomisch relevante Verschiebung in den gesellschaftlichen Verhältnissen, in denen (bezahlt und unbezahlt) gearbeitet und (bezahlt und unbezahlt) abhängige Menschen versorgt, betreut und gepflegt werden, angemessen begrifflich beschreiben zu können.

Dies erfordert, die jüngere feministische Ökonomik von Care und ein gesellschaftstheoretisches Ökonomieverständnis – in dem der Kommodifizierungsbegriff ein zentraler Baustein ist – aufeinander zu beziehen. Auf dieser Basis kann (1.3.) die Organisation von Pflege-, Betreuungs- und Fürsorgearbeiten über einen Privatmarkt, der „Cash für Care" (Ungerson/Yeandle 2004) bei jenen voraussetzt, die Pflege, Betreuung oder Fürsorge brauchen, als ein Wechsel in den „VerCaresverhältnissen" – den sozialen Formen, wie Menschen Versorgung, Pflege und Betreuung erhalten und organisieren – und in den Verkehrsverhältnisses – den Formen, wie das Gesamte der gesellschaftlich notwendigen Arbeit organisiert und koordiniert wird – verstanden werden.

1.1 Die feministische Ökonomik und Care

> „[...] we are captives of the myth of the independent, unembodied subject – not born, not developing, not ill, not disabled and never growing old [...]" (Eva Feder Kittay, 2005: 4).

An den Rändern der Wirtschaftswissenschaften hat sich in den letzten Jahren eine feministische Ökonomik[1] etabliert. Die Kritik dieser feministischen Ökonomik geht häufig von den derzeit hegemonialen und androzentrischen Modellen in den etablierten Wirtschaftswissenschaften aus[2], zeigt deren Unzulänglichkeiten und Lücken auf und kommt hierüber zu alternativen Konzepten und Modellen von ökonomischem Handeln, Wirtschaft und Wohlfahrt. Die feministische Ökonomik setzt *caring* und *social provisioning* häufig an den Anfang ihrer Analyse (vgl. Power 2004; Himmelweit 2002: 2; Hoppe 2002) und innerhalb der feministischen (ökonomischen und politischen) Debatten und Ansätze gehört Care inzwischen zu den prominenten, wenn nicht zentralen Begriffen (vgl. kritisch F. Haug 2011).

---

1 Diese ist im englischsprachigen Raum bereits derart ausdifferenziert, dass es erste Überlegungen gibt, diese Wissenschaft zu systematisieren (vgl. Power 2004). Diese feministische Ökonomik organisiert sich in Netzwerken wie IAFFE (International Association for Feminist Economics) oder efas (economic feminism and science) und ist institutionell an die wirtschaftswissenschaftlichen Fakultäten angedockt. Hoppe verweist darauf (2002), dass diese Feministische Ökonomik inzwischen schon aus „verschiedene Schulen" besteht.

2 Insbesondere – aber nicht nur – von der Neoklassik und ihren Paradigmen von ökonomischer Effizienz, ökonomischem Handeln und der Figur des Homo oeconomicus (vgl. Hoppe 2002)

1.1.1 Care – ein anderer Blick auf die Ökonomie

Während in der Ökonomik[3] die materielle Produktion, Handel und Tausch, Angebot und Nachfrage, autonomes Handeln und ökonomische Effizienz als Kern des Ökonomischen gelten, wird Care in der feministischen Ökonomik als zentraler, aber „*anderer*" Bestandteil des Ökonomischen dargestellt, der nach „*anderen*" Gesetzen funktioniert und daher die ökonomische Theorie herausfordert beziehungsweise die feministischen Ökonom_innen dazu bringt, die ökonomischen Begrifflichkeiten zu erweitern (vgl. Jochimsen 2003) und den Universalitätsanspruch der Wirtschaftstheorie zu relativieren:

> „[H]umans do not simply spring out of earth. Humans are born of women, nurtured and cared for as dependent children, socialized into family and community groups, and are perpetually dependent on nourishment and shelter to sustain their lives. [...] If we grant that connection – to one another, and to nature – is indispensable for human existence, then home economics[4] appears in a new light" (Nelson 1996: 31).

Die feministische Ökonomik verfolgt das politische Interesse, Care-Tätigkeiten als wesentliche Bestandteile der menschlichen Wohlfahrt sichtbar zu machen, und das (hiermit verbundene) wissenschaftstheoretische Interesse, die ökonomische Theorie derart zu modifizieren, dass sie Care-Arbeiten und die Dynamiken der Care-Ökonomie erfassen und erklären kann[5].

---

3 Ökonomie ist hier die Bezeichnung für die Wirtschaft und Ökonomik die für die wirtschaftswissenschaftlichen Disziplinen beziehungsweise die Wissenschaften und Theorien vom Funktionieren der Ökonomie.

4 Diese Aussage von Nelson gilt (in abgeschwächter Form) auch bezüglich des Fokus, der in der Kritik der politischen Ökonomie auf „das Ökonomische" angebracht wird. So wird in dieser zwar davon ausgegangen, dass Lohnabhängige *abhängig* vom Verkauf ihrer Arbeitskraft sind, und deshalb *abhängig* vom Kapital, welches wiederum *abhängig* von der Verfügbarkeit von Arbeitskraft zum Zwecke der Mehrwertproduktion ist, von anderen *Abhängigkeiten* (als Kinder, Kranke, Alte z.B.) ist allerdings in der Kritik der politischen Ökonomie selten die Rede und schon gar nicht dienen diese „anderen" Abhängigkeiten als Ausgangspunkt der Theorie über die Ökonomie.

5 Ähnlich wie in den Ansätzen des vorsorgenden Wirtschaftens geht es in diesen jüngeren Ansätzen feministischer Ökonom_innen auch um die Aufwertung von Handlungsorientierungen wie Kooperation, Fürsorge/*caring* und um die Rückbesinnung auf das Lebensnotwendige. Die Wertschätzung dieser Handlungsorientierungen wird nicht essentialistisch als frauenspezifisch verstanden, sondern aus gesellschaftlichen Erfahrungen heraus als häufig weibliche Orientierung begriffen – die jedoch prinzipiell alle anderen Geschlechter ebenso gut haben könnten (vgl. Netzwerk Vorsorgendes Wirtschaften 1996; vgl. Biesecker 2009).

Die gängigen Wirtschaftstheorien zeigen sich in einer solchen feministischen Perspektive als sehr partielle Theorien, die Wesentliches ausklammern und für viele Bereiche der bezahlten und unbezahlten Care-Ökonomie unzulänglich sind:

> „Grundregeln der Wirtschaftswissenschaften, wie beispielsweise die Steigerung von Produktivität und Effizienz, sind bis heute wesentlich durch die Erfahrungen mit der Industrialisierung arbeitsteiliger Güterproduktion geprägt. Produktion von Dingen aus 'totem Material' ist nun aber nicht das Gleiche wie der Umgang mit Menschen" (Madörin 2004: 138).

Der traditionelle ökonomische (sowohl marxistische als auch nicht-marxistische) Arbeitsbegriff versteht Arbeit als Interaktion des Menschen mit der Natur zum Zwecke der Selbsterhaltung und Selbstaktualisierung. Die gängigen volkswirtschaftlichen Modelle von Arbeit waren bislang blind gegenüber der Wichtigkeit, die einseitige und wechselseitige Abhängigkeiten in unserem Leben als affektive, emotionale und relationale Menschen besitzen (vgl. Lynch et al. 2009: 36). Ausgehend von der Tatsache, dass Menschen einen wesentlichen Teil ihrer Lebenszeit auf andere angewiesen sind – sowohl für die Sicherung ihrer Existenz als auch für die Befriedigung ihrer (Grund-)Bedürfnisse – und dass mit Homo oeconomicus allein noch kein Homo oeconomicus existieren könnte, wird in der feministischen Ökonomik ein weiterer Begriff des Ökonomischen profiliert. Denn:

> „Wenn wir uns die Arbeitsstundenzahlen weltweit vergegenwärtigen, dann dürfte das, was in der Wirtschaftstheorie überhaupt in Betracht gezogen wird [...], kein Viertel der totalen Arbeitszeit ausmachen, für Frauen kaum mehr als zehn Prozent ihrer totalen Arbeitszeit. [...] Es fehlen bisher (Makro)Theorien, welche alle Bereiche des Wirtschaftens und ihre gegenseitige Abhängigkeit in Betracht ziehen" (Madörin 2004: 135).

Caring und Hausarbeiten werden in einem weiten Verständnis von Arbeit und Wirtschaften als (lebens-)wichtig für alle Wirtschaftssysteme verstanden und als eine Dimension der individuellen und volkswirtschaftlichen Entwicklung konzipiert.

Ein in diesem Sinne erweiterter Begriff des Ökonomischen beinhaltet andere Handlungrationalitäten als ökonomisch rationales, kalkulierendes Eigeninteresse, Autonomie und ökonomische Effizienz. Denn: Der Homo oeconomicus ist kein Pilz, der aus dem Boden sprießt[6] (Julie Nelson 1996: 31), sondern ein voraussetzungsvolles Konstrukt der Ökonomik:

---

6 Ebenso könnte man anfügen, dass Proletariat und Kapitalbesitzer als Klassen nicht allein und nicht immer in der Rationalität des Klassenkampfes handeln (sondern z.B. auch als soziale Männer und Frauen, people of colour etc.), und dass es bis zum doppelt

„Individuals do not start out as adults, jostling for position in a competitive marketplace. They start out as infants, dependent on one another in their very survival. Affection, sympathy, love (or, in technical terms 'interdependent utilities') are not exceptions to some rule; they are the rule" (Folbre 1994: 27).

Daher muss es neben dem theoretischen Homo oeconomicus, seinen spezifischen Handlungsrationalitäten, die aus seiner (scheinbaren) Autonomie heraus resultieren, und seinem Handlungsraum Ökonomie mehr geben: „Personen-in-Beziehungen" (Nelson 1996) und eben die Care-Ökonomie (Donath 2000), in der Care-Tätigkeiten stattfinden, in der Menschen voneinander abhängig sind und nicht unbedingt freie, rationale und unabhängige Entscheidungen treffen (können): „[C]oncepts of limited choice, asymmetry, and dependency should be added to the package already comprising the conventional tools of freedom of choice, symmetry, and independence" (Jochimsen 2003: 6).

1.1.2 Was ist caring und was sind Care-Tätigkeiten/-Arbeiten?

Der Begriff Care-Arbeit löst den Begriff der Reproduktionsarbeit und in Teilen auch den der Hausarbeit in der aktuellen feministischen Diskussion zunehmend ab (vgl. hierzu Razavi 2009: 6). Das ist insofern problematisch, als die Begriffe Unterschiedliches fokussieren bzw. andere Perspektiven auf Prozesse der individuellen und gesellschaftlichen Reproduktion werfen. Der Care-Begriff ergänzt zwar hervorragend vorangegangene Theorieentwicklungen innerhalb der feministischen politischen Ökonomie, die sich um den Reproduktionsbegriff herum aufspannen, aber er macht sie keineswegs obsolet.

Die Care-Arbeit als „besondere" Arbeit, die der Reproduktion von Menschen dient: Der Begriff der Reproduktionsarbeit macht deutlich, dass die individuelle und gesellschaftliche Reproduktion (in kapitalistischen Gesellschaften) multipler Prozesse bedarf, die nicht (allein) innerhalb der kapitalistischen Produktionsweise gewährleistet werden können (vgl. Beer 1990). In der sich um ihn herum aufspannenden feministischen Debatte wurde herausgestellt, dass (unbezahlte) Reproduktionsarbeit (im Haushalt) eine Voraussetzung für Kapitalakkumulation ist, die außerhalb der kapitalistischen Produktionsweise in einer getrennten

freien Arbeiter ein recht weiter Weg in der individuellen Entwicklung ist. Aus einer solchen Perspektive macht es nur begrenzt Sinn, die politische Ökonomie vor allem dort „spielen" zu lassen, wo Kapital und Arbeit miteinander „tauschen", Produktion, Ausbeutung und Akkumulation stattfinden und erweiterte Reproduktion passiert (oder nicht).

(Reproduktions-)Sphäre erbracht werden muss, damit die individuelle Reproduktion von Arbeitskraft und damit auch die Kapitalreproduktion über einen längeren Zeitraum hinweg überhaupt aufrechterhalten werden kann[7]. Dieses Strukturmerkmal des Kapitalismus – eine von der Produktionsweise getrennte Reproduktionssphäre – wird dabei hergeleitet aus der Besonderheit der Ware Arbeitskraft, die selbst nicht vollständig innerhalb der Warenlogik produziert werden kann und daher ein „Außerhalb“ benötigt. So betont der Begriff der Reproduktionsarbeit viel eher das Ergebnis bzw. die Funktion eines Sets an reproduzierenden Tätigkeiten und bestimmt sich mit Bezug auf den Begriff der Produktion. Der Begriff der Hausarbeit wiederum betont den Ort der Reproduktionsarbeit. Reproduktions- und Hausarbeit sind in der marxistischen und v.a. in der feministisch-marxistischen Debatte nicht ohne den Produktionsbegriff zu verstehen, da sie sich direkt auf die (kapitalistische) Produktion beziehen. Die Funktion von Reproduktions- und Hausarbeit wurde dabei v.a. im Hinblick auf die männliche Arbeitskraft, ihre Ausbeutung im Produktionsprozess und ihre Reproduktion durch die unbezahlte weibliche Arbeitskraft im Haushalt bestimmt (vgl. kritisch hierzu Molyneux 1979).

Seltener wurde in den Debatten um den Reproduktionsbegriff eingehender thematisiert und ausgeführt, was denn die Arbeitsprozesse, welche die individuelle und gesellschaftliche Reproduktion ausmachen, für spezifische Eigenschaften besitzen und welche sozio-ökonomischen Implikationen dies haben könnte. Trudie Knijn und Ilona Ostner (2003: 154) konstatieren rückblickend auf diese Debatten, dass in ihnen versäumt wurde, den spezifischen Charakter von unbezahlter Hausarbeit herauszustellen. Sie führen dies auf eine reduktionistische bzw. ökonomistische Tendenz in den marxistischen Debatten der 1970er und 80er Jahre zurück (ähnlich auch Razavi 2007: 6f.). Diese Ansätze hätten es nicht geschafft, den sozialen und kulturellen Wert von Care-Arbeit zu erfassen, da sie die emotionale und soziale Bedeutung von Care als „sozialem Kitt“ und wichtigem Bestandteil dessen, was die Produktion von Gesellschaft überhaupt ausmacht, weitgehend übersehen hätten (Daly 2001). Care-Arbeit hilft dabei, den sozialen Kitt zu produzieren, der eine wichtige gesellschaftliche Funktion auch über die

7 Im Fordismus der 1970er Jahre gab es eine noch deutlichere Trennung – sowohl räumlich als auch in der Organisationsform – zwischen Produktion und Reproduktion, öffentlich und privat, bezahlt und unbezahlt, Männerarbeit und Frauenarbeit etc. In der Hausarbeitsdebatte der 1970er wurde dabei kontrovers diskutiert, ob die unbezahlte Hausarbeit – als Reproduktionsarbeit verstanden – von Frauen direkt oder indirekt zum Mehrwertgewinn und damit zur Akkumulation von Kapital beiträgt (vgl. zum Überblick Hoppe 2002).

Aufrechterhaltung der Produktionsweise hinaus besitzt. Das Distinktionsmerkmal von Care-Arbeit ist demzufolge weder der Ort, noch die Organisationsweise, noch die Funktion im Bezug auf die kapitalistische Produktionsweise, sondern „das Care-Element" in der Arbeit.

Caring oder auch *caregiving*, im Deutschen häufig mit Fürsorgearbeit übersetzt, ist allgemein gesprochen die Sorge oder Fürsorge für andere Menschen beziehungsweise deren Pflege.[8] Eine exakte, abschließend anerkannte und einheitliche Definition dessen, was zu Care zu zählen ist (und was nicht), liegt bislang nicht vor. Die Definition hängt damit auch vom jeweiligen Erkenntnisinteresse der Autor_innen ab (vgl. Madörin 2006: 278). Die International Labour Organisation definiert Care-Arbeit kurz als „the work of looking after the physical, psychological, emotional and developmental needs of one or more other people" (Standing 2001: 17).

Kathleen Lynch (2009: 36) definiert sehr unterschiedliche Typen von Care-Arbeit allesamt als „other centered work". Das In-den-Mittelpunkt-Stellen eines anderen Menschen ist demzufolge das entscheidende Merkmal von Care-Arbeit. Die Bedürfnisse dieses anderen Menschen sind das „quintessential object" von *caring* und bilden den „starting point for what must be done" (Tronto 1993: 105). Care-Arbeit verlangt von Care-Arbeiter_innen daher eine besondere Verantwortung sowie kommunikative und emotionale Aufgeschlossenheit gegenüber denjenigen, für die sie sorgen – aus welcher Motivation heraus auch immer diese entstehen mag.

Es gibt eine ganze Bandbreite an Aktivitäten, Aufträgen und Arbeiten, in denen Care-Arbeit zumindest ein Bestandteil ist (vgl. Saraceno 2008: 2). Lehrer_innen, Ärtzt_innen und Therapeut_innen sind in diesem Sinne ebenso Care-Arbeiter_innen wie Streetworker_innen und Sozialarbeiter_innern, Coaches, Krankenschwestern, Hebammen und Nachhilfelehrer_innen. Diese Tätigkeiten tragen maßgeblich dazu bei, das „Care-Kapital" einer Gesellschaft zu produzieren (vgl. Lynch 2009) und die menschliche und gesellschaftliche Entwicklung zu gewährleisten. Ein Großteil der personen- und haushaltsnahen Dienstleistungsarbeiten besitzt Care-Elemente und zählt somit zu den Care-Arbeiten im weiteren Sinne. In ihnen ist das „Care-Element" (Jochimsen 2003) und die Fokussierung

8 Der Begriff Care, der auch in der deutschen Literatur immer öfter Verwendung findet, steht für eine umfassende Debatte, die für meine Arbeit eine wichtige Rolle spielt. „Care" heißt pflegen, betreuen, füreinander oder für jemand anders da sein, sorgen, Anteil nehmen. Die Tätigkeit „care" hat dabei häufig etwas mit „care for" zu tun, d.h. häufig geht „für jemanden zu sorgen" oder „jemanden zu pflegen" einher damit, dass der Care-giver sich oft auch um diese Person „sorgt".

auf die Bedürfnisse des Gegenübers (Lynch 2009) ein wichtiger Teil bzw. eine wichtige Qualität der „Leistung“, allerdings sind auch andere Aufträge und Aufgaben zentral für viele Care-Arbeiten– wie z.B. die Erfüllung eines staatlichen Bildungsauftrags, die Reinigung einer Wohnung, ein auf die seelische oder physische Gesundheit bezogener Heilungsauftrag etc.

Eine engere Bestimmung von Care –Arbeiten schlägt Maren Jochimsen (2003: 13ff.) vor, und zwar anhand des Grades an Asymmetrie in der jeweiligen Care-Beziehung bzw. an existenzieller Abhängigkeit und Einschränkung der Handlungsfähigkeit auf Seiten der „umsorgten“ Person – des „Care-takers“. „Extrem“ ist dieser Grad bei der Care-Arbeit für Menschen, die sich nicht um sich selbst kümmern können und deren Handlungsfähigkeit und Autonomie stark eingeschränkt ist, weil sie klein, krank oder alt sind. Ich werde mich vor allem auf solche Care-Arbeiten konzentrieren, in denen die einseitige Abhängigkeit in der Care-Beziehung extrem ist (vgl. ebd.: 15). Dabei liegt in solchen Fällen traditionell die Verantwortung für Care in erster Linie bei den Familien der Betroffenen und es sind gleichermaßen in erster Linie die Frauen, welche die dabei anfallenden Arbeiten ausführen. Den Bereich der Care-Arbeiten im engeren Sinne zu untersuchen – in seiner geschlechtsspezifischen Organisationsweise und bezüglich der stattfindenden Transformationsprozesse – ist für eine feministische Ökonomik daher eine zentrale Aufgabe. Angesichts der einseitigen, häufig existenziellen Abhängigkeit ist die Gewährleistung von Care-Sicherheit für diese Personengruppen, insbesondere wenn traditionell bzw. in erster Linie hierfür zuständigen Versorgungsformen nicht (mehr) funktionieren, auch ein zentrales *policy issue* in Staatsformen mit einem Sozialstaatsanspruch (vgl. Saraceno 2008: 2). Von gesellschaftlichen und ökonomischen Dynamiken, die das „Care-Element“ in der Care-Arbeit verändern, müsste diese extreme Form von Care-Arbeit extrem betroffen sein, aber in mehr oder weniger starkem Ausmaß müssten solche Dynamiken auch auf andere Care-Arbeiten im weiteren Sinne einen Einfluss ausüben. Daher kann die Untersuchung dieser Form von Care-Arbeit, in der das Care-Element in der Arbeit zentral ist und der Care-taker extrem abhängig ist, auch für andere Bereiche der Care-Arbeit nützliche Erkenntnisse generieren.

Care-Tätigkeiten können in verschiedenen Organisationsformen stattfinden, d.h., sie müssen nicht notwendigerweise unbezahlte Tätigkeiten und Familienarbeiten sein (vgl. Bezanzon/Luxton 2006: 3ff.). Sie können auch Bestandteil der formellen und der informellen Geld-Ökonomie sein:

> „[C]are work involves direct care of persons; it can be paid or unpaid. Those with intense care needs include young children; the frail elderly and people with various illnesses and disabilities, but able-bodied adults also require and receive care. Paid

carers include nannies, child minders, nurses and care workers in homes for the elderly and other institutional settings; they can work in a variety of institutions (public, market, not-for-profit)" (Razavi 2009: 6; vgl. auch Lynch 2009: 19).

Feministische Ökonominnen und Soziologinnen wie Mascha Madörin, Susan Himmelweit, Maren Jochimsen, Kathleen Lynch und andere beschreiben die besonderen Realitäten von Caring-Tätigkeiten aus einer mikroökonomischen Perspektive. In ihren Betrachtungen versuchen sie zunächst allgemein gültige und somit prä-institutionelle Charakteristika von Caring-Situationen und Care-Tätigkeiten zu benennen. Ich werde diese als verschiedene Dimensionen und Besonderheiten von Care-Arbeit im Folgenden zusammenfassend darstellen. Dabei verwende ich an dieser Stelle (noch) die Begriffe von Care-Tätigkeiten und Care-Arbeiten synonym, ohne damit eine bestimmte soziale Form von Arbeit (bezahlt oder unbezahlt, privatwirtschaftlich, privat oder öffentlich) zu bezeichnen.[9]

Care-Arbeit ist Beziehungsarbeit: Care-Arbeit findet stets innerhalb zwischenmenschlicher Beziehungen statt (Lynch et al. 2009: 19), und die Sorge für den Anderen – das „Care-Element" – ist ein wichtiger Aspekt in diesen Beziehung:

> „[T]o care is to relate; to fellow human beings, to the environment, to the self, as individuals and members of society [...]. Caring activities are human activities that aim at the long-term maintenance, sustenance, and repair of these physical and social relationships which are indispensable for continuing human existence in a social context" (Jochimsen 2003: 11).

---

9 D.h., ich verwende in diesem Abschnitt lediglich einen sehr weiten, undifferenzierten Arbeitsbegriff. Die in der feministischen Arbeitsbegriffsdebatte gängige Unterscheidung von Arbeit und Nicht-Arbeit über das sogenannte Drittpersonenkriterium ist bei Care-Tätigkeiten nicht direkt anwendbar. Nach dem Drittpersonenkriterium werden all jene zweckgerichteten Tätigkeiten als Arbeit bezeichnet, die theoretisch auch von jemand anderem ausgeführt werden könnten. Dieses Kriterium ist gängig z.B. in Zeitbudgetstudien oder Opportunitätskostenrechnungen. Es wird u.a. im UN Human Development Report verwendet, um ökonomische von nicht-ökonomischen Tätigkeiten, d.h. Arbeit von Nicht-Arbeit zu unterscheiden. Das Drittpersonenkriterium impliziert, dass es im Grunde unbedeutend ist, wer welche Arbeit macht, d.h., es muss eine irgendwie geartete Trennung geben zwischen Produzent_in, Produkt und Konsument_in. Mit diesem Arbeitsbegriff lassen sich Hausarbeiten, unbezahlte Arbeit und Reproduktion als Arbeit bezeichnen. Für viele häusliche Aktivitäten wie kochen, waschen, putzen etc. ist dieser Begriff stimmig, auf Care-Tätigkeiten hingegen lässt er sich nicht so einfach anwenden. Denn die Bezeichnung von Care-Tätigkeiten als unbezahlte Arbeit führt tendenziell dazu, genau das Besondere dieser Tätigkeiten zu verdecken (vgl. hierzu Himmelweit 1995).

Teil einer Care-Arbeit ist also die Entwicklung einer Beziehung zwischen den an ihr beteiligten Personen und Care-Tätigkeiten sind persönliche Dienstleistungen, die von dem Care-taker und dem Care-giver bzw. ihrer Beziehung zueinander nur schwer zu trennen sind (Kittay et al. 2005). Die in den Wirtschaftswissenschaften gängige Trennung zwischen Produkt, Produzent_in und Bezieher_in des Produktes bzw. der Leistung ist also so nicht möglich. Insgesamt zeichnen sich Arbeiten, in denen zwischenmenschliche Beziehungen zentral sind, durch eine schwierigere Plan- und Messbarkeit aus.

Die Beziehung, die der Care-Arbeit unterliegt bzw. sich als Bestandteil dieser Arbeit entwickelt, ist personengebunden. Es ist daher nicht ohne Weiteres möglich, Care-Beziehungen an andere vertraglich abzugeben (Lynch et al. 2009: 19f.), ohne dass sie sich dabei qualitativ verändern. Das bedeutet auch, dass sich die Art und Weise der gesellschaftlichen Care-Beziehungen verändert, wenn sich die grundlegenden Formen dieser Beziehungen verändern.

Care-Arbeit findet in asymmetrischen Beziehungen statt: Alle Menschen brauchen irgendwann einmal Care und können sich die Bedingungen, unter denen ihnen Care zuteil wird, häufig nicht aussuchen und „the need for care and the ability to provide it are unequally distributed and tend not to go together" (Himmelweit 2008: 2). Care-Tätigkeiten finden in Subjekt-Subjekt-Verhältnissen (Madörin 2006: 282) statt, in denen jedoch die Rollen der beteiligten Personen verschieden sind: „[T]he *care giver* is the person performing the caring activity, doing the hands-on caring work at the location of the care receiver. The care receiver is the person towards whose needs the caring activity is directed and who benefits from the performance of the activity" (Jochimsen 2003: 76). Dabei sind Care-receiver oder Care-taker[10] häufig nicht unbedingt in der Lage, die Care-Beziehung zu wechseln, wenn die Qualität der Care-Arbeit nicht stimmt. Die Konsument_innen-Souveränität ist also in vielen Fällen eingeschränkt (Razavi 2007: 15). Ferner bedeutet die Asymmetrie in der Care-Beziehung aus der Perspektive der Care-giver, dass ihnen eine besondere Verantwortung in der Care-Arbeit obliegt, die unter Umständen auch eine besondere Arbeitsbelastung darstellen kann.

10 Ich verwende die Englischen Begriffe (und der Lesbarkeit halber geschlechtslos, auch wenn es sich hier überwiegend um Frauen handelt), weil es im Deutschen keinen Begriff gibt, unter dem die verschiedenen Care-Berufe und Care-Tätigkeiten, die von Care-givern ausgeführt werden können, und die Personen, denen die Arbeit gilt (Care-taker) subsumiert werden können, wie z.B. Fürsorgende, Sorgende, Pfleger_in, Betreuer_in, Erzieher_in, Mutter, Krankenbetreuer_in, Nanny, Kindermädchen, Charity-Arbeiter_in etc., gemein haben.

Teilung der Arbeitsschritte und verfügbare Zeit für Care sind Variablen, die die Qualität von Care und Care-Arbeit mit bestimmen: Der Care-Begriff betont auch den Zeitaspekt zwischenmenschlicher (persönlicher und professionalisierter) Beziehungen, wird doch die Qualität von Care wesentlich (wenn auch keineswegs ausschließlich und zwangläufig) durch die zur Verfügung stehende Zeit für Care bestimmt. Die Aufteilbarkeit von zeitlichen Abläufen ist bei Care-Tätigkeiten nur begrenzt möglich, Care-Tätigkeiten sind häufig schwer plan- und einheitlich bewertbar und Produktionsfaktoren sind nur begrenzt substituierbar. Barbara Stiegler (2009: 28) spricht in diesem Zusammenhang von einer eigenen Fürsorgerationalität. D.h. nicht, dass Zeit für Care-Arbeit nicht auch reduziert werden kann, der Care-Prozess nicht stärker arbeitsteilig organisiert werden kann oder Care-Arbeitskräfte nicht flexibler eingesetzt werden können. Auch ist es möglich, Care-Tätigkeiten durch Arbeitsorganisation und Technikanwendung zu beschleunigen. Die Besonderheiten von Care finden ihren Ausdruck jedoch (auch) darin, dass solche (möglichen) Veränderungen auch den Charakter der gesellschaftlichen Care-Beziehungen und die Qualität der Care-Leistungen relativ wahrscheinlich verändern werden (vgl. Chorus 2007; Himmelweit 2005). Ferner besteht eine Grenze der Veränderbarkeit von Care-Arbeit darin, dass die Zahl von Alten, Kindern oder Kranken, die eine Person in einer bestimmten Zeit betreuen bzw. versorgen kann, nicht über ein bestimmtes Maß hinaus zu steigern ist. Ein Überschreiten dieser Grenze bedeutet nicht eine Produktivitätssteigerung, sondern eine Vernachlässigung der Care-taker, die hin bis zu ihrer Vernichtung führen kann (Donath 2001: 118).

Mit Blick auf die Ökonomisierung des Gesundheitswesens gemäß dem neoliberalen Kosteneinsparungsparadigma folgert Madörin (2006: 293), dass dieser Prozess der Aufstückelung von Care-Tätigkeiten unter anderem „eine andere Kultur zwischenmenschlicher Beziehungen, eine andere Beziehung zu uns selbst und unserer Körperlichkeit voraus[setzt]". Auch deshalb, und nicht nur wegen der sogenannten Kostenexplosion, sieht sie das Gesundheitswesen als einen strategisch zentralen Ort der neoliberalen Reorganisation von Gesellschaft an.

Weil es unmöglich ist, die Arbeitsproduktivität von Care-Tätigkeiten unermesslich zu steigern, leiden Care-Dienstleistungen ähnlich wie andere persönliche Dienstleistungen unter einer Art „Kostenkrankheit" (Baumhol 1967).[11] Diese

---

11 Der Ökonom William Baumol entwickelte 1967 sein Modell des unausgeglichenen Wachstums. Baumol geht davon aus, dass die Produktivität von Arbeitskraft sich durch technologische Entwicklungen und Innovationen in der Arbeitsorganisation kontinuierlich steigern lässt und dies eine wesentliche Basis des wachsenden Wohl-

Kostenkrankheit ist zwar im Grunde ein „Luxusproblem", da sie auf Produktivitätsfortschritten in anderen Bereichen der Ökonomie beruht, aber dennoch führt sie unter bestimmten gesellschaftlichen Umständen (zu denen ich später noch etwas sagen werde) zu einem Problem, dass darin besteht, dass die „Produktionskosten" von persönlichen Dienstleistungen verglichen mit denen von industriellen Gütern und Waren als immer teurer erscheinen (Donath 2001: 118).[12]

Besondere Motivationen für Care-Arbeit? Die Motivation für die Care-Tätigkeit spielt für deren begriffliche Bestimmung eine wichtige Rolle (und wird teilweise kontrovers diskutiert). Die Motivation[13] von Care-Tätigkeiten hat (auch) etwas

---

stands in den Industrienationen ist. Demgegenüber lässt sich die Produktivität im Bereich der personennahen Dienstleistungen nicht gleichermaßen schnell und weit steigern. Die Arbeitsproduktivität im sekundären und tertiären Sektor driftet in der Entwicklung daher auseinander. Wenn nun die Lohnentwicklungen in diesen Sektoren nicht gleichermaßen auseinander driften (sollen), bedeutet dies, dass die relativen Arbeitskosten im tertiären Sektor steigen. Wenn dies in Preise übersetzt wird, dann steigen die relativen Preise im dritten Sektor im Vergleich zum zweiten. Baumol nimmt weiter an, dass es unter diesen Bedingungen eine Frage der Preiselastizität ist, was mit den jeweiligen Dienstleistungen passiert. Wenn die Preiselastizität hoch ist, wird die Dienstleistung früher oder später verschwinden oder zu einem Luxusgut für einige wenige werden. Ist sie niedrig (und das gilt z.B. für Dienstleistungen der Care-Ökonomie zur Pflege und Betreuung von abhängigen Personen) und bleiben alle anderen Bedingungen gleich, dann müssen immer weniger Menschen im industriellen Sektor und vergleichsweise immer mehr im Dienstleistungssektor arbeiten. In Kombination mit dem Wachstum der relativen Arbeitskosten und relativen Preise führt dies nach Baumol dazu, dass ein immer größerer Anteil des BIP in den tertiären Sektor fließen muss (sowohl was die Konsumausgaben der Haushalte als auch die staatlichen Ausgaben für Bereiche wie Erziehung und Gesundheitsfürsorge angeht).

12 Jochen Hartwig (2006, 2007) hat die baumolsche These empirisch unter Rückgriff auf die Wachstumsdaten von 19 OECD-Ländern getestet und gefragt, inwieweit die These der unausgewogenen Entwicklung zur Erklärung der steigenden Gesundheitskosten in den Industrienationen herhalten kann. Zum einen hat er die Erklärungskraft der These überprüft, dass Lohnentwicklung und Produktivitätsentwicklung im personennahen Dienstleistungssektor nicht kohärent zueinander verlaufen, d.h. Löhne zwar steigen, Produktivität jedoch nicht oder nur geringfügig, und dies ein wichtiger Faktor der steigenden Gesundheitskosten ist; zum anderen hat er die These überprüft, dass ein Teil der steigenden Gesundheitskosten durch die steigenden relativen Preise im Gesundheitswesen zu erklären ist. Beide Thesen bestätigen sich in seinen Untersuchungen und so kommt Hartwig (2007: 1) zu dem Schluss, dass es „robust evidence" für Baumols Modell gebe.

13 Die besonderen Motivationen für Care-Arbeit werden von Seiten der feministischen Ökonomik immer wieder betont. Dabei ist wichtig zu bedenken, dass „besonders"

mit der Sorge um andere zu tun (vgl. Madörin 2006: 282). D.h. nicht, dass bei Care-Arbeit nicht *auch* Eigeninteresse im Spiel sein kann, oder dass diese Arbeit auf Zuneigung basieren muss (wie es z.B. bei *affection-based work* der Fall wäre), aber es bedeutet, dass Eigeninteresse *allein* in der Regel nicht dafür ausreicht, die Bedürfnisse des anderen in das Zentrum der eigenen Handlung zu stellen, und v.a. nicht dafür, zu erklären, warum (und unter welchen Umständen) Menschen für andere Menschen sorgen, auch wenn dies gesellschaftlich und monetär so wenig anerkannt wird. Ohne die Ausrichtung an den Bedürfnissen der_des anderen kann Care-Arbeit nicht (gut) gemacht werden und besondere Motivationen – wie Verantwortung, eine bestimmte Ethik, Solidarität, Empathie, Sympathie, Zuneigung, Werte oder auch Liebe – können dazu beitragen, das Care-Element in der Care-Arbeit zu gewährleisten und erhalten – auch wenn die Arbeit gesellschaftlich und monetär so wenig anerkannt wird[14].

Es ist jedoch wichtig, bei Überlegungen über die Rolle von Motivationen für die Qualität von Care, die besonderen Motive der Care-Arbeiter_innen nicht zu stark ins Zentrum des Care-Begriffes zu stellen[15]. Die Frage sollte vielleicht eher

---

in diesem Kontext in der Regel auf die Handlungsmodelle in der Mainstream-Ökonomik bezogen ist (vgl. Folbre 2003: 216ff.), in denen Eigeninteresse oder ggf. Altruismus (aus Eigeninteresse) als Motivationen von Handlungen gelten. Für die Mikroökonomik zentrale Modelle wie die maslowsche Bedürfnispyramide versuchen dies zu konzeptionalisieren: Abraham Maslow (1943) meinte, hinter jeder (ökonomischen) Handlung stecke eine Motivation und hinter jeder Motivation stecke ein grundlegendes menschliches Bedürfnis. Wenn ich handle, dann habe ich einen eigenen, guten Grund dafür und dieser ist ein eigenes Bedürfnis von mir und primär nicht das Bedürfnis von jemand anderem. Letzeres kann höchstens Mittel zum Zweck sein, d.h. der eigenen Bedürfnisbefriedigung dienen. Dieses Motivations- und Verhaltensmodell bildet die Basis der klassischen und neoklassischen Modelle von Ökonomie. Verhaltensweisen, welche das Wohlbefinden anderer erwirken wollen, sind in diesem Modell dann nur dadurch zu erklären, dass ich selbst aus meinen individuellen Präferenzen heraus glücklicher bzw. zufriedener bin, wenn ich etwas für andere tue, als dann, wenn ich es bleiben lasse.

14 Die Frage, was mit den besonderen Motivationen in der Care-Arbeit passiert, wenn Care-Arbeit mit Geld bezahlt wird, d.h. Liebe, Zuneigung, Sorge und Geld miteinander vermischt werden, wird innerhalb der feministischen Debatten sehr kontrovers diskutiert (vgl. Nelson/Folbre 2001; Folbre/Weisskopf 1996).

15 Dies kann nämlich dazu führen, wie Nancy Folbre anmerkt, Care nur in spezifischen Kontexten zu vermuten und einen Diskurs zu bestätigen, der die geringe monetäre Absicherung und/oder Bezahlung von Care-Arbeit legitimiert. Dann ist „holding hands at midnight [...] nice work because it is caring work" (Folbre 1995: 74) – auch wenn es nicht gut bezahlt wird.

sein, wie man Care-Arbeit, ob nun bezahlt oder nicht bezahlt, privat oder öffentlich, derart organisieren kann, dass Vertrauen, Emotionen und Anerkennung im Care-Prozess gewährleistet werden können (Folbre/Nelson 2001: 131; ähnlich auch Jochimsen 2003), ohne dass dies auf Kosten des Care-givers geschieht.

Care-Arbeit ist oftmals keine schöne Arbeit und sie wird auch häufig nicht aus freien Stücken und/oder ganz bewusst auf Basis besonderer Motivationen getan (Meagher 2006: 34; Finch 1989). Himmelweit (1999: 29) führt an, dass die Frage, warum Menschen für andere sorgen, nicht allein mit Blick auf die individuelle Motivation geklärt werden kann, sondern auch im Hinblick auf den Einfluss sozialer Normen und Verhaltenserwartungen bzw. gesellschaftlicher Rollen geklärt werden muss: Wessen Care-Bedürfnisse werden legitimiert und wer ist dafür zuständig bzw. wird dafür zuständig gemacht?[16] Ich würde dem hinzufügen, dass die Frage, wann Menschen unter welchen Umständen Care-Arbeiten für andere ausführen und unter welchen Umständen Menschen versorgt, betreut oder gepflegt werden, auch eine Frage der gesellschaftlichen und ökonomischen Bedingungen ist, unter denen Care und Care-Arbeit organisiert wird.

Individuelles Recht auf Care und Care-Arbeit/individuelles Recht, keine Care-Arbeit leisten zu müssen: Die Möglichkeit, Care zu erhalten, und die Möglichkeit, Care zu geben, und ebenso die Möglichkeit, nicht unter allen Umständen Care-Tätigkeiten für andere auszuführen, hat einen erheblichen Einfluss auf die individuellen Lebensmöglichkeiten, die jeweilige Lebensqualität und das menschliche Wohlbefinden[17]. Lynch et al. (2009) argumentieren, dass das Gut, in einer Abhängigkeitssituation versorgt zu werden und auf der anderen Seite das Gut, für andere sorgen zu können, ohne dabei selbst unverhältnismäßige Opfer zu erbringen, primäre Güter im Sinne des Gerechtigkeitstheoretikers John Rawls[18]

---

16 Ähnlich stellt auch Jochimsen (2003: 13) fest, dass die Frage, wer für Care zuständig ist und wer ein Recht auf Care hat, auch eine Frage sozial konstruierter Identitäten ist: „[O]ne must always ask which of society's members have identities constructed as care giving identities and which members of society are prohibited from exiting caring situations".

17 „[T]here is, or should be, a human right to receive care, which means that there should be a right to provide care. [...] the right to give care and to receive care is underpinned by a right not to be obliged to provide care – a cry of oppressed women throughout history. This is not a plea for social irresponsibility; it is an assertion that care is precious, and therefore suffers if it is treated as something close to forced labor" (Daly/Standing 2001: 1).

18 Rawls selbst hat sich nicht um Care-Arbeit gekümmert, da er in seiner Konzeptionalisierung von Gerechtigkeit und Chancengleichheit leider einen eingeschränkten Fokus auf (nur) die öffentliche Sphäre angelegt hat. Aber wenn man den Index primärer

sind (Lynch et al. 2009: 31) und die Verfügbarkeit dieser Güter ein wesentliches Kriterium für ein gutes Leben ist (Sen/Nussbaum 1993). Die Unterschiede im (Nicht-)Verfügen-Können über diese Güter können umgekehrt als eine Dimension von gesellschaftlicher Ungleichheit betrachtet werden. Lynch et al. nennen diese Dimension „affektive Ungleichheit" und verstehen darunter die Ungleichheit bezüglich der Frage, zu welchem Grad die Bedürfnisse nach Liebe, Zuneigung und Fürsorge von Menschen befriedigt werden, die Ungleichheit bezüglich dessen, inwiefern das Übernehmen oder Nicht-Übernehmen von Care-Arbeit zu ungleichen Lebenschancen führt, und schließlich die Ungleichheit bezüglich der Frage, inwiefern Care-Arbeit zu tun, wenn man es für wichtig und richtig hält, individuell möglich ist (Lynch et al. 2009: 12). Affektive Ungleichheit ist verbunden mit kultureller, ökonomischer und sozialer Ungleichheit.

Care-Ökonomie: Dem Konzept der Care-Ökonomie liegt ein weiter Begriff des Ökonomischen zugrunde, der auf einem feministischen Arbeitsbegriff beruht (vgl. zum Überblick Baaz/Rudolph/Satilmis 2004). Die Care-Ökonomie bietet eine analytische Perspektive, in der sich das, was für die Versorgung einer Gesellschaft notwendig ist, verschiebt (UNIFEM [2000] spricht vom Blick auf die Ökonomie „through womens eyes") wie auch die dann sichtbaren Effekte volkswirtschaftlicher und globaler sozio-ökonomischer Transformationsprozesse auf das Leben und Arbeiten von Menschen (und v.a. Frauen) andere werden. In dieser Perspektive zeigt sich z.B., dass Wohlstand und Wohlfahrt nicht unbedingt durch Wirtschaftswachstum und Produktivitätssteigerung in der Ökonomie gesteigert werden, sondern Wohlfahrt (neben anderen Faktoren wie z.B. Verteilungsrelationen) maßgeblich auch davon abhängt, wie die jeweilige

---

Güter, d.h. den Index von Dingen, die ein „rational man [sic] wants whatever else he wants" (Rawls 1999: 79) und seine Definition primärer Güter heranzieht, dann erscheint es kohärent, hier die Möglichkeit, sich um andere zu kümmern, sowie die Möglichkeit, bei Bedarf umsorgt zu werden, aufzunehmen. Primäre Güter sind, „what persons need in their status as free and equal citizens and as normal and fully cooperating members of society over a complete life" (ebd.: xiii). Care zählt Rawls nicht zu diesen Gütern, stattdessen nennt er: Grundrechte und Freiheiten; Freizügigkeit, freie Berufswahl; mit Ämtern und Positionen verbundene Befugnisse und Verantwortlichkeiten; Einkommen und Vermögen, soweit sie einen instrumentellen Charakter besitzen und mit einem Tauschwert versehen werden; die sozialen Grundlagen der Selbstachtung. Aber wenn wir davon ausgehen, dass für ein „vollständiges Leben" in jedem Falle die Angewiesenheit auf andere eine wichtige Rolle spielt, dass Menschen „Personen-in-Beziehungen" sind und dies ein wichtiger Aspekt menschlichen Seins ist, dann können wir die Verrichtung von Care-Arbeit bzw. das Erhalten von Care hinzufügen als ein weiteres primäres Gut.

Care-Ökonomie organisiert ist und wie sich Entwicklungen in der Ökonomie auf die Care-Ökonomie auswirken (Elson 1991, 1995).

Care-Ökonomie und Ökonomie sind nicht notwendigerweise räumlich und personell voneinander getrennt, Care-Tätigkeiten können auch innerhalb der formellen Ökonomie organisiert sein und auch im Rahmen von formell-ökonomischen Tätigkeiten finden immer wieder auch Care-Tätigkeiten statt. Daher folgert Donath, dass „[m]any, maybe most, productive activities have elements of both economies" (2000: 117), und verwendet zur Veranschaulichung der Verbindung zwischen beiden das Bild der DNA-Doppelhelix: Wie bei dieser die beiden einzelnen DNA-Stränge sind die Konzepte Care-Ökonomie und Ökonomie zwar begrifflich voneinander getrennt, in der Realität bzw. in ihrer jeweiligen Entwicklung aber eng miteinander verschlungen und voneinander abhängig (vgl. ebd.).

Die Gesamtorganisation von Care wird in einer Gesellschaft in der Regel vor allem durch die jeweiligen Formen von Familien bzw. Haushalten, des Staats, der Zivilgesellschaft und privaten Märkten sowie durch das Verhältnis dieser gesellschaftlichen Institutionen zueinander strukturiert. So wird z.B. die Pflege von pflegebedürftigen Menschen in Deutschland i.d.R. in einem Pflegemix organisiert, an dem staatliche Pflegeinstitutionen, pflegende Angehörige, privat bezahlte Pflegedienste/Zusatzleitungen und z.B. kirchliche Verbände beteiligt sind. In der Care-Debatte wird zur Illustration der institutionell strukturierten Care-Ökonomie das Bild des viereckigen Care-Diamanten (oder der vier Care-Sektoren) verwendet (vgl. Anttonen 2005). Durch die verschiedenen Institutionen wird Care-Arbeit und Care in verschiedene Organisationsformen „gegossen" (öffentlich, privat, ehrenamtlich, privatwirtschaftlich, etc.) und in den jeweiligen Organisationsformen ist das soziale Verhältnis von Care-givern und Care-takern jeweils verschieden.

Wie die Funktionsweise und Dynamik der gesamten Care-Ökonomie wirtschaftswissenschaftlich abgebildet und qualifiziert werden können, ist in der feministischen Ökonomik umstritten. Donath (2000) z.B. schlägt in ihrer Skizze einer „distinctively feminist Economics" vor, dass der Output der Care-Ökonomie ähnlich wie im *human development approach* der UNO erfasst werden könne:

> „[I]n that approach, development is conceptualized as the broadening of people's choices, created by expanding capabilities. Central to the notion of capability is the ability to live a long and healthy life [...]. Other less quantifiable capabilities include the ability to have self-esteem, to be treated with dignity, to be able to be connected – that is to be able to care, to be cared for [...]" (UNRIDS 2005: 49).

Man könnte die „Wirtschaftsleistung" der Care-Ökonomie z.B. anhand von Indikatoren wie der Lebenserwartung in einer Gesellschaft oder der körperlichen und emotionalen Gesundheit der Menschen abbilden (Donath 2000: 122). Diese Indikatoren hängen natürlich auch mit den Entwicklungen in der formellen Ökonomie zusammen, und es erweist sich als schwierig, empirische Variablen zu finden, welche auf einer makroökonomischen Ebene die Entwicklungen der Care-Ökonomien abbilden könnten. Schließlich geht es ja um Tätigkeiten, die zwar einen Effekt haben, deren „Output" aber unter Umständen weder direkt noch materiell messbar ist und die dennoch für menschliche, gesellschaftliche und ökonomische Entwicklungen zentral sind.

Marilyn Waryling (1988) und später Madörin (2006) versuchen daher, nicht so sehr den qualitativen Output, sondern die quantitative Größe der Care-Ökonomie über den Input an Arbeitsstunden in diesem Bereich zu messen (ähnlich auch Gershuny 2000) und darüber die volkswirtschaftliche Relevanz der Care-Ökonomie in monetarisierten Werten zu erfassen.[19] Deutlich wird anhand dieser Modelle in jedem Fall, wie groß (auch in postfordistischen Ökonomien) weiterhin der Anteil an gesellschaftlicher Arbeit ist, der außerhalb der formellen Lohnarbeit organisiert wird, und wie sich dieser Anteil quantitativ verändert. Deutlich wird auch, dass weiterhin der überwiegende Anteil von Arbeiten in der Care-Ökonomie unbezahlt verrichtet wird. Es scheint sich allerdings ein Trend in den postindustriellen Dienstleistungsgesellschaften abzuzeichnen hin zu einer leichten Reduktion der unbezahlten Arbeit in der Care-Ökonomie (Gershuny 2000). Diese Entwicklung wird auf der anderen Seite gespiegelt durch ein Wachstum des personennahen Dienstleistungssektors in allen westlichen (Post-)Industrieländern (Bosch/Wagner 2002).

Care-Dienstleistungen als besondere Kategorie der personenbezogenen (sozialen) Dienstleistungen: Hartmut Häußermann und Walter Siebel (1995) unterscheiden zwischen produktionsnahen Dienstleistungen einerseits (deren Ziel in der Regel

19 Madörin (2006:287f.) errechnet am Beispiel des Volumens der bezahlten und unbezahlten Arbeit in der Schweiz (der unbezahlten Arbeit ordnet sie monetäre Werte zu, die sich an den Marktpreisen orientieren), dass im Jahr 2000 die Bruttowertschöpfung des Bankensektors in der Schweiz geringer war als der Wert der Arbeit, die bei der Zubereitung von Mahlzeiten und beim Abwaschen geleistet wurde. Die Bruttowertschöpfung von Informatikdienstleistungen war geringer als die im Bereich „Füttern und Waschen" von Kleinkindern (vgl. ebd.: 289). Auch zeigt Madörin, dass die Schweizer_innen mehr Zeit für die Zubereitung von Mahlzeiten zu Hause aufwandten als für irgendeine andere Arbeit. Interessant ist auch, dass die Angestellten der öffentlichen Verwaltung in der Schweiz insgesamt weniger Arbeitsstunden ableisteten, als Frauen allein mit unbezahlten Tätigkeiten in der Nachbarschaftshilfe und der Betreuung von Angehörigen und Freund_innen außerhalb (!) des eigenen Haushaltes verbrachten (2006: 287).

Innovation und Effektivitätssteigerung der Produktion ist) und konsumorientierten Dienstleistungen andererseits (ebd.: 13ff.). Bei den „konsumorientierten Dienstleistungen" unterscheiden sie wiederum drei Typen: die „personenorientierten Dienstleistungen", die „haushaltsorientierten Dienstleistungen" und die „Fun-Services". Haushaltsorientierte Dienstleistungen sind solche, bei denen Tätigkeiten, die „üblicherweise in einem Privathaushalt anfallen, in Form von Erwerbsarbeit für den Haushalt [erledigt werden]: Essenszubereitung im Restaurant, Saubermachen durch die Putzfrau, Pflege von Kleidung und Wäsche usw." (ebd.: 26). Personenbezogene Dienstleistungen „können einerseits (mehr oder weniger notwendige) Dienste sein, die unmittelbar der Person zugute kommen, wie z.B. Frisieren oder sonstige Körperpflege (etwa Massagen), außerdem Gesundheitsbehandlungen (medizinische oder therapeutische), Bildung und Erziehung" (ebd.). Innerhalb der personenbezogenen Dienstleistungen schlagen Häußermann und Siebel noch eine besondere Kategorie vor: die sozialen Dienste. Bestimmendes Merkmal sozialer Dienste ist, dass sie sich an abhängige Personen richten und ihr Inhalt die Pflege und Betreuung von diesen abhängigen Personen ist, in der Regel Kinder, Kranke und Alte (ebd.). Bernhard Badura und Peter Gross (1976: 73) betonen, dass bei den sozialen Dienstleistungen der Aspekt des Helfens wichtig sei und dieser in der Arbeit in diesem Sektor „verborgen ist, wie auch immer die Hilfe bezahlt oder verberuflicht ist". Bei Care-Arbeiten geht es um abhängige Personen, die auf Hilfe angewiesen sind, nach der Klassifizierung von Häusermann/Siebel würden Care-Arbeiten zu den personenbezogenen, sozialen Diensten zählen. Angesichts dessen, dass im Begriff der sozialen Dienste wie Badura und Gross anmerken, der Aspekt des Helfens (und der Wohltätigkeit) betont wird, geht diese Definition an Care-Arbeiten, die existenziell und gesellschaftlich notwendig sind, und nicht „nur" für „Bedürftige", die „Hilfe" brauchen, sondern für alle Menschen zu unterschiedlichen Lebenszeitpunkten wichtig sind, jedoch ein Stück weit vorbei.

Daher erscheint es sinnvoll – wie Madörin (2009: 66ff.) vorschlägt – Care-Dienstleistungen als eine „besondere" Untergruppe der personennahen Dienstleistungen zu klassifizieren. Der „Konsum" von Care-Dienstleistungen ist universell in abhängigen Lebenslagen notwendig. Das „integrative Produkt Care" (Jochimsen 2003: 56) von Care-Dienstleistungen entsteht in dem Moment der Beziehung zwischen Care-taker und Care-giver. Care-Dienstleistungen sind vergleichsweise zeitintensiv und sie können verschieden organisiert sein.

1.1.3 Besondere politische Ökonomie von Care-Arbeiten?

Die Besonderheit von Care und Care-Arbeiten zu erfassen, ist wichtig für die Bearbeitung der Frage, was denn mit dieser Besonderheit passiert, wenn Care-Tätigkeiten monetarisiert, kommodifiziert und innerhalb der Form der Lohnarbeit organisiert werden. Umgekehrt ist es auch wichtig im Hinblick auf die Frage, was denn mit der ökonomischen Dynamik passiert, sprich wie sich die formelle Ökonomie verändert, wenn Care-Tätigkeiten trotz ihrer Besonderheit zu einem Bestandteil der (formellen) Ökonomie werden.

Eine nicht gesonderte Betrachtung der besonderen Eigenschaften von Care-Arbeiten führt zu Kurzschlüssen bezüglich der Entwicklungstendenzen in den Geschlechterverhältnissen und der Hausarbeit im Spätkapitalismus, z.B. bei August Bebel und ähnlich bei Clara Zetkin. Angesichts der Kommodifizierungstendenz und der enormen Entwicklung der Produktivkräfte im Kapitalismus folgerten sie, dass Hausarbeit tendenziell verschwinden und der Kapitalismus somit die materiellen Voraussetzungen für die Emanzipation der Frauen aus sich selbst heraus entwickeln würde (vgl. hierzu Jeffereson/King 2001; Zetkin 1889). Haushaltsgeräte, Fast Food und billig Restaurants ersetzen zwar einen wesentlichen Anteil der instrumentellen Tätigkeiten im Haushalt durch warenförmige Güter und Dienstleistungen und setzen so gesehen die dort beschäftigte weibliche Arbeitskraft prinzipiell frei. Dennoch ist die Care-Arbeit für jüngere und ältere Angehörige weiterhin einer der zentralen Gründe, warum Frauen zu Hause bleiben und unbezahlt arbeiten: „This means that the proportion of time spent on domestic activities that conform to the abstract notion of work is falling, and 'work' becomes more and more concentrated in the paid economy" (Himmelweit 1995: 9). So gesehen hatten Bebel und Zetkin durchaus Recht. Aber: „Those activities remaining in the home are the more personal aspects of domestic life, which are least easily assumed under the dominant notion of work and therefore retain the characteristics of invisibility that used to characterize all unpaid work." (Ebd.). Die eigentliche Care-Arbeit ist relativ zeitintensiv und diese Zeitintensität lässt sich nur begrenzt verringern, ohne die Qualität der Leistung selbst zu verändern. Auch Arbeitsteilung ist im Care-Bereich nur begrenzt möglich. Dies unterscheidet sie z.B. von der Haushaltsarbeit, bei der durch den Einsatz von Maschinen oder die Veränderung ihres Produktionsmodus durchaus Zeit eingespart werden kann, ohne dass sich die Qualität der Leistung grundsätzlich verändert (vgl. Madörin 2009).

Care-Aktivitäten werden nunmehr zwar zunehmend auch auf dem Markt angeboten und nachgefragt, aber offenkundig verläuft die Kommodifizierung von Care anders und weniger gleichförmig als z.B. der Einzug von Spül- und

Waschmaschinen in die Einzelhaushalte. Warum dies so ist und welche politische Ökonomie dahinter steckt, lässt sich nur dann ergründen, wenn es einen theoretischen Begriff der besonderen Eigenschaften von Care-Arbeiten gibt *und* wenn es einen theoretischen Begriff von Kommodifzierung als sozio-ökonomischen Transformationsprozess gibt. Auf dieser Basis stellt sich die Kommodifzierung von Care und Care-Arbeit als ein umfassender sozio-ökonomischer Wandel dar – sowohl in den menschlichen Care-Beziehungen und der Art und Weise, wie mit Abhängigkeiten umgegangen wird, als auch in den Formen der Geld- und Waren-Ökonomie.

1.2 Kommodifizierung von Care

Der Begriff der Kommodifizierung stammt ursprünglich aus der marxistischen Theorietradition. Mit Blick auf diese Wurzeln möchte ich ihn im Folgenden vorstellen und dies dann auf die Kommodifizierung von Care übertragen. Um den Textfluss dabei nicht zu sehr zu unterbrechen, habe ich Zitate von Marx und anderen, die diesen Begriff wesentlich geprägt haben, in den Fußnoten angeführt.

1.2.1 Definition der Kommodifizierung

Kommodifizierung bezeichnete in der marxistischen Theorietradition zunächst die Ausweitung und Entfaltung der Warenform im Zuge der Herausbildung und Etablierung kapitalistischer Gesellschaftsformationen. In den Sozialwissenschaften hat Karl Polanyi den Begriff maßgeblich geprägt, um zu beschreiben, wie es im Zuge der großen Transformation, d.h. der Herausbildung und Vertiefung der Markt- und Konsumgesellschaften im 20. Jahrhundert zur Entbettung des Marktes aus der Gesellschaft und zur Ablösung von humanen Werten durch einen materialistischen Individualismus kam. Der Begriff der Kommodifizierung basiert dabei auf Marx' Darstellungen und Analysen zur Herausbildung, Etablierung und Entwicklung der warenproduzierenden, kapitalistischen Gesellschaftsformation, wie sie z.B. im *Kommunistischen Manifest* von 1848 anschaulich beschrieben wird.[20]

---

20 Dieses folgende Zitat benötigt einige gedachte Übersetzungen, um es als analytische Aussage zu verwenden. Das *Kommunistische Manifest* war schließlich eine politische (Kampf-)Schrift und die hier offenkundigen Personalisierungen sozio-ökonomischer Zusammenhänge und Tendenzen in „der Bourgeoisie" widersprechen in meinem Verständnis dem marxschen Denken. Ungeachtet dessen wird hier die Dynamik

Kommodifizierung bedeutet wörtlich das „Zur-Ware-Werden". Kommodifizierung von *Arbeitskraft* beinhaltet jedoch mehr als nur die Tatsache, dass Tätigkeiten bezahlt bzw. Produkte oder Dienstleistungen in Warenform auf dem Markt gegen Geld getauscht werden. Der Begriff meint, wenn er auf Arbeitskraft bezogen wird, einen *gesellschaftlichen Transformationsprozess*, in dem das Wohlergehen und Überleben der Einzelnen vollständig vom „Cash-Nexus" abhängig wird (Esping-Andersen 1990: 21) und sowohl Arbeitsprodukte und Dienstleistungen, die menschliche Bedürfnisse befriedigen, als auch die menschliche Arbeitskraft selbst zur Ware werden. Häufig wird der Begriff heute ohne Rückbindung an seine theoretischen Wurzeln verwendet. Ich möchte eine Rückkehr zu diesen Wurzeln vorschlagen, um die Kommodifizierung von Care als umfassenden sozio-ökonomischen Prozess fassen zu können. Im Folgenden erfolgt ein kurzer Exkurs zu der Frage: Was bedeutet Kommodifizierung in der marxistischen Lesart?

Kommodifizierung ist ein sozio-ökonomischer Transformationsprozess: Kommodifizierung basiert auf einem materiellen, sozialen und kulturellen Transformationsprozess. In diesem verändern sich die sozialen Verhältnisse und Beziehungen der Menschen untereinander ebenso wie die Verhältnisse und Zugangsmöglichkeiten der Menschen zu den Dingen, die sie umgeben.[21] Kommodifizierung

---

der Herausbildung der kapitalistischen Gesellschaftsformation sehr anschaulich dargestellt. Man übersetze vielleicht „die Bourgeoisie" mit „entwickelter kapitalistischer Gesellschaftsformation": „Die Bourgeoisie, wo sie zur Herrschaft gekommen, hat alle feudalen, patriarchalischen, idyllischen Verhältnisse zerstört. Sie hat die buntscheckigen Feudalbande, die den Menschen an seinen natürlichen Vorgesetzten knüpften, unbarmherzig zerrissen und kein anderes Band zwischen Mensch und Mensch übriggelassen als das nackte Interesse, als die gefühllose 'bare Zahlung'. Sie hat die heiligen Schauer der frommen Schwärmerei, der ritterlichen Begeisterung, der spießbürgerlichen Wehmut in dem eiskalten Wasser egoistischer Berechnung ertränkt. Sie hat die persönliche Würde in den Tauschwert aufgelöst und an die Stelle der zahllosen verbrieften und wohlerworbenen Freiheiten die eine gewissenlose Handelsfreiheit gesetzt. Sie hat, mit einem Wort, an die Stelle der mit religiösen und politischen Illusionen verhüllten Ausbeutung die offene, unverschämte, direkte, dürre Ausbeutung gesetzt.
Die Bourgeoisie hat alle bisher ehrwürdigen und mit frommer Scheu betrachteten Tätigkeiten ihres Heiligenscheins entkleidet. Sie hat den Arzt, den Juristen, den Pfaffen, den Poeten, den Mann der Wissenschaft in ihre bezahlten Lohnarbeiter verwandelt." (Marx/Engels Band 4: 464f.)

21 „Eins jedoch ist klar. Die Natur produziert nicht auf der einen Seite Geld- oder Warenbesitzer und auf der anderen bloße Besitzer der eigenen Arbeitskräfte. Dies Verhältnis ist kein naturgeschichtliches und ebenso wenig ein gesellschaftliches,

bedeutet daher für den Menschen im Verhältnis zu anderen Menschen und den Dingen ein „detachment, in space and time, from the immediacy and multiplex nature of the total network of social relations in which a person's specific form of access to a specific item in the surrounding world is generally embedded" (van Binsbergen/Geschiere 2005: 37).

In dieser Transformation wird menschliche Arbeit (*work*) eine tauschbare (und vergleichbare) Ware. Sie wird Lohnarbeit (*labour*),[22] die einen Tauschwert besitzt. In dieser Transformation werden Menschen zu doppelt freien Lohnarbeiter_innen (gemacht), die frei von Produktionsmitteln und daher in ihrer Reproduktion auf den Verkauf ihrer Arbeitskraft angewiesen sind; sie sind außerdem formell freie Menschen und daher zum Verkauf ihrer Arbeitskraft in der Lage, sie sind so gesehen autonome, „freie" Individuen:

> „[So] kann die Arbeitskraft als Ware nur auf dem Markt erscheinen, sofern und weil sie von ihrem eigenen Besitzer, der Person, deren Arbeitskraft sie ist, als Ware feilgeboten oder verkauft wird. Damit ihr Besitzer sie als Ware verkaufe, muß er über sie verfügen können, also freier Eigentümer seines Arbeitsvermögens, seiner Person sein. [...] Die zweite wesentliche Bedingungen, damit der Geldbesitzer die Arbeitskraft auf dem Mark vorfinde, ist die, daß ihr Besitzer, statt Waren verkaufen zu können, worin sich seine Arbeit vergegenständlicht hat, vielmehr seine Arbeitskraft selbst, die nur in seiner lebendigen Leiblichkeit existiert, als Ware feilbieten muß. [...] [Es] muß der Geldbesitzer also den freien Arbeiter auf dem Warenmarkt vorfinden, frei in dem Doppelsinn, daß er als freie Person über seine Arbeitskraft als seine Ware verfügt, daß er andrerseits andere Waren nicht zu verkaufen hat, los und ledig, frei ist von allen zur Verwirklichung seiner Arbeitskraft nötigen Sachen" (MEW 23: 182ff.).

Kommodifizierung bezeichnet also nicht nur das Aufkommen von Waren, Geld und Märkten, sondern einen für die Etablierung des Kapitalismus spezifischen und umfassenden Transformationsprozess, in dem sich die dominanten Abhängigkeits- und Ausbeutungsverhältnisse gegenüber vor-kapitalistischen Weisen der Produktion und Reproduktion verändern. Wie Photis Lysandrou herausstellt, bedeutet Kommodifizierung eine territoriale und qualitative Ausweitung und Vertiefung von Warenbeziehungen. Subsistenzproduktion wird dabei als primäre

---

das allen Geschichtsperioden gemein wäre. Es ist offenbar selbst das Resultat einer vorhergegangenen historischen Entwicklung, das Produkt vieler ökonomischen Umwälzungen, des Untergangs einer ganzen Reihe älterer Formationen der gesellschaftlichen Produktion" (MEW 23: 183).

22 „Was also die kapitalistische Epoche charakterisiert, ist, daß die Arbeitskraft für den Arbeiter selbst die Form einer ihm gehörigen Ware, seine Arbeit daher die Form der Lohnarbeit erhält. Andrerseits verallgemeinert sich erst von diesem Augenblick die Warenform der Arbeitsprodukte." (MEW 23: 184/Anm. 41).

Form der Produktion ersetzt durch die Produktion von Waren für einen regionalen, nationalen oder globalen Markt. Warenbeziehungen vertiefen sich und umspannen nunmehr Güter, Dienstleistungen und die menschliche Arbeitskraft selbst (Lysandrou 2005: 774; ähnlich Marx/Engels Band 4: 464ff.).

Mit dem Begriff der Kommodifizierung wird somit eine Transformation in den sozialen Verhältnissen und Beziehungen sowie den spezifischen Formen der (Un-)Abhängigkeit[23] erfasst, die sich mit der Ausweitung der Warenform auf weitere Bereiche der Gesellschaft, auf menschliche Aktivitäten und die Menschen selbst vertieft und verallgemeinert. Kommodifizierung verändert damit die Dynamik und Logik der jeweiligen Aktivitäten ebenso wie die Mechanismen der gesellschaftlichen Arbeitsteilung, die sich verstärkt nach dem Tauschwert der Arbeitsprodukte richten (vgl. Heinrich 2006: 203).

Kommodifizierung beinhaltet also einen Formwandel gesellschaftlicher Arbeit und einen Wandel in der Art und Weise, wie und unter welchen Bedingungen menschliche Bedürfnisse befriedigt werden. Dabei verändern sich sowohl die Logik der jeweiligen Aktivitäten (warum werden sie wann und wie und von wem ausgeführt) als auch die sozialen Beziehungen, in denen sich Produzent_in, Produktionsmittelbesitzer_in und Konsument_in gegenüberstehen (vgl. MEW 23: 774; MEW 24: 42).[24]

23 Esping-Andersen beschreibt (1990: 36ff.), wie die liberale, die konservative und die sozialistische Interpretation dieser Form der (Un-)Abhängigkeit sich unterscheiden. In der konservativen Erzählung dominiert das Szenario des kulturellen Werteverfalls und der Erosion von Moral und Anstand durch die Individualisierung, die durch eine Kommodifizierung vorangetrieben würde. Die liberale Erzählung fokussiert Kommodifizierung positiv als Bedingung für individuelle Freiheit. Das von tradierten und personalisierten Abhängigkeitsverhältnissen freie und autonome Individuum sei über den und auf dem Markt ein frei handelndes Individuum: Der Markt (als dominantes Koordinierungsprinzip der gesellschaftlichen Produktion) ist in der liberalen Perspektive „empancipatory, the best possible shell for self-reliance and industriousness“ (ebd.: 41).

24 „Geld und Ware sind nicht von vornherein Kapital, sowenig wie Produktions- und Lebensmittel. Sie bedürfen der Verwandlung in Kapital. Diese Verwandlung selbst aber kann nur unter bestimmten Umständen vorgehn, die sich dahin zusammenspitzen: Zweierlei sehr verschiedne Sorten von Warenbesitzern müssen sich gegenüber und in Kontakt treten, einerseits Eigner von Geld, Produktions- und Lebensmitteln, denen es gilt, die von ihnen geeignete Wertsumme zu verwerten durch Ankauf fremder Arbeitskraft; andrerseits freie Arbeiter, Verkäufer der eigenen Arbeitskraft und daher Verkäufer von Arbeit. Freie Arbeiter in dem Doppelsinn, daß weder sie selbst unmittelbar zu den Produktionsmitteln gehören, wie Sklaven, Leibeigne usw. noch auch die Produktionsmittel ihnen gehören, wie beim selbstwirtschaftenden Bauer

D.h. nicht, dass menschliche Aktivitäten bzw. Arbeitsprodukte wenn sie kommodifiziert sind, keinen Gebrauchswert mehr besitzen, aber es bedeutet, dass der Tauschwert das dominierende Prinzip für die Allokation von Ressourcen und die Verausgabung von Arbeitskraft wird. Der Lohn bestimmt dabei entscheidend die jeweiligen Reproduktionsbedingungen des Lohnabhängigen (vgl. Knijn/Ostner 2002: 141), der (voraussichtliche) Profit bestimmt wesentlich die Produktionsentscheidungen der Unternehmer_innen. Produziert wird daher im Kapitalismus nicht in erster Linie bedürfnisorientiert, sondern vor allem profitorientiert (auch wenn Bedürfnisse für den Profit nicht unwichtig sind).

Im Kapitalismus existiert eine strukturelle Tendenz zur Kommodifizierung, d.h. zur qualitativen und quantitativen Ausweitung der Warenform. Dennoch *passiert* Kommodifizierung nicht allein aus einer ökonomischen Rationalität heraus, sondern ist politisch-sozial bestimmt, d.h. ist Resultat menschlichen (Klassen-)Handelns: „[T]he reality of the capitalist system tends progressively to increase the dependence of subsistence on the market. But the forms of dependence, while impersonal, are [...] less autonomatic; they reflect decisions made by responsible agents" (Piccio 1992: 8).

Kommodifizierung von Menschen – Individualisierung der sozialen Reproduktion: Kommodifizierung entfremdet die Menschen insofern voneinander, als sie sich in einer von der Warenform dominierten Gesellschaft als „isolierte, ihren ökonomischen Vorteil verfolgende Warenbesitzer auf dem Markt gegenüber[stehen]. [...] Das auf den Warenbesitz reduzierte Individuum erscheint jetzt (sogar) als der Inbegriff des Menschen" (Heinrich 2006: 29). Sie können ihre Arbeitskraft verkaufen – und sie müssen es tun. Sie sind zwar die (kollektiven) Produzent_innen der Produkte (Waren) – aber nicht ihre Eigentümer_innen.

In ihrer materiellen Absicherung sind sie als *erwachsene, gesunde* Menschen (scheinbar) unabhängig von persönlichen und tradierten Beziehungen und sozialen Netzwerken. Sie sind als erwachsene Arbeitskräfte v.a. abhängig davon, ob sie ihre Arbeitskraft verkaufen können, und somit von Arbeitgeber_innen (Produktionsmittelbesitzer_innen), Arbeitsmärkten und den Konjunkturen des Business-Zyklus.

Kommodifizierung von Menschen bedeutet nicht nur einen Wandel in der Form menschlicher Arbeit, sondern damit einhergehend auch einen Wandel

---

usw., sie davon vielmehr frei, los und ledig sind. Mit dieser Polarisation des Warenmarktes sind die Grundbedingungen der kapitalistischen Produktion gegeben. Das Kapitalverhältnis setzt die Scheidung zwischen den Arbeitern und dem Eigentum an den Verwirklichungsbedingungen der Arbeit voraus." (MEW 23: 742)

im Modus der sozialen Reproduktion: „Stripping society of the institutional layers that guaranteed social reproduction outside the [individual, S.C.] labor contract meant that people were commodified" (Esping-Andersen 1990: 21). Kommodifizierung impliziert somit auch eine Individualisierung der individuellen (Verantwortung für) Reproduktion und Lebensrisiken.

Kommodifizierung – Widerspruch – Dekommodifzierung: Die Ausweitung der Warenform auf alles und jede_n ist eine Grundtendenz, die sich aus der Produktionslogik der kapitalistischen Produktionsweise heraus ergibt. Denn Kapital ist und bleibt nur solches, wenn es ständig akkumuliert und Unternehmer_innen, die keinen Profit erwirtschaften, sind schnell vom Markt verschwunden. Kapitallogik allein – so formuliert es Marx – würde eine freie „Menschenverwüstung" (MEW 25: 209) bewirken und damit ihre eigene Voraussetzung zerstören: die menschliche Arbeitskraft. Menschen können nicht immer, nicht 24 Stunden am Tag arbeiten. Sie können nicht arbeiten, wenn sie jung, krank oder alt sind, wenn sie Versorgungsverantwortungen nachgehen müssen oder wenn es nicht ausreichend Arbeitsplätze gibt. Außerdem brauchen Menschen Regenerationszeiten und Gesellschaften brauchen Menschen, die nicht nur lohnarbeiten. Menschliche Arbeitskraft ist also keine gewöhnliche Ware, sondern eine mit speziellen Eigenschaften, und eine davon ist, dass sie menschlich ist (die andere ist, dass sie in der Lage ist, Mehrwert zu produzieren). Bob Jessop (2001) und Polanyi (1948) sprechen angesichts dessen von der Arbeitskraft als einer fiktiven Ware. Als Waren „behandelt" sind Menschen jedoch Gefangene von Dynamiken und Mächten, die nicht ihrer Kontrolle unterliegen: „The commodity is easily destroyed by even minor social contingencies, such as illness, and by macro-events, such as the business cycle. When workers do actually behave as discrete commodities, they will by definition compete; and the fiercer the competition, the cheaper the price" (Esping-Andersen 1990: 37).

Diese Kommodifizierungstendenz einerseits und die Unmöglichkeit zur vollständigen Kommodifizierung der menschlichen Arbeitskraft bzw. der Menschen und aller Teilbereiche ihres Lebens andererseits begründen eine wesentliche Widerspruchskonstellation im Kapitalismus. An dieser entzünden sich historisch immer wieder soziale (Arbeits-)Kämpfe. Aus einer materialistischen Perspektive ist die soziale Gruppe, die an sich, d.h. aus der Struktur der kapitalistischen Produktionsweise heraus, für ein besseres Leben (und also Arbeiten) streiten müsste, die Klasse der kommodifizierten Lohnabhängigen. Daher folgern politische Ökonomen wie Marx (MEW 23), Claus Offe (1972) oder auch Polanyi (1992) und ähnlich Gospa Esping-Andersen (1990), dass Kommodifizierung und Dekommodifizierung Hand in Hand gehen und es im Laufe des 20. Jahrhunderts immer präsente und widerstreitende Tendenzen der Kommodifizierung, Dekommodifizierung und Rekommodifizierung verschiedener Bereiche des menschlichen Lebens und der menschlichen Tätigkeiten gegeben habe, deren temporäres Resultat sich in unterschiedlichen und stets umkämpften Modellen von Wohlfahrts- und Sozialstaaten niederschlug (Esping-Andersen 1990, 1999). Die feministische Wohlfahrtsstaatsforschung macht dabei deutlich, dass Frauen und die weibliche Arbeitskraft in Haushalten und Zivilgesellschaft bis heute eine zentrale Rolle spielen, wenn es um die Gewährleistung von Versorgung außerhalb der Logik der Marktökonomie geht und dass die männliche Dekommodifzierung häufig mit der weiblichen *nicht* Kommodifzierung Hand in Hand gingen (vgl. Ostern 1994; Daly/Rake 2004).

1.2.2 Transformationen in den gesellschaftlichen Care-Beziehungen

Die Kommodifizierung von Care bedeutet das Zur-Ware-Werden von Care *und* Care-Arbeit – also eine warenförmige Organisation der menschlichen Care-Bedürfnisbefriedigung und eine warenförmige Organisation eines Bereiches der menschlichen Arbeit und Fähigkeiten: der Care-Arbeit.

„Neu" ist diese Form allerdings nicht in ihrer Existenz an sich. Dienstmädchen, Kindermädchen, Nannies, Haushalts- und Pflegehilfen für ältere Menschen etc. existierten in *bürgerlichen und wohlhabenden* Haushalten bereits lange vor dem Postfordismus – und bezahlte Care-Arbeiter_innen z.B. in Institutionen wie Krankenhäusern und Altenpflegeheimen etc. sind ebenfalls nichts Neues. Die „Rückkehr" der Dienstmädchen (Odierna 2000) und die Zunahme von warenförmiger Kinderbetreuung und Altenpflege in der formellen und informellen *Privatwirtschaft* ist heute allerdings nicht mehr nur „Luxuskonsumtion" seitens der bürgerlichen Haushalte (vgl. MEW 42: 381), sondern reicht weit in die mittleren und in Teilen auch unteren Einkommensklassen hinein. Angesichts einer steigenden weiblichen Erwerbstätigkeit, alternder Gesellschaften, Privatisierungstendenzen im öffentlichen Sektor und einer Individualisierung der Lebensformen wird warenförmiges Care ein zunehmend notwendigeres Konsumgut (vgl. Madörin 2007: 152).

Nicht nur die Nachfrage, sondern auch das Angebot an Care-Arbeit verallgemeinert sich in den postindustriellen Ökonomien (vgl. Esping-Andersen 1999). So arbeiten immer mehr Menschen (überwiegend Frauen) in den Care-Segmenten des formellen und informellen Arbeitsmarktes und profitable Unternehmen siedeln sich in Bereichen der monetarisierten Care-Ökonomie an. Angesichts dessen halte ich es für plausibel, hinter dieser quantitativen Zunahme von warenförmigem Care einen qualitativen Wandel in den gesellschaftlichen Care-Beziehungen zu vermuten. Der Wechsel von einer quantitativen Zunahme hin zu einem qualitativen sozio-ökonomischen Wandel ist jedoch fließend. Handelt es sich bei der Kommodifizierung von Care um einen umfassenden sozio-ökonomischen Transformationsprozess (und nicht nur um eine punktuelle Möglichkeit, Hausarbeiter_innen anzustellen), dann bedeutet aus dieser Perspektive die Kommodifizierung von Care, dass nunmehr der „Zugang" zu Care nicht (mehr) über die Einbettung in traditionelle soziale Beziehungen gewährleistet wird (Subsistenz-Care), und auch nicht (mehr oder noch nicht) durch einen Sozialstaat (öffentliches Care) garantiert wird, sondern über den Markt als monetäres Tauschverhältnis geregelt wird. Eine weitere Schicht der tradierten Formen gesellschaftlicher Reproduktion wäre dann „abgetragen" und auch in diesem Bereich menschlichen Seins und menschlicher Aktivität hätten sich Warenbeziehungen ausgeweitet. Der Modus der sozialen Reproduktion hätte sich dann verschoben, d.h. auch, dass die Art und Weise, wie mit Abhängigkeitssituationen und individuellen Lebensrisiken gesellschaftlich umgegangen wird, sich verändert hätte und diese stärker individualisiert und monetarisiert wäre.

Überspitzt formuliert könnte man jetzt mit Marx/Engels folgern, dass in diesem Prozess das Care-Band zwischen Mensch und Mensch (tendenziell) zum „nackten Interesse", zur „gefühllosen 'baren Zahlung'" wird (vgl. Marx/Engels Band 4: 464.). Der „heilige Schauer" der frommen Fürsorge, Versorgung, Pflege, Betreuung, Zuneigung, Liebe würde „in dem eiskalten Wasser egoistischer Berechnung" ertränkt (Ebd.: 465). Die Kommodifizierung von Care und Care-Arbeit ließe an die Stelle der in emotionale und moralische (sowie geschlechterstereotype) „Illusionen verhüllte Ausbeutung" von (unbezahlten) Care-Arbeiter_innen die „offene, direkte und unverschämte Ausbeutung" (Ebd.: 465) von (schlecht bezahlten) Care-Arbeiter_innen treten.

In der Kommodifizierung von Care verwandelt sich die fürsorgende, pflegende, betreuende Person X in eine Care-Lohnarbeiterin, die für den Verkauf ihrer Care-Arbeitskraft einen Lohn bzw. Tauschwert erhält. Die pflegebedürftige oder zu betreuende Person Y hingegen verwandelt sich in eine_n Konsument_in, Klient_in und unter Umständen auch Chef_in, welche_r die Voraussetzung[25], über Geld

25 Diese Voraussetzung kann auch durch den Staat gewährleistet werden, wenn dieser z.B. finanzielle Transferleistungen an Care-Bedürftige garantiert. Dann gilt weiterhin, dass die Verfügbarkeit über Geld die Voraussetzung für den Eintritt in die monetarisierte Care-Beziehung ist – nur wird diese durch den Staat gewährleistet. In

zu verfügen, als Eintrittskarte in die kommodifizierte Care-Beziehung und als Legitimation für die Mobilisierung der Care-Arbeitskraft mitbringen muss. Die Kommodifizierung von Care würde in ihrer totalen Form die Ausweitung und Entfaltung der Warenform auch im Care-Bereich bedeuten und wäre dann also ein Prozess, in dem auch die Versorgung, Fürsorge und Betreuung von Personen in Abhängigkeitsverhältnissen gänzlich vom „Cash Nexus" abhinge. Im Prozess der Kommodifizierung von Care wird die Care-Arbeitskraft eine tauschbare Ware und damit vermittelt über die abstrakte Arbeit vergleichbar mit allen anderen Produkten gesellschaftlicher (d.h. hier abstrakter) Arbeit.

Die Kommodifizierung von Care bedeutet somit, dass sich der soziale Rahmen, in dem eine Care-Tätigkeit ausgeführt wird, verändert. Das hat nicht nur Auswirkungen auf die primären Motivationen/Beweggründe/Zwänge seitens der Care-Arbeiter_innen, sondern auch auf die sich in der Care-Beziehung konstituierenden sozialen Rollen und Identitäten und die hierbei mit anklingenden sozialen Werte und Normen. Wie Mary Daly und Jane Lewis (1998: 6) verdeutlichen, wandeln sich bei einer solchen Transformation insgesamt die „normative, cost and social frameworks within which this work is assigned and carried out". In einer vollständig kommodifizierten Care-Beziehung muss der Care-taker als Voraussetzung dafür (vgl. FN 25), dass er eine Care-Arbeitskraft mobilisieren kann, Geld ins Spiel bringen können. Auf dieser Basis – und nicht auf der von z.B. sozialen Werten und Normen – erhält der Care-taker dann die Versorgung, Pflege und Betreuung, die er braucht, zu dem jeweils entsprechenden Preis (vgl. ebd.). Für die Aufnahme der jeweiligen Tätigkeit und für die Frage des Zugangs zu Versorgung/Pflege und Fürsorge spielt nunmehr in erster Linie der Tauschwert als Lohn bzw. spielen aus der Perspektive des Care-takers die individuellen Kosten eine wichtige Rolle.

Die Übertragung des Kommodifizierungsbegriffes auf Care verweist uns umgehend auf den weiteren gesellschaftlichen Kontext, in dem eine solche Kommodifizierung stattfindet oder stattgefunden hat. Eine Kommodifizierung von Care ist wie gezeigt Ausdruck und Resultat veränderter Bedingungen der sozialen Reproduktion und Produktion:

Erstens müssen Menschen mit einem Care-Arbeitsvermögen existieren, die ihre Care-Arbeitskraft verkaufen wollen/müssen. D.h., diese Menschen müs-

---

diesem Fall ist die Kommodifzierung der menschlichen Care-Bedürfnisbefriedigung ein Stück weit abgeschwächt. Dies ist in der Realität häufig der Fall (wie sich im weiteren Verlauf der Arbeit noch zeigen wird), an dieser Stelle interessiert zunächst v.a. die „reine" Form von kommodifizierten Care-Beziehungen.

sen eine Notwendigkeit, einen Willen sowie die Möglichkeit dazu haben, ihre (Care-)Arbeitskraft zu verkaufen, sie müssen doppelt bzw. dreifach freie Lohnarbeiter_innen[26] sein (vgl. hierzu Young 1998), um ihre eigene Reproduktion zu gewährleisten. Wenn diese kommodifizierten Care-Arbeiter_innen existieren, ist damit eine notwendige Bedingung dafür gegeben, dass es Care in kommodifizierter Form geben kann, die jedoch noch nicht hinreichend ist.

Mit ihrem Care-Arbeitsvermögen können Care-Arbeiter_innen ihre Arbeitskraft auf dem Arbeitsmarkt anbieten – ob sie Abnehmer_innen finden, hängt jedoch davon ab, ob es Haushalte gibt, die eine Notwendigkeit bzw. ein Bedürfnis haben, Care in Warenform zu kaufen und sich dies auch leisten können[27].

Zweitens ist daher eine weitere Bedingung, dass es außerdem ausreichend Menschen gibt, die Care in Warenform für ihre eigene Reproduktion auf dem Markt kaufen wollen, können und/oder müssen. Erst beide Bedingungen zusammen sind hinreichend für die Existenz von kommodifiziertem Care als entwickelter Form. D.h. auch, dass die Existenz von kommodifiziertem Care Ausdruck einer Veränderung in den Organisationsformen von Reproduktions- und Care-Arbeit in den Haushalten ist. In dieser Veränderung wird ehemals außerhalb der Warenform verrichtete Care-Reproduktionsarbeit, die Bestandteil der Haushalts*produktion* war, nunmehr zu Care in Warenform und Bestandteil des Haushalts*konsums*. Inwiefern dies bedeutet, dass die Reproduktion jener Menschen, die Care konsumieren, auch in ihrem Care-Bereich kommodifiziert ist, ist eine Frage nach den alternativen Zugängen dieser Menschen zu einer nicht-warenförmigen Care-Organisation und d.h. eine Frage nach den Reproduktionsverhältnissen, in denen

26 Der Begriff der dreifach freien Lohnarbeiter_in verweist darauf, dass es für die männliche Arbeitskraft zwar in der Regel zutrifft, dass diese als Voraussetzung dafür, ihre Arbeitskraft als Ware auf den Arbeitsmarkt tragen zu können, nur doppelt frei sein muss – frei in der Entscheidung dies zu tun und frei von Produktionsmitteln – die weibliche Arbeitskraft hingegen in der Regel zusätzlich frei sein muss von ansonsten ihr über eine geschlechtsspezifische Arbeitsteilung zugewiesene Reproduktionsarbeit. D.h., sie muss ihre Care-Verantwortung für von ihr abhängige Personen bzw. diejenigen, die Versorgungsansprüche an sie stellen (Partner_in/Ehemann), an andere delegieren oder alleinstehend und kinderlos bleiben, sofern „ihre" Reproduktionsarbeit nicht gesellschaftlich organisiert wird. Young (1998) weist darauf hin, dass sich gut qualifizierte Frauen diese in der Regel nicht im ausreichenden Maße durch die öffentlichen Care-Systeme gewährleistete dreifache Freiheit erkaufen können, indem sie schlecht bezahlte und verletzliche undokumentierte Care-Arbeiter_innen anstellen.

27 Auch hier können staatliche Programme eingreifen, und auch hier gilt, dass es sich dann um eine Abschwächung der Kommodifzierung der Care-Bedürfnisbefriedigung handelt (vgl. FN 25)

diese Menschen leben. Bleibt ihnen nichts anderes übrig, als Care in Warenform zu kaufen, so sind sie auch in ihren Care-Bedürfnissen vom Markt abhängig.

1.2.3 Verschiedene ökonomische Formen von warenförmigem Care

Das Zur-Ware-Werden von Care und Care-Arbeitskraft schafft die Bedingungen für die Möglichkeiten der Profitproduktion auch im Care-Bereich, was jedoch umgekehrt nicht bedeutet, dass Care in Warenform unbedingt profitgenerierend organisiert sein muss. Kommodifizierung und Durchkapitalisierung bzw. Profitabilisierung gehen nicht notwendigerweise Hand in Hand. So kann es eine Kommodifizierung von Care geben, ohne dass hier das Profitmaximierungsprinzip direkt eindringt; umgekehrt jedoch verlangt eine Durchkapitalisierung von Care dessen Kommodifizierung. Kommodifizierte Care-Arbeiter_innen können in verschiedenen über das Geld vermittelten Arbeitsverhältnissen arbeiten. Sie können als einfache Lohnarbeiter_innen in Arbeitsverhältnissen arbeiten, die als Dienstbot_innen-Arbeitsverhältnisse bezeichnet werden könnten. Hier wird Care-Arbeit gegen Lohn/Geld getauscht, es entsteht in dem Arbeitsverhältnis jedoch kein Profit.

Care-Arbeiter_innen können aber auch als Lohnarbeiter_innen in einem privatwirtschaftlichen Care-Unternehmen oder für eine privatwirtschaftliche Care-Agentur arbeiten. Hier würden sie ihre Arbeitskraft gegen einen Lohn tauschen, und das Unternehmen bzw. die Agentur würde die warenförmige Dienstleistung Care an Care-Konsument_innen verkaufen und einen höheren Preis verlangen, als die Produktion der Dienstleistung gekostet hat (Lohnkosten und andere Produktionskosten), sofern ein Profit entstünde.

Sowohl in der ökonomischen Form von Care-Diensten, in denen kein Profit entsteht, als auch in den Formen von Care-Lohnarbeit, in denen ein Profit entsteht, wird Care-Arbeitskraft verausgabt und Care-Arbeit getan, und in beiden Formen wird ein Lohn verdient. Die Formen unterscheiden sich also v.a. in der Frage, ob zusätzlich noch ein Profit gemacht wird oder nicht, d.h., ob es die Möglichkeit zur Akkumulation gibt oder nicht. Sofern ein Profit entsteht und Akkumulation stattfindet, können wir – zumindest vorläufig – in den marxschen Kategorien diese Arbeit als produktive[28] Arbeit bezeichnen, denn es handelt

28 Produktive Arbeit meint bei Marx Arbeit, die Mehrwert schafft. Ob Arbeit produktiv ist oder nicht, hat zunächst nichts mit ihrem Inhalt zu tun, sondern lediglich mit der ökonomischen Form, in der sie geleistet wird. Heinrich (2005: 121) veranschaulicht

sich dann um Arbeit, die Mehrwert schafft und „die Kapital produziert" (Marx/Engels Band 26.1: 127).

In beiden Fällen sind kommodifizierte Care-Arbeiter_innen in ihrem eigenen Überleben davon abhängig, ob sie ihre Care-Arbeitskraft am Arbeitsmarkt erfolgreich verkaufen können und ob die hier gezahlten Löhne zum Leben reichen.[29] Diese beiden verschiedenen Formen kommodifzierter Care-Arbeit unterscheiden sich ferner sowohl dahingehend, welche Akteur_innen in der Konstituierung des Arbeitsverhältnisses relevant sind, als auch darin, inwiefern die jeweiligen Arbeiten in den Gesamtprozess der Produktion und sozialen Reproduktion eingebettet sind und welche ökonomischen Dynamiken eine Kommodifizierung von Care auf die eine oder die andere Art und Weise mit sich bringt. Hierauf werde ich im weiteren Verlauf des Kapitels noch zurückkommen.

1.2.4 Kommodifizierung – Dekommodifizierung von Care-Arbeiter_innen und Care-Konsument_innen

Wenn Tendenzen zur Kommodifizierung auch Bestrebungen und Kämpfe für eine Dekommodifizierung hervorrufen (können), kann dies bezogen auf die Kommodifizierung von Care und Care-Arbeit ganz Unterschiedliches bedeuten. Aus der Perspektive von kommodifizierten Care-Arbeiter_innen würden Dekommodifizierungs-bestrebungen allgemein bedeuten, dass das eigene Überleben nicht mehr vollständig an den Verkauf der eigenen Care-Arbeitskraft gebunden wäre, es ein Mindestmaß an sozialen Absicherungen gäbe und das individuelle Reproduktionsniveau nicht einzig und allein über den Preis der Arbeitskraft auf dem Arbeitsmarkt determiniert wäre.

---

dies am Bespiel eines Pizzabäckers: „Backe ich eine Pizza, die ich selbst esse oder meinen Freunden vorsetze, dann habe ich zwar einen Gebrauchswert geschaffen, aber keine Ware (die Pizza wird nicht verkauft). [...] Meine Arbeit war im kapitalistischen Sinne unproduktiv. Verkaufe ich die Pizza dagegen bei einem Straßenfest, dann habe ich Ware und Wert produziert, aber keinen Mehrwert, meine Arbeit war also immer noch unproduktiv. Werde ich nun als Koch in einem kapitalistisch betriebenen Restaurant eingestellt und backe dort eine Pizza, die von zahlenden Gästen aufgegessen wird, dann habe ich nicht nur Ware und Wert, sondern auch Mehrwert produziert, insofern war meine Arbeit 'produktiv'."

29 Ebenfalls hängen der Grad und die Art der Kommodifizierung dieser Care-Arbeiter_innen natürlich von existierenden (oder nicht existierenden) staatlichen Dekommodifizierungspolitiken ab sowie von den Voraussetzungen für den Zugang zu bzw. den Anspruch auf sozialstaatliche Dekommodifizierungsmaßnahmen.

Bestrebungen zur Dekommodifizierung würden aus der Perspektive der Nachfrage nach Care-Arbeit bedeuten, dass die Care-Bedürfnisbefriedigung weniger stark oder gar nicht vom „Cash Nexus“ abhinge. Dies würde implizieren, dass auf der Nachfrageseite Forderungen aufgestellt würden, in denen der Modus der sozialen Reproduktion erneut zur gesellschaftlichen Verhandlung stünde und ein weniger individualisierter, d.h. stärker gesellschaftlich organisierter Umgang mit Abhängigkeitssituationen und (individuellen) Lebensrisiken angestrebt würde.

Die Kommodifizierung von Care bringt daher immer auch die prinzipielle Möglichkeit mit sich, dass die Care-Versorgung von Care-Bedürftigen (teilweise) vergesellschaftet wird und/oder Care-Arbeiter_innen gesellschaftlich (staatlich) finanziert oder subventioniert werden[30]. Ob dies so geschieht oder nicht, ist eine Frage der sozialen Kämpfe und Aushandlungsprozesse sowie der Handlungs- und Koalitionsmöglichkeiten der jeweiligen Akteur_innen und kann nur im konkreten Kontext geklärt werden. Wichtig ist an dieser Stelle festzuhalten, dass eine Kommodifizierung von Care eben immer auch die Möglichkeit einer gesellschaftlichen Re-Organisation von Care und eine bessere Bewertung und Entlohnung von Care-Arbeit als Gegenbewegung beinhaltet.

1.3 Zusammenfassung

Wir können an dieser Stelle festhalten, dass die Voraussetzung für Formen kommodifzierter Care-Arbeit die Existenz von Menschen ist, die ihre Care-Arbeitskraft verkaufen wollen und/oder müssen und dies auch tun können, und die Existenz von Menschen, die einen Teil der Care-Arbeiten ihrer individuellen Reproduktion über den Markt organisieren wollen und/oder müssen und dies auch tun können. Insofern können wir davon ausgehen, dass die Kommodifizierung von Care eine Ausweitung von Warenbeziehungen sowohl im Bereich der menschlichen Care-Bedürfnisse als auch im Bereich der menschlichen Care-Arbeit bedeutet. Die Kommodifizierung von Care und Care-Arbeit impliziert also Veränderungen sowohl in den sozialen „VerCaresverhältnissen“ – den sozialen Formen, wie Menschen Versorgung, Pflege und Betreuung erhalten und

30 Demnach könnte prinzipiell über das Aufbrechen von Widersprüchen in der Kommodifizierung von Care und durch die politische Organisation der hiervon Betroffenen oder an einer Veränderung Interessierten eine gesellschaftliche Re-Organisation und Re-Finanzierung von Care-Arbeit und eine gesellschaftliche Gewährleistung eines Rechts auf Care in Lebenslagen, in denen ein Mensch nicht in der Lage ist, sich um sich selbst zu kümmern, vorangetrieben werden.

organisieren – als auch in den sozialen Verkehrsverhältnisses – den Formen, wie das Gesamte der gesellschaftlich notwendigen Arbeit organisiert und koordiniert wird.

Die Kommodifizierung von Care und Care-Arbeit würde in ihrer totalen Form bedeuten, dass der Zugang zu Care, d.h. ein Recht auf Care, nur unter der Voraussetzung des eigenen Besitzes von Geld gewährleistet wäre. Des Weiteren verändern sich bei einer Kommodifizierung von Care-Arbeit die Motivationen, die seitens der Care-Arbeiter_innen eine Rolle spielen, Care-Arbeit zu tun. Nunmehr existiert prinzipiell die Möglichkeit, dass Care-Arbeit (auch oder nur) zum Zwecke des Einkommenserwerbs ausgeführt wird. Die Kommodifizierung von Care als gesellschaftliche Tendenz bedeutet, dass es eine sozio-ökonomische Transformation in diese Richtung gibt, die jedoch auch Gegenbewegungen und Widersprüche hervorrufen kann und die nie so total ist, wie es der Kommodifizierungsbegriff zunächst suggeriert. Diese Gegenbewegungen und Widersprüche können an verschiedenen „Orten" stattfinden und sie können sowohl auf der Seite von Menschen entstehen, die Care benötigen, als auch auf der Seite von Menschen, die Care-Arbeit leisten, oder auf beiden Seiten zugleich.

2. Regulationstheorie plus soziale Reproduktion als theoretischer Rahmen

Wie kann man die ökonomische und gesellschaftliche Entwicklung und darin die Transformation der (geschlechtsspezifischen) Organisation von Care-Arbeiten in einem theoretischen Gerüst, welches sowohl Geschlechterverhältnisse als auch Klassenverhältnisse, sowohl den Privathaushalt als auch die Makroökonomie gleichberechtigt einbezieht, integrieren? Marx und Engels leiten in der Deutschen Ideologie (MEW 3) her, dass gesellschaftliche Geschichte und ökonomische Geschichte im Zusammenhang untersucht werden müssen:

> „Wir müssen [...] damit anfangen, daß wir die erste Voraussetzung aller menschlichen Existenz, also auch aller Geschichte konstatieren, nämlich die Voraussetzung, daß die Menschen imstande sein müssen zu leben, um „Geschichte machen" zu können. Zum Leben aber gehört vor Allem Essen und Trinken, Wohnung, Kleidung und noch einiges Andere. Die erste geschichtliche Tat ist also die Erzeugung der Mittel zur Befriedigung dieser Bedürfnisse, die Produktion des materiellen Lebens selbst [...] Das Zweite ist, daß das befriedigte erste Bedürfnis selbst, die Aktion der Befriedigung und das schon erworbene Instrument der Befriedigung zu neuen Bedürfnissen führt – und diese Erzeugung neuer Bedürfnisse ist die erste geschichtliche Tat. [...] Das dritte Verhältnis, was hier gleich von vornherein in die geschichtliche Entwicklung eintritt, ist das, daß die Menschen, die ihr eignes Leben täglich neu machen, anfangen, andre Menschen zu machen, sich fortzupflanzen das Verhältnis zwischen Mann und Weib, Eltern und Kindern, die Familie. [...]
> Die Produktion des Lebens, sowohl des eignen in der Arbeit wie des fremden in der Zeugung, erscheint nun schon sogleich als ein doppeltes Verhältnis – einerseits als *natürliches* [Hervorhebung S.C.], andrerseits als gesellschaftliches Verhältnis -, gesellschaftlich in dem Sinne, als hierunter das Zusammenwirken mehrerer Individuen, gleichviel unter welchen Bedingungen, auf welche Weise und zu welchem Zweck, verstanden wird. [...] (MEW 3: 28ff.).

Mehr als hundert Jahre später wurde im Zuge der zweiten Welle der Frauenbewegung vermehrt Kritik von Feministinnen hör- und lesbar[1]. Der in der Kritik

1 D.h. nicht, dass nicht auch schon vorher Kritik von Feministinnen an den ontologischen und anthropologischen Annahmen in der Kritik der politischen Ökonomie geäußert wurde.

der politischen Ökonomie eingenommene vermeintlich universelle Standpunkt auf die menschliche und ökonomische Entwicklung wurde als männlicher und daher partieller Standpunkt kritisiert (vgl. zum Überblick Hoppe 2002). Feministinnen machten deutlich, dass in dieser männlichen Erzählung über die soziale und technologische Ontologie der kapitalistischen Produktionsweise, deren Transformation allein durch die Entwicklung der Produktivkräfte und der Produktionsverhältnisse determiniert schien, etwas entscheidendes vergessen wurde, weil es von Anfang an naturalisiert[2] und damit aus dem Bereich des zu Erklärenden ausgeschlossen wurde:

> „'Die Produktion des Lebens, sowohl des eigenen in der Arbeit wie des fremden in der Zeugung' ist das nicht vor allem Sache des Mannes – Zeugung? Im damaligen Sprachgebrauch? 'erscheint nun schon sogleich als doppeltes Verhältnis – einerseits als natürliches, andererseits als gesellschaftliches' Gott sei Dank, das wäre geschafft, da hat man es nun schnell auf den Begriff (Natur, S.C.) gebracht, mit dem es aus der historischen Analyse ausgeschlossen werden kann. [...]. Für die Männer ist die Kinderproduktion keine soziale Tätigkeit, sondern wie gesagt: Zeugung, Trieb, Natur. Und jetzt kann's endlich weitergehen. [...] Der männlich verengte Blick auf die Kinderproduktion (Alten- und Krankenpflege, S.C.) tut zusätzlich gute Dienste [...] Sage noch einer oder eine, der Kapitalismus allein trage die Schuld“ (Christel Neusüß 1985: 33f).

Feministinnen damals forderten, ökonomische Geschichte und die Geschichte ungleicher Geschlechterverhältnisse im Zusammenhang zu untersuchen. Ökonomische Geschichte, ökonomische Geschichtsschreibung und ökonomische Theorien sind allerdings bis heute in den Formen, die uns geläufig sind, überwiegend (noch) von den herrschenden Verhältnissen, in denen sie „gemacht“ werden, gezeichnet und der in ihnen eingenommene Standpunkt der Erkenntnis ist überwiegend ein androzentristischer (vgl. Hoppe 2002; Ferber/Nelson 1993) und eurozentristischer (vgl. Lindner 2010). In diesem Kapitel werde ich ein theoretisches Gerüst skizzieren, in dem Geschlechterverhältnisse und Klassenverhältnisse als miteinander artikulierte gesellschaftliche Verhältnisse und Produktions- und Reproduktionsweise als aufeinander bezogene, gleichermaßen relevante gesellschaftliche Handlungsräume konzipiert werden können. Auch für dieses um *einen* feministischen Standpunkt erweiterte Theoriegerüst über die kapitalistische Entwicklung gilt, was für ökonomische Theorien im Allgemeinen gilt:

---

2 Die „gesellschaftliche Anerkennung der Natur eines Verhältnisses [...] ist ein Bestandteil des Verhältnisses selbst“ (Lipietz 1985: 110).

> „The definition of the field of economic science does not derive from a universal principle that founds a pure economy. It is solely a methodological demarcation within the field of social relations, one perpetually probed and shifted by the development of theoretical analysis itself. The study of capitalist regulations, therefore, cannot be the investigation of abstract economic laws“ (Aglietta 1979: 16).

Kapitalistische Produktionsweise und soziale Reproduktion sind Begriffe, die als „verständige Abstraktionen“ (vgl. MEW 13: 632f.) allgemeine, abstrakte Muster, Trends und Tendenzen in der gesellschaftlichen Organisation von Produktion, Tausch und Verteilung auf der einen Seite und in der Organisation der Reproduktion von Individuen, Arbeitskraft und dem gesellschaftlichen Zusammenhang auf der anderen Seite zusammenfassen. Mit dem Begriff der Produktionsweise wird eher das abgebildet, was hinlänglich als „das Ökonomische“ verstanden wird, und das, was hinlänglich als „das Soziale“ verstanden wird, wird mit dem Begriff der sozialen Reproduktion in seiner ökonomischen Relevanz kenntlich gemacht. Um die Kommodifizierung von Care und Care-Arbeit als einen umfassenden sozio-ökonomischen Transformationsprozess zu konzipieren, der gesellschaftliche *und* ökonomische Dimensionen besitzt und in dem Care-Arbeit nicht allein als neue Arbeit entsteht, sondern auch bereits existierende Care-Arbeit nur ihre Form wechselt, braucht es eine Betrachtung dieser beiden Bereiche der gesellschaftlichen Produktion und Reproduktion in ihrer gegenseitigen Bezogenheit.

Die Regulationstheorie bietet ein umfassendes sozio-ökonomisches Theoriegerüst an, welches die ökonomische Geschichte der Menschen als eine soziale Geschichte betrachtet und dem Handeln der Menschen einen zentralen Stellenwert für die Entwicklung und Veränderung von ökonomischen Prozessen einräumt. Die Regulationstheorie lässt sich, was die implizite oder explizite Relevanz von Geschlechterverhältnissen für die Gestaltung ökonomischer Verhältnisse angeht, an vielen Stellen bereits (aus feministischer Perspektive) wohlwollend lesen. Allerdings ist die „Care-Seite“ der sozialen Reproduktion in der Regulationstheorie begrifflich unterbestimmt. Ihre begriffliche Bestimmung ist wiederum zentral für den Ansatz der Feministischen Globalen Politischen Ökonomie, in der Care-Arbeiten „naturgemäß“ eine große Rolle spielen, da Care-Arbeiten bis heute v.a. von Frauen erledigt werden.

Ich werde in diesem Kapitel die Regulationstheorie im Hinblick auf die Erfassung der Geschlechterverhältnisse im Folgenden wohlwollend lesen (2.1.) und sie außerdem um den Begriff der sozialen Reproduktion (2.2.) ergänzen. In dem dadurch geschaffenen Rahmen (2.3./2.4.) ist es dann möglich, auf einer theoretischen Ebene sowohl über die soziale Reproduktion und Reproduktionsverhältnisse als auch über die kapitalistische Produktionsweise und

Produktionsverhältnisse zu sprechen, ohne das eine dem anderen unter- oder nachzuordnen. Produktion und soziale Reproduktion können so als Abstraktionen zweier gesellschaftlicher Bereiche verstanden werden, die sich in einem spannungsreichen Verhältnis miteinander artikulieren[3] und die Bestandteile eines sozio-ökonomischen Gesamtprozesses sind. Dieser Gesamtprozess ist die gesellschaftliche Reproduktion[4] im umfassenden Sinne, also der Prozess, in dem eine Gesellschaftsformation „passiert", die über eine kapitalistische Produktionsweise verfügt, sich allerdings nicht durch diese allein erhalten kann und daher auch nicht hinreichend durch sie bestimmen lässt. Im historischen Prozess prägen sich die historisch verschiedenen Modi der Akkumulation im Wechselspiel mit den historisch verschiedenen Organisationsformen der sozialen Reproduktion aus und in diesem wechselseitigen Ausbildungsprozess spielen Geschlechterverhältnisse eine wichtige Rolle (2.5.).

---

3 Der Begriff der Artikulation geht auf Marx zurück (MEW 3, 20ff). Mit ihm soll gefasst werden, dass Gesellschaft ein organisches Ganzes ist, in dem alle Beziehungen gleichzeitig existieren und sich gegenseitig prägen. Das gesellschaftlich Ganze ist ein Effekt vieler nicht-identischer Teilprozesse, die jeweils einer Eigenlogik folgen, deren Eigenschaften dennoch auch von diesem Effekt des Wirkungszusammenhanges konstituiert werden. Einzelne Verhältnisse können sich dabei gegenseitig abstützen als auch in einen Widerspruch zu einander treten (vgl. HKWM 1: 612ff.) und ihre jeweils konkrete historische Gestalt ist Resultat eines Wechselspiels mit allen weiteren gesellschaftlichen Verhältnissen innerhalb eines Strukturzusammenhanges.

4 Die gesellschaftliche Reproduktion im umfassenden Sinne ist eine Hilfebezeichnung meinerseits, mit der ich hoffe, begriffliche Missverständnisse zu vermeiden, da ich in diesem Kapitel mit verschiedenen theoretischen Begriffen, die den Reproduktionsbegriff beinhalten, hantieren werde. Mit dem Begriff der gesellschaftlichen Reproduktion im umfassenden Sinne meine ich die Wiederherstellung von allem, was zu einem bestimmten Ort an einer bestimmten Zeit eine Gesellschaftsformation ausmacht. Dazu zählen die dominante und die anderen Produktionsweisen, die soziale Reproduktion und die Vielzahl an gesellschaftlichen Verhältnissen, welche die Produktionsweisen und die soziale Reproduktion einer Gesellschaftsformation strukturieren. Der Begriff der sozialen Reproduktion aus der FGPE, den ich im weiteren Verlauf des Kapitels ausführlich definiere, fasst die Reproduktion von Menschen, der menschlichen Arbeitskraft und der Institutionen, die einen gesellschaftlichen Zusammenhalt gewährleisten. Dies meint etwas anderes als der Begriff der Reproduktion der gesellschaftlichen Verhältnisse und der gesellschaftlichen Totalität (vgl. Aglietta 1979: 171; Wolf 2008: 42ff.), so wie er in marxistischen Theorien häufig verwendet wird. In letzeren wird allerdings oft vergessen, dass zur gesellschaftlichen Totalität und ihrer Reproduktion auch die soziale Reproduktion und Geschlechterverhältnisse gehören.

2.1 Die kapitalistische Produktionsweise unter regulationstheoretischer Perspektive

Die sogenannte „Pariser Schule" der Regulationstheorie[5] entwickelte in den 70er Jahren[6] eine neomarxistische historische Kapitalismustheorie, die versucht, Ökonomie, Politik und Gesellschaft als komplexes, zusammenhängendes Ganzes zu begreifen.[7] Mit dem Regulationsbegriff will sie ein alternatives Erklärungsmodell sowohl zur neoklassischen Theorie des allgemeinen Gleichgewichtes und des Homo oeconomicus als auch zum strukturellen Marxismus der Althusser-Schule bereitstellen (vgl. Aglietta 1979: 13ff.; Hübner 1989: 17).

Der Begriff der Regulation an Stelle von Reproduktion soll in der Regulationstheorie deutlich machen, dass kapitalistische Entwicklung nicht einer abstrakten ökonomischen Logik folgt (z.B. dem Wertgesetz) und auch nicht direkt linear oder in determinierten Phasen, aber auch nicht völlig kontingent oder chaotisch verläuft. Diese Entwicklung ist weder vollkommen zufällig noch vollkommen determiniert. Sie beruht auf „sozialen Konflikten und Klassenauseinandersetzungen, die in objektiven Strukturen eingebettet sind und diese zugleich fortlaufend

5 Der Abschnitt über die Regulationstheorie basiert auf meiner Diplomarbeit „Regulationstheorie und Geschlecht", FU Berlin, 2006 (vgl. Chorus 2007a)

6 Ein Großteil der regulationstheoretischen Untersuchungen der Pariser Schule entstand am *Centre d'études prospectives d'économie mathématique appliquées à la planification* (CEPREMAP), weshalb die Pariser Schule auch als CEPREMAP-Gruppe bezeichnet wird.

7 Die Begründer der Regulationstheorie bezeichnen sich als „rebellische Söhne" Louis Althussers (Lipietz 1992). Den Grundstein der Regulationstheorie legte der französische Ökonom Michael Aglietta 1976 mit seiner „Pionierarbeit" (Mahnkopf 1988: 15) *Régulation et Crisis du Capitalisme.* Am Beispiel der USA leitete Aglietta hier erstmals ein werttheoretisch fundiertes Forschungsprogramm her, mit welchem Transformationsprozesse in kapitalistischen Gesellschaften des 20. Jahrhunderts untersucht werden sollten. Heute ist die „théorie de la régulation" weniger *eine* Theorie, als vielmehr ein ausdifferenzierter Forschungsansatz (vgl. hierzu Hübner 1989: 11ff). So wird mittlerweile zwischen einer werttheoretischen und einer preistheoretischen Variante der Regulationstheorie unterschieden (vgl. Hübner 1989: 80f.). Der wesentliche Unterschied zwischen den beiden Strömungen ist ihr theoretischer Schwerpunkt. Die werttheoretischen Regulationsansätze beziehen sich direkt auf die Arbeitswerttheorie von Marx. Die preistheoretische Variante bezieht sich theoretisch nur noch ansatzweise auf Marx und lehnt sich eher an Keynes, Kalecki und die Deutsche historische Schule an. Röttger kritisiert an der preistheoretischen Variante, dass sie zu einem Ansatz über „besseres Regieren" verkommen und der Impetus einer kritischen Gesellschaftstheorie somit verloren gegangen sei (vgl. Röttger 2003).

verändern" (Hirsch/Roth 1986: 42; vgl. Lipietz 1985: 114). Regulation erfolgt über eine Kombination von Zwang und Notwendigkeit, von Verträgen und Absprachen, internalisierten Werten und Handlungsmustern sowie kodifiziertem und nicht kodifiziertem Handeln (vgl. Lipietz 1992: 49). Die Reproduktion und Transformation eines Systems beruht auf einer Vielzahl unterschiedlicher, konfliktiver und kontinuierlich stattfindender Handlungen, die nicht von einem einzelnen Subjekt gesteuert werden (Aglietta 1979: 16). Ökonomie wird daher in der Regulationstheorie als durch und durch gesellschaftlicher Prozess verstanden, der innerhalb des Feldes *aller* sozialen Beziehungen und innerhalb eines komplexen Netzes gesellschaftlicher Verhältnisse stattfindet (Lipietz 1998: 12).

2.1.1 Produktionsweise und Gesellschaftsformation

Von Althusser und Nicos Poulantzas übernehmen die Regulationstheoretiker der Pariser Schule die Unterscheidung zwischen Produktionsweise und Gesellschaftsformation. Erstere wird als „abstrakt formales Objekt", Letztere als „historisch determiniert" bestimmt (Poulantzas 1980: 11ff.). Denn es gibt zwar so etwas wie eine allgemeine ökonomische Logik innerhalb kapitalistischer Gesellschaftsformationen, diese ist jedoch sozial (über-)determiniert. Von daher „existieren sowohl in räumlicher wie auch in zeitlicher Hinsicht durchaus verschiedene Kapitalismen" (Hirsch 2001: 43; vgl. kritisch hierzu Candeias 2004: 22).

Der Begriff der kapitalistischen Produktionsweise ist damit eine „verständige Abstraktion" (Marx zit. n. Candeias 2004: 23; vgl. auch MEW 13: 632ff.). Die kapitalistische Produktionsweise (vgl. MEW 23) zeichnet sich ganz allgemein dadurch aus, dass Mehrwert produziert wird, der aus der spezifischen Form von kapitalistischer Ausbeutung formell freier Arbeitskräfte entsteht: „Umgekehrt wie in den meisten vorausgehenden Produktionsweisen" gilt nun, dass „der Kapitalismus eine Produktionsweise ist, dessen Ziel Nr. 1 nicht etwa die Produktion von gesellschaftlich nützlichen Gegenständen ist, sondern die Produktion von Mehrwert und die Produktion des Kapitals als solchem". Im kapitalistischen Produktionssystem geht es primär um „das ununterbrochene und daher erweiterte Wachstum der Ausbeutung, der die Produktion als Mittel dient" (Altusser zit. n. Wolf 2008: 49).

Voraussetzung und Resultat dieser Form der Produktion (und Reproduktion von Kapital und Arbeit) sind die kapitalistischen Produktionsverhältnisse, d.h. die Existenz von Produktionsmittelbesitzer_innen auf der einen Seite, die Existenz von produktionsmittellosen Arbeitskräften auf der anderen Seite und ein asymmetrisches (normativ und legal legitimiertes und abgesichertes) Austauschverhältnis zwischen diesen beiden sozialen Gruppen oder Klassen: Die einen akkumulieren Kapital, die anderen erhalten einen scheinbar „fairen“ Lohn für die jeweils verkaufte Arbeitszeit, der historisch-variabel ist, der jedoch als Regel nicht dem Äquivalent entspricht, welches die Arbeitskraft in der jeweiligen Arbeitszeit an Wert produziert hat. D.h., die Arbeit wird nicht „zu ihrem Wert bezahlt“, sondern der Arbeitslohn entspricht in der Regel dem Wert der Arbeitskraft, und dieser bestimmt sich über den Wert der zu ihrer Reproduktion notwendigen Mittel zum Leben (vgl. Wolf 2008: 52). Die Differenz zwischen Wert der Arbeitskraft und Wertprodukt der Arbeit ist das Mehrprodukt. Dieses wird abhängig von den politisch-sozial bestimmten Verteilungsrelationen verteilt, wobei es eine Tendenz dahingehend gibt, dass es auf die Seite des Kapitals fließt (Wolf 2008: 48).

Die Form des kapitalistischen Lohnverhältnisses als das zentrale Verhältnis kapitalistischer Gesellschaften stellt meist den Ausgangspunkt der regulationstheoretischen Überlegungen dar (Aglietta 1979: 37). Zentral ist dieses gesellschaftliche Verhältnis, da in ihm das grundlegende Merkmal der kapitalistischen Produktionsweise – die Produktion von Mehrwert, Kapital und Lohnarbeiter_innen – auf historisch und regional spezifische Art und Weise gesellschaftlich organisiert und gesichert wird (vgl. Lipietz 1985: 115). Grundlegende qualitative Veränderungen des Lohnverhältnisses bilden den Ausgangspunkt für die Periodisierung verschiedener kapitalistischer Gesellschaftsformationen. Prominent wurden hier die regulationstheoretischen Begriffe von Fordismus und Postfordismus als idealtypische Bestimmungen zweier aufeinanderfolgender Entwicklungsstufen des modernen Kapitalismus (Hübner 1989: 146f.).

Der Begriff der Produktionsweise beschreibt hier also die allgemeinen, abstrakten Merkmale[8] und grundlegenden gesellschaftlichen Verhältnisse, die in *allen* kapitalistischen Formationen in unterschiedlichen geschichtlichen Formen auffindbar sind. Mit dem Begriff der Produktionsweise werden vielfältige Prozesse gefasst, wobei das Erkenntnisinteresse jedoch letzten Endes die kapitalistische Produktionsweise ist.[9] Zentral ist für die Regulationstheorie die Frage,

8 Dies sind die Existenz von Klassenverhältnissen, eine Trennung der Produzent_innen von den Produktionsmitteln, eine private, tauschvermittelte Warenproduktion, Lohnarbeit und Kapital, Grundeigentum, Konkurrenz, Zwang zur Mehrwertproduktion, Profitmaximierung, ein allgemeines Zahlungsmittel, Akkumulation, Zirkulation und Konsumtion (vgl. zusammenfassend Candeias 2004: 23ff.).

9 Untersucht werden mit Hilfe dieses Begriffes also z.B.: die (nationale oder globale) Organisation des Produktionsprozesses, die Art und Weise der Anwendung von Arbeitskraft und Technik in der Produktion, die Voraussetzungen und die Metho-

unter welchen gesellschaftlichen Bedingungen ökonomische Entwicklungen in Gesellschaften mit einer dominanten, zum Ungleichgewicht[10] neigenden kapitalistischen Produktionsweise krisenfrei und unter welchen Bedingungen sie krisenhaft verlaufen. Es geht der Theorie also darum, die Bedingungen für das Funktionieren und der Krise dieser Produktionsweise herauszuarbeiten. Unter den Bedingungen ihrer Existenz befindet sich auch die Reproduktion der Ware Arbeitskraft, die jedoch selten im Zentrum der Untersuchungen steht. Ähnlich verhält es sich mit denjenigen Prozessen, die eine Art gesellschaftlichen Zusammenhang gewährleisten. Zum Problem wird das, wenn nicht mehr gesehen wird, dass es sich hier um *einen* Fokus handelt, der allein die Zusammenhänge und

---

den der Mehrwertproduktion und der Verwertung des Mehrwertes, damit auch die Produktion und Verteilung des gesellschaftlichen Produktes zwischen den Klassen (und den verschiedenen Kapitalfraktionen) sowie die jeweilige Gewichtung der unterschiedlichen Abteilungen der Produktion, inhärente Krisentendenzen und Ungleichgewichte, die sich hinter dem Rücken der Akteur_innen abspielen (wie z.B. die Entwicklung der Profitrate, oder die Verwertungsschwierigkeiten des produzierten Wertes). Als Motor der historischen Entwicklung wird die Entwicklung der Produktionsverhältnisse und der Produktivkräfte gesetzt. Entsprechend wird untersucht, in welche Richtung Geschichte diesbezüglich tendiert, denn die Produktivkräfte sind entscheidend bei der Frage, welche Wertmassen eine Gesellschaft theoretisch produzieren könnte (oder anders gesagt, wie viel Arbeitszeit eine Gesellschaft für ihre einfache Reproduktion aufbringen muss und wie viel Zeit theoretisch frei werden könnte für die Weiterentwicklung der jeweiligen Gesellschaft und darin der Möglichkeiten und Fähigkeiten des Individuums). Die Produktionsverhältnisse sind wesentlich für die Frage, nach welchen Prinzipien die Produktion organisiert und der produzierte Wert verteilt wird.

10 Ungleichgewichte können in den Produktionsverhältnissen entstehen bzw. existieren inhärent als zwei ungleich miteinander in Beziehung stehende soziale Gruppen (deren Interessen tendenziell antagonistische sind, d.h., Mehrwert und Profit auf der einen Seite bedeutet tendenziell weniger Lohn und ein niedrigeres Reproduktionsniveau auf der anderen Seite); Ungleichgewichte können aber auch zwischen den verschiedenen Abteilungen der Produktion entstehen, darauf legt die Regulationstheorie einen Fokus, wenn z.B. die Produktionsmittelabteilung eine ganze Reihe an (neuen) Produktionsmitteln produziert, der hier geschaffene Wert sich aber nicht verwerten kann (also die Produkte keinen Absatzmarkt finden), weil die Konsumgüterproduktion diese Produktionsmittel gar nicht einsetzten kann (z.B. weil auf der Seite der Lohnabhängigen keine ausreichende Nachfrage nach Konsumgütern existiert). Ungleichgewichte können auch entstehen, wenn sich die Zusammensetzung zwischen variablem und fixem Kapital ungünstig entwickelt und die Produktion unter den gegebenen technologischen (produktiven) Standards schlichtweg zu teuer wird (vgl. Lipietz 1985: 134f.; MEW 23: 164; MEW 24: 104.

„messiness" des Gesamtprozesses nicht hinreichend konzeptionell integrieren kann, denn „neither capitalism nor life's work are so neat" (Katz et al. 2003: 422), wie der Begriff der Produktionsweise allenthalben suggeriert.

2.1.2 Regulationsweise und Akkumulationsregime

In Abgrenzung zu orthodox-marxistischen Ansätzen, aber durchaus in Einklang mit Marx, werden die unterschiedlichen Phasen kapitalistischer Entwicklung als Ergebnis krisenhafter historischer Suchprozesse, sozialer Kämpfe und „glücklicher Funde" verstanden (Lipietz 1985: 114). Hierfür spielen sowohl Normen und Gewohnheiten als auch Institutionen und Zwänge eine Rolle (ebd.). Letztendlich ist das Handeln der Subjekte sowohl für die Phasen relativ stabiler Reproduktion als auch für Transformationen sozialer Verhältnisse ausschlaggebend. Im historischen Prozess bringt soziales Handeln innerhalb gesellschaftlicher Regulationsprozesse spezifische, temporär fixierte gesellschaftliche Kompromisse hervor, sogenannte Regulationsweisen, das sind: „die Gesamtheit institutioneller Formen, Netze und expliziter und impliziter Normen, die die Vereinbarkeit von Verhaltensweisen im Rahmen eines Akkumulationsregimes sichern, und zwar sowohl entsprechend dem Zustand der gesellschaftlichen Verhältnisse als auch über deren konfliktuelle Eigenschaften hinaus" (ebd.: 121). Die historischen Regulationsweisen bestimmen den jeweiligen Akkumulationsprozess[11] – also die Produktion, Verteilung und Reallokation des produzierten Wertes –und kanalisieren die grundlegenden Widersprüche einer sozio-ökonomischen Formation mit kapitalistischer Produktionsweise auf historisch und regional unterschiedliche Art und Weise.

Die Kategorie des Akkumulationsregimes beschreibt die historisch konkreten Formen der kapitalistischen Produktionsweise als historisch und regional verschiedene Modi der Kapitalakkumulation (vgl Lipietz 1985: 119f.). Die Kategorie umfasst die Art und Weise, wie Arbeitskraft im Produktionsprozess angewandt wird, die Verteilungsrelationen des gesellschaftlichen Wertes sowie die Formen des Endverbrauches und Konsums (Hübner 1989: 116f.). Alain Lipietz definiert

---

11 Die zentrale institutionelle Form in der Regulationsweise ist das Lohnverhältnis (vgl. Hübner 1989: 146). In ihm wird das Verhältnis zwischen Kapital und Arbeit historisch spezifisch kodifiziert, der Mehrwert gewonnen und die Produktion und Verteilung des gesellschaftlichen Produktes maßgeblich strukturiert (vgl. Kohlmorgen 2004: 26). Für die Gestalt und die Stabilität eines Akkumulationsregimes ist daher die Form der Bedingungen, unter denen Arbeitskraft angewandt und reproduziert wird, ausschlaggebend (vgl. Hübner 1989: 143; Mahnkopf 1989: 101ff.).

Akkumulationsregime als einen „Modus systematischer Verteilung und Reallokation des gesellschaftlichen Produktes, der über einen längeren Zeitraum hinweg ein bestimmtes Entsprechungsverhältnis zwischen den Veränderungen der Produktionsbedingungen [...] und den Veränderungen in den Bedingungen des Endverbrauches (Konsumnormen der Lohnabhängigen und anderer sozialer Klassen, Kollektivausgaben usw.) herstellt" (Lipietz 1985: 119f.).

Der Begriff der Regulation und der der Regulationsweisen sind dabei zwar in der logischen Darstellung im Hinblick auf ihre Funktionalität für das Akkumulationsregime bestimmt und so gesehen diesem nachgeordnet, es ist jedoch wichtig im Kopf zu behalten, dass es sich mit dem historischen Prozess genau umgekehrt verhält[12] (MEW 23: 89; Lipietz 1987: 21).

2.1.3 Kapitalistische Gesellschaftsformationen: eine Vielzahl miteinander artikulierter gesellschaftlicher Verhältnisse

Kapitalistische Gesellschaftsformationen werden in der Regulationstheorie als ein Gewebe von „relativ autonomen und spezifischen Verhältnissen" verstanden (Lipietz 1998: 79, 1992b: 9), die in ihrer Gesamtheit ein „Verhältnis von Verhältnissen" bilden (Lipietz 1992b: 44). Jedes dieser Verhältnisse enthält widersprüchliche Momente. Auch die Verhältnisse zueinander können in einen Widerspruch treten. Von kapitalistischen Gesellschaften zu sprechen bedeutet insofern lediglich anzuerkennen, dass die Vielzahl der verschiedenen Verhältnisse in ihrer Gesamtheit eine jeweils spezifische Matrix bildet, welche die Reproduktion der für den Kapitalismus charakteristischen Verhältnisse ermöglicht (vgl. Lipietz 1985: 19; Candeias 2004: 24).

In historischen Formationen artikulieren sich also die grundlegenden gesellschaftlichen Verhältnisse mit der „unreduzierbaren Vielfalt" aller weiteren gesellschaftlichen Verhältnisse. Das gesellschaftlich Ganze ist ein Effekt vieler nichtidentischer Teilprozesse, die jeweils einer Eigenlogik folgen, deren Eigenschaften dennoch auch von diesem Effekt des Wirkungszusammenhanges konstituiert werden. Einzelne Verhältnisse können sich dabei sowohl gegenseitig abstützen als auch in einen Widerspruch zueinander treten (vgl. Weber 1994: 612ff.).

So gesehen gibt es keine eindimensionale Kausalität in den Wechselwirkungen zwischen den gesellschaftlichen Verhältnissen, sondern alle gesellschaftlichen

12 Denn im historischen Prozess verstetigen sich zunächst molekulare Praktiken und bringen so historische Regulationsweisen hervor in deren Rahmen ein Akkumulationsregime (temporär stabil) erst „stattfinden" kann.

Verhältnisse prägen sich in wechselseitiger Bezogenheit aufeinander aus. Implizit bedeutet dies auch (vgl. zum Folgenden ausführlicher Chorus 2007: 100ff.), dass sich die grundlegenden kapitalistischen Verhältnisse auch mit den Geschlechterverhältnissen artikulieren, d.h. von diesen geprägt sind (und umgekehrt). In welcher Form sich die einzelnen sozialen Verhältnisse in ihrer Anordnung zueinander reproduzieren und verändern (vgl. hierzu Candeias 2004: 21) und wie sie als Gesamtes (auch) die grundlegenden ökonomischen Formen kapitalistischer Gesellschaften hervorbringen, kann nur geklärt werden durch „the study of the transformation of social relations as it creates new forms that are both economic and non-economic, that are organized in structures and themselves reproduce a determinant structure, the mode of production" (Aglietta 1979: 16).

2.1.4 „Doing economy" – Handeln Macht Geschichte

> „Was ist die Gesellschaft, welches immer auch ihre Form sei? Das Produkt des wechselseitigen Handelns der Menschen" (Marx zit. n. Sablowski 1994: 135).

Die Regulationstheorie versucht konzeptionell die Dichotomie von Struktur und Handeln, Genese und Geltung, Mikro und Makro, Sozialem und Ökonomie zu überwinden (Salbowski 1994: 138). Die strukturalistische Vorstellung einer quasi automatischen Reproduktion von Strukturen und Verhältnissen lehnen Regulationist_innen als eine „radikale Verneinung des Subjekts" (Lipietz 1992: 18) ab. Es kann nicht einfach davon ausgegangen werden, dass die „Träger/Akteure der Strukturen [...] entsprechend ihrer 'Stellung', die Strukturen [...] reproduzieren" (ebenda). Struktur und Handeln werden als widersprüchlicher Zusammenhang gedacht. Sie sind keine dichotomen Begriffe und „ebenso wenig zu trennen wie Ökonomie, Politik und Klassenkampf" (Hirsch/Roth 1986: 43). Die Art und Weise, in der sich in den verschiedenen Entwicklungsphasen kapitalistischer Gesellschaften der gesellschaftliche und ökonomische Reproduktionsprozess vollzieht, hängt in der Regulationstheorie immer wesentlich davon ab, wie soziales Handeln und gesellschaftliche Praktiken institutionalisiert, kanalisiert und koordiniert werden und welche sozialen Werte und Normen wirksam sind (vgl. Hirsch 1990: 18f.). Politische, ideologische und kulturelle Verhältnisse haben erheblichen Einfluss auf die Reproduktion der kapitalistischen Verhältnisse und begründen letzten Endes auch die historische und nationale Formverschiedenheit der Gesellschaftsformationen.

Die ökonomische Geschichte der Menschen kann mit der Regulationstheorie als eine durch und durch soziale Geschichte gelesen werden (Lipietz 1985: 135).

Diese Geschichte wird letzten Endes durch das konfliktive soziale Handeln verschiedenster sozialer Akteur_innen gemacht, die in den gesellschaftlichen Verhältnissen handeln, in denen sie leben und arbeiten – und in denen sie lieben, denken, fühlen und für andere sorgen (und die sie selbstverständlich auch in Frage stellen und verändern können). Eine zentrale Aufgabe der ökonomischen Theorie und Analyse ist es herauszuarbeiten, wie dieses Handeln in seiner Summe (temporär) stabile gesellschaftliche Kompromisse, ökonomische Muster und Strukturen hervorbringt (vgl. ebd.). Will man verstehen, wie die Reproduktion der kapitalistischen Gesellschaft trotz ihrer inhärenten Widersprüche und Krisendynamik (vgl. Hirsch 1990: 18) funktioniert und wie sich diese Gesellschaften (inklusive ihrer Ökonomien) verändern, muss man in den sozialen Prozess hineinspringen, in dem gehandelt wird und in dem die gesellschaftlichen und ökonomischen Formen im Handeln produziert, reproduziert und verändert werden. Letzten Endes ist es dieses Handeln konkreter Individuen, welches die kapitalistische Gesellschaft und ihre ökonomische Entwicklungsdynamik konstituiert. Veränderungen – auch ökonomische – finden also „in letzter Instanz" durch soziales Handeln statt. Sie vollziehen sich eher schleichend als abrupt. Übergänge zwischen verschiedenen Formationen sind nicht durch einen kompletten, eindeutigen Bruch geprägt, sondern sind Phasen, in denen „pfadabhängige 'Erhaltungs-Auflösungs-Effekte'" auftreten: „Der Wandel kann frühere soziale Beziehungen, Institutionen und Diskurse refunktionalisieren, indem er sie in einem neuen Rahmen aufhebt, oder sie auflösen, indem er selektiv einzelne ihrer Elemente in neue Beziehungen, Institutionen und Diskurse eingliedert" (Jessop 2001: 12; Kohlmorgen 2004: 102).

Für die Art und Weise des Handelns sind individuelle Normen, Deutungsmuster und Gewohnheiten[13] zentral. Diese werden in der Regulationstheorie als Teil des sozialen Verhältnisses selbst verstanden: „Das soziale Verhältnis nistet sich in den Individuen ein, in der Form von Gewohnheiten, von angeeigneten Fähigkeiten, ganz wie akzeptierte Spielregeln, selbst wenn ein jeder versucht, sein eigenes Spiel zu verbessern" (Lipietz 1985:111f.). Ganz zutreffend passt diese Beschreibung von Lipietz auch auf die Verinnerlichung und Verkörperlichung von

13 Die Einbeziehung von Normen, Gewohnheiten und Deutungsmuster in die Ökonomietheorie darf nun nicht verstanden werden als vulgär-marxistische Ideologiekritik, die Normen, Deutungsmuster und Gewohnheiten lediglich auf eine herrschende Ideologie, die als funktionaler Überbau zur kapitalistischen Produktionsweise fungiert, versteht. Umgekehrt sind diese Normen, Deutungsmuster und Gewohnheiten aber auch nicht einfach (externe) Präferenzen der Individuen, wie es in der Neoklassik konzipiert würde. Sie sind Bestandteil der sozialen Verhältnisse selbst.

Geschlechterverhältnissen als soziale Verhältnisse, die naturalisiert und verleiblicht werden (vgl. Gildemeister/Wetterer 1992: 226f; Butler 1997). Auch diese nisten sich in den Individuen ein, die dann als in der Regel sozial gewordene Männer und Frauen handeln (Beauvoire 1951), deren Gewohnheiten, angeeignete Fähigkeiten (vgl. Bourdieu/Wacquant 1992: 208; Gildemeister/Wetterer 1992), Handlungsmöglichkeiten und strukturelle Handlungsbeschränkungen (vgl. Folbre 1994) etc. auch durch Geschlechterverhältnisse geprägt sind.

Das vergeschlechtlichte Individuum, welches ökonomische Geschichte macht, ist „Knotenpunkt" der sozialen Verhältnisse (vgl. z.B. Candeais 2004: 44ff.). Seine Rationalitäten und Präferenzen können daher als endogene Faktoren in die ökonomische Theorie einbezogen werden, denn Vorstellungen und Ideologie sind nicht einfach Effekte der Basis, sondern konstitutive Voraussetzung und Bestandteil von Struktur und Ökonomie (vgl. Sablowski 1994: 148). Die Identität der Einzelnen ist einschließlich ihrer Normen, Deutungsmuster und Gewohnheiten bestimmt durch die Verknüpfung sozialer Beziehungen im individuellen Bewusstsein. Dabei spielen gesellschaftliche Strukturen und Zwänge eine wichtige Rolle: „Agents can orient themselves only through constraints, common references, procedures and patterns that transmit or support collective arrangements of rules, conventions and organizations. These arrangements are not governed by pure economic logic; rather they arise from the construction and maintenance of a social bond" (Boyer/Saillard 1995: 36f.). Die Vorstellungen, die Akteure von sozialen Verhältnissen haben, sind also konstitutiver Bestandteil dieser Verhältnisse selbst. Damit gesellschaftliche Verhältnisse durch das Handeln von Akteur_innen (re-)produziert werden können, müssen sie in irgendeiner Art und Weise anerkannt und legitimiert sein, d.h. den Menschen als „normal", „richtig", „gerecht", „natürlich" oder „alternativlos" erscheinen (vgl. Lipietz 1985: 110ff.)

Die gesellschaftlichen Verhältnisse – das „Normale", „Gegebene", „Richtige" oder „Natürliche" – können von den Individuen in Frage gestellt und gegebenenfalls verändert werden. Inwiefern eine zunächst individuelle Infragestellung zu einer kollektiven Veränderung führt – d.h. sich das „Normale", „Gegebene", „Richtige" oder „Natürliche" verschiebt (und also sozio-ökonomischer Wandel stattfindet) –, ist eine Sache von sozialen Kämpfen und Kompromissen, von Kräfteverhältnissen und möglichen und unmöglichen Allianzen verschiedener sozialer Akteur_innen. Soziale Kämpfe und Aushandlungen beinhalten dabei auch Kämpfe um die „richtige" Deutung der Welt (vgl. hierzu ausführlich Sablowski 1994). Akteur_innen bewegen sich dabei innerhalb von Handlungskorridoren, die durch das Zusammenwirken aller Elemente der Regulation konstituiert werden. Diese stellen den Akteur_innen in unterschiedlichem Ausmaß Handlungsspielräume bereit, um ihre jeweiligen Absichten, Strategien und Interessen zu verfolgen (vgl. Becker 2004: 124), wobei Frauen dort, wo ökonomische Geschichte aktiv politisch gestaltet wird, in der Regel über geringere Handlungsspielräume verfügen als Männer. Handlungsspielräume existieren jedoch sowohl innerhalb der Korridore als auch jenseits ihrer Begrenzungen (vgl. Boyer/Saillard 2002: 44). Normative Elemente und Denkformen, die das Handeln der Akteur_innen orientieren, und die Herausbildung eines gesellschaftlichen Konsenses über die „richtige" Arbeits-, Lebens- und Reproduktionsweise – inklusive der „richtigen" Formen von Care und Care-Arbeit – bilden sich im Inneren der gesellschaftlichen Verhältnisse heraus und sind konstitutiver Bestandteil sozialer Kämpfe und gesellschaftlicher Kompromisse. Diese Kompromisse beinhalten bislang immer auch „Geschlechterkompromisse", z.B. über die Verteilung der gesamtgesellschaftlich anfallenden Arbeiten, und sie werden ausgehandelt von sozialen Akteur_innen mit sozialen Geschlechtern, die über unterschiedliche Handlungsmöglichkeiten und Beschränkungen verfügen.

2.1.5 (Nicht) Kapitalistische Produktionsweisen in der Regulationstheorie

In der kapitalistischen Produktion verengt sich der Begriff der produktiven Arbeit. Vom *Standpunkt des kapitalistischen Produktionsprozesses* aus ist nicht jede Arbeit, auch nicht jede bezahlte Arbeit produktiv[14], sondern Arbeit ist nur

14 Der Begriff der produktiven Arbeit will mitnichten den verschiedenen gesellschaftlich nützlichen Arbeiten normativ einen Platz einräumen (Kalmring 2003: 91), sondern er ist eine Kategorie der ökonomischen Analyse, die dabei hilft, „ungeachtet der spezifischen Relevanz der anderen Formen von Arbeit" (Kalmring 2003: 92) die Arbeit zu identifizieren, die „allen anderen ihren Rang und Einfluss anweist" (MEW 42: 40), da sie in kapitalistischen Gesellschaftsformationen die Grundlage der Wertschöpfung und der ökonomischen Prozesse bildet. Produktive Arbeit ist also eine analytische und keine normative Kategorie, wie die Diskussionen um die Einbeziehung der Hausarbeit in den 1970er Jahren allenthalben suggerierten. Arbeit kann gesellschaftlich wichtig und nötig sein, ohne daß sie produktiv ist. Produktive Arbeit im Marxschen Sinne zeichnet sich dadurch aus, dass Mehrwert durch die Arbeit produziert wird. I.d.R. müssen hierzu zwei Bedingungen erfüllt sein: *erstens*, die Arbeitskraft muss in die Warenproduktion eingespannt sein und Tauschwerte produzieren; *zweitens*, die Arbeitskraft muss unter das Kapitalverhältnis subsumiert sein, d.h. sie verausgabt ihre Arbeit in einem Kapital-Lohnarbeitsverhältnis. Die produktive Arbeit ist Marx' Definition zu Folge die Quelle der Akkumulation. Im Gegensatz dazu ist unproduktive Arbeit solche, die nicht gegen Kapital getauscht

„produktiv, soweit sie Profit oder Mehrprodukt für das Kapital schafft. Soweit der Arbeiter das nicht schafft, ist seine Arbeit unproduktiv" (MEW 26.2: 548). Natürlich produziert die kapitalistische Produktionsweise auch „wirklich gesellschaftlich nützliche Gegenstände" (Althusser zit. n. Wolf 2008: 48) – aber das primäre Allokations- und Produktionsprinzip ist der Tausch- und nicht der Gebrauchswert. Im Kapitalismus fallen der ökonomische und der gesellschaftliche Produktivitätsbegriff also nicht notwendigerweise ineinander, und die aus der Perspektive der kapitalistischen Produktionsweise ökonomisch produktive Arbeit ist eine spezifische *Form* von Arbeit, die nur in kapitalistisch dominierten Gesellschaften aufkommt und die spezifischen sozialen Verhältnisse des Kapitalismus ausdrückt (vgl. Rose 1977: 32). Allein mit dieser Form von Arbeit, die in kapitalistischen Gesellschaften weit verbreitet und hegemonial ist (ob sie quantitativ tatsächlich die dominierende Form ist, wird von feministischen Ökonominnen inzwischen angezweifelt, vgl. Madörin 2004; Waryling 1988; Gibson-Graham 2006) kann allerdings noch keine Gesellschaft funktionieren – auch eine kapitalistische nicht.

Konkrete kapitalistische Gesellschafsformationen sind also in der Regulationstheorie Gesellschaften, in denen eine kapitalistische Produktionsweise zwar hegemonial ist, jedoch stets mit anderen Produktionsweisen, in denen für die kapitalistische Ökonomie unproduktive, aber für die Einzelnen und die soziale Reproduktion *existenzielle* Arbeiten getan werden, in einer historisch spezifischen Verbindung steht[15]. Die kapitalistische Produktionsweise wird in der Regulationstheorie als krisenhafte und unvollständige Produktionsweise konzipiert, die allein aus sich selbst heraus nicht lebensfähig ist, da allein über die Wertform und die aus der Perspektive der kapitalistischen Produktionsweise „produktive Arbeit" noch keine gesellschaftliche Reproduktion im umfassenden Sinne gewährleistet werden kann (vgl. Jessop 2001: 28).

---

wird, sondern gegen Revenue, d.h. entweder von den Lohneinkommen der Lohnabhängigen bezahlt wird, oder von den Einkommen der bürgerlichen Klasse. Das Geld, welches die unproduktive Arbeit einkauft vermehrt sich nicht (vgl. Rose 1977: 32f.). In der nicht marxistischen Ökonomietheorie wird mit dem Begriff der Produktivität der Arbeit bzw. der produktiven Arbeit in Abgrenzung zur unproduktiven oder wenig produktiven Arbeit hingegen einzig und allein das beschrieben, was bei Marx die Produktivkraft der Arbeit wäre: die pro Zeiteinheit produzierte Menge an Waren/ oder Diensten.

15 Vgl. zum Begriff der kapitalistischen Produktionsweise in der Regulationstheorie Lipietz (1985: 110;), Hirsch (1990: 33ff.), Jessop (2001): 28ff.).

Da die Produktionsweisen zusammen „ein soziales Ganzes bilden, müssen wir die konkreten Verknüpfungen der Produktionsweisen untersuchen, also die Beziehungen zwischen Systemen von Verhältnissen, die man sozial-ökonomische Formationen nennt" (Lipietz 1985: 110f.). Die Regulationstheoretiker_innen selbst führen ihre struktur- und handlungstheoretischen Überlegungen bezüglich kapitalistischer und nicht-kapitalistischer Produktionsweisen, sozialer Reproduktion und ihrem historisch-sozialen Werden jedoch selbst nicht weiter aus. Ihre Überlegungen und Anmerkungen hierzu verbleiben im Status von Randbemerkungen.[16]

Mit ihren Grundannahmen und grundlegenden Paradigmen kann man die Regulationstheorie dennoch (aus feministischer Perspektive) wohlwollend lesen und Geschlechterverhältnisse wie auch maßgeblich durch sie strukturierte Produktionsweisen, wie die Haushalts- und die Subsistenzproduktion, dort wo sie implizit bereits mitschwingen, rein denken (vgl. ausführlicher Chorus 2007; Kohlmorgen 2004; Ruf 1992). Sind die Produktionsweisen miteinander artikuliert, dann müssten alle sie strukturierenden sozialen Verhältnisse – auch Geschlechterverhältnisse – in einer Gesellschaft als in verschiedenem Ausmaß formgebend für die einzelnen Produktionsweisen und die konkrete Form des kapitalistischen Entwicklungsmodells angesehen werden.

Letzten Endes ist es dann das soziale und immer auch vergeschlechtlichte multilokale und konflikthafte Handeln innerhalb verschiedenster gesellschaftlicher Verhältnisse und Strukturen der Ermöglichung und Beschränkung (vgl. Folbre 1994) – darunter die Geschlechterverhältnisse –, welches gesellschaftliche Kompromisse hervorbringt, die sich im *Nachhinein* als funktional für die Kapitalakkumulation erweisen können (Sablowski 1994: 156). Die Reproduktion der kapitalistischen Gesellschaft (hinzuzufügen wäre: wie wir sie kennen) beruht

16 So heißt es z.B. bei Hirsch: „in Wirklichkeit bedingen sich Lohn-, Haus- oder 'Eigen-Arbeit' unter der Dominanz des Kapitalverhältnisses gegenseitig" (1990: 34). Aglietta stellt in seinem „Grundlagenwerk" in einem Absatz fest, dass im Fordismus die Existenz „außer-ökonomischer" Ideologien das gesellschaftlich anerkannte Reproduktionsniveau einiger Arbeitskräfte (people of colour und Frauen) vor den „normalen" Arbeitskräften senkte (1979: 171). Bei Lipietz findet man eine kurze Prognose für die nachfordistischen Geschlechterverhältnisse: „However, the way the crisis of the labour process is solved will have a bearing on relations between the sexes (1992: 66; ähnlich auch Aglietta 1979: 66). Und im Vorwort des von Ulrich Brand und Werner Raza herausgegebenen Bandes *Fit für den Postfordismus?* findet sich die Anmerkung, dass der Einbezug von Geschlechterverhältnissen und sozialer Reproduktion in die Regulationstheorie zwar naheliege, diese aber „leider keiner eingehenden Betrachtung unterworfen werden" könnten (Candeias/Deppe 2001: 14).

also nicht nur auf abstrakten Tauschvorgängen, sondern impliziert die Existenz nicht-markt- und -warenförmiger sozialer Beziehungen und Verhältnisse und nicht-kapitalistischer Produktionsweisen (vgl. hierzu auch Hirsch 1990: 18). Dies gilt insbesondere für den Bereich von Fürsorge, Pflege und Betreuung abhängiger Kinder, Kranker und älterer Menschen, der in der Regulationstheorie in seiner jeweils historisch spezifischen Organisationsform jedoch kaum beachtet wird (vgl. zur Kritik Ruf 1992; Kohlmorgen 2004; Chorus 2007).

2.2 Das Konzept der sozialen Reproduktion aus der *Feminist Global Political Economy*

> „What Marxists call 'economic systems' or 'mode of production' are simply manifestations of a more basic and universal 'mode of reproduction'" (Jaggar 1983: 139).

> „'Mann' kann [also] nicht einen so großen Batzen [Reproduktions-]Arbeit in die Lethe, den Strom des Vergessens, werfen, ohne daß dies Folgen hätte für die Vernünftigkeit, für die Realitätstüchtigkeit der Erkenntnis und des Handelns" (Neusüß 1985: 18).

Die *Feminist Global Political Economy* (FGPE) (vgl. die ausführliche Bibliografie von Schwenken/Basten/Becklake 2008) bietet mit dem Begriff der sozialen Reproduktion[17] (vgl. Bezanson 2006a: 22; Picchio 1992; Bakker/Gill 2003) ein Analysekonzept und eine spezifische Perspektive auf ökonomische und gesellschaftliche Transformationsprozesse[18] im aktuellen globalen Kapitalismus

---

17 Die Neubestimmung des Begriffs der sozialen Reproduktion in der feministischen politischen Ökonomie (vgl. Bakker/Gill 2003; 2008) unterscheidet sich dezidiert vom Begriff der Care-Ökonomie aus der feministischen Ökonomik. Die Vertreter_innen der FGPE grenzen sich sogar vom Konzept der Care-Ökonomie ab, auch wenn sie dessen Relevanz für bestimmte Fragestellungen nicht abstreiten. Ihnen zufolge macht das eher statische Konzept der Care-Ökonomie Fragen von Macht, gesellschaftlichen Verhältnissen und Dynamiken sowie die dialektische Beziehung von sozialer Reproduktion und kapitalistischer Produktionsweise tendenziell schwieriger thematisierbar (vgl. Bakker/Silvey 2008: 3; Bakker/Gill 2003: 23). Und genau diese Macht- und Herrschaftsfragen von Anfang an in die Analyse einzubeziehen, ist das Projekt der FGPE.

18 Das „strategische" Schweigen in den gängigen Wirtschaftstheorien (Bakker 1994) bezüglich der Reproduktionssphäre und ihrem Involviert- und Betroffensein von z.B. neoliberalen Umstrukturierungen von Wirtschaft und Gesellschaft wollen die neueren feministischen Auseinandersetzungen mit der sozialen Reproduktion und ihrer Transformation im globalen Kapitalismus des 21. Jahrhunderts aufheben. Damit stellen sie

an (vgl. Bakker/Silvey 2008: 3). Hier wird die gesellschaftliche Relevanz der sozialen Reproduktion gerade auch über ihre Funktion für den kapitalistischen Produktionsprozess *hinaus* betont. Die soziale Reproduktion zu untersuchen heißt danach zu fragen, wie sich Menschen in einem spezifischen Kontext zu einer bestimmten Zeit organisieren, um das materielle Leben, Überleben und/oder Besser-Leben innerhalb eines spezifischen gesellschaftlichen Zusammenhanges zu produzieren und zu reproduzieren.

2.2.1 Soziale Ontologie der sozialen Reproduktion

Auch in den Ansätzen der FGPE ist es ähnlich wie in der Regulationstheorie das soziale Handeln, welches an den „Anfang" der Geschichte wenn nicht gesetzt, so doch zumindest gedacht wird. Denn Handeln (welches immer im Rahmen gesellschaftlicher Strukturen, Denkweisen und Machtverhältnisse stattfindet) macht Geschichte und es ist soziales Handeln, welches dominierende und untergeordnete Strukturen des Denkens und Handelns reproduziert und dabei ständig auch verändert (vgl. Bakker/Gill 2003: 19). Fragen nach Macht, Herrschaft und Ungleichheitsverhältnissen innerhalb eines global eingebetteten lokalen Kontextes[19] stehen dabei im Zentrum der Analyse. Diese Fragen zu klären, soll Gesellschaften dabei helfen, Antworten auf grundlegende Fragen wie die folgenden zu finden: „[W]hat is being reproduced and for whom? Whose social reproduction matters and reproduction for what?" (Bakker/Gill 2003: 39).

Das historische Werden von Produktion und sozialer Reproduktion möchten die Vertreter_innen der FGPE als eine soziale Ontologie verstanden wissen. Ihre

sich in eine alte Tradition feministischer Ansätze, welche die soziale Reproduktion in das Zentrum der Analyse und als zentral für gesellschaftliche Reproduktion stellen (Hartmann 1981; Molyneux 1979; Berneria/Sen 1981; Mies 1986; Seccombe 1974) – eine Tradition, die selbstredend prägend für den heutigen Begriff ist.

19 Global ist diese neue feministische politische Ökonomie deshalb, weil sie berücksichtigt, dass soziale Reproduktion zwar in der Regel standortgebunden ist, aber der jeweilige Reproduktionsstandort ein sozial strukturierter „Raum" innerhalb einer sozial strukturierten globalen Räumlichkeit ist. Die FGPE vertritt dabei ein spezifisches Konzept von Räumlichkeit (*spatiality*). Dieses Konzept von Räumlichkeit bettet die jeweiligen, standortgebundenen Praktiken, Denkweisen und Handlungsmöglichkeiten in der sozialen Reproduktion an einem konkreten Ort (*space*) global ein (*spatiality*). Das bedeutet, dass die FGPE den konkreten Ort als eine spezifische Lokalität untersucht, die jedoch innerhalb einer zunehmend globalen Ökonomie „liegt", die sich aus verschiedenen hierarchisch strukturierten Lokalitäten zusammensetzt (vgl. Bakker/Gill 2003)

Untersuchungen zielen dementsprechend darauf ab, nicht nur (mit Marx) die kapitalistische Produktionsweise und ihre spezifischen Klassenverhältnisse zu rekonstruieren und zu historisieren, sondern auch die soziale Reproduktion und ihre spezifischen Geschlechterverhältnisse, womit zugleich deren Denaturalisierung betrieben wird. Dieser „alte" feministische Hut besitzt weiterhin Aktualität, um zu zeigen, dass eine bestimmte Form der Vergeschlechtlichung von Arbeiten Resultat eines sozialen Prozesses ist:

> „Als konstitutives Moment verbleibt der Arbeit der Frau die Sorge, ursprünglich eigentlich eine geschlechtsunspezifische Komponente menschlicher Arbeit überhaupt [...]. Diese Arbeit ist nicht oder zumindest nicht vordringlich auf eine Vergrößerung des Ertrages gerichtet, sondern auf die kontinuierliche Sicherung und Erhaltung des Gegebenen, Erarbeiteten" (Ostner 1978: 98).

Eine soziale Ontologie zu rekonstruieren bedeutet, die Emergenz einer bestimmten Organisationsweise der sozialen Reproduktion an einem bestimmten Ort zu einer bestimmten Zeit nachzuzeichnen und dabei sowohl die sozialen Handlungen einer Vielzahl von Akteur_innen einzubeziehen als auch die Verknüpfung verschiedener hierarchisch zueinander positionierter Orte, die jeweils involviert sind, zu berücksichtigten:

> „Our ontology assumes that social relations are transitory and are transformed through the activity of human beings, largely connected to and constituted by production/social reproduction – in a specified historical context. In this context, 'agency' and 'structure' are understood as methodological postulates that help us to identify aspects of the patterning and transformation of social consciousness, social action and social relations in different historical situations. [...] our ontology should be understood as an ongoing process, a process that involves transformations from above and below in the hierarchy of global social formation. This world order is, in its present incarnation, gendered and racialized as well as being configured by a complex hierarchy of class relations" (Bakker/Gill 2003: 22f.).

2.2.2 Definition: Soziale Reproduktion

Innerhalb der FGPE existieren verschiedene Definitionen von sozialer Reproduktion mit unterschiedlichen Schwerpunktsetzungen. Als Kurzdefinition wird häufig die frühere feministische Ansätze synthetisierende Definition von Isabella Bakker und Rachel Silvey in der feministischen politischen Ökonomie angeführt. Demnach beinhaltet soziale Reproduktion

> „both biological reproduction of the species (and indeed its ecological framework) and ongoing reproduction of the commodity labor power. In addition social reproduction involves institutions, processes and social relations associated with the

creation and maintenance of communities – and upon which, ultimately, all production and exchange rests" (Bakker/Silvey 2008: 3).

Was in historisch spezifischen Kontexten zu sozialer Reproduktion zählt und was als gesellschaftlicher Standard der individuellen und sozialen Reproduktion gilt, ist dabei historisch variabel:

„In today's word social reproduction involves institutions that provide for socialization of risk, health care, education and other services – indeed many of the key elements of what the early Marx calls 'species being', social institutions that distinguish the life of human beings from that of animals" (Bakker/Gill 2003: 18).

Cindi Katz bezeichnet soziale Reproduktion einfach als „the fleshy, messy, and indeterminate stuff of everyday life" (2001: 710). Unter sozialer Reproduktion fasst Katz neben der alltäglichen und längerfristigen Reproduktion von Menschen und Arbeitskraft auch die historisch spezifische (Re-)Produktion der qualifikatorischen Befähigung und Differenzierung der Arbeitskräfte, d.h. das, was im weiteren Sinne als (Aus-)Bildungsarbeit bezeichnet werden kann:

„Social reproduction [...] also encompasses the reproduction of the labor force at a certain (and fluid) level of differentiation and expertise. This differentiated and skilled labor force is socially constituted. Not only are the material social practices associated with its production historically and geographically specific but its contours and requirements are the outcome of ongoing struggles" (ebd.).

Der Begriff „soziale Reproduktion" erfasst also sowohl mehrdimensionale und mulitlokale soziale Prozesse als auch spezifische Tätigkeiten in konkreten Organisationsformen (Bezanson 2006: 25). Prozesse der sozialen Reproduktion sind soziale Prozesse, sie sind „complex, messy and nondeterministic" (Power 2004: 7) und umfassen all jene Tätigkeiten in den verschiedensten Organisationsformen, welche die Reproduktion sowohl der Gesellschaft als auch der Individuen, welche sie bilden, ausmachen. Diese Tätigkeiten beinhalten in kapitalistischen Gesellschaften häufig die Umwandlung (oder Anwendung) von warenförmigen Gütern (deren Zugang über den Erwerb eines Lohneinkommens in der Produktion gesichert wird) in personalisierte Produkte oder Prozesse, die der individuellen Bedürfnisbefriedigung dienen. Darüber hinaus beinhalten Tätigkeiten der sozialen Reproduktion auch jene nicht-materiellen Aktivitäten, in denen Wissen, Kultur, Sprache und Normen vermittelt und erlernt sowie verändert werden und emotionale Unterstützung und Empathie ausgedrückt wird:

„[F]eminists use social reproduction to refer to the activities and attitudes, behaviors and emotions, responsibilities and relationships directly involved in the maintenance of life on a daily basis, and intergenerationally. Among other things, social reproduction includes how food, clothing, and shelter are made available for immediate

> consumption, the ways in which the care and socialization of children are provided, the care of the infirm and elderly, and the social organization of sexuality. Social reproduction can thus be seen to include various kinds of work – mental, manual, and emotional – aimed at providing the historically and socially, as well as the biologically, defined care necessary to maintain existing life and to reproduce the next generation" (Laslett/Brenner 1989: 382).

Die Tätigkeiten der sozialen Reproduktion beinhalten also eine ganze Bandbreite an sehr verschiedenen menschlichen Aktivitäten, die physische, psychische, emotionale, kulturelle sowie normative Komponenten besitzen (vgl. Katz et al. 2003: 435). Häufig ist es relativ schwierig, bei reproduktiven Tätigkeiten eine klare Unterscheidung zwischen materiellen und psychischen bzw. emotionalen Komponenten zu treffen (vgl. Finch/Groves 1983). Bezahlte und unbezahlte Care-Arbeiten für abhängige Personen spielen in der sozialen Reproduktion eine wichtige Rolle, aber selbstredend nicht nur sie. Auch Anstrengungen an den Arbeitsmärkten (und anderswo), in denen ein monetäres Einkommen zum Zwecke der Reproduktion gesichert wird (Ferguson 1999), sind auch reproduktive Tätigkeiten, ebenso wie es die Weitergabe kultureller (Umgangs-)Formen, Praktiken und Wissenssysteme sind (vgl. Katz 2000: 713).

In der feministischen Literatur werden die verschiedenen „Orte" der sozialen Reproduktion in der Regel grob gefasst als der Staat und die staatlichen Versorgungsysteme, der Markt, die Zivilgesellschaft und die Familie (Lewis 1992; Orloff 1993; Bezanson 2003: 25). Soziale Reproduktion geschieht also fast überall. Damit weist der Begriff und das Analysekonzept der sozialen Reproduktion auch einige Probleme und Ungenauigkeiten auf (vgl. Acker 2007: 32), die zu einem gewissen Grad mit der „Natur" ihres Gegenstandes erklärt werden können, denn in historisch-regional spezifischen Modi der sozialen Reproduktion können die Tätigkeiten der sozialen Reproduktion in ganz unterschiedlichen gesellschaftlichen Formen organisiert und strukturiert sein. Die historisch spezifische Organisationsweise der sozialen Reproduktion ist geformt von den jeweiligen sozialen Dynamiken innerhalb verschiedener gesellschaftlicher Verhältnisse. Als besonders einflussreich haben sich dabei bislang Geschlechter-, Klassen- und ethnisierte Verhältnisse erwiesen (vgl. Bakker 2008; Acker 2007), aber auch Verhältnisse zwischen den Generationen (Folbre 1994) haben die soziale Reproduktion geformt. Soziale Reproduktion findet innerhalb eines komplexen sozialen, kulturellen und politischen Gefüges statt und ist entsprechend von diesem geprägt.

Die konkrete Organisationsweise der sozialen Reproduktion ist Ergebnis und Ausdruck von sozialem Handeln innerhalb verschiedener sozialer Macht- und

Ungleichheitsverhältnisse und sie kann daher auch Gegenstand von politischen Auseinandersetzungen und Kämpfen werden: „[T]he allocation of responsibility for social reproduction between different spheres and the standards or quality of life produced vary in different historical periods and in different societies in response to struggles over economic, political and social priorities" (Luxton 2006: 38; ähnlich Power 2004: 7). Bei diesen konfliktiven Aushandlungen wie auch den stillschweigenden oder expliziten Kompromissen um konkrete Organisationsformen der sozialen Reproduktion geht es immer (auch) um Lebensstandards, und in Gesellschaften mit einer kapitalistischen Produktionsweise immer auch um Profitinteressen (vgl. Bezanson 2006: 25). Umgekehrt können Klassenverhältnisse und -positionen von Arbeiter_innen heute nicht mehr ohne einen Blick auf die Arbeitsverpflichtungen und Arbeitsverausgabungen in der *nicht monetären* Ökonomie bestimmt und erklärt werde (Acker 2007: 32).

Der Begriff der sozialen Reproduktion eröffnet also eher eine bestimmte *Perspektive* auf Gesellschaft (unter der gesellschaftliche und ökonomische Veränderungen untersucht werden können), als dass er unterschiedliche gesellschaftliche Bereiche – etwa Reproduktion und Produktion – streng voneinander scheiden würde. Diese Perspektive einzunehmen bedeutet, einen anderen Blickwinkel auf die kapitalistische Produktionsweise zu werfen. Diese erscheint so eingebettet in eine ganze Bandbreite (dann) ökonomischer Aktivitäten (vgl. Katz et al. 2003: 422), die nicht im Rahmen des Kapitalverhältnisses organisiert sind oder an seinen Rändern angesiedelt sind, die bezahlt und nicht-bezahlt, materiell und nicht-materiell sind. Die Tätigkeiten der sozialen Reproduktion sind als Bestandteil der gesamtgesellschaftlich wichtigen Arbeit „divided up between and allocated to different structures, institutions, activities and people" (Glucksmann 2000: 19), und sie funktionieren häufig nach einer anderen „Rationalität" als die Tätigkeiten innerhalb des kapitalistischen Produktionsprozesses. Daher benötigen sie andere Bezeichnungen (vgl. Katz et al. 2003: 421f.). Dies gilt besonders für die Care-Arbeiten in der sozialen Reproduktion.

Der FGPE geht es in ihren Untersuchungen von Veränderungen in der sozialen Reproduktion vor allem um die *Auswirkungen* von strukturellen Veränderungen bzw. Handlungen der „Mächtigen" auf die soziale Reproduktion und die darin und dafür arbeitenden Menschen, in der Regel Frauen. In der Ausrichtung ihrer Untersuchungen privilegiert die FGPE in der Regel die kapitalistische Produktionsweise als das wesentliche Moment historischer, sozio-ökonomischer Entwicklung. Ausgehend von dieser Annahme fragen die Untersuchungen dann z.B., wie strukturelle Veränderungen in der kapitalistischen Produktionsweise in der sozialen Reproduktion auf dem Level der Haushalte und Individuen verarbeitet werden (vgl. Bezanson 2006) oder wie sich die soziale Reproduktion im Zuge der Transformation des globalen Kapitalismus als Reaktion hierauf verändert (vgl. z.B. Bezanson/Luxton 2006; Bakker/Silvey 2009: 3; Bakker/Gill 2003; WIDE 2009; Schillinger 2009; Acharya 2008).[20]

2.3 Doppelte Perspektive: Produktion und soziale Reproduktion in ihrem spannungsreichen Verhältnis

> „Standard Marxist accounts of the mode-of-production concept [miss the] on-going production of labour-power- its' daily rejuvenation and generational replacement. Yet this is primarily what families do: they people societies, restoring their members' energies and replacing worn-out labourers with the 'fresh blood of youth'. The exclusion of labour-power's daily and generational reproduction form the conception of modes of production has made it almost impossible to see families, as labour teams, pumping the life-blood through socioeconomic systems" (Seccombe 1992: 11).

2.3.1 Integrale Perspektive: Produktionsweise *und* soziale Reproduktion

Letzten Endes sind es sowohl in den feministischen Untersuchungen der sozialen Reproduktion als auch in den regulationstheoretischen Analysen doch die kapitalistische Produktionsweise und die Klassenverhältnisse in ihrer historisch konkreten Gestaltung, die ökonomische Geschichte machen. Das in gängigen ökonomischen Modellen als „das Soziale" verstandene wird so häufig im Hinblick auf bzw. in seiner Funktion für „das Ökonomische" bestimmt. Umgekehrt wird selten untersucht, wie „das Soziale" die konkrete Gestalt/Gestaltung des Ökonomischen bestimmt. Unter einem solchen Primat „des Ökonomischen" ist es jedoch kaum möglich, das Verhältnis dieser beiden Bereiche und ihre wechselseitige Abhängigkeit und gegenseitige Ausprägung genauer zu untersuchen und so der Komplexität, Überdeterminiertheit und Kontingenz der kapitalistischen Entwicklung gerecht zu werden (vgl. Lipietz 1992: 11ff.; Lipietz 1985: 109).

Eine integrale Perspektive betrachtet Produktionsweise *und* soziale Reproduktion als artikulierte, gesellschaftlich strukturierte Prozesse, die in ihrem Wech-

---

20 Dergleichen Untersuchungen sind selbstredend sehr wichtig, gerade weil die Konsequenzen von ökonomischem und politischem Handeln auf die Reproduktionsbedingungen von Individuen und Gesellschaften häufig „strategisch" (Bakker 1994) ausgeklammert werden.

selspiel den integralen Prozesses von Produktion, Akkumulation und sozialer Reproduktion konstituieren, der innerhalb einer Geografie des globalen Kapitalismus stattfindet (Glassmann 2006: 617). Den integralen Gesamtprozess von Produktion, Distribution, Austausch und Konsumtion sowie Reproduktion der individuellen Arbeitskraft zum einen und des gesellschaftlichen Zusammenhanges zum anderen bezeichne ich als die soziale Reproduktion im *umfassenden* Sinne. Die soziale Reproduktion im umfassenden Sinne ist all das, was zu einer bestimmten Zeit an einem bestimmten Ort „notwendig“ ist, damit eine Gesellschaft in ihrer jeweils spezifischen Form existiert, d.h. sich reproduziert und/oder verändert, inklusive der sozialen Verhältnisse, die ihre verschiedenen Teilbereiche strukturieren, und der verschiedenen Formen von Arbeit. Sie umfasst also alle Tätigkeiten und Prozesse, die ablaufen müssen, um das materielle und gesellschaftliche Leben im Gesamten zu gewährleisten, inklusive der – aber nicht reduziert auf die – hierfür notwendigen warenförmigen Mittel zum Leben. Dazu braucht es eine dominante kapitalistische Produktionsweise, aber auch eine ganze Reihe anderer, nicht-kapitalistischer Produktionsweisen (vgl. Braig/Lentz 1983; Mies 1983) und Praxisformen (vgl. Gibson Graham 2006) Der Gesamtprozess der sozialen Reproduktion wird strukturiert durch miteinander artikulierte, gesellschaftliche Verhältnisse, und die vielfältigen sozialen Akteur_innen, die diesen Gesamtprozess letzten Endes in ihrem Handeln hervorbringen, leben, arbeiten, lieben, handeln, kämpfen und fühlen in diesen Verhältnissen und verändern sie dabei fortlaufend.

In diesem Prozess setzen die historisch-konkreten Produktionsweisen den materiellen Rahmen für die Distribution, den Tausch und die Konsumtion, es kann also nichts anderes verteilt, getauscht und konsumiert werden als das, was produziert wurde (vgl. MEW Band 13: 631f.). Damit stellt die materielle Produktion nicht mehr – aber auch nicht weniger – als die *materiellen Bedingungen* für mögliche materielle Lebensbedingungen der Einzelnen und ihrer Möglichkeiten der Selbstentwicklung; für mögliche Formen des sozialen Lebens und der sozialen Differenzen (Aglietta 1979: 24); Sie setzt daher auch einen materiellen Rahmen für die möglichen Organisationsformen der individuellen und sozialen Reproduktion. „Allerdings wird auch die Produktion, in ihrer einseitigen Form, ihrerseits bestimmt durch die andren Momente [...]. Dies [ist] der Fall bei jedem organischen Ganzen“ (MEW 13: 631). Für die historisch-konkreten Formen der kapitalistischen Produktion bedeutet dies, dass der jeweilige Akkumulationsprozess beeinflusst und geformt wird von institutionellen Innovationen (Mahnkopf 1998: 8) und Veränderungen in den Formen des „Sozialen“ und dem Modus der sozialen Reproduktion.

Manche Tätigkeiten der sozialen Reproduktion (im Sinne der FGPE) haben eine unmittelbare Funktion für den kapitalistischen Produktionsprozess – wie z.B. die Reproduktion von Arbeitskraft oder die Bildung von zukünftigem „Humankapital" –, andere haben eine solche bestimmbare Funktion hingegen nicht notwendigerweise, z.B. die Altenpflege oder die Betreuung von Menschen mit eingeschränkten Fähigkeiten. Solche Tätigkeiten sind dennoch zentral für das menschliche Leben, Überleben und Wohlbefinden und für die gesellschaftliche Kohärenz. Die Art und Weise wie diese Tätigkeiten gesellschaftlich organisiert werden, hat außerdem einen direkten oder vermittelten Einfluss auf die Entwicklungsmöglichkeiten und Grenzen historisch-konkreter Akkumulationsregime.

Tätigkeiten der sozialen Reproduktion finden häufig, aber nicht notwendigerweise an Orten statt, die „außerhalb" der kapitalistischen Produktionsweise liegen (also nicht in der Fabrik oder dem Unternehmen, sondern z.B. im Haushalt oder in einem kirchlichen oder staatlichen Pflegeheim). „Außerhalb" bedeutet, dass die Handlungsorientierung von Praktiken der sozialen Reproduktion tendenziell andere sind als die Handlungsorientierungen von Praktiken in der kapitalistischen Produktionsweise.

Soziale Reproduktion ist nicht einfach als Supplement zur Produktionsweise bzw. Ökonomie zu verstehen. Ebenso wenig ist die mit dem Konzept der sozialen Reproduktion verbundene Analyseperspektive keine bloße Ergänzung zu den bestehenden (marxistischen) Theorien und Perspektiven auf Ökonomie und Gesellschaft, sondern eröffnet einen spezifischen Blick auf sozio-ökonomische Transformationsprozesse und damit auch auf Aspekte, die in der Analyse der Produktionsweise üblicherweise nicht unmittelbar sichtbar werden, und das sind vor allem die Care-Bereiche der menschlichen Interaktion und Arbeit.

Eine doppelte Perspektive bringt nicht nur die soziale Reproduktion in die politische Ökonomie – sondern umgekehrt auch die politische Ökonomie in die soziale Reproduktion. Entwicklungsmöglichkeiten und Dynamiken der Produktionsweise und der sozialen Reproduktion erscheinen dann als relativ abhängig voneinander (vgl. Chorus 2007: 101ff.) bzw. sie befinden sich in „relativer Autonomie" zueinander (vgl. Humphies/Rubery 1994: 93) – und üben widersprüchlichen Einfluss aufeinander aus. D.h., das „Resultat, wozu wir gelangen, ist nicht, daß Produktion, Distribution, Austausch, Konsumtion [und Reproduktion, S.C.] identisch sind, sondern daß sie alle Glieder einer Totalität bilden, Unterschiede innerhalb einer [widersprüchlichen, S.C.] Einheit" (MEW 13: 631).

2.3.2 Der Widerspruch zwischen Produktion und sozialer Reproduktion als ein „Motor" der kapitalistischen Entwicklung

Betrachten wir den Prozess der gesellschaftlichen Reproduktion im umfassenden Sinne als Kreislauf von Produktion und sozialer Reproduktion[21], als einen verbundenen, kontinuierlichen Gesamtprozess, erscheint jeder Produktionsprozess auch als ein Reproduktionsprozess – und umgekehrt. Die soziale Reproduktion und die kapitalistische Produktionsweise konstituieren sich gegenseitig (als Teil eines Gesamtprozesses) und befinden sich permanent in einem Spannungsverhältnis zueinander (vgl. Katz 2001: 710f.).

Diese Spannung zwischen Produktion und Reproduktion begründet sich durch einen grundlegenden Widerspruch zwischen den dominierenden Handlungsorientierungen innerhalb der kapitalistischen Produktion und den Handlungsanforderungen innerhalb der sozialen Reproduktion in kapitalistischen Gesellschaftsformationen (vgl. Haug 1990: 885; Beer 1990; Chorus 2007; 121ff; McDowell 1991: 192). So ist nicht die menschliche Bedürfnisbefriedigung das primäre Ziel der kapitalistischen Produktionsweise, sondern die Profitproduktion bzw. die Kapitalakkumulation. Gleichzeitig ist die menschliche Arbeitskraft nicht nur Quelle des Wertes und ihr Lohn nicht nur Bestandteil der Produktionskosten, sondern auch Basis einer breiteren Nachfrage nach warenförmigen Konsumgütern und Lebensmitteln. Die Dominanz des Tauschwertes und einer kapitalistischen Zeitökonomie ist im Kapitalverhältnis und der Warenform angelegt und trotzdem „brauchen" die kapitalistische Wirtschaftsweise und die Gesellschaft, in der sie organisiert und reproduziert wird, den Gebrauchswert und die menschliche Bedürfnisbefriedigung (vgl. Neusüß 1985: 258; Jessop 2001: 19f.)

---

21 Der Analysebegriff der sozialen Reproduktion setzt im Gesamtprozess der gesellschaftlichen Reproduktion im umfassenden Sinne also eher dort an, wo Produktion in Reproduktion „umschlägt" und die Voraussetzungen für eine erneute Reproduktionsschleife geschaffen werden – allerdings nicht nur für das Kapitalverhältnis. Dieser Umschlagpunkt liegt z.B. dort, wo der Lohn umgewandelt wird in all dass, was nötig ist, um gesellschaftliche Arbeitskraft alltäglich und längerfristig wiederherzustellen; oder dort, wo Menschen zu gesellschaftsfähigen Individuen gemacht und erzogen werden, die eine gemeinsame Sprache sprechen, über ein bestimmtes Maß an Ausbildung und Qualifikation verfügen, sozial interagieren können sowie empathie- und kommunikationsfähig sind. Deshalb beinhalten die oben genannten Definitionen von sozialer Reproduktion in der FGPE so verschiedene Felder und Facetten wie Kindererziehung, kulturelle Produktion, emotionale Unterstützung, Bildung, Altenpflege und Haushaltsführung.

Produktionsweise und soziale Reproduktion sind dann also widersprüchlich aufeinander bezogene Bestandteile eines integrierten, durch eine Vielzahl gesellschaftlicher Verhältnisse strukturierten, sozio-ökonomischen Gesamtprozesses (vgl. Luxton 2006: 36), die sich in ihren jeweils dominierenden Funktionslogiken und Handlungsorientierungen widersprechen *und* brauchen.

Letzten Endes ist die Unvollständigkeit des Kapitalismus vor allem eine *Care*-Frage, und diese Unvollständigkeit liegt in der Fiktivität der Arbeitskraft als Ware begründet, die keine „echte" Ware ist, weil ihre Produktion Zeit, Aufmerksamkeit und emotionale Zuwendung benötigt, weil diese „Arbeitskraft" Beziehungen zu anderen Menschen hat und sich gegebenenfalls um diese kümmern möchte oder muss (Picchio 1992: 13). Handlungsräume, die nach einer nicht-kapitalistischen Logik funktionieren, sind also eine Voraussetzung für die menschliche Existenz, die Existenz eines gesellschaftlichen Zusammenhanges und die Produktion und Reproduktion der Ware Arbeitskraft[22].

2.3.3 Soziale Ontologie von Produktion und sozialer Reproduktion

> „[Hausarbeit] ist nicht ein zeitloses, biologisches Schicksal der Frauen, sondern ein historisch bestimmtes und bestimmbares Phänomen, dass einer ebenso historisch bestimmten Epoche der kapitalistischen Gesellschaft zuzuordnen ist" (Bock/Duden 1977: 122).

> „But when the unpaid work of raising a child become the paid work of child care workers its low market value revealed the abidingly low value of caring work generally – and further lowered it" (Hochschild 2005: 9).

In einer sozialen Ontologie einer integral verstandenen ökonomischen Geschichte wird rekonstruiert, wie soziales Handeln die kapitalistische Geschichte „macht"

---

22 D.h. nicht, dass Handlungen, die der sozialen Reproduktion dienen, notwendigerweise altruistisch, edel und die bessere Hälfte der Gesellschaft sind. Es bedeutet auch nicht, dass in diesem Bereich nicht *auch* Profitinteressen mit im Spiel sein können, oder umgekehrt, dass die kapitalistische Produktionsweise nicht auch menschliche Bedürfnisse befriedigen kann und es auch tut. Es bedeutet aber, dass sich eine Gesellschaft und darin die Individuen, zumindest in den Formen, die uns heute vorliegen und die wir uns realistisch vorstellen können, nicht reproduzieren ließen, wenn das *alles* dominierende Organisations- und Allokationsprinzip (in allen gesellschaftlichen Bereichen) das der Akkumulation und Profitproduktion wäre (vgl. Neusüß 1985: 258f.). Ferner bedeutet es, dass in verschiedenen, allesamt notwendigen (im analytischen Sinne) gesellschaftlichen Bereichen der Produktion und sozialen Reproduktion unterschiedliche, tendenziell kontradiktorische Funktionslogiken, Handlungsorientierungen und Handlungsanforderungen herrschen.

und die ökonomischen Formen als sozial bestimmte hervorbringt. Dabei ist soziales Handeln nicht auf Klassenkämpfe zu reduzieren, sondern muss als Handeln innerhalb ungleicher Geschlechterverhältnissen und innerhalb anderer Ungleichheitsverhältnisse – wie *race relations* – verstanden werden. Die ökonomischen Formen sind somit als vergeschlechtlicht und rassifiziert zu betrachten (vgl. Acker 2007).

Im sozialen Handeln, in Aushandlungen, Konflikten und Kompromissen geht es sowohl um einen materiellen als auch um einen kulturellen, gesellschaftlichen hegemonialen „Kompromiss" (Gramsci 1967) zwischen unterschiedlichen, sozialen Kräften über die Weisen der Produktion und Reproduktion. Bislang ging es dabei *auch immer* um eine hegemoniale Deutung der Geschlechterdifferenz, der geschlechtsspezifischen Arbeitsteilung (Connell 1987) und der Frage „who cares?".

Eine soziale Ontologie und ein integraler Ökonomiebegriff ermöglichen uns einen weiten Blick auf historische Entwicklung, soziale Organisierung, Organisierungsformen und Allianzen verschiedener sozialer Akteur_innen, die nicht nur in der Fabrik oder am Arbeitsplatz passieren und die unter Umständen nach ganz anderen Prinzipien und Solidaritätsformen funktionieren, als es klassische Klassenkämpfe tun. Solche „anderen" sozialen Aushandlungsprozesse und Kämpfe, Organisierungsformen und Versuche sind Teil des sozialen Prozesses, der zu sozio-ökonomischer Entwicklung führt bzw. sozio-ökonomische Entwicklung ist und das konkrete, sich wandelnde „Gesicht" (Hirsch/Roth 1986) der jeweiligen kapitalistischen Gesellschaftsformation und darin die Gestalt/Gestaltung von Ökonomie und Care-Ökonomie mit bestimmt. So wird deutlich, wie durch und durch sozial „das Ökonomische" ist – und umgekehrt wie durch und durch ökonomisch „das Soziale" ist.

2.4 Zurück zur Regulationstheorie und über sie hinaus

> „Die theoretische Annahme einer lediglich aus Kapitalisten und Arbeitern bestehenden Gesellschaft [...] schien mir unangebracht und störend [...]. Die Kapitalakkumulation als geschichtlicher Prozess arbeitet sich vom ersten bis zum letzten Tage mitten in einem Milieu vorkapitalistischer Formationen vorwärts, im stetigen politischen Kampfe und in unaufhörlichen ökonomischen Wechselwirkungen mit ihnen. Wie kann man also diesen Prozeß und seine inneren Bewegungsgesetze in einer blutleeren theoretischen Fiktion richtig fassen, die dieses ganze Milieu, diesen Kampf und diese Wechselwirkungen [berücksichtigt]?" (Rosa Luxemburg zit. n. Neusüß 1985: 297)

> „The transformation of concepts means the creation of new forms and consequently the negation of limmits within their previous formulation" (Aglietta 1979: 16).

2.4.1 Äußere Räume, andere Produktionsweisen und die kapitalistische Produktionsweise

Der Begriff des Akkumulationsregimes beinhaltet die historisch spezifische Verknüpfung von kapitalistischen Produktionsweisen mit nicht-kapitalistischen Produktionsweisen und lokalisiert das Akkumulationsregime *innerhalb* eines *äußeren* Raumes. Ein Akkumulationsregime findet – so formuliert es Lipietz – in allen historischen Formationen des Kapitalismus in „einem 'äußeren' Raum statt" (Lipietz 1985: 120). Äußere Räume sind z.B. die (Re-)Produktion im Haushalt, Formen der einfachen Warenproduktion und der Weltmarkt. Äußere Räume des Akkumulationsregimes sind Räume, die nicht nach der Funktionslogik der kapitalistischen Produktionsweise funktionieren, die aber mit der kapitalistischen Produktionsweise direkt oder indirekt verbunden sind und Relevanz für den Prozess der Kapitalakkumulation besitzen.

Aufgrund der expansiven Tendenz der kapitalistischen Produktionsweise[23] spielen diese „äußeren Räume" eine ambivalente Rolle für den Akkumulationsprozess: Die Haushaltsproduktion z.B. schafft wichtige Voraussetzungen für die Existenz der kapitalistischen Produktionsweise. Die kostengünstige Reproduktion von Arbeitskraft trägt dazu bei, die Produktionskosten zu senken und die möglichen Profitmassen zu erhöhen, und leistet so einen kostenlosen oder kostengünstigen „äußeren" Beitrag zur Kapitalakkumulation. Sie ist daher aus der Perspektive des Akkumulationsregimes ein „glücklicher Fund" (Lipietz 1985: 119). Die hier „außerhalb" von Lohn- und Warenform organisierten Arbeiten und Bedürfnisse können aber auch ein Ausdehnungsfeld für Lohnarbeit und Warenproduktion sein. Sie sind ein Raum, in dem sich potenziell der Akkumulationsimperativ des Kapitals weiter entfalten kann (ebd.: 119f.). „Äußere Räume" der Kapitalakkumulation können daher auch zu Verwertungsschwierigkeiten des Kapitals führen, z.B. wenn Letzteres in diesem Bereich nach Ausdehnung strebt, diese

23 Man kann für alle Produktionsweisen das „Gesetz" formulieren, dass sie Zeit in Anspruch nehmen, die dann nicht anderweitig verwendet werden kann. Wenn ich unbezahlte Hausarbeit leiste oder aber mich in einem kirchlichen Obdachlosenheim ehrenamtlich engagiere, kann ich in der Zeit nicht produktiv lohnarbeiten gehen, und umgekehrt gilt das Gleiche. Zur Verfügung stehende Zeit teilt sich also auf in verschiedene Produktionsweisen und in diesem Punkt konkurrieren die verschiedenen Produktionsweisen miteinander um diese Zeit: Ihre Größe bestimmt sich wesentlich darüber, wie viel von der gesamtgesellschaftlich zur Verfügung stehenden Zeit sie für sich beanspruchen können. Allein die kapitalistische Produktionsweise hat aus sich selbst heraus, d.h. aufgrund ihrer inhärenten Funktionslogik, eine Tendenz, immer mehr von der zur Verfügung stehenden Zeit zu beanspruchen, denn „Zeit ist Geld".

nicht warenförmigen Räume sich jedoch gegen eine Kommodifizierung unter den jeweils technologisch-sozialen Bedingungen sperren (vgl. hierzu auch Hirsch/ Roth 1986: 51; Chorus 2007: 49). Sofern Hausarbeit und Subsistenzproduktion einen direkten oder indirekten Einfluss auf die Entwicklungen in der politischen Ökonomie besitzen und die Verwertung der Arbeitskraft durch das Kapital bereits verausgabte Arbeitskraft voraussetzt (vgl. Bennholdt-Thomsen 1981: 30), ferner äußere Räume der Kapitalakkumulation zu inneren werden können (Lipietz 1985: 119), müsste die Analyse der politischen Ökonomie auch diese Bereiche „außerhalb" der kapitalistischen Produktionsweise in ihren Wechselwirkungen mit dieser einbeziehen (vgl. Braig/Lentz 1983; Mies 1983). Dies nicht alleine, um die Voraussetzungen der Kapitalakkumulation zu klären, sondern auch um die Entwicklungstendenzen und Grenzen der Akkumulation analysieren zu können.

Weitet sich die kapitalistische Produktionsweise innerhalb der sozialen Reproduktion aus und dringt in zuvor nicht erschlossene Bereiche der menschlichen Arbeit und der menschlichen Bedürfnisse vor, spricht man von einem weiteren Schritt der reellen Subsumtion der Menschen (bzw. der Arbeitskraft) unter das Kapitalverhältnis. D.h., die Arbeitskraft und ihre Angehörigen sind dann reell stärker in ihrer Reproduktion dem Kapitalverhältnis unterstellt (zum Begriff Hirsch/Roth 1986: 51): „Quite simply, people's ability to sustain themselves and others – to materially reproduce themselves – comes to depend upon their ability to earn a wage to feed, clothe and shelter [and care S.C.] for themselves and their families" (Ferguson 1998: 4).

2.4.2 Historische Produktions-, Konsum- *und* Reproduktionsweisen

Der jeweilige Modus der Kapitalakkumulation wird im Begriff des Akkumulationsregimes als abhängig davon konzipiert, wie weit die Warenform in die individuelle Reproduktion der Lohnabhängigen eingespannt ist (Hübner/ Mahnkopf 1988: 14) und in welcher konkreten Verbindung kapitalistische und nicht-kapitalistische Produktionsweisen miteinander stehen (vgl. hierzu Liepietz 1985: 121; Hirsch 1995: 21). Stabilitätsbedingung für die ökonomische Entwicklung ist eine kohärente *Transformation* von Abteilung I (Produktionsmittel) und II (Konsumgüter) der Produktion, in der ein Produktivitätstransfer zwischen diesen beiden Abteilungen gewährleistet werden muss, damit Produktivitätsfortschritte und Mehrproduktion in der Produktion von Produktionsmitteln einen entsprechenden Einsatzort in der Produktion von Konsumgütern finden. Unter diesen Bedingungen können die Produktionskosten pro Stück in Abteilung II sinken und somit auch die Reproduktionskosten von Arbeitskraft, so dass die

Existenz einer Gegentendenz zur steigenden organischen Zusammensetzung des gesellschaftlichen Gesamtkapitals gewährleistet ist (vgl. Aglietta 1979: 60). D.h., ökonomische Stabilitätsbedingung dafür, dass der Akkumulationsprozess reibungslos funktioniert, ist eine kohärente Entsprechung und Entwicklung der zwei zentralen Abteilungen der Produktion – der Abteilung I, in der Produktionsmittel im weiteren Sinne produziert werden, und der Abteilung II, in der Konsumgüter (im weiteren Sinne) produziert werden –.[24] Dies hängt wesentlich von den Entwicklungsmöglichkeiten und Grenzen in der Kommodifizierung und Durchkapitalisierung der Reproduktionsbedingungen der Lohnabhängigen ab (Lipietz 1990: 160; Aglietta 1979: 67) und damit auch von den gesellschaftlichen Möglichkeiten und Grenzen spezifischer Organisationsweisen der sozialen Reproduktion. D.h., die kohärente Entwicklung aller drei Bereiche der gesellschaftlichen Produktion und Reproduktion – der Produktion von Produktionsmitteln, der Produktion von Lebensmitteln und der (Re-)Reproduktion des individuellen und gesellschaftlichen Lebens – ist die Bedingung sowohl für ein Gelingen der sozialen Reproduktion im umfassenden Sinne als auch darin eingeschlossen von historisch spezifischen Modi, Möglichkeiten (und Grenzen) des Mehrwertes (vgl. hierzu Aglietta 1979: 37).

Eine kohärente Entwicklung von Produktions-, Konsum- *und* Reproduktionsweise (vgl. Chorus 2007a: 104; Chorus 2011) ist eine zentrale Stabilitätsbedingung historisch spezifischer Akkumulationsregime, die Voraussetzung, dass der Widerspruch zwischen Produktion und sozialer Reproduktion gesellschaftlich derart kanalisiert wird, dass soziale Reproduktion *und* Kapitalakkumulation einigermaßen stabil verlaufen. Dieses insgesamt „prekär" erscheinende Gleichgewicht wird innerhalb der Regulationsweise durch die gesellschaftlichen Formen der Regulation aufrechterhalten, bis der gesellschaftliche Kompromiss an seine politischen, sozialen und/oder ökonomischen Grenzen stößt und das Gleich-

24 Diese Bedingungskonstellation für eine relativ stabile ökonomische Entwicklung innerhalb einer kapitalistischen Gesellschaftsformation basiert auf der Idee des erweiterten Reproduktionsschemas von Marx (vgl. Lipietz 1985: 120). Hinter dieser Annahme steckt folgender Grundgedanke: "Ein Arbeitsprozess, das ist eine Folge von systematisch geregelten Operationen, wie sie von den Agenten des Arbeitsprozesses ausgeführt werden, welche einen Arbeitsgegenstand (...) bearbeiten, indem sie zu diesem Zweck Arbeitsinstrumente (...) einsetzten, und derart den Arbeitsgegenstand zum einen in Produkte transformieren, welche sich dazu eigenen, die direkten menschlichen Bedürfnisse (...) zu befriedigen, zum anderen, in Arbeitsinstrumente, welche dazu bestimmt sind, die weitere Fortsetzung des Arbeitsprozesses zu gewährleisten" (Althusser 1977, zit. n. Wolf 2008: 46).

gewicht ins Wanken gerät. Wie und wo diese Spannungen und Widersprüche zwischen kapitalistischer Produktion und sozialer Reproduktion kanalisiert werden und/oder aufbrechen und welche Implikationen dies für die Entwicklung der kapitalistischen Gesellschaftsformation hat, ist historisch-kontextuell verschieden und politisch-sozial bestimmt.

2.5 Akkumulation, soziale Reproduktion und Geschlechterverhältnisse in der Entwicklung vom Fordismus zum Postfordismus

Die feministische Ökonomin Hella Hoppe listet verschiedene widersprüchliche Handlungsanforderungen und Funktionslogiken auf der Ebene des modernen westlichen androzentrischen *Denkens* (u.a. über Ökonomie) entlang einer (vergeschlechtlichten) hierarchisierenden Demarkationslinie[25] von Geist/Verstand/öffentlich/Mann/Ökonomie/produktiv auf der einen und Materie/Natur/privat/Frau/Nicht-Ökonomie/Fürsorge/unproduktiv auf der anderen Seite auf (vgl. Hoppe 2002: 39).[26] Verstanden als „objektive Gedankenformen" (Marx) – d.h. solche, die sich (auch) aus der jeweiligen Grundstruktur der Gesellschaft heraus entwickeln und uns weniger über die universale und mehr über die konkrete gesellschaftliche Wirklichkeit sagen (vgl. Heinrich 2005: 24) – drücken diese Dualismen die unterschiedlichen Handlungsanforderungen, unterschiedlichen

25 Aus einer postkolonialen Perspektive könnten wir dem noch Mann/weiß und Frau/nicht-weiß hinzufügen (vgl. Zein-Elabdin 2003)

26 So haben wir auf der einen Seite die Vorstellung einer öffentlichen Sphäre der Ökonomie. Hier handeln die Individuen bzw. Arbeitskraftbesitzer_innen, hier ist Geld im Spiel und man ist produktiv und scheinbar autonom (bzw. doppelt frei). Aktivität und Eigennutz, Handeln (bzw. Klassenkampf) und Tausch (bzw. Verkauf der Ware Arbeitskraft), Atomismus, Individualismus und Konkurrenz dominieren diese Sphäre. Auf der anderen Seite dominiert eine Weise der Reproduktion der Einzelnen, die vor allem privat, im Haushalt bzw. der Familie stattfindet. In dieser Sphäre ist Geselligkeit, Liebe, Abhängigkeit, Kooperation und Fürsorge vorherrschend. Holismus, Organizismus und Kontextbezogenheiten bestimmen hier das Geschehen (vgl. Hoppe 2002: 39). Dies sind symbolische Zeichen bzw. normativ aufgeladene Bilder und sie erfassen nicht eins zu eins die Realität, sondern vor allem die Vorstellungen über die Realität. Sie haben dennoch einen Realitätsgehalt und eine reale Wirkungsmächtigkeit, denn als Zeichen oder Bilder resultieren sie aus einem konkreten gesellschaftlichen Kontext und als normative und symbolische Ordnung orientieren sie das Handeln der Akteur_innen mit.

Kriterien der Effektivität von Handlungen und verschiedenen Funktionslogiken von Produktionsweise und sozialer Reproduktion auf einer symbolischen Ebene aus. Sie zeigen außerdem auf einer symbolischen Ebene eine *historisch spezifische* Form der Bearbeitung des strukturellen Widerspruchs zwischen Produktion und sozialer Reproduktion auf, die im Fordismus dominierte: den männlichen Ernährer und die fürsorgende Hausfrau. Hier wird die „unproduktive" Fürsorgearbeit, die Kooperation und Einfühlungsvermögen erfordert, in den Bereich des Privaten, des Feminisierten, der Nicht-Ökonomie und damit *außerhalb* von Wettbewerb und Profitlogik gestellt. Die Kommodifizierung von Care im Postfordismus, die Durchkapitalisierung von Care und das Eindringen von Wettbewerb und Profitlogik in den Fürsorge-Bereich sind Anzeichen dafür, dass diese Form der gesellschaftlichen Widerspruchsbearbeitung tendenziell in Auflösung oder Aufweichung begriffen ist.

Mit einer integralen Perspektive auf die historisch-konkreten Formen von kapitalistischer Produktionsweise und sozialer Reproduktion kann die Kommodifzierung von Care als ein sozialer Prozess des Formwandels von Care und Care-Arbeit konzipiert werden, der durch soziales Handeln innerhalb einer Vielzahl von gesellschaftlichen Verhältnissen „verursacht" wird, durch den sich der Modus der sozialen Reproduktion sowie der Modus der Produktion verändern, der aber auch durch die Entwicklung der ökonomischen Verhältnisse wiederum mit bestimmt wird.

2.5.1 Fordismus: der männliche Ernährer, die fürsorgende Hausfrau und die fordistische Wachstumsdynamik

> „Wenn frueh am Morgen die Werksirene dröhnt
> Und die Stechuhr beim Stechen lustvoll stöhnt,
> In der Montagehalle die Neonsonne strahlt
> Und der Gabelstaplerführer mit der Stapelgabel prahlt,
> Ja, dann wird wieder in die Hände gespuckt.
> Wir steigern das Bruttosozialprodukt,
> Ja, ja, ja, jetzt wird wieder in die Hände gespuckt.
>
> Die Krankenschwester kriegt 'nen Riesenschreck,
> Schon wieder ist ein Kranker weg.
> Sie amputierten ihm sein letztes Bein
> Und jetzt kniet er sich wieder mächtig rein,
> Ja, jetzt wird wieder in die Hände gespuckt.
> Wir steigern das Bruttosozialprodukt,
> Ja, ja, ja, jetzt wird wieder in die Hände gespuckt.

Wenn sich Opa am Sonntag auf sein Fahrrad schwingt
Und heimlich in die Fabrik eindringt,
Dann hat Oma Angst, dass er zusammenbricht,
Denn Opa macht heute wieder Sonderschicht,
Ja, jetzt wird wieder in die Hände gespuckt.
Wir steigern das Bruttosozialprodukt,
Ja, ja, ja, jetzt wird wieder in die Hände gespuckt.

A-a-an Weihnachten liegen alle rum und sagen puh-uh-uh-uh.
Der Abfalleimer geht schon nicht mehr zu.
Die Gabentische werden immer bunter
Und am Mittwoch kommt die Müllabfuhr und holt den ganzen Plunder,
Und ab jetzt wird wieder in die Hände gespuckt.
Wir steigern das Bruttosozialprodukt,
Ja, ja, ja, jetzt wird wieder in die Hände gespuckt" (Geier Sturzflug: Bruttosozialprodukt, 1983).

Michel Aglietta rekonstruiert in seiner *Theory of Capitalist Regulation. The US Experience* (1979) die Entstehung und Entwicklung der Produktions-, Konsum- und Reproduktionsweise des US-amerikanischen Fordismus. Eine neue Stufe kapitalistischer Entwicklung ist nach Aglietta in den 1920er Jahren erreicht, da sich der Prozess der Mehrwertproduktion qualitativ verändert hat: Im intensiven Akkumulationsregime des Fordismus dominiert (zum ersten Mal in der kapitalistischen Geschichte) die relative Mehrwertproduktion und löst die absolute Mehrwertproduktion tendenziell ab.

D.h., Kapitalakkumulation fußt zu diesem Zeitpunkt nicht mehr so sehr auf der extensiven Ausdehnung der Mehrarbeit (die notwendigerweise begrenzt ist auf 24 Stunden – x [Reproduktionszeit]), sondern auf der intensiven Ausnutzung der zur Verfügung stehenden Arbeitszeit durch Arbeitsorganisation und Technikeinsatz und auf ihrer Übersetzung in sinkende Reproduktionskosten von Arbeitskraft. So hat der fordistische Kapitalismus die „natürliche Schranke" der Kapitalakkumulation vorläufig überwunden.[27]

Stabile Kapitalakkumulation unter der Dominanz einer relativen Mehrwertproduktion setzt jedoch voraus, dass „capitalist production revolutionizes the

27 Kapitalismus kann zwar eine lange Zeit ohne die grundlegende Veränderung der Reproduktionsbedingungen der Arbeiter_innenklasse relativ stabil funktionieren: „[C]apitalism can implant itself for a long historical period without destroying traditional ways of life, indeed benefitting from the reconstitution of labour-power by a non-capitalist environment in which it is still inserted" (Aglietta 1979: 81). Jedoch ist in dieser Zeit das Lohnverhältnis noch nicht vollständig entfaltet und die Ausdehnungsmöglichkeiten des Kapitals sind begrenzt.

conditions of existence of the wage earning class“ (Aglietta 1979: 60). Denn: „capitalism can reproduce itself only by an incessant accumulation which develops as a mass production and consumption of commodities, a phenomenon generalized to embrace the sum total of activities of social life“ (ebd.: 81). Das „Geheimnis stetiger Kapitalakkumulation [liegt] in der permanenten Senkung des Werts der Ware Arbeitskraft, wie sie durch den Produktivitätstransfer zwischen den beiden Abteilungen gesellschaftlicher Produktion bewerkstelligt wird“ (Aglietta zit. n. Hübner 1989: 67). Dieser Produktivitätstransfer – also eine kohärente Transformation von Produktions- und Konsum- bzw. Reproduktionsweise – stellt sich nicht automatisch oder von selbst her, sondern ist das prinzipiell zunächst immer offene Ergebnis von gesellschaftlichen Regulations- und Aushandlungsprozessen bezüglich der „richtigen“ Arbeits-, Lebens- *und* Reproduktionsweise.

Im Fordismus finden Massenkonsumgüter Eintritt in die individuelle Reproduktion der Lohnabhängigen. So wird der Produktivitätstransfer zwischen den Abteilungen I und II der Produktion über einen längeren Zeitraum hinweg gesichert[28] und die realen Reproduktionskosten von Arbeitskraft vermindern sich. Sinkende Stückkosten in der Produktion von warenförmigen Lebensmitteln (im weiteren Sinne) übersetzen sich im Fordismus in relativ sinkende Reproduktionskosten von Arbeitskraft innerhalb der kapitalistischen Produktionsweise, da das Wertprodukt der gesellschaftlichen Arbeit insgesamt steigt (durch die Produktivitätssteigerung der Arbeitskraft) (vgl. zum relativen Mehrwert Hirsch/Roth 1986: 1986f.; Aglietta 1979: 111ff; Hübner 1989: 122ff.).

Solange Konsum und Arbeitsproduktivität im Fordismus steigen und sich dabei kohärent zueinander entwickeln, besitzt der fordistische Klassenkompromiss eine solide materielle Basis, denn sowohl Reallöhne als auch Profite können so über einen längeren Zeitraum hinweg parallel steigen (vgl. Chorus 2007: 45ff.). Eine fordistische Konsumnorm etabliert sich, in der das Eigenheim, das Auto, bestimmte Standards der Haushaltsführung und Kindererziehung, die ein gewisses Konsumniveau voraussetzten, die Waschmaschine etc. zum festen Bestandteil der individuellen Reproduktion eines wesentlichen Anteils der Lohnabhängigen werden (vgl. hierzu Hirsch/Roth 1986: 51f.; Aglietta 1979: 111f.; Hübner

28 (D.h. die Entwicklung und der Einsatz neuer Produktionstechnologien ermöglicht, dass die Produktivität in der Produktion von Konsumgütern steigt und damit die Produktionskosten von Konsumgütereinheiten sinken. Damit sinken auch jene Reproduktionskosten von Arbeitskraft, die über den warenförmigen Konsum von Lebensmitteln im weiteren Sinne bestimmt werden. Gleichzeitig weitet sich Lohnarbeit und damit das 'produktive' Arbeitskräftepotenzial aus und die warenförmigen Anteile in der Reproduktion von Arbeitskraft nehmen zu).

1989: 122ff.). Eine derartige Entwicklung von fordistischem Massenkonsum auf der einen Seite und fordistischer Massenproduktion auf der anderen wird durch eine keynesianisch orientierte Wirtschafts- und Sozialpolitik gestützt, die in unterschiedlichem Ausmaß ein Kennzeichen aller westlichen fordistischen Staaten ist (vgl. Hirsch 1995).

Ein erheblicher Anteil der Reproduktion*sarbeit* findet im Fordismus in Verbindung mit dem Konsum von Massenwaren unbezahlt und privat in Form von Hausfrauenarbeit statt, im Spätfordismus auch zunehmend innerhalb des öffentlichen Sektors (vgl. hierzu Kohlmorgen 2004: 154; Koch 2003). Was im Fordismus v.a. kommodifiziert und durchkapitalisiert wird, ist der Bereich der Lebensmittelproduktion (im weiteren Sinne), jedoch weniger der Bereich der Reproduktion des unmittelbaren Lebens und der wesentlichen Voraussetzungen gesellschaftlichen Zusammenlebens. So ist es zwar richtig, dass in Teilen „Haushaltshilfen durch Tiefkühl-Fertiggerichte oder Spülmaschinen" ersetzt werden können (vgl. Hirsch/Roth 1986: 57), das heißt jedoch nicht, dass „persönliche Dienste durch materielle Gebrauchsgüter" gänzlich ersetzt werden (ebd.: 59). Zeitbudget-Studien, wie sie z.B. für die USA durchgeführt worden sind (vgl. Vaneck 1980; Gershuny/Jones 1986) belegen dies:

> „The results serve to deflate some widespread optimistic argument on the relation between economic growth and the reduction of housework. [...] in the period between 1926 and 1964, [...] the amount of housework did not decrease but increase: for housewives it rose from 51 to 56 hours a week. [...] the reduction in the time used for food preparation was more than compensated by the increase in time devoted to care of the house, shopping, coping with bureaucracy, and child care" (Picchio 1992: 103).

Rückblickend auf die fordistische Formation zeigt sich das historisch spezifische hegemoniale Geschlechtermodell im Fordismus als durchaus funktional für die fordistische Form von Akkumulation und Regulation: Jener Anteil der Arbeiten und Bedürfnisse in der individuellen Reproduktion, der sich ohne weiteres über den Kauf von im Rahmen eines tayloristischen Produktionsparadigmas gewinnbringend und mit einer hohen Arbeitsproduktivität produzierter Waren organisieren ließ, wurde zunehmend durchkapitalisiert. Diejenigen Arbeiten in der individuellen und gesellschaftlichen Reproduktion, in denen zwischenmenschliche Beziehungen zentral sind, die jedoch zeitintensiv und wertschöpfungsschwach sind – also v.a. feminisierte Fürsorge-, Pflege-, Beziehungs- und Erziehungsarbeit (Care-Arbeiten) –, bilden einen zentralen, jedoch „äußeren Raum" des fordistischen Akkumulationsregimes. Fordismus ist eine historisch spezifische Form von Produktions-, Konsum- und Reproduktionsweise, in der eine warenförmige Massenproduktion, eine tayloristische Arbeitsorganisation, ein warenförmiger Massenkonsum und eine vornehmlich nicht warenförmige Care-Ökonomie temporär in einem kohärenten Verhältnis zueinander stehen und sich in ihrer Emergenz wechselseitig ausprägen und stützen. Die widersprüchlichen Handlungsanforderungen und Funktionslogiken der kapitalistischen Produktionsweise und der sozialen Reproduktion sind im Fordismus v.a. durch die räumliche und entlang der Geschlechtergrenze personelle sowie damit verbundene organisatorische „Trennung" dieser beiden Bereiche der sozio-ökonomischen Formation kanalisiert. Die Hausfrau ist also nicht alleine ein „Effekt der Basis", sondern eine wichtige Voraussetzung für diese Form der Produktion[29]. Und die Idee der fordistischen Hausfrau geht dem fordistischen Klassenkompromiss und dem fordistischen Akkumulationsregime voraus.[30] Sie schreibt sich ein in den fordistischen Klassenkompromiss (vgl. Hübner 1989: 99f.; siehe dazu auch Ford 1929: 149) und in die fordistischen Genderregime (vgl. Young 1998: 180). Als soziale und ökonomische Rolle der Frauen wurde die Hausfrau (mit Zuverdienst) politisch-sozial innerhalb der fordistischen Staatsform fest institutionalisiert (Kohlmorgen 2004: 121) und sie war ein einflussreiches Leitbild in der fordistischen Sozial-, Arbeitsmarkt-, Steuer-, und Familienpolitik. Der männliche Ernährer mit fürsorgender Hausfrau avanciert zu einer staatlich begünstigten Arbeits-, Reproduktions- und Lebensform (vgl. Chorus 2007: 51ff.; Kohlmorgen 2004: 129). Dies begünstigt, dass vor allem die Care-Arbeiten im engeren Sinne überwiegend außerhalb der Lohn- und Warenform verrichtet werden – bis die Frauenbewegung sich erhebt.

Die Krisenerklärungen der Regulationstheorie bilden ein „buntes Bukett" (Hübner 1989: 212). Sie eint, dass sie allesamt bei einer Verlangsamung der Zuwachsraten in der Arbeitsproduktivität ansetzten (vgl. Lipietz 1985 und 1992;

29 So kommt z.B. Gramsci zu dem Schluss, dass der fordistische Klassenkompromiss und die fordistische Arbeits- und Produktionsweise eine Anpassung der Lebensweise erfordert – und ermöglicht. Ein hoher Arbeitslohn erlaubt die Unterhaltung von (Haus-)Frau und Familie, und die Intensivierung des Arbeitstages erfordert dies nahezu (vgl. Gramsci 1967: 529ff.).

30 Die Vorstellungen einer „Hausfrauisierung" der proletarischen Frauen und die Forderung nach dem hierfür notwendigen *family-wage* als einer Idee des besseren Lebens (vgl. hierzu May 1982) und Arbeitens (vgl. Ford 1929: 149) gab es bereits in Teilen der Arbeiter_innenbewegung des 19. Jahrhunderts. Namenswerte Unternehmer, die rückblickend als Pioniere der fordistischen Epoche erscheinen – prominent Henry Ford –, plädierten für dieses Modell einer gesellschaftlicher Arbeitsteilung und befürworteten den Familienlohn. Normalarbeitstag, leistungsstarke Arbeitskräfte und eine ausreichend hohe Konsumnorm waren die Indexierung der Löhne an die Produktivitätsentwicklung „wert".

Aglietta 1979; Hirsch/Roth 1986). Diese inhärenten Grenzen werden auch als „fordistisches Produktivitätsdilemma" bezeichnet. Dieses Dilemma zeigt sich, wenn die Zuwachsraten in der Arbeitsproduktivität rückläufig werden, weil die Steigerung an ihre technologischen, gesellschaftlichen und menschlichen Grenzen stößt und gleichzeitig die Lohnzuwachsraten aufgrund ihrer Institutionalisierung im Rahmen des fordistischen Kompromisses sich nicht mit der gleichen Geschwindigkeit verlangsamen oder rückläufig werden (vgl. Altvater 1988: 148). Die Akkumulation kommt dann ins Stocken und dies artikuliert sich als ökonomische Krise.

Berücksichtigt man die soziale Reproduktion in Gänze (inklusive Care-Arbeiten), zeigt sich noch ein weiteres Produktivitätsdilemma: In der Spätphase des Fordismus wächst der personennahe und wertschöpfungsschwache (Care-) Dienstleistungssektor deutlich an – in einigen Ländern v.a. der öffentlich finanzierte (z.B. Schweden, Deutschland, Frankreich), in anderen auch der privat finanzierte und privatwirtschaftlich organisierte (Großbritannien, USA) (vgl. Koch 2003; Esping-Andersen 1999).[31] Dies ist Ausdruck eines Formwandels in der Care- und Reproduktionsarbeit, der mit dem Einzug der weiblichen Arbeitskraft in die Erwerbsarbeit einhergeht und somit in direkter Verbindung mit den Veränderungen in den Geschlechterverhältnissen steht, die durch die zweite Welle der Frauenbewegung angestoßen wurden (vgl. Chorus 2007: 65; Kohlmorgen 2004: 169). Werden zunehmend wertschöpfungsschwache Care-Arbeiten innerhalb der formellen Ökonomie organisiert, hat dies auch einen Effekt der Verlangsamung der volkswirtschaftlichen Produktivitätsentwicklung.

Der vergeschlechtlichte fordistische Klassenkompromiss wurde also nicht nur durch die inhärenten Grenzen des fordistischen Akkumulationsregimes in Frage gestellt (Altvater 1988), den „neu" entbrannten Klassenkampf „von oben" (Aglietta 2000: 47), nicht allein durch die Rebellion der 1968er-Bewegung mit ihrem Ziel, die Arbeitswelt, Lebensstile und kulturelle Normen zu pluralisieren (Roth 1994: 188ff.), sondern auch durch die zweite Welle der Frauenbewegung und die Konflikte in der fordistischen Geschlechterordnung samt ihrer geschlechtsspezifischen Arbeitsteilung (vgl. Fraser 2009; Kohlmorgen 2004: 168; Chorus 2007: 65).

Aglietta prognostiziert in der Krise des Fordismus *vorausblickend*, dass eine wie auch immer geartete neue Entwicklungsweise des Kapitalismus eine mas-

31 Wie die jeweilige Care-Ökonomie organisiert ist, ist v.a. abhängig von der jeweils spezifischen Formen von Gender- und Wohlfahrtsregime (vgl. hierzu ausführlich die femistischen Wohlfahrtsforscherinnen Ostner/Lewis 1994; Kulawik 2005).

sive Transformation von nicht-Mehrwert-schaffender in Mehrwert-schaffende Arbeit beinhalten müsste,[32] um erneut stabil funktionieren zu können. Dabei ist aber das tayloristische Arbeitsregime des Fordismus völlig ungeeignet für die Produktion von personennahen Dienstleistungen im größeren Stil (ebd.: 166). Insbesondere die zeitintensiven und in Abhängigkeitssituationen nachgefragten Care-Dienstleistungen eignen sich kaum dazu, im größeren Ausmaß Mehrwert abzuwerfen, und lassen sich nur in Grenzen nach den Prinzipien von Mehrwertgewinnung und Produktivitätssteigerung organisieren (vgl. Madörin 2006). Die Grenzen in der fordistischen Form der Kapitalakkumulation zeigen sich also nicht nur als Produktivitätsgrenzen der fordistischen Produktionsweise, sondern auch als Grenzen in der Durchkapitalisierung und Kommodifizierung der individuellen Reproduktion im Rahmen eines dominierenden tayloristischen Paradigmas der Arbeitsorganisation und der fordistischen, nationalen Regulation des Klassenverhältnisses. Aglietta fasst sie sogar an einer Stelle als Grenzen der Ausweitung der kapitalistischen Produktionsverhältnisse auf das gesamte Feld der sozialen Reproduktion (ebd.: 86), und dies beinhaltet den im Fordismus zu großen Teilen außerhalb der Geldökonomie angesiedelten Bereich der Care-Ökonomie.

2.5.2 Transformation und Kommodifizierung von Care im Postfordismus

In Krisenzeiten werden alte Kompromisse aufgegeben und neue gesucht (vgl. Lipietz 1990: 160; Hirsch 1994: 202). Diese Suchprozesse sind weder determiniert noch völlig kontingent. Sie sind „das Ergebnis des Kampfes von Klassen oder Gruppen, von sozialen Bewegungen, die auf dem Boden vorher existierender Verhältnisse entstanden" (Lipietz 1985: 114). Dabei sind die Übergänge von einer Periode zur nächsten fließend. Im „Postfordismus" lassen sich eine Vielzahl von Momenten der fordistischen Entwicklung wiederfinden: Weder der Wohlfahrtsstaat noch das Fließband sind unwiderruflich verschwunden, sie existieren in veränderten Formen „als besondere Form neben ihren weiterentwickelten Formen" (MEW 23: 355; vgl. auch Jessop 2001a, 2001b).

Welches „Gesicht" der jeweils emergierende „neue Kapitalismus" dann annimmt und wie hierin Widersprüche kanalisiert und (relative) gesellschaftliche

32 „The social conditions for a new and lasting upsurge of accumulation can only be created by an internal reallocation of the wage-earning class which would involve a massive transformation of unproductive labour into labour productive of surplus-value" (Aglietta 1979: 169).

Stabilität (temporär) hergestellt werden, welche neuen Formen von Care und Care-Arbeit sich zu etablieren und zu institutionalisieren vermögen und inwiefern diese funktional oder dysfunktional für den Akkumulationsprozess sind, lässt sich in der Regel erst ex post feststellen, wenn ein erkennbares (temporäres) Ergebnis dieser sozialen Aushandlungsprozesse, Konflikte und gesellschaftlichen Kompromisse zwischen verschiedensten sozialen Akteur_innen erkennbar wird.

Insgesamt hat die Epochenbezeichnung Postfordismus eher den Charakter einer „Hilfsbezeichnung" (Hirsch 2009: 182f.) und ist als Idealtyp diffuser als der Fordismus (vgl. hierzu Candeias/Deppe 2001; Hirsch 2002: 102). Aus der heutigen Perspektive kann man ex post feststellen, dass über einen gewissen Zeitraum hinweg im Postfordismus temporär wieder die Bedingungen der Kapitalakkumulation erfüllt und die Grenzen der fordistischen Akkumulation überwunden wurden – auch wenn diese Formation ungleich stärker als ihr Vorgängermodell von Krisen und Instabilitäten heimgesucht wurde (vgl. Candeias 2004: 18; Altvater/Haug/Negt: 1999; Lipietz 1997; Hirsch 1995: 128ff.; Kohlmorgen 2004: 95).

Als allgemeine Charakteristika des Postfordismus werden in der Regel genannt: die Ausweitung eines hochtechnologischen, flexiblen, industriellen Paradigmas in der Produktion (Candeias 2004), die transnationale Re-Organisation der Produktionskette im Hinblick auf Standortfaktoren und Arbeitskosten (vgl. Hirsch 1995), neue Formen der Arbeitsorganisation (Lipietz 1997) und Wissensarbeit, eine neoliberale Re-Regulation des Klassenverhältnisses (Candeias 2004), eine Umstrukturierung der Wohlfahrtsstaaten in Richtung Workfare und internationaler Standortkonkurrenz (Hirsch 1995) sowie eine Abkehr von der keynesianischen Wirtschaftspolitik und Hinwendung zur neoliberalen (vgl. Hirsch 2009). In der sozialen Reproduktion wird von feministischer Seite vor allem eine Re-Privatisierung und Kommodifizierung der sozialen Reproduktion als Kennzeichen dieser Epoche unterstrichen (Bakker/Gill 2003 und 2008) und als Voraussetzung und Resultat hiervon eine Teil-Transformation in den Genderregimen (Young 1998).

Im Postfordismus existieren kommodifiziertes Care und Care-Arbeit als weiterentwickelte Formen neben anderen Formen von Care und Care-Arbeit. So ist weder die unbezahlte Care-Arbeit noch die wohlfahrtsstaatliche Versorgung und Fürsorge unwiderruflich verschwunden. Dennoch werden in zunehmendem Maße zuvor „außerhalb" der geldvermittelten Ökonomie und kapitalistischen Produktionsweise verrichtete Care-Arbeiten und Care-Bedürfnisse nun auch „innerhalb" der Geldökonomie und teilweise sogar profitabel organisiert. Die Grenze der Kommodifizierung von Care scheint im Postfordismus überwunden worden zu sein.

Kommodifiziertes Care als Bestandteil der geldvermittelten Ökonomie *und* der sozialen Reproduktion ist direkt innerhalb des widersprüchlichen Verhältnisses von Produktion und sozialer Reproduktion eingehängt. Strukturell haben wir es bei der kommodifizierten Form von Care und Care-Arbeit mit einem Ringen zwischen den Prinzipien des Tauschwertes und der kapitalistischen Zeitökonomie auf der einen Seite und denen der sozialen Reproduktion, des Gebrauchswertes und der „anderen" Zeitökonomie von Care zu tun. Die Art und Weise, wie dieser Widerspruch kanalisiert wird, hat einen Einfluss auf die Entwicklungstendenzen und Grenzen sowohl der Produktionsweise als auch der sozialen Reproduktion. Die Kommodifizierung von Care und Care-Arbeit besitzt also gleichermaßen „ökonomische" wie auch „gesellschaftliche" Implikationen.

Warenförmiges Care und Care-Arbeit ist kein grundsätzlich neues Phänomen (vgl. Odierna 2002). Die Ausweitung und Verallgemeinerung der Warenform in den Care-Ökonomien des Postfordismus lässt allerdings vermuten, dass es sich hier um eine strukturelle Transformation im Modus der sozialen Reproduktion handelt und nicht nur um die punktuelle Möglichkeit, persönliche Luxus-Dienste im „Interesse des Überflusses, der Luxuskonsumtion der bürgerlichen Gesellschaft" (MEW 42: 381) zu konsumieren. So spielt warenförmiges Care und Care-Arbeit eine wachsende Rolle als Quelle von monetären Einkommen auf den Arbeitsmärkten der postindustriellen westlichen Kapitalismen (Esping-Andersen 1999). In den postfordistischen Care-Ökonomien wird diese Form von Care immer wichtiger, wenn es um die Versorgung, Pflege und Betreuung von Alten, Kranken und Kindern geht. Warenförmiges Care gewinnt zunehmend an Bedeutung als Quelle von Einkommen *und* von Care. Die quantitative Zunahme dieser Form von Care und Care-Arbeit tendiert in Richtung eines qualitativen Wandels in der Produktions-, Konsum- und Reproduktionsweise.

3. Care und Care-Arbeit in Warenform im einfachen Tausch und unter kapitalistischen Verhältnissen

> „Eine Ware scheint auf den ersten Blick ein selbstverständliches, triviales Ding. Ihre Analyse ergibt, daß sie ein sehr vertracktes Ding ist, voll metaphysischer Spitzfindigkeit und theologischer Mucken" (MEW 23: 85).

> "Human dependency is not an exceptional circumstance but rather an intrinsic, inalienable element of the human condition, a fact of everyone's individual life" (Jochimsen 2003: 16).

Die Warenform, die als Elementarform der kapitalistischen Gesellschaft von Marx eingängig untersucht wurde, begegnet uns nun auch dort, wo feministische Theoretiker_innen lange Zeit ein notwendiges „Außerhalb" (Luxemburg 1921) der kapitalistischen Form der Arbeitsorganisation vermuteten (z.B. Beer 1990) – im Bereich der Reproduktions- und Care-Arbeit. Sie vermuteten dieses Außerhalb, da Fürsorge, Betreuung, Pflege und Reproduktionsarbeiten nach anderen Gesetzen funktionieren, als es die Produktion, Distribution und der Konsum von warenförmigen Konsumgütern und Lebensmitteln innerhalb der Marktökonomie tun (vgl. Haug 1990). Die Frage, wie und unter welchen materiellen und gesellschaftlichen Bedingungen der besondere Inhalt – Care – in historisch spezifischen Modi von Produktion und sozialer Reproduktion die Warenform annimmt, kann in einem ersten Schritt durch eine genauere Untersuchung der Warenform Care geklärt werden.

Eine Formanalyse betrachtet ihren Gegenstand als historisch-soziales Produkt. Sie fragt nach den Voraussetzungen und Bedingungen entwickelter gesellschaftlicher Formen und nach den Verweisen von bestimmten gesellschaftlichen Formen (z.B. die Ware mit Tauschwert) auf andere gesellschaftliche Formen (z.B. das Privateigentum oder das Geld). Eine Formanalyse kann über die allgemeinen gesellschaftlichen Bedingungen der Emergenz und Ausweitung von warenförmigem Care und über die ökonomische Einbettung dieser Form erste Aufschlüsse geben. Dafür müssen die einzelnen Elemente der Form von warenförmigem Care bestimmt werden, aus denen sie sich zusammensetzt. Auf dieser Basis kann gefragt werden, welche gesellschaftlichen Bedingungen im historisch-sozialen Prozess entwickelt sein müssen, damit die Form existieren kann. Sie ist ein theoretisches „Experiment" unter „reinen" Bedingungen, d.h. solchen, in denen es keine anderweitigen Determinanten als die genannten gibt. Daraus folgt, dass dergleichen in einem konkreten und komplexen gesellschaftlichen Kontext nicht vorkommen wird. Dennoch haben die in der Formanalyse gewonnenen Aussagen einen Wert für die politische Ökonomie. In ihr dargelegte allgemeine Verhältnisse zwischen und Zusammenhänge von verschiedenen Variablen werden im Konkret-Komplexen von Gegentendenzen und anderweitigen Determinationen moderiert und ausgeglichen, verstärkt oder konterkariert. Auch dann haben sie jedoch genau darin eine Wirkungsmächtigkeit.

Daraus ergibt sich für dieses Kapitel folgendes Vorgehen: (1.) Ich werde zunächst den Formbegriff und die ökonomische Formanalyse, so wie sie von Marx entwickelt wurden, kurz einführen. (2.) Anschließend unternehme ich ein von der Formanalyse inspiriertes theoretisches Experiment, in dem ich die Warenform Care unter laborähnlichen Bedingungen untersuche. Unter Rückgriff auf die feministische Mikro-Ökonomik von Care und das Formkonzept von Marx skizziere ich eine prä-institutionelle und eine warenförmige Care-Situation. (3.) Im Anschluss werde ich herausarbeiten, inwiefern sich das Zusammenkommen der Einzelelemente der Form im Rahmen der einfachen Warenform gestaltet und wie sich die Bedingungen der Warenform Care verändern, wenn sie in eine kapitalistische Formation eingebettet wird. (4.) Abschließend werde ich die Ergebnisse dieses Kapitels zusammenfassen.

3.1 Formbegriff und Formanalyse bei Marx

Marx' Kritik an der bürgerlichen politischen Ökonomie seiner Zeit war (unter anderem), dass diese es nicht geschafft habe, einen *historischen* Formbegriff zu entwickeln (vgl. MEW 23: 94f.). Marx meinte, es würde genügen, einfach nur die Frage zu stellen, warum und wie ein bestimmter Inhalt (Arbeit) eine bestimmte Form annimmt, wie dabei die verschiedenen Faktoren der Arbeit (Arbeiter_innen, Produktionsmittel und Arbeitsteilung) miteinander kombiniert werden und was die gesellschaftlichen Bedingungen der Existenz einer bestimmten ökonomischen Form (der Warenform) sind, um mit der Generierung von Antworten hierauf ein gänzlich neues diskursives Universum zu betreten (vgl. Haug 1999: 596ff.) – was er sodann mit seiner Kritik der politischen Ökonomie tat.

Der marxsche Formbegriff unterscheidet zwischen universellem/allgemeinem Inhalt (Arbeit) und historisch-sozialer Form (Warenform).[1] Marx geht davon aus, dass es eine allgemein historische Grundlage – ein Entwicklungssubstrat – gibt. Dieses Substrat ist ein materialistischer Zusammenhang der Menschen untereinander, den Marx mit Universalien menschlicher Existenz begründet – Bedürfnisse und die Notwendigkeit zur Arbeit und Produktion zum Zwecke ihrer Befriedigung (vgl. MEW 3: 17ff). Bedürfnisse, Abhängigkeit, Arbeit und Produktion sind auch bei Marx so etwas wie ein universeller Inhalt menschlicher Verkehrsformen und Zusammenhänge. Darunter können wir auch die Angewiesenheit von Versorgung und Fürsorge und die Fähigkeit zu Fürsorge und Sorge für andere zählen, die zentrale und integrale Bestandteile der menschlichen Existenz sind (vgl. Jochimsen 2003: 3). Diese universellen Inhalte nun nehmen „stets neue Formen" an und bieten so „eine Geschichte [dar], auch ohne dass irgendein politischer oder religiöser Nonsens existiert, der die Menschen noch extra zusammenhalte" (MEW 3: 30).

Formen sind Resultat menschlicher, vergangener Praktiken. Formen entwickeln sich also aus sozialen Praktiken und Verkehrsformen[2]. So bilden sich

---

1 Der menschliche Stoffwechsel mit der Natur und die Produktion von Gebrauchsgegenständen durch menschliche Arbeit als Voraussetzung menschlichen Lebens sind bei Marx universelle, anthropologische Konstanten. Die Form der Arbeit jedoch ist bei ihm jeweils nach Gesellschaftsformation verschieden und somit historisch-spezifisch: „Daß jede Nation verrecken würde, die, ich will nicht sagen für ein Jahr, sondern für ein paar Wochen die Arbeit einstellte, weiß jedes Kind. Ebenso weiß es, dass die den verschiedenen Bedürfnismassen entsprechenden Massen von Produktion verschiedene und quantitativ bestimmte Massen der gesellschaftlichen Gesamtarbeit erheischen. Daß diese Notwendigkeit der Verteilung der gesellschaftlichen Arbeit in bestimmte Proportionen durchaus nicht durch die bestimmte Form der gesellschaftlichen Produktion aufgehoben, sondern nur ihre Erscheinungsweise ändern kann, ist self-evident. Naturgesetze können überhaupt nicht aufgehoben werden. Was sich in historisch verschiedenen Zuständen ändern kann, ist nur die Form, worin jene Gesetze sich durchsetzten. Und die Form, worin sich diese proportionale Verteilung der Arbeit durchsetzt in einem Gesellschaftszustand, worin der Zusammenhang der gesellschaftlichen Arbeit sich als Privattausch der individuellen Arbeitsprodukte geltend macht, ist eben der Tauschwert dieser Produkte" (Marx 1868 in einem Brief an Kugelmann, zit. n. Heinrich 2006: 203).

2 Marx macht dies am Beispiel der Entwicklung des Rechtswesens deutlich: So folge eine Rechtsordnung einem Verkehr (und nicht umgekehrt). Zuerst wird der Tausch praktiziert, wobei sich die am Tausch beteiligten als gleichwertige Personen und Eigentümer_innen ihrer Ware anerkennen. Aus diesen sozialen Praktiken entwickelt sich eine feste Form, ein faktisches Verhältnis, abgestützt durch Verträge, Gesetze,

Formen historisch gesehen durch die Verallgemeinerung zunächst molekularer Praktiken in sozialen Auseinandersetzungen aus (Krebs/Sablowski 1994: 112) und verstetigen sich. Die Kategorie der ökonomischen und sozialen Form vermittelt also zwischen Individuellem und Gesellschaftlichem. Die Kategorie der Form ist der analytische und die Form selbst der „soziale" Kitt, mit dem das Individuelle mit dem Gesellschaftlichen und vergangene Praktiken mit gegenwärtigen verbunden werden.

Der Begriff der sozio-ökonomischen Form begründet die ökonomischen Phänomene nicht mehr über die Interessen der handelnden Individuen oder irgendwelche der Arbeit zugrunde liegenden Naturgesetze. Vielmehr werden bei Marx erstmals der *Formgehalt* einer Handlung untersucht und hierüber die gesellschaftlichen Verhältnisse, die der Handlung zugrunde liegen, rekonstruiert: „Wenn wir überhaupt die sociale Beziehung der Individuen innerhalb ihres ökonomischen Processes prüfen, müssen wir uns einfach an die Formbestimmung dieses Prozesses selbst halten" (Marx zit. n. Heinrich 2006: 208). D.h. nicht, dass Interessen oder Motive und die Individuen bei Marx keine Rolle spielen würden,[3] sondern dass sie sich in ihrer „Rationalität" erst dann erschließen, wenn wir den Formgehalt einer Handlung und die gesellschaftlichen Verhältnisse, in denen bestimmte Handlungen rational sind, verstanden haben.

Eine Formanalyse rekonstruiert die gesellschaftlichen Voraussetzungen und Selbstverständlichkeiten spezifischer Formen und de-naturalisiert diese, insofern sie als (gewordene und veränderliche) Resultate menschlicher Praxis erkennbar werden. Eine Formanalyse hat also die „Konstitution der ökonomisch-sozialen Formen aus ihren antagonistischen Grundverhältnissen zu genetisieren und darin die systematischen Unterbestimmtheiten wie die Fetischismen der ökonomischen Begriffsbildung zu destruieren" (Helmut Brentel zit. n. Kannankulam 2008: 45).

Normen, Diskurse etc. (vgl. MEW 19: 377). Ähnlich rekonstruieren auch die Regulationstheoretiker_innen die Emergenz institutioneller und struktureller Formen.

3 In marxistisch vorgehenden Analysen stehen daher die Formen, in denen sich das ökonomische und gesellschaftliche Leben wie von selbst bewegt, häufig im Vordergrund der Untersuchung. Inhalt und Interaktion, persönliche Präferenzen, soziale Identitäten etc. spielen in solchen Analysen selten überhaupt eine eigenständige Rolle und die konkreten Individuen, die handeln, werden (in ihren ökonomischen Charaktermasken) häufig auf Personifikationen der ökonomischen Verhältnisse reduziert. Diesen ökonomischen Reduktionismus hat Marx in seinem Werk selbst mitunter angelegt (vgl. z.B. Vorwort MEW 23: 16, MEW 23: 100), es ist jedoch stets eine Frage der Auslegung und Interpretation, wie weit und wie eng man Marx' Ausführungen ökonomistisch verstehen möchte.

Wenn Marx die Warenform in den ersten Kapiteln des *Kapitals* als Elementarform der bürgerlichen, kapitalistischen Gesellschaftsformation entwickelt, hat er dabei folgende Konstellation vor Augen: Ein produzierender Mensch A produziert eine Ware A, die er selbst nicht braucht und daher gegen eine andere Ware B tauschen will, die er braucht. Ein anderer eine Ware produzierender Mensch B produziert Ware B, braucht aber Ware A. Die Warenbesitzer_innen A und B tragen ihre Waren zum Markt und tauschen sie hier miteinander. Dabei erkennen sie sich gegenseitig als Privatbesitzer_innen ihrer jeweiligen Waren an. Die Ware A wird mit Ware B in ein quantitatives Verhältnis gesetzt, d.h. auch, dass die Warenproduzent_innen ihre Arbeiten miteinander vergleichen können. Das Geld fungiert hier als allgemeines Äquivalent und es besitzt im Tausch „nur" eine Vermittlungsfunktion. Es ist Ausdruck und Resultat davon, dass die beiden Warenbesitzer_innen eine qualitative Vergleichbarkeit ihrer beiden Waren als Produkte bestimmter Quanten menschlicher Arbeit anerkennen.

Diesen einfachen Austauschprozess beschreibt Marx in der Formel Ware – Geld – Ware (W – G – W) (MEW 23: 143): „Die Leinwand, für ihn nur Ware, Wertträger, wird entäußert gegen Gold, ihre Wertgestalt, und aus dieser Gestalt rückveräußert gegen eine andere Ware, die Bibel, die aber als Gebrauchsgegenstand ins Weberhaus wandern und dort Erbauungsbedürfnisse befriedigen soll. Der Austauschprozess der Ware vollzieht sich also in zwei entgegengesetzten und einander ergänzenden Metamorphosen – Verwandlung der Ware in Geld und ihre Rückverwandlung aus Geld in Ware. Die Momente der Warenmetamorphose sind zugleich Händel des Warenbesitzers – Verkauf, Austausch der Ware mit Geld; Kauf, Austausch des Gelds mit Ware, und Einheit beider Akte: verkaufen, um zu kaufen." (MEW 23: 120)

Warentausch wird bei Marx also verstanden als eine spezifische Form der gesellschaftlichen Arbeit und der Vergesellschaftung, die nur unter bestimmten gesellschaftlichen Voraussetzungen überhaupt existieren kann:[4] „Gebrauchsge-

---

4 Die warenproduzierende, kapitalistische Gesellschaft ist bei Marx insofern besonders, als dass sie ihre Produktion in erster Linie tauschwert- und nicht gebrauchswertorientiert organisiert. In jeder Gesellschaft mit Arbeitsteilung muss das individuelle Arbeitsprodukt auf eine gesellschaftliche Nachfrage stoßen, also ein gesellschaftliches Bedürfnis befriedigen. Dies allein genügt in der warenproduzierenden Gesellschaft aber nicht, hier muss das Produkt der Arbeit zusätzlich noch ausgetauscht werden. Privatarbeiten können zwar Gebrauchswerte produzieren und damit gesellschaftlich nützlich sein, sie gelten aber erst dann als Bestandteil der gesellschaftlichen Gesamtarbeit, wenn sie mit anderen Privatarbeiten über den Tausch gleichgesetzt werden können (MEW 23: 88). D.h., das Spezifische an der Warenproduktion ist die spezi-

genstände werden überhaupt nur [miteinander vergleichbare] Waren, weil sie Produkte voneinander unabhängig betriebener Privatarbeit sind" (MEW 23: 87). Wert und Wertform sind bei Marx daher spezifische soziale Formen der gesellschaftlichen Arbeit (Brentel zit. n. Kannankulam 2008: 40). D.h., Voraussetzung (und Ergebnis) der Tauschform gesellschaftlicher Arbeit ist, dass die Warenbesitzer_innen sich wechselseitig anerkennen und zwar als Privateigentümer_innen von Waren (MEW 23: 99); ferner, dass sie ihre verschiedenen Arbeiten vermittelt über das Geld als etwas qualitativ Gleiches verstehen – als abstrakte Arbeit und auf dieser Basis in ein quantitatives Verhältnis setzten können: „Die Gleichheit toto coelo verschiedner Arbeiten kann nur in einer Abstraktion von ihrer wirklichen Ungleichheit bestehn, in der Reduktion auf den gemeinsamen Charakter, den sie als Verausgabung menschlicher Arbeitskraft, abstrakt menschliche Arbeit, besitzt" (MEW 23: 87f.; vgl. auch Heinrich 2005: 45f.).

Als emergierende soziale und ökonomische Form von Care und Care-Arbeit entwickelt sich die Warenform Care aus zunächst nur molekularen und immer auch vergeschlechtlichten Praktiken heraus und verstetigt sich, wird abgestützt durch Verträge und Regeln und etabliert sich nach und nach als „weiterentwickelte Form" (MEW 23: 355) neben anderen Formen von Care. Dem marxschen Formbegriff folgend wäre dann also, wenn Care und Care-Arbeit kommodifiziert sind, Care eine Ware und bezahlte Care-Arbeit warenproduzierende Arbeit, wie jede andere (bezahlte) Arbeit auch. Hielten wir uns nun strikt an Marx, dann müsste Care als Ware „so gut [sein] wie die andre, wenn ihr Tauschwert gleich groß ist. Da existiert keine Verschiedenheit oder Unterscheidbarkeit zwischen Dingen von gleich großem Tauschwert" (Nicholas Barbon zit. n. MEW 23: 52). Damit hätte Care-Arbeit (im Tausch) den gleichen *qualitativen* Wert wie jede andere Arbeit auch, denn über den Tausch und das Geld würde sie vergleichbar und verglichen mit allen anderen bezahlten Arbeiten.

fische Form der Arbeit, die sich im Wert ihres Arbeitsproduktes vergegenständlicht und als gesellschaftliche Arbeit allein unter der Bedingung anerkannt wird, dass das Arbeitsprodukt – die Ware – getauscht wird. So produziert z.B. „Schneiderarbeit in ihrer stofflichen Bestimmtheit als besondere produktive Thätigkeit den Rock, aber nicht den Tauschwerth des Rocks. Letztern producirt sich nicht als Schneiderarbeit, sondern als abstrakt allgemeine Arbeit und diese gehört einem Gesellschaftszusammenhang an, den 'der Schneider nicht eingefädelt' hat" (MEW 13: 23f.).

3.2 Anwendung auf Care und Care-Arbeit in Warenform

> „Only with a more careful, deeper understanding of caring, only after putting together a concept of its structural characteristics and the driving forces behind it, can we constructively evaluate the impact of public policy on the caring sector and develop policies to deal with its present crisis. Careful economics is therefore a theoretical challenge of highly practical relevance" (Jochimsen 2009: XII).

Feministische Ökonominnen wie Mascha Madörin (2006 und 2009) oder Susan Himmelweit (2005) betonen hingegen, dass die Kommodifzierung von Care nur in engen Grenzen funktioniere und es für die politische Ökonomie einen Unterschied mache (oder machen sollte), ob Autos produziert oder Menschen versorgt würden. Auch für die marxsche Untersuchung der Waren- und Wertform menschlicher Arbeit (im Kapitalismus) und ihrer Produkte ist die feministische Kritik der politischen Ökonomie und ihrer Kritik an dieser Stelle zutreffend: „The traditional scholarly understanding of work has equated it with self-preservation and self actualization through interaction with nature. [...] It has been blind to the importance of other-centered work arising from our *interdependencies and dependencies* [Hervorhebung S.C.] as affective, relational beings. In particular it has ignored the centrality of caring for the preservation and self actualization of the human species" (Lynch/Walsh 2009: 36). Daher lässt sich die von Marx entwickelte Warenform, so wie wir sie kennen, nicht ganz eins zu eins auf kommodifiziertes Care übertragen. Care in Warenform hat viele Ähnlichkeiten mit der von Marx untersuchten Warenform, erweist sich aber an Stellen als ein etwas anders vertracktes Ding als die Ware, die Marx vor Augen hatte, als er seine zwei autonomen Warenbesitzer_innen miteinander tauschen ließ: in dem Moment in dem Geld gegen „die Ware Care" getauscht wird, ist die Person, die „Ware Care" braucht (und ggF. nachfragt) existenziell abhängig. Das impliziert, dass sie/er *in dem Moment des Tausches* nicht in der Lage ist, als autonome_r, arbeitsfähige_r Warenproduzent_in/Warenbesitzer_in aufzutreten und aktiv an der Arbeits- und Tauschgesellschaft teilzunehmen.

Um nun die Spezifik von Care und Care in Warenform zu benennen, müssen wir uns die einzelnen Elemente eines Care-Prozesses, in dem eine abhängige Person von einer anderen Person versorgt, betreut oder gepflegt wird, vor Augen führen und dann untersuchen, wie die verschiedenen Elemente eines solchen Prozesses in einer kommodifizierten Rahmung auf spezifische Art und Weise miteinander kombiniert werden.

Die einzelnen Elemente von Care bzw. einer Care-Situation (für abhängige Menschen) kann man in Anlehnung an die feministische Mikro-Ökonomik und speziell das von Maren Jochimsen vorgeschlagene Verfahren bestimmen (vgl. ausführlich Jochimsen 2003: 19ff.). Wir stellen uns zunächst eine prä-institutionelle, d.h. noch ungerahmte Caring-Situation vor und benennen, was die einzelnen Elemente sind, die zusammenkommen müssen, damit in einer solchen Situation „effektiv" Care erfolgt. Haben wir diese Elemente benannt, so können wir anschließend untersuchen, wie sie im Rahmen der Warenform auf spezifische Art und Weise zusammengesetzt werden.

3.2.1 Prä-institutionelle Caring-Situation

Wir stellen uns diese Situation zunächst kontextlos vor, d.h., wir fragen noch nicht nach den konkreten Bedingungen ihrer Existenz, sondern nur nach ihren einzelnen Elementen. Der Einfachheit halber und weil sich diese Arbeit im späteren Verlauf nur bestimmten Formen von Care-Arbeit für abhängige Personen zuwendet, stellen wir uns diese Care-Situation außerdem vor als eine, in der eine Person stark abhängig ist, d.h. nicht in der Lage, sich um sich selbst zu kümmern.

Es gibt hier zunächst zwei Pole, in deren Interaktion sich die Care-Situation abspielt: Ein Pol ist die Person, die Fürsorge, Pflege oder Betreuung benötigt. Ich nenne diese Person kurz und geschlechtslos Care-taker. Der Care-taker hat ein Bedürfnis, das er nicht alleine erfüllen kann (Abhängigkeit); der andere Pol ist die Person, die dem Care-taker die Fürsorge, Pflege oder Betreuung zukommen lässt, die er braucht. Diesen Pol nenne ich geschlechtslos Care-giver. Der Care-giver muss über die prinzipielle Möglichkeit verfügen, den Bedürfnissen des Care-takers nachzukommen, er muss also Handlungsfähigkeit besitzen und gegebenenfalls auch über Ressourcen zur Versorgung des Care-takers verfügen.

Damit nun eine Care-Situation „effektiv" wird, müssen mehrere Prozesse zwischen diesen beiden Polen ablaufen: Es muss erstens ein Zusammentreffen und eine Interaktion zwischen ihnen geben und es muss sich eine irgendwie geartete, mindestens punktuelle Beziehung zwischen ihnen konstituieren (emotionaler bzw. kommunikativer Part eines Care-Prozesses), deren Charakter (in diesem Moment) von Asymmetrie gekennzeichnet ist; der Care-giver muss in einer solchen Situation einen irgendwie gearteten Grund haben, sich um den Care-taker zu kümmern,[5] einen Grund, der seine prinzipielle Handlungsfähigkeit zu einer

5 In der feministischen Mikro-Ökonomik wird diesbezüglich viel von besonderen Motivationen des Care-givers gesprochen, z.B. Altruismus oder Liebe (vgl. Jochimsen 2003; Folbre/Weisskopf 1996). Ich ziehe hier als allgemeinere Formulierung „Grund" vor, worunter im Prinzip alles fallen kann, was jemanden dazu bewegt, für jemand anderen zu sorgen. Ein Grund kann Altruismus, Liebe, Aufopferungsbereitschaft, religiöse Überzeugung, Solidarität, Freund_innenschaft, Mitleid etc. sein, ein Grund

konkreten Handlung werden lässt. Die Bedürfnisse des Care-takers müssen dem Care-giver bekannt sein oder vermittelt werden. Der Care-giver muss sodann die Bedürfnisse des Care-takers als Ausgangspunkt der jeweiligen Care-Handlung setzen und die Möglichkeiten haben, die Handlung auch tatsächlich auszuführen. Sind diese Bedingungen gegeben und diese Prozesse gelaufen, dann kann eine einfache Care-Situation stattfinden, der Care-giver hat seine Arbeitskraft und Energie mobilisiert, der Care-taker ist versorgt worden und in der Care-Ökonomie blinkt eine Arbeitseinheit auf.

3.2.2 Care in der einfachen Warenform

Ich betrachte hier zunächst eine einfache, allgemeine Form von kommodifiziertem Care, d.h. eine, die noch nicht kontextualisiert ist und in der noch kein Profit entsteht. Neu an dieser Situation ist gegenüber der im vorigen Abschnitt beschriebenen jedoch, dass sich die beiden Pole nunmehr in einem monetarisierten *Tausch*verhältnis zueinander befinden. Daher gehen wir davon aus, dass sie jeweils etwas besitzen, das der andere nicht hat, aber braucht. Resultat dieser Interaktion zwischen Care-taker und Care-giver ist auf der einen Seite, „versorgt worden zu sein" („be cared for"), und auf der anderen Seite, im Tausch gegen die verausgabte Arbeitszeit Geld erhalten zu haben. Die beiden Pole sind hier Warenbesitzer_innen.

Zwischen diesen beiden Polen wird getauscht: Aus der Perspektive des Caregivers wird Arbeitszeit gegen Lohn getauscht und aus der Perspektive des Caretakers bzw. der für den Care-taker verantwortlichen Person wird Geld gegen Care getauscht. Der Besitz von Arbeitskraft ist auf der einen Seite die Voraussetzung für den Tausch und auf der anderen Seite ist es der Besitz von Geld. Die beiden Warenbesitzer_innen brauchen jeweils das, was der/die andere hat (Care bzw. Einkommen), und sie besitzen jeweils das, was der/die andere nicht hat (Geld bzw. Care-Arbeitszeit).

Es muss eine irgendwie geartete Arena (Markt) geben, auf der die beiden Pole zueinander finden, miteinander in ein Tauschverhältnis eintreten und einen irgendwie gearteten Vertrag (formalisiert oder nicht-formalisiert) abschließen können. In diesem Vertrag wird der Tausch Care bzw. Arbeitszeit gegen Geld vereinbart. Sind diese Voraussetzungen erfüllt, kann der Vertrag vollzogen und

---

kann auch aus einer ökonomischen Notwendigkeit heraus entstehen (ökonomischer Zwang) oder aus persönlicher Verpflichtung, Rollenzuschreibungen, Mangel an Alternativen etc.

eine kommodifizierte Care-Situation „effektiv“ werden. Der vereinbarte Lohn auf der Seite des Care-takers mobilisiert die Arbeitszeit des Care-givers. Der Care-givers nimmt die Bedürfnisse des Care-taker als Ausgangspunkt seiner Handlung, er mobilisiert Energie und Zeit und kommt einem Bedürfnis nach, um welches sich der Care-taker nicht selber kümmern kann. Im Gegenzug erhält er dafür Geld (Tauschwert), mit dem er für seine eigene Reproduktion notwendige Gebrauchsgüter und ggF. Dienstleistungen käuflich erwerben kann.

Hat das Geld die Seite gewechselt, ist Care-Arbeitskraft und Care in diesem Moment als Ware anerkannt, zur Ware geworden und als solche konsumiert worden. Über das Geld wird die in Warenform verausgabte Care-Arbeit vergleichbar und verglichen mit abstrakter Arbeit (vgl. hierzu Heinrich 2005: 45). Wir können jetzt sagen, Care-Arbeit ist gut oder schlecht bezahlt. Und d.h., wir verfügen mit der Bezahlung von Care-Arbeit über ein quantitatives Maß des Vergleiches von Care-Arbeit mit anderen, Nicht-Care-Arbeiten. Was übrig bleibt – im Tausch –, ist deren Reduktion auf gleiche menschliche Arbeit, abstrakte Arbeit, die einen Tauschwert besitzt.

3.3 Untersuchung der Warenform Care

3.3.1 Abhängigkeitsverhältnisse, Geld und ungleiche materielle Reproduktionsbedingungen

Im Verhältnis zwischen Care-giver und Care-taker ist Geld mit im Spiel und das Zusammentreffen der beiden wird über das Geld und auf einem irgendwie gearteten Markt initiiert. Das Verhältnis zwischen Care-giver und Care-taker ist in diesem Moment also ein monetarisiertes Austausch- *und* Abhängigkeitsverhältnis. Voraussetzung für die Existenz der Form ist eine nicht-gleiche Verteilung von Eigentum (Geld), Handlungs- bzw. Arbeitsfähigkeit und Care-Bedürfnis. Wir finden in der Form qualitativ unterschiedliche Abhängigkeiten auf beiden Seiten der Form: auf der einen Seite der Care-taker (oder Care-Konsument), der Pflege oder Betreuung braucht und über Geld verfügt; auf der anderen Seite der bezahlte Care-giver, der über seine eigene Arbeitskraft verfügt, und diese verkaufen muss, da er nicht (oder nicht ausreichend) über Geld und Einkommen verfügt. Die Reproduktionsbedingungen und Notwendigkeiten der beiden Pole der Form sind unterschiedlich und diese Unterschiedlichkeit ist eine Voraussetzung für die Existenz der Form.

Unter den Bedingungen einer „reinen“ Kommodifizierung von Care haben die Abhängigkeitsverhältnisse und Asymmetrien zwischen Care-giver und Care-taker in der warenförmigen Rahmung neue Dimensionen erhalten: Auf der einen Seite ist der Care-taker mit seinen Bedürfnissen abhängig von der Care-Arbeit des Care-givers. Da er zu dieser Arbeit nur Zugang durch die Verfügbarkeit über Geld erhält, ist er ebenso abhängig vom Geld. In diesem Sinne ist der Care-taker einerseits *personell* abhängig (vom Care-giver), andererseits (und dem vorangestellt) ist er abhängig vom „*Cash-Nexus*", um die Care-Arbeitszeit, die er für seine Versorgung, Betreuung oder Pflege benötigt, zu mobilisieren. Auf der anderen Seite ist der Care-giver abhängig vom Care-taker, insofern dessen Versorgung für den Care-giver ein Einkommen bedeutet, welches die eigene Reproduktion sichert.[6] Nehmen wir an, dass der Care-giver auf dieses Einkommen durch den Verkauf seiner (Care-)Arbeitskraft angewiesen ist (d.h. keinerlei Möglichkeiten hat, seine eigene Reproduktion anderweitig zu sichern), dann ist der Care-giver in seiner Reproduktion abhängig vom Verkauf seiner Care-Arbeitskraft und so gesehen kommodifiziert.[7]

Ein Ergebnis der Existenz der Form ist, dass hier Geld die Seite wechselt und damit ein Tauschprozess vollendet wird, dessen Anfang außerhalb der hier betrachteten Form liegt.

3.3.2 Das Geld und seine Funktion als Care-Schatz und unvollendeter Tausch in der Form

Der Warentausch Geld gegen Care wird an einem anderen Punkt initiiert, als der Warentausch, den Marx unter die Lupe nimmt. Bei Marx ist die betrachtete

---

6 Wie stark die direkte *Abhängigkeit* des Care-takers *vom Geld* ist, hängt zunächst einmal davon ab, über welche Alternativen, nicht an seine eigenen finanziellen Ressourcen gebundenen Versorgungsmöglichkeiten dieser verfügt, d.h., wie stark er als Care-taker kommodifiziert ist. Wie stark die *personelle* Abhängigkeit auf Seiten des Care-takers vom bezahlten Care-giver ist, hängt von seinen Alternativen ab, sowohl was die Auswahl an anderen, nicht monetarisierten Care-Optionen angeht als auch die Auswahl an anderen monetarisierten Care-Optionen.

7 Wie stark die *personelle* Abhängigkeit wiederum auf Seiten des Care-givers ist, hängt dann v.a. davon ab, welche „Exit-Optionen" bezüglich der Care-Situation er besitzt und wie „teuer" ein solcher Exit für ihn wäre. Dies ist eine Frage der alternativen Handlungs-, Einkommens- und Überlebensmöglichkeiten, über die der Care-giver verfügt. Diese Alternativen bestimmen sich einerseits über die alternativen Möglichkeiten zur bezahlten (Care-)Arbeit und also über die Partizipationsmöglichkeiten auf den jeweiligen Arbeitsmärkten – andererseits über die Möglichkeiten, außerhalb der bezahlten Arbeit ein Überleben zu sichern, d.h. durch den Grad der Kommodifizierung der Care-Arbeitskraft.

Form des Warentauschs die „Bewegung W – W, Austausch von Ware gegen Ware, Stoffwechsel der gesellschaftlichen Arbeit, in dessen Resultat der Prozess selbst erlischt“ (MEW 23: 120). Geld fungiert in diesem einfachen Warentausch bei Marx als Wertgestalt der Ware, die aus dieser Gestalt rückveräußert wird gegen eine andere Ware. Der Austauschprozess der Ware funktioniert über die Verwandlung der (produzierten) Ware in Geld und ihre Rückverwandlung in eine von jemand anderem produzierte Ware – „Verkauf, Austausch der Ware mit Geld; Kauf, Austausch des Gelds mit Ware, und *Einheit* beider Akte: verkaufen, um zu kaufen“ (MEW 23: 120, Herv. S.C.). Der Austauschprozess ist damit vollendet, dass in seinem Resultat „der Prozess selbst erlischt“ (ebd.), d.h. die Waren über das Geld vermittelt ihre Besitzer_innen gewechselt haben: W – G – W.

In der hier betrachteten Form von kommodifiziertem Care beginnt der Tauschprozess damit, dass die beiden Warenbesitzer_innen unter nicht gleichen Ausgangsbedingungen aufeinandertreffen, denn der Care-taker kann in dem Moment, in dem er Care-Arbeit nachfragt, nicht selbst produzierend tätig sein. Dies gilt nicht nur für den punktuellen Moment des Tausches, sondern für die jeweiligen Lebensphasen, in denen Menschen zu Care-takern und damit auch zu (potenziellen) Nachfragern nach Care-Waren werden.

Für den Care-taker stellt sich dieser Prozess dar als G – W_{Care}. Für den bezahlten Care-giver stellt sich dieser Tauschakt dar als W (Care-Arbeitskraft) – G. G als Geld, welches auf Seiten des Care-takers vorhanden sein muss, stammt dabei aus einem Tauschakt, der zeitlich und/oder personell entfernt von dem hier betrachteten stattgefunden haben muss.

Zeitlich (A) vom hier betrachten Tauschakt entfernt bedeutet, dass der Care-taker früher einmal in der Lage war, einen Tausch mit dem Zum-Markte-Tragen einer Ware zu beginnen (und dies kann auch seine Arbeitskraft sein). In diesem Fall hätte der jetzige Care-taker zu einem früheren Zeitpunkt seine damals produzierte Ware (oder seine Arbeitskraft) gegen Geld getauscht (W – G). Anstatt nun den Tauschakt zu vollenden und das Geld als Wertgestalt zurückzutauschen in eine andere Ware, die er brauchen kann (W – G – W), hätte er es aufbewahrt (W – G). Es vergeht Zeit (t), und in dem späteren Moment, in dem die Nachfrage nach Care über den Markt für ihn nötig wird, aktiviert er das Geld erneut, vollendet den Tausch und rückverwandelt das Geld in die warenförmige Dienstleistung Care (W_{care}). D.h. der Care-taker vollendet einen Tauschakt, der zeitlich unterbrochen war[8]: W – G – ...t... – W_{care}

8 Dies gilt ähnlich auch für die Anschaffung anderer Waren, die teuer sind und für die jeweils lange gespart werden muss. Auf ein Haus z.B. müsste ein Hauskäufer

Personell (B) vom hier betrachteten Tauschakt entfernt bedeutet, dass der Care-taker Zugang zu einer für ihn verantwortlichen Person hat, welche Geld hat und mit diesem Geld Care für den Care-taker kauft. Den Zugang zu Care in Warenform hätte der Care-taker dann also nicht aufgrund seiner „Natur" als Privatbesitzer_in von Waren (auch der Ware Arbeitskraft), sondern aufgrund dessen, dass eine dritte Person (X) aus eigener Kraft einen Tausch mit anderen Warenbesitzer_innen initiiert (Ware bzw. Ware Arbeitskraft gegen Geld: W – G) und das Geld nicht rückveräußert wird in eine andere Ware, sondern als „Geschenk" (G_g) für den Care-taker zur Verfügung stünde und für die Mobilisierung einer bezahlten Care-Arbeitskraft verwendet würde[9] (G_g – W_{care}).

Das Geld als Voraussetzung für die Existenz von warenförmigem Care hat also in der ersten Variante (im Folgenden Variante A) die Form von temporär geronnener Wertgegenständlichkeit der früher verausgabten Arbeitskraft des jetzigen Care-takers. In der zweiten Variante (B) hat das Geld als Voraussetzung für die Existenz von warenförmigem Care die Form von temporär geronnener Wertgegenständlichkeit der (zeitnahen oder zeitlich vorher) verausgabten Arbeitskraft einer dritten Person X. Es kommt dem Care-taker in Form eines

auch lange sparen. Allerdings bliebe ihm dann das Haus als Wertgegenständlichkeit erhalten, das wäre bei Care nicht gleichermaßen der Fall.

9 *Exkurs: Grad der Kommodifzierung des Care-takers: An* dieser Stelle könnten wir – ähnlich wie Esping-Andersen (1990) es tut – den Grad der Kommodifzierung von Care-takern genauer bestimmen. Ganz allgemein lässt sich sagen, dass dieser Grad abhängig ist von den Möglichkeiten des Care-takers, unabhängig von seinem eigenen Vermögen oder Einkommen Fürsorge, Pflege oder Betreuung zu erhalten, wenn dies nötig ist. Hat der Care-taker keine andere Möglichkeit, Versorgung, Betreuung oder Pflege zu erhalten, als über deren Kauf als warenförmige Dienstleistungen und muss er das hierfür notwendige Geld aus eigener Kraft aufbringen, ist er auch als potenzieller oder aktueller Care-taker stark kommodifiziert. Wenn allerdings andere Personen und/oder Institutionen die Mobilisierung der finanziellen Ressourcen für die Bezahlung kommodifzierter Versorgung für den Care-taker gewährleisten (oder wenn der Care-taker anderweitig versorgt werden kann), dann ist der Care-taker als solcher zunächst nicht kommodifiziert, sondern eingebettet in andere, nicht-monetarisierte Reproduktionsverhältnisse (z.B. Familie, Sozialstaat, religiöse Gemeinschaften, Kommunen etc.). In diesem Fall sagt also die warenförmige Organisationsform von Care noch nicht viel über die direkte Kommodifzierung des Care-takers aus, und wie stark der Care-taker vom Cash-Nexus abhängig ist, bestimmt sich dann vor allem durch die Reproduktionsverhältnisse derer, die für die Bezahlung der notwendigen Care-Dienstleistungen für den Care-taker aufkommen.

ökonomischen Geschenks[10] zugute. Dieses Geschenk kommt dem Care-taker in der Regel darüber zugute, dass dieser in soziale Beziehungen eingebettet ist, in denen soziale Werte und Normen die Care-Verantwortung anderer für den Care-taker auf jeweils spezifische Art und Weise regulieren (z.B. als Mitglied einer Familie, Religions- oder Glaubensgemeinschaft, Staatsbürger_in, Mensch, Kommunard_in etc.).

3.3.3 Marx' Leinweber – ein zukünftiger Pflegefall oder aktueller Care-Verantwortlicher

Marx begleitet seine Warenbesitzer_innen und entwickelt hierüber die allgemeinen Gesetze der politischen Ökonomie der einfachen Warenzirkulation (vgl. MEW 23: 109ff.). Da Marx von einem autonomen Warenbesitzer ohne eigene Pflegeversicherung und Care-Verantwortung ausging, werde ich den Leinweber als Warenbesitzer erneut begleiten und die beiden Care-Möglichkeiten (A und B) mit ihm durchspielen:

„Begleiten wir nun irgendeinen Warenbesitzer", warum nicht den „altbekannten Leinweber z.B., zur Szene des Austauschprozesses, dem Warenmarkt" (MEW 23: 119), und spielen die beiden Möglichkeiten A und B durch, wie das Geld als Voraussetzung für die Existenz von warenförmigem Care mobilisiert wurde. Möglichkeit A ist, dass der aktuelle Care-taker früher ein arbeitender Leinweber war. Als solcher war er in der Lage, selbst etwas zu produzieren und zu tauschen und einen Teil seines Erlöses für seine späteren Pflegekosten zurückzulegen. Möglichkeit B ist, dass der Leinweber als Person X ein aktueller Care-Verantwortlicher ist, der keine Zeit hat, sich um den Care-taker zu kümmern, z.B. weil er seine Leinwand produzieren und verkaufen muss und sein_e Lebenspartner_in keine Zeit und/oder Lust auf diese Care-Arbeit hat. Daher löst der Leinweber dieses Vereinbarkeitsproblem, indem er einen Anteil seines Erlöses für die Bezahlung eines bezahlten Care-givers verwendet.

Ich gehe hier von den Bedingungen einer vollständigen Kommodifizierung der beiden Pole der Form aus. D.h. bezogen auf Möglichkeit A, dass der Care-taker vollständig selbstständig für seine Care-Sicherung zuständig ist und die ihn pfle-

10 Man könnte auch neutraler und allgemeiner formulieren, dass der Care-taker in diesem Falle von einem Transfer profitieren würde, der nicht in der Form einer Tauschbeziehung, sondern in einer anders strukturierten Beziehung abläuft. Dies kann eine Schenkbeziehung sein, könnte aber auch zum Beispiel eine langfristige Reziprozitätsbeziehung sein (vgl. Folbre/England 2003).

gende Care-Arbeitskraft vollständig von den Ersparnissen des Care-takers bezahlt wird. Bezogen auf Möglichkeit B bedeutet es, dass der Care-Verantwortliche in seinem Überleben auf den Verkauf seiner Arbeitskraft angewiesen ist und dass ferner keinerlei öffentlich finanzierte Betreuungsmöglichkeiten für den Care-taker vorhanden sind, d.h. der Care-Verantwortliche im Nachkommen seiner Care-Verantwortung vollständig von der Generierung eines ausreichend hohen Einkommens für den Zukauf von Care abhängig ist.[11] Abschließend werde ich noch auf eine dritte Möglichkeit eines Generationenvertrages eingehen, auch wenn diese bereits in den Bereich der Dekommodifizierung von Care-takern fällt, da sich hier dennoch auf einer aggregierten Ebene ähnliche Zusammenhänge zeigen, wie in den beiden Möglichkeiten A und B.

Möglichkeit A: Der Warenbesitzer verkauft seine Waren und erhält dafür zunächst einmal Geld. Anstatt nun die einfache Warenzirkulation abzuschließen und also das erhaltene Geld in Genussmittel und Mittel zum Leben einzutauschen, entzieht er dem Zirkulationsprozess einen Teil des Geldes und hält sich dafür in seiner „Fleischeslust" tendenziell zurück. Hier wird „Ware verkauft, nicht um Ware zu kaufen, sondern um Warenform [zunächst, S.C.] durch Geldform zu ersetzen" (MEW 23: 144). Das Geld verändert nun seine Form[12] vom Zahlungsmittel zum Schatz und verharrt in dieser Form. Da wir wissen, dass der Leinweber

11 Wir betrachten hier also eine rein ökonomische und sehr extreme Form der Kommodifzierung. In der Realität gibt es eine solche Form nicht, da es hierzu vielfache Gegenbewegungen gibt und ohnehin fraglich ist, ob eine solche Rein-Form überhaupt existieren könnte. Dennoch kann uns diese Betrachtung dabei weiterhelfen, die grundsätzlichen strukturellen Dynamiken und Widersprüche, die in der ökonomischen Form von kommodifiziertem Care verankert sind, besser zu erfassen und die gesellschaftlichen Konflikte und Aushandlungsprozesse, welche durch die Kommodifizierung von Care entstehen können, auch aus einer strukturellen Perspektive zu verstehen.

12 Marx geht es u.A. um die in der Geldform angelegten Formtransformationen des Geldes in Schatz und Kredit und die damit einhergehenden Krisentendenzen, um also die in der Form angelegten Verweise auf weitere Formen und die sich hieraus ergebenden ökonomischen Tendenzen. Da ich aber hier nicht von seinem Vorgehen abweiche – zu fragen, welche Voraussetzungen und (möglichen) Resultate eine Form mit sich bringt, was ihre Bestimmungen und Verweise sind –, ist es durchaus kohärent, Marx an dieser Stelle für die Bestimmung der Funktion des Geldes in der kommodifizierten Form zu verwenden. Tatsächlich wäre es jedoch auch interessant, möglichen ökonomischen Krisentendenzen nachzugehen, die sich durch dieses Herausnehmen des Geldes aus der Zirkulation zum Zwecke der Bezahlung zukünftiger Pflege- und Versorgungskosten ergeben könnten.

von diesem Schatz später einmal seine Versorgung und Pflege finanzieren will, können wir diesen Schatz einen „Care-Schatz“ nennen.[13]

Wird der Leinweber alt, krank oder pflegebedürftig und greift auf diesen Schatz zurück, um eine Care-Arbeitskraft zu bezahlen, dann verändert das Geld erneut seine Form. Der „Care-Schatz“, den der Leinweber in den Zeiten, in denen er arbeitsfähig und unabhängig war, angespart hat, fungiert nunmehr als eine Aktivitätsreserve, mit deren Hilfe fremde (Care-)Arbeitskraft mobilisiert werden kann. Nun kann die Ware Care, die von einer Care-Arbeitskraft zum Markte getragen wird, vom Leinweber im Ruhestand gekauft werden. Das Geld wird dabei wieder in die Zirkulation hineingegeben und nimmt (wieder) die Funktion auf, Zahlungsmittel zu sein.

Einige grundsätzliche ökonomische Zusammenhänge und Gesetzmäßigkeiten lassen sich aus dieser theoretischen Situation ableiten: Zunächst können wir feststellen, dass der Leinweber der Zirkulation selbstredend nur das entziehen konnte, was er ihr in Waren gab und nicht selbst und unmittelbar in andere Waren (Lebensmittel im weiteren Sinne) und Dienstleistungen umtauschte, d.h. verkonsumierte. Der Leinweber muss daher in der Lage gewesen sein, mehr zu produzieren, als er in der Zeit seiner Arbeitsfähigkeit zum Leben brauchte. Die Menge an verausgabter Arbeitszeit, die in dem produzierten Leinen steckt und die der Leinweber in Form von Leinen in die Zirkulation hineingibt, teilt sich hier auf in einen Anteil, der getauscht und konsumiert wird, und einen Anteil, der als Care-Schatz zurückgelegt und gespart wird.

Der Care-Schatz (CS) wächst so langsam an zu einer bestimmten Größe (X) CS, die später prinzipiell dafür zur Verfügung steht, die Care-Arbeitskraft, die den Leinweber dann pflegt, zu bezahlen. Wie groß der Care-Schatz tatsächlich werden kann, hängt von verschiedenen Faktoren ab, darunter die Arbeitsproduktivität und Lebensarbeitszeit des Leinenwebers, sein allgemeines Konsumniveau, etc. Wie viel Geld der pflegebedürftige Leinweber dann später pro Care-Einheit zur Verfügung hat, bzw. wie viel Care-Arbeit er von seinem Care-Schatz kaufen kann, hängt außerdem davon ab, wie lange und wie intensiv der Leinenweber Care-Arbeit benötigt.

Möglichkeit B: Der Leinweber ist nicht der Care-taker, sondern die dritte Person, welche aktuell eine Care-Verantwortung gegenüber dem Care-taker in der hier betrachteten Form hat. Das Gesamteinkommen des Leinwebers fließt

---

13 „Reichtum an Geld [Schatz, S.C.] ist nichts weiter als [...] Reichtum an Erzeugnissen, die in Geld verwandelt worden sind“, und „ein Wert in Form von Erzeugnissen hat nur die Form gewechselt“ (Mercier de la Riviere, zit. n. Marx 23:144)

in verschiedene Ausgabenposten – die Kosten der unmittelbaren Reproduktion (Konsum) und anderweitige Lebenshaltungskosten, die Kosten für die Bezahlung der Care-Arbeitskraft und gegebenenfalls einen Care-Schatz, den der Leinweber für seine eigene spätere Versorgung beiseite legen möchte (oder andere Rücklagen).

Auch hier gilt, dass die für die Ware Care zur Verfügung stehende Menge an allgemeinem Äquivalent Geld sich bestimmt in Abhängigkeit zur Menge an produziertem Leinen (und erzieltem Preis) auf der einen Seite und in Abhängigkeit zu den laufenden Konsumausgaben und gegebenenfalls nötigen Rücklagen für einen Care-Schatz auf der anderen Seite. Ändert sich in diesem Beispiel etwas an der Produktivität des Leinwebers (produziert dieser also nunmehr eine höhere Stückzahl an Leinen pro Stunde als zuvor und bleiben alle anderen Variablen gleich), dann stünde dem Leinweber prinzipiell mehr Geld für (mehr) Care und/oder eine höhere Bezahlung von Care-Arbeitskraft zur Verfügung (vgl. hierzu ähnlich auch MEW 24: 409).

Möglichkeit C: Eine dritte Möglichkeit, die bereits in die Richtung von de-kommodifiziertem Care tendiert, besteht darin, dass unser Leinweber als zukünftiger Care-taker Anteile seines Einkommens mit anderen zukünftigen Care-takern in einen Topf einzahlt und hier einen kollektiven Care-Schatz bildet (KCS). Aus KCS werden die Care-giver für aktuelle Care-taker bezahlt. In unserem Beispiel würde der Leinweber in seinem Arbeitsleben hier also Einzahlungen leisten und damit einen Anspruch erwerben, als zukünftiger Care-taker dann von den jüngeren Generationen mit finanziellen Mitteln ausgestattet zu werden, von denen er einen Care-giver bezahlen kann. D.h., mit seinen aktuellen Einzahlungen erwirbt er einen Anspruch darauf und die Sicherheit, dass ihm das gleiche Prinzip zugutekommt, wenn er selbst auf Care angewiesen ist. Der Leinweber ist so für später Care-versichert und die aktuellen Care-taker sind versorgt. Die so zur Verfügung stehende Summe an Geld, welche für den Kauf von warenförmigem Care zur Verfügung steht, ergibt sich dann aus den aktuellen Einzahlungen der aktiven Erwerbsbevölkerung (KCS), geteilt durch die insgesamt notwendige Summe an Care-Arbeit.

Sofern der kollektiv gebildete Care-Schatz sich aus den Einzahlungen der aktuellen Arbeitsbevölkerung zusammensetzt, gilt hier das Gleiche auf einer aggregierten Ebene wie in Möglichkeit A auf einer individuellen. Die prinzipiell mögliche Höhe des kollektiven Care-Schatz, der sich aus den Einzahlungen der aktiven Erwerbsbevölkerung bildet, bestimmt sich als Verhältnis der Menge an produzierten Gütern und Dienstleistungen (und ihren Durchschnittspreisen) auf der einen Seite zu der Menge an unmittelbar konsumierten Gütern und Dienstleistungen und ihren Durchschnittspreisen auf der anderen Seite. Die

Größe des produktiven Arbeitskräftepotenzials, die volkswirtschaftliche Gesamtproduktivität (ferner die Preisentwicklung an den Märkten für Güter und Dienstleistungen) und das allgemeine Konsumniveau sind für die *möglichen* Lohnhöhen von bezahlten Care-givern und/oder die *möglichen* Mengen an warenförmigem Care die entscheidenden Variablen.

In dieser Möglichkeit C gelten ähnliche „Gesetze" wie in A und B. Jedoch sind diese nunmehr auf der Ebene von makro-ökonomischen Größen und gesamtgesellschaftlichen Entwicklungstendenzen angesiedelt. Man kann daher in diesem Beispiel von Durchschnittsgrößen sprechen und Zusammenhänge formulieren, die auf einer individuellen Ebene in mehr oder weniger starkem Ausmaß in den Möglichkeiten A und B ebenso erkennbar waren[14]:

Erstens: Je weniger warenförmige Care-Zeit benötigt wird (Möglichkeit A und B) bzw. je weniger aktuelle Care-taker es im Verhältnis zur aktiven Erwerbsbevölkerung gibt (Möglichkeit C), desto größer sind die prinzipiell zur Verfügung stehenden Wertmassen für warenförmiges Care.

Zweitens: Je länger und je produktiver zukünftige Care-taker arbeiten (A), je produktiver ein aktueller Care-Verantwortlicher arbeitet (B) oder je mehr Erwerbstätige arbeiten und je länger und je produktiver sie dies tun (C), desto größer sind die Wertmassen, die für warenförmiges Care prinzipiell zur Verfügung stehen.

Drittens: Mehr Wertmassen für Care können auch dann zur Verfügung stehen, wenn die Arbeitsproduktivität im Bereich der warenförmigen Konsumgüter erhöht wird und/oder ein insgesamt geringerer Gesamtkonsum[15] von nicht-Care Waren sich zu etablieren vermag.

Der prinzipiell mögliche Zusammenhang von Steigerung der Gesamtarbeitsproduktivität auf der einen Seite bei gleichbleibender Arbeitsproduktivität von Care- und anderen Dienstleistungen war für den Wirtschaftstheoretiker Wilhelm Baumhol (1967) seiner Zeit sogar ein Grund, eine optimistische Zukunftsvision für die postindustriellen Gesellschaftsformationen zu formulieren. Baumhol prognostizierte, dass zeitintensive (Care-)Dienstleistungen in ihren Produktionskosten zwar relativ gesehen zu anderen Gütern immer teurer würden, da die Volks-

14 Die im Folgenden formulierten Aussagen basiert auf der Annahme, dass alle anderen Bedingungen gleich bleiben, d.h. es stabile Preise, eine stabile Nachfrageentwicklung gibt etc.

15 Angenommen, die Einkommen und die Produktivität der Einzelnen blieben trotzdem gleich, würde das bedeuten, dass die produzierten Waren neue Absatzmärkte finden müssten, z.B. in anderen Ländern.

wirtschaften so insgesamt aber einen immer größeren Reichtum produzieren würden und die Konsumgüter aufgrund der Arbeitsproduktivität immer billiger würden, könnte dennoch der durchschnittlich mögliche Dienstleistungskonsum pro Haushalt steigen, und das hieße, die entwickelten Gesellschaften könnten sich immer mehr Menschen „leisten", die dafür bezahlt werden, dass sie sich um das Wohlergehen derjenigen kümmern, die dies nicht (mehr) selbst tun können.

3.3.4 Zwischenfazit

In allen drei Warenformen von Care erscheint der Care-taker auf unterschiedliche Art und Weise als *Eigentümer von in Geld vergegenständlichter Arbeit*, bzw. der Care-taker hat mindestens einen *Zugang zu in Geld vergegenständlichter Arbeit*. Die Verfügung über in Geld vergegenständlichte Arbeit bzw. der Zugang dazu ist eine *Voraussetzung* der hier betrachten Form. Die Fälle unterscheiden sich vor allem bezüglich der direkten (A), vermittelten (B) oder entkräfteten (C) Kommodifizierung des Care-takers. D.h. sie unterscheiden sich vor allem in der Art und Weise, wie und unter welchen Voraussetzungen Care-taker zu Eigentümern von in Geld vergegenständlichter Arbeit werden[16] (ob sie dies aus eigener Kraft werden müssen; ob Familienangehörige schenken oder ein Gesellschaftsvertrag dies reguliert).

Eine wichtige Voraussetzung dafür, dass Gesellschaften es sich „leisten" können, Menschen zu pflegen, betreuen und versorgen, die im Moment ihrer Bedürftigkeit nicht in der Lage dazu sind, produzierende Mitglieder innerhalb der gesellschaftlichen Arbeitsteilung zu sein, ist, dass gesellschaftliche Arbeitszeit für Care-Arbeit „frei" ist. Die Versorgung, Pflege und Betreuung von abhängigen Mitmenschen verlangt von den Einzelnen ebenso wie von der Volkswirtschaft daher insgesamt ein gewisses Maß an Mehrproduktion oder Mehrprodukt, was über die „einfache Reproduktion" von Kapital, Produktionsmitteln und Arbeitskraft hinausgeht. An dieser Tatsache ändert auch die Kommodifzierung von Care und Care-Arbeit nichts.

16 Umgekehrt verfügt der bezahlte Care-giver in allen hier betrachteten Formen jeweils nicht über Geld, d.h. über außerhalb der Formen verausgabte und vergegenständliche Arbeit. Er tut dies nur innerhalb der Formen und nach dem Tausch seiner eigenen Arbeitskraft gegen Geld. D.h., der Care-giver ist innerhalb der monetarisierten Formen von Care nicht Eigentümer_in von vergegenständlichter (früher oder fremd verausgabter) Arbeitskraft, sondern lediglich Eigentümer_in seiner_ihrer eigenen Arbeitskraft (wie jede_r Lohnabhängige).

Volkswirtschaftliche Produktivitätsfortschritte und die Vermehrung des „Reichtums der Nationen" bedeuten bei ansonsten stabilen Größen unter den Bedingungen des einfachen Warentausches die Bedingung der Möglichkeit einer kontinuierlichen Steigerung des produzierten Care-Kapitals in einer Gesellschaft und/oder die Verbesserung der Arbeitsbedingungen und Lohnhöhen von bezahlten Care-Arbeiter_innen. D.h., je mehr und schneller eine Gesellschaft mit der gleichen Menge an Arbeit produzieren kann, desto besser kann sie sich um solche Menschen kümmern, die aufgrund ihrer Abhängigkeit nicht zur gesellschaftlichen Arbeit im Rahmen der gesellschaftlichen Arbeitsteilung aktiv beitragen können.

3.4 Kapital und Arbeitskraft als Ware kommen ins Spiel

Der Leinweber arbeitet jetzt als Angestellter/Arbeiter eines Unternehmens und sichert seinen Lebensunterhalt nicht mehr durch den Verkauf des von ihm produzierten Leinens, sondern durch den seiner Arbeitskraft. Die von ihm produzierte Ware – Leinen – ist nunmehr nicht mehr sein Eigentum. Er könnte sie alleine auch gar nicht mehr produzieren, weil ihm dazu die nötigen Produktionsmittel fehlen. Der Erlös, der durch den Verkauf der von ihm produzierten Ware Leinen erzielt wird, gehört nunmehr dem_derjenigen, der_die über den Kauf der leinenproduzierenden Arbeitskraft das Besitzrecht am Produkt der Arbeit – der Ware Leinen – erworben hat und daher von ihrem Verkauf profitiert. Seine Arbeitskraft ist dem Leinweber nun, was ihm zuvor sein Leinen war: die Ware, die in seinem Besitz ist, von deren Verkauf allein er „profitiert" und die ihm zur Basis der Sicherung seines Lebensunterhaltes dient. Der Verkauf der Ware Arbeitskraft ist nun der Akt, mit dem das allgemeine Äquivalent Geld erworben wird, von dem sodann die für die Reproduktion des Arbeiters (und gegebenenfalls seiner Angehörigen) notwendigen Gebrauchsgüter und Care-Dienstleistungen am Markt gekauft werden (MEW 23: 185).

3.4.1 Wert der Arbeitskraft – inklusive Care?

Nach Marx bestimmt sich der Wert von Arbeitskraft im Kapitalismus „gleich dem jeder andren Ware", also „durch die zur Produktion, als auch Reproduktion, dieses spezifischen Artikels notwendige Arbeitszeit" (MEW 23: 184; vgl. zur feministischen Kritik Hoppe 2002: 149ff.). Diese Arbeitszeit löst sich auf in „die zur Produktion dieser Lebensmittel notwendigen Arbeitszeit, oder der Wert der Arbeitskraft ist der Wert der zur Erhaltung ihres Besitzers notwendigen Lebensmittel" (MEW 23: 185). Dabei sind „die natürlichen Bedürfnisse selbst, wie Nahrung, Kleidung, Heizung, Wohnung [und Care, S.C.] [...] verschieden, je nach den klimatischen und andren natürlichen Eigentümlichkeiten eines Landes" (ebd.) und dem moralischen und historischen Element der Wertbestimmung, d.h. dem, was gesellschaftlich als notwendig gilt, damit Menschen sich als Arbeitskraft reproduzieren (und also leben) können. Der Warenkorb, der als normal und/oder gesellschaftlich vertretbar für die Reproduktion von Arbeitskraft erachtet wird, variiert je nach Kontext (und Zeit) zum Teil erheblich, sowohl in der Quantität als auch in der Qualität der Waren, die in ihm enthalten sind (ebd.).

Der „Wert der Arbeitskraft löst sich auf in den Wert einer bestimmten Summe von Lebensmitteln [im weiteren Sinne, S.C.]. Er wechselt daher auch mit dem Wert dieser Lebensmittel, d.h. der Größe der zu ihrer Produktion erheischten Arbeitszeit" (MEW 23: 186), und mit der Transformation der Menge und Art der Lebensmittel (im weiteren Sinne), die für die Reproduktion der Arbeitskraft gesellschaftlich als notwendig gelten. Produktivitätsfortschritte kommen unter diesen Bedingungen nicht mehr notwendigerweise dem Leinweber zugute, sondern ihr „Gewinn" bezüglich des Mehrproduktes gehört nach Recht und Gesetz nunmehr der_demjenigen, die_der die Arbeitskraft bezahlt und diese Ware und ihr Vernutzungsrecht damit käuflich erworben hat.[17] Produktivitätsfortschritte haben, sofern sie im Bereich der Produktion von Gütern und Dienstleistungen stattfinden, die in die individuelle Reproduktion einfließen, einen kostensenkenden Effekt auf den Wert der Ware Arbeitskraft.

Was der Leinweber durch den Verkauf seiner Arbeitskraft verdient und welches Reproduktionsniveau er also für sich (und seine Angehörigen) erreichen

---

17 Ein Kompromiss zwischen den sozialen Kräften kann jedoch beinhalten, dass die leinenproduzierenden Arbeiter_innen auch von der Produktivkraftsteigerung der Arbeit profitiert. Dies ist jedoch kein ökonomisches Naturgesetz, sondern eine Frage des gesellschaftlichen Kompromisses v.a. zwischen Kapital und Arbeit, dessen ökonomische Basis (Produktivkraftsteigerung) zwar eine notwendige Voraussetzung, aber nicht eine hinreichende Bedingung für eine Beteiligung der Arbeiter_innen an der Produktivkraftsteigerung ist. Gleiches gilt für die Frage, ob in den Löhnen von Arbeiter_innen die Bezahlung einer zukünftigen Care-Arbeitskraft enthalten ist oder nicht. Auch dies ist eine Frage der Aushandlungen, sowohl zwischen Kapital und Arbeit als auch zwischen anderen sozialen Akteur_innen, Alten und Jungen, Männern und Frauen etc. Dennoch: die Produktivität der Arbeitskraft setzt den ökonomischen Rahmen für die prinzipiell mögliche Profitmasse und damit auch den Rahmen, in dem es begrenzt möglich ist, dass sowohl Reallöhne steigen als auch Profite konstant bleiben und/oder steigen (vgl. Chorus 2007: 44ff.).

kann, ist nun nicht mehr *in erster Linie* davon abhängig, wie viele Waren er produziert und was diese am Markt für Preise erzielen können, sondern davon, was gesellschaftlich als akzeptables Reproduktions- und Lebensniveau *gilt*. Dies hat einen unmittelbaren Einfluss auf und ist wesentlich bestimmt durch die Verteilungsverhältnisse zwischen Kapital und Arbeit. Der Lohn, den der_die Unternehmer_in an die Leinweber_innen zahlt, erscheint zwar als Preis der Arbeit, der z.B. mit ihrer Produktivität und Qualifikation variiert. Hinter dem Preis „steckt" jedoch der Wert der Arbeitskraft, der um einen historisch-regional spezifischen Mittelwert (vgl. MEW 23: 565f.) flottiert[18] und tendenziell sinkt, wenn die Gesamtproduktivität der Arbeit steigt.

3.4.2 Drei Möglichkeiten, wie Care-taker zu Geld für Care kommen

Für die drei Möglichkeiten, wie das Geld als allgemeines Äquivalent und Voraussetzung für die Existenz der Form auf die Seite des Care-takers gelangen kann, gelten dadurch, dass der Leinweber als Lohnabhängiger in einem Unternehmen arbeitet, welches Leinen produziert, veränderte Bedingungen.

---

18 Ist die Menge an Arbeitsstunden konstant, so hängt der Lohn vom Preis der Arbeit ab, der selbst variiert, entweder mit dem Wert der Arbeitskraft oder den Abweichungen ihres Preises von ihrem Wert. Ist umgekehrt der Preis der Arbeit konstant, hängt der Lohn von der Menge der Arbeitsstunden ab (MEW 23: 567). Was die politische Ökonomie gewöhnlich unter dem Wert der Arbeit (*value of labour*) versteht oder als „natürlichen Preis" der Arbeit (vgl. hierzu Piccio 1992) bezeichnet, wird bei Marx kritisiert als „Bewusstlosigkeit". Einen „Wert der Arbeit" gibt es in dem Sinne nicht, es gibt nur den Wert der Arbeitskraft (Kosten ihrer Reproduktion) und das Wertprodukt der Arbeit (die Menge an Werten, die sie produziert). Der Marktpreis (Arbeitslohn) der Arbeitskraft schwankt zwar, ist jedoch in kapitalistischen Verhältnissen niemals gleich dem Wertprodukt der Arbeit (punktuell vielleicht, aber nicht als Bedingung der Existenz der Reproduktion von Kapital und des Profits). Der Marktpreis der Arbeitskraft schwankt um einen Mittelwert, der ihren Wert zu einem bestimmten Moment ausdrückt. Schwankungen des Preises einer Arbeitskraft werden auch bei Marx auf das Spiel von Angebot und Nachfrage zurückgeführt, jedoch erklärt dies zunächst nichts als eben diese Schwankungen. Unter der Oberfläche von Angebots- und Nachfrageschwankungen liegt die Gleichung, dass der Wert der Arbeitskraft gleich den Kosten ihrer Produktion ist und das Wertprodukt der Arbeit in der Regel größer als der Wert der verausgabten Arbeitskraft und in der Produktion verbrauchten Produktionsmitteln und Ressourcen. Auf dieser Basis lässt sich die Existenz von zwei unterschiedlichen Klassen erklären – Kapital und Arbeit – und wird die alleinige Quelle von Profit/Gewinn und Akkumulation die menschliche Arbeitskraft.

Möglichkeit A ist, dass der leinenproduzierende Lohnabhängige von seinem Lohn einen Anteil zurücklegt und diesen als Care-Schatz ansammelt. Von diesem Care-Schatz kann er dann später die Arbeitskraft eines bezahlten Care-givers mobilisieren; Möglichkeit B ist, dass der angestellte Leinweber ein Care-Verantwortlicher ist und während seiner Arbeitszeit einen bezahlten Care-giver benötigt, der den Care-taker, für den er eigentlich zuständig ist, betreut oder pflegt; Möglichkeit C ist, dass der lohnabhängige Leinweber in einen kollektiven Care-Topf einzahlt,[19] aus dem die Pflegearbeit für aktuelle Care-taker finanziert wird. Durch diese Einzahlungen erwirbt er das Recht, dass ihm das gleiche widerfährt, wenn er selbst einmal pflegebedürftig wird.

In allen Fällen gilt, dass es in den Reproduktionskosten des Leinwebers einen Anteil geben muss, der als Care-Anteil bezeichnet werden kann und von dem entweder der Care-Schatz (CS oder KCS) oder aber die akuten Care-Kosten bezahlt werden können. Ist dies der Fall, dann können wir sagen, dass der Warenkorb, der die für die Reproduktion des Leinwebers als gesellschaftlich notwendig erachteten Waren enthält, auch die Ware Care enthält. Die Reproduktionskosten des Leinwebers als der Wert seiner Arbeitskraft löst sich dann auf in eine bestimmte Summe von Lebensmitteln und in diesem Fall von warenförmigen Dienstleistungen sowie andere Konsummittel oder Rücklagen. Die Ware Care ist damit ein Kostenfaktor im Wert der Ware Arbeitskraft des Leinwebers und damit auch Bestandteil der Lohnkosten des Unternehmens, an das der Leinweber

19 Dieses Prinzip ist in zwei grundsätzlich verschiedenen Varianten denkbar: der Leinenproduzent zahlt seinen Care-Schatz-Anteil in einen Topf mit anderen Leinenproduzenten, diese bilden einen Kollektiven Care-Schatz (KCS), von dem werden die aktuellen Care-taker versorgt. Der Leineproduzent kann aber auch mit anderen Leinenproduzenten Anteile in einen Fonds einzahlen, von dem noch nicht die Versorgung aktueller Care-taker finanziert wird, sondern der zunächst als Kapital fungiert. D.h. als Geld, welches eingesetzt wird, so dass es sich „wie von selbst vermehrt". Dies tut es z.B. dadurch, dass es als Kapital Arbeitskraft und Produktionsmittel einkauft und gewinnbringend produzieren lässt; dies tut es z.B. auch dadurch, dass es Kapitalanalgen – Immobilien oder Windkraftanalgen einkauft und auf eine positive Preisentwicklung setzt; etc. Voraussetzung dafür, dass der vom Leineproduzenten eingezahlte Care-Schatz später tatsächlich seine Pflegekosten zu decken vermag, ist natürlich, dass die Rechnung aufgeht und d.h. der als Kapital fungierende Kollektive Care-Schatz tatsächlich so eingesetzt wird, dass er einen Profit bringt. Unter diesen Umständen können sich die im Folgenden formulierten Zusammenhänge verschieben, da dann die Größe von KCS nicht mehr alleine von den individuellen Einzahlungen im Verhältnis zu den Ausgaben abhängt, sondern auch von der Frage, wie sich die Kapitalmärkte entwickeln.

seine Arbeitskraft für eine vereinbarte Zeit verkauft. Warenförmiges Care ist hier Bestandteil der Produktionskosten des Leinens, die der angestellte Leinweber produziert (und später vielleicht selbst kauft).

D.h., die Höhe des Care-Schatzes ist hier abhängig davon, wie hoch die Reproduktionskosten des Leinwebers gesellschaftlich ausgehandelt werden und zu welchen Anteilen sie sich verteilen auf den warenförmigen Konsum und anderweitige Lebenshaltungskosten und entsprechend CS und andere Rücklagen.

Ob die Ware Care unter den jeweils ökonomischen und gesellschaftlichen Bedingungen -zu denen auch die zur Verfügung stehenden individuellen und kollektiven Care-Schätze gehören – überhaupt angeboten wird, ist eine Frage des konkreten Kontextes und der Bedingungen, unter denen Menschen ihre (Care-)Arbeitskraft verkaufen können oder müssen. Auch wie stark die Ungleichheit zwischen dem Reproduktionsniveau des (zukünftigen) Care-takers und des bezahlten Care-givers ist, ist auf der Basis der jeweils ökonomischen Bedingungen der Möglichkeiten in erster Linie eine Frage von sozialen Aushandlungsprozessen und gesellschaftlichen Standards bezüglich der Fragen, zu welchen Bedingungen bezahlte Care-giver arbeiten können, müssen oder sollten, was als gesellschaftlicher Standard für den für die individuelle Reproduktion notwendigen Warenkorb gilt und ob hier die Bezahlung warenförmiger Dienstleistungen einbezogen ist oder nicht.

3.4.3 Was hat sich denn nun im Kapitalismus verändert?

Im Fall von warenförmigem Care, das in eine Gesellschaft mit einer kapitalistisch dominierten materiellen Produktion eingebettet ist, spielt die Arbeitsproduktivität des Leinwebers zwar weiterhin eine Rolle bei der Frage, wie groß die Wertmenge insgesamt ist, die durch Arbeit produziert wird, aber eine steigende Arbeitsproduktivität übersetzt sich keinesfalls zwangsläufig in ein höheres Einkommen des Leinwebers und damit die Möglichkeit eines höheren Care-Schatzes. In kapitalistischen Gesellschaftsformationen ist es nicht in erster Linie die Produktivität der Arbeit, welche die möglichen, für den Kauf von Care-Dienstleistungen und die Bezahlung von Care-Arbeiter_innen zur Verfügung stehenden Wertmassen bestimmt, sondern in erster Linie ist es nun der Wert der Ware Arbeitskraft und seine ökonomische und gesellschaftliche Bestimmung.

Angesichts dessen ist Baumhols optimistische Prognose in gewisser Hinsicht zu modifizieren. Denn er vergaß zu bedenken, dass sich die ökonomische Möglichkeit eines (Care-)Dienstleistungswohlstandes in kapitalistischen Gesellschaftsformationen nicht so entfalten kann, wie es angesichts der enormen Produktivkraftsteigerung, die in dieser Produktionsweise notwendigerweise herrscht, möglich sein *könnte*. Einen notwendigen Mechanismus zur Steigerung des individuellen und gesamtwirtschaftlichen materiellen und Care-Wohlstandes durch Produktivitätssteigerung gibt es hier nicht. Dennoch ist die Produktivität der Arbeit eine Variable, welche die insgesamt in einer Gesellschaft produzierte Masse an Wert bestimmt. Um die Verteilung dieser Wertmasse zwischen den Klassen, verschiedenen sozialen Gruppen und unterschiedlichen Bereichen der sozialen Reproduktion wird im Konkreten dann politisch-sozial gerungen.

Von der Care-Seite aus betrachtet entkoppelt sich im Kapitalismus zu einem gewissen Grad der Zusammenhang zwischen ökonomischem und gesellschaftlichem Fortschritt. So ist der entwickelte Kapitalismus zwar von den historischen Formationen jene, in der *theoretisch* aufgrund der Entwicklung der Produktivkräfte der bislang größte Teil der gesellschaftlichen Arbeitszeit auf Care verwendet werden *könnte* – *praktisch* ist es jedoch so, dass zwischen höherer Arbeitsproduktivität in der materiellen Produktion auf der einen Seite und mehr Zeit für Care (und andere Dinge) auf der anderen Seite keine Kausalverbindung (mehr) besteht.

3.5 Zusammenfassung – Die politische Ökonomie von kommodifiziertem Care im Kapitalismus

Die Ware Care wird nur im Moment der Abhängigkeit nachgefragt (vgl. Nelson 1996). Damit ist Care in Warenform in kapitalistischen Gesellschaftsformationen, in denen der Tausch und der Verkauf der Arbeitskraft dominieren, eine grundsätzlich widersprüchliche Form, da die Care-taker als Nachfragende nicht in der Lage sind, als private Waren- oder Arbeitskraftbesitzer_innen aktiv in Tauschverhältnisse einzutreten. Diese Widersprüchlichkeit muss in kapitalistischen Formationen mit einer kommodifizierten Care-Ökonomie auf die ein oder andere Art und Weise kanalisiert werden.

Das Geld – in Form eines Care-Schatzes oder Care-Geschenks – ist die Ressource, durch die der Care-taker, wenn er selbst im Moment seiner Care-Bedürftigkeit nicht handlungs- und arbeitsfähig ist, dennoch in die Lage versetzt wird, die Arbeitskraft eines Care-givers zu mobilisieren. In der vollständig entfalteten Form würde die Kommodifizierung von Care bedeuten, dass die Abhängigkeit vom Cash-Nexus andere Abhängigkeitsverhältnisse, z.B. Abhängigkeit von Familienmitgliedern, Freund_innen, dem Sozialstaat oder kirchlichen Einrichtungen, ersetzen würde. Versorgung, Pflege und Betreuung wären in diesem Fall gewährleistet, sofern die Voraussetzung für die Existenz der betrachteten Form – die Verfügbarkeit von Geld auf der Seite des Care-takers – gesichert wäre.

Der Care-taker muss über Geld, d.h. über außerhalb der Form verausgabte und im allgemeinen Äquivalent Geld temporär geronnene *Wertgegenständlichkeit von verausgabter Arbeitskraft* verfügen, damit die Form zustande kommen kann. Für den Care-giver in der Form gilt diese Voraussetzung nicht. Hingegen muss dieser über seine eigene Arbeitskraft verfügen, die er als Care-Arbeitskraft verkaufen können muss, damit die Form zustande kommen kann. Die Existenz einer kommodifizierten Care-Ökonomie setzt ein materielles Mehrprodukt voraus. Dieses kann z.B. in Form eines Care-Schatzes angespart worden sein (Möglichkeit A). Es kann auch im Lohn eines Care-Verantwortlichen als Care-Bestandteil enthalten sein (Möglichkeit B). Oder es kann von der aktuellen Erwerbsbevölkerung im Tausch gegen zukünftige Versorgungsansprüche erarbeitet werden (Möglichkeit C). D.h., es wurde produziert und damit Wert „geschaffen", der im allgemeinen Äquivalent Geld und damit in vergegenständlichter Form (temporär) geronnen bleibt, und dieser Wert kommt auf die ein oder andere Art und Weise dem Care-taker zu Gute, ohne dass dieser in dem Moment des Tauschaktes selbst aktiv tätig werden muss.

Die Frage, wie und ob das Geld und Mehrprodukt von anderen Bereichen der Produktion und des Tausches auf die Seite des Care-takers kommt und damit eine zentrale Bedingung für die Existenz der Form erfüllt ist, ist eine Frage der gesellschaftlichen Verteilungsrelationen dieses Mehrprodukts. Unter kapitalistischen Verhältnissen bedeutet dies, dass die jeweils historisch und sozial ausgehandelten Reproduktionskosten der Ware Arbeitskraft direkt oder indirekt die Kosten für Care enthalten müssen und also in den Reproduktionskosten der Arbeitskraft die Reproduktionskosten einer anderen Care-Arbeitskraft (zumindest in Teilen) inkludiert sein müssen. Es muss also einen Wertbestandteil in der gesellschaftlichen Produktion geben, der nicht für die unmittelbare Reproduktion von Kapital, Produktionsmitteln und Arbeitskraft (durch Konsumgüter), die Akkumulation von Kapital oder andere (Re-)Investitionen verwendet wird. Voraussetzung für die Existenz der Form ist, dass dieser Wertbestandteil als Care-Bestandteil bzw. Care-Schatz fungiert und auf dem einen oder anderen Weg auf die Seite von Care-takern kommt.

Die Existenz einer warenförmigen Care-Ökonomie setzt unter den Bedingungen einer „reinen" Kommodifizierung von Care-takern und Care-givern voraus, dass es eine nicht-gleiche Verteilung von Care-Bedürftigkeit, materiellen Ressourcen und Care-Arbeitsfähigkeit gibt. Auf der Ebene konkreter Tauschverhältnisse zwischen Care-takern und bezahlten Care-givern bei der kommodifizierten Form Care liegt es daher nahe, dass warenförmiges Care und Care-Arbeit vor allem dort existieren, wo es eine relative materielle Ungleichheit zwischen den beiden Polen der Form gibt (vgl. Himmelweit 2005; McGrath/DeFilippis 2009: 73).

Ob und auf welche Art und Weise die sozio-ökonomischen Bedingungen für die Existenz einer warenförmigen Care-Ökonomie im größeren Stil geschaffen und erhalten werden und ob und wie sie sich verändern, ist eine Frage politisch-sozialen (und immer auch vergeschlechtlichten) Handelns, gesellschaftlicher Werte, Normen, Rollenvorstellungen und Deutungsmuster sowie der politischen Ökonomie der Verteilungsrelationen des gesellschaftlich produzierten Wertes.

Die menschliche Care-Sicherheit im Postfordismus mit seiner kommodifizierten Care-Ökonomie hängt somit u.A. davon ab, ob innerhalb des Akkumulationsregimes ein Teil des produzierten Wertes als Care-Bestandteil oder Care-Schatz für die Bezahlung von Care-Arbeiter_innen verwendet wird. Gehen wir mit Marx und der Regulationstheorie davon aus, dass Löhne und Einkommen sich historisch-regional aus verschiedenen Bestandteilen zusammensetzen, d.h. die Wertbestimmung von Arbeitskraft ein historisch-moralisches Element enthält (MEW 23: 185), und die konkrete Form des Lohnverhältnisses wesentlich die Form des Akkumulationsregimes bestimmt (vgl. Hübner 1989: 146f.), müssen wir daraus schließen, dass die Organisationsweise der individuellen Reproduktion im Allgemeinen (vgl. MEW 23: 417; Winker 2011: 334) und die Existenz eines Care-Bestandteiles oder Care-Schatzes als Voraussetzung für die Existenz der hier betrachteten Formen im Besonderen einen Einfluss auf die Gestalt(ung) und die Entwicklungstendenzen des jeweiligen Akkumulationsregimes besitzen. Das Akkumulationsregime zeigt sich uns zwar als die *Voraussetzung* für bestimmte Formen von Care und Care-Arbeit, es ist aber in der hier vorgeschlagenen integralen regulationstheoretischen Perspektive (vgl. Kapitel 2) ebenso das *Resultat* bestimmter Formen von Nicht-Care-Lohnarbeit, Care und Care-Arbeit zu betrachten.

Aus der Perspektive der sozialen Reproduktion handelt es sich beim Care-Schatz bzw. Care-Bestandteil um ein Mehrprodukt, welches den Widerspruch der Warenform Care zu kompensieren vermag und so trotz der Kommodifizierung von Care und Care-Verantwortlichen in der sozialen Reproduktion des Postfordismus die Versorgung, Pflege oder Betreuung von abhängigen Care-takern gewährleisten könnte. Ob dies so ist oder nicht, ist eine Frage der gesellschaftlichen Gestaltung der Verteilungsrelationen des produzierten Wertes. Die expansive Kommodifizierungs- und Kapitalisierungstendenz der kapitalistischen Produktionsweise und ihre menschlichen, gesellschaftlichen und ökonomischen Grenzen begründen auch hier eine potenzielle Widerspruchs- und Krisentendenz, die sich historisch und regional ganz unterschiedlich artikulieren kann.

Es ist das konfliktive Handeln der sozialen Akteur_innen in den gesellschaftlichen Verhältnissen und strukturellen Widersprüchen, welches Institutionen hervorbringt, die zu einem gewissen Grad das gesellschaftliche Leben, Arbeiten, Versorgen, Betreuen und Pflegen regulieren. Sofern Macht, Herrschaft und/oder Ausbeutung in einer Gesellschaftsformation existieren, entstehen im Prozess des sozialen Handelns in der Regel Institutionen, Strukturen, Rituale, Vorgehensweisen, Rechtssysteme etc., die eine strukturelle Selektivität aufweisen. Soziale Reproduktion und Produktion prägen sich dabei in ihrer konkreten historischen Gestaltung wechselseitig aus und sind dabei in kontinuierlicher Veränderung begriffen.

Es ist das soziale Handeln – die menschliche Praxis (Bakker/Gill 2003: 22ff.) – an sehr verschiedenen gesellschaftlichen Schauplätzen und Orten, innerhalb verschiedener gesellschaftlicher Strukturen (Folbre 1994; Acker 2007), welches spezifische sozio-ökonomische Formen des Arbeitens, Lebens, Pflegens und Betreuens hervorbringt, die sich wechselseitig ausprägen. Diese Formen werden institutionalisiert als historisch spezifische gesellschaftliche Kompromisse hinsichtlich der jeweils hegemonialen gesellschaftlichen Formen des Arbeitens und Lebens sowie der individuellen und gesellschaftlichen Reproduktion. Im Rahmen eines solchen gesellschaftlichen Kompromisses findet nicht nur auf historisch spezifische Weise Kapitalakkumulation statt, sondern auch die soziale Reproduktion und darin die gesellschaftliche Organisation von Care und Care-Arbeit. Dazu gehört sowohl ein jeweils historisch spezifisches Verständnis dessen, was „Care“ bedeutet und was (gute) Pflege, Betreuung und Fürsorge ausmachen, wer ein Recht auf Care hat und wer nicht, unter welchen Bedingungen Care-Arbeiten getan werden müssen und/oder können und wer hierfür zuständig ist. Veränderungen in der Regulationsweise, die den Modus der sozialen Reproduktion betreffen, – seien sie durch molekulare Praktiken und/oder durch kollektives Handeln verursacht – können an unterschiedlichsten Orten von Gesellschaft passieren, denn die soziale Reproduktion ist „complex, messy and nondeterministic“ (Power 2004: 7) und das (vergeschlechtlichte) Individuum selbst Knotenpunkt sehr unterschiedlicher sozialer Verhältnisse.

Gesellschaftliche Formen von Care und Care-Arbeit *emergieren und entwickeln sich* im historischen Prozess aus einer Vielzahl verschiedener, zunächst molekularer Praktiken an unterschiedlichen Orten der Gesellschaft. Diese verschiedenen Praktiken verstetigen sich, werden institutionalisiert und im Zuge dessen verallgemeinert. Dabei hat das gesellschaftliche Gesamtergebnis in der Regel recht wenig Ähnlichkeit mit dem, was Einzelne oder Gruppen in diesen Prozess hineintrugen. So ist bei der Rekonstruktion dieser „Evolution“ zu berücksichtigten, dass sie ein sozial strukturierter Prozess ist, der innerhalb einer Vielzahl gesellschaftlicher (Ungleichheits-)Verhältnisse stattfindet, darunter prominent

Geschlechterverhältnisse. D.h., die unterschiedlichen sozialen Akteur_innen verfügen (z.B. je nach Geschlecht, Klasse, Nationalität, ethnischer Zuschreibung, etc.) über unterschiedliche Möglichkeiten, ihre Interessen, Perspektiven und Lösungsvorschläge jeweils in diesen Prozess hineinzutragen (vgl. Folbre 1994), und seine Ergebnisse sind nicht notwendigerweise für alle gleichermaßen effektiv. Die Emergenz und Ausweitung von kommodifiziertem Care ist dabei nicht alleine ein Resultat von Veränderungen in den Verhältnissen, die über den Markt und die Warenform vermittelt sind, sondern auch von Veränderungen in jenen gesellschaftlichen (Re-)Produktionsverhältnissen, die „unter- oder außerhalb des Produktionsprozesses von Waren" stattfinden (vgl. Berr 1991: 258). Sie ist aber *auch* ein Resultat von Veränderungen in den Verhältnissen der materiellen Produktion und Reproduktion und nicht losgelöst von diesen zu erklären. Die Kommodifizierung von Care und Care-Arbeit ist umgekehrt nicht allein Ausdruck und Resultat veränderter Reproduktionsverhältnisse, sondern impliziert auch eine Veränderung in den Wertströmen und Verteilungsrelationen der Produktionsweise und bedeutet eine Verschiebung im „Gesicht des Kapitalismus" (Hirsch/Roth 1986).

Die Resultate vergangener Handlungen bilden dabei die grundlegenden Strukturen, in denen Menschen heute miteinander verkehren. Diese grundlegenden Verkehrsformen – und darunter die Care-formen – begrenzen und ermöglichen zugleich, dass und wie Menschen miteinander verkehren und füreinander sorgen. Sie bilden den Boden für Keime der Veränderung, für Kooperation und Konflikt verschiedenster sozialer Akteur_innen. Sie bilden auch den Ausgangspunkt zukünftiger Entwicklungen in den Ökonomien und Care-Ökonomien.

Kapitel 4, 5 und 6: Zum Beispiel die Kommodifzierung von Care in New York City/USA

Einleitung zu Kapitel 4, 5 und 6

Ich werde in diesem Teil (Kapitel 4, 5 und 6) ein konkret-komplexes Setting betrachten, in dem eine Kommodifizierung von Care und Care-Arbeit stattgefunden hat und noch weiter stattfindet: New York City auf dem Weg zum Postfordismus. Auch wenn das Konkret-Komplexe von den Tendenzen und Dynamiken, die ich im vorangegangenen Kapitel unter Rückgriff auf die theoretischen Begriffe der Kommodifzierung, Produktionsweise und sozialen Reproduktion und in der Formanalyse herausgearbeitet habe, determiniert ist, ist es als Konkret-Komplexes von anderen Bestimmungen überdeterminiert und „unreiner" als die abstrakte Theorie. Die in der Theorie herausgearbeiteten Tendenzen, Zusammenhänge und „Gesetze" haben aber dennoch einen Effekt im Konkreten – und sei es in Form von Gegentendenzen oder anderen Determinationen, die durch sie mit bedingt werden.

In diesem Kontext lässt sich beobachten, wie die Emergenz und Ausweitung verschiedener Formen von warenförmigem Care Bestandteil und Resultat von Veränderungen im Gesamtsystem durch die Transformation der gesellschaftlichen Verhältnisse sind. Es lässt sich untersuchen, auf welche Art und Weise der grundsätzliche Widerspruch zwischen Produktion und sozialer Reproduktion hier in sozialen Konflikten und Kompromissen (situativ) verhandelt und kanalisiert wird, wie die Formen von warenförmigem Care davon geprägt werden und wie sich dabei die Art und Weise ihrer ökonomischen Einbettung und Funktionsweise verändert und damit die Ökonomie selbst auch zu einem gewissen Grad transformiert wird. Auf dieser Basis werde ich meine idealisierte Betrachtung der Form, wie ich sie in der Formanalyse in Kapitel drei entwickelt habe, mit den Einsichten aus der Untersuchung des Konkretums anreichern und anschließend im fünften und letzten Kapitel der Arbeit erneut zurückkommen zur abstrakten Theorie.

Im Sinne einer sozialen Ontologie von sozialer Reproduktion und Produktion (Bakker/Gill 2003) ist es hier das Handeln von sozialen Akteur_innen im

Kontext USA/New York City, das die ökonomische Geschichte (Lipietz 1985) und darin die Geschichte der Kommodifizierung von Care „macht". Vor diesem Hintergrund sind im Konkretum die Akteur_innen als eigentlicher Motor der Geschichte von Care im Postfordismus zu betrachten, allerdings müssen sie als eingebettet in einen Strukturzusammenhang gesehen werden, der durch eine ganze Reihe gesellschaftlicher Verhältnisse – darunter *race relations*, Klassen- und Geschlechterverhältnisse (vgl. Acker 2007) – strukturiert wird sowie in eine globalisierte Produktionsweise und globale Ungleichheitsverhältnisse einbettet ist. Die Akteur_innen handeln in diesem Kontext, innerhalb der Strukturen und über sie hinaus und reproduzieren *und* transformieren sie dabei kontinuierlich (MEW 4: 548; Lipietz 1992). Dieses Handeln orientiert sich innerhalb gesellschaftlicher, vergeschlechtlichter und rassifizierter Denkformen, Normen und Deutungsmuster. Es handeln Menschen in vergeschlechtlichten Körpern, in der Regel verstanden als Männer und Frauen (vgl. Beer 1991: 260; Butler 1997), die aufgrund ihrer gesellschaftlich-historischen Situiertheit unterschiedliche Erfahrungen machen und dementsprechend häufig über unterschiedliche Handlungsrationalitäten und Handlungsmöglichkeiten verfügen.

Im ersten Kapitel dieses Teils (4) stelle ich die historischen und gesellschaftlichen Verhältnisse auf der Ebene der Regulationsweise dar, indem ich hier drei Bereiche der gesellschaftlichen Regulation betrachte – Migrationsregime, Genderregime und Wohlfahrtsregime –, da diese drei Regime die gesellschaftlichen Bedingungen, unter denen Care-Arbeit angeboten und nachgefragt wird, entscheidend beeinflussen. Die Regime sind in ihrer spezifischen Gestalt Ausdruck einer historisch konkreten Verfasstheit miteinander artikulierter gesellschaftlicher Klassen, Geschlechter und *race relations* im Kontext globalisierter Produktionsverhältnisse, Warenströme und nationalstaatlich regulierter Migrationsströme und Wohlfahrtsstaaten. Das erste Unterkapitel spannt also den Kontext auf der Regime-Ebene auf, in dem sich die Formen von warenförmigem Care herausbilden. Die Emergenz verschiedener Formen bezahlter Care-Arbeit, die ich im zweiten Abschnitt detaillierter rekonstruiere, spielt sich in diesem Kontext ab.

Im zweiten Kapitel (5) gehe ich auf die Ebene der konkreten sozialen Handlungen, Kämpfe und Kompromisse und betrachte dort die Veränderungen in der Organisation von Care und Care-Arbeit als Bestandteil und Resultat der Transformation in den gesellschaftlichen Produktions- und Reproduktionsverhältnissen. Ich fokussiere dabei auf drei Formen von kommodifiziertem Care in New York City: *domestic Care Work*, *home-based Child Care* und *home (Health) Care* (letzere werde ich im Folgenden kurz als Home Care bezeichnen). Ich tue dies, um einen genaueren Eindruck davon zu erhalten, inwiefern das konfliktive soziale Handeln verschiedener Akteur_innen innerhalb verschiedener gesellschaftlicher Verhältnisse Bestandteil der Genese der verschiedenen Formen von Care ist, wie dieses Handeln den Formen ihre konkrete Gestalt verleiht und wie in diesem Prozess die Art und Weise der Bearbeitung des strukturellen Widerspruchs zwischen Produktion und sozialer Reproduktion sich verändert und dies die Entwicklung der Formen prägt. Ich wählte diese drei Formen von kommodifiziertem Care, da alle drei Formen über Privatmärkte organisiert sind und da im Laufe ihrer Emergenz und Entwicklung der drei Formen immer wieder soziale Konflikte um die konkrete Gestaltung der Formen von Care und Care-Arbeit entbrannten. Diese Konflikte und Kompromisse lese ich als Bestandteil des Kommodifizierungsprozesses von Care und Care-Arbeit. In ihnen wird sowohl um den Grad der Kommodifizierung von Care-Arbeiter_innen gestritten, um deren Anerkennung und Absicherung als Lohnarbeiter_innen, als auch um die Art der Kommodifizierung von Care. Auf jeweils historisch spezifische Art und Weise wird dabei der materielle Gegensatz zwischen den beiden Polen der Form verhandelt und der Widerspruch zwischen Produktion und sozialer Reproduktion kanalisiert.

Anschließend werde ich die ökonomische Funktionsweise und Einbettung der Formen von kommodifiziertem Care in den Blick nehmen (5), die in ihrem aktuellen Zustand Resultat der zuvor betrachten sozialen Prozesse sind. Deren Darstellung und Untersuchung als Letztes „nach" den sozialen Tatsachen entspricht einer ökonomischen Geschichtsschreibung, in der das soziale Handeln an erste Stelle gesetzt wird. In diesem letzten Unterkapitel werde ich die ökonomische Bestimmung der verschiedenen Formen von warenförmigem Care beleuchten, welche Verteilungsrelationen und Wertströme Bestandteil und Vorrausetzung der Existenz und Ausweitung der hier interessierenden Formen sind. Die Betrachtung ihrer ökonomischen Einbettung und Funktionsweise bildet dann die Grundlage dafür, dass ich im letzten Kapitel der Arbeit auf einer vom Konkretum abstrahierenden Ebene allgemeine Aussagen über die ökonomische Funktionsweise und Einbettung von warenförmigem Care und die Tendenzen und Grenzen der Kommodifizierung von Care im Postfordismus generieren kann.

Das Beispiel New York City als Konkretum

Die USA im Allgemeinen und New York City als globale Stadt im Besonderen sind ein extremes, aber nicht untypisches und daher aussagekräftiges Beispiel für die postfordistische Umstrukturierung von Wirtschaft und Gesellschaft, in deren Zuge sich Warenbeziehungen und Lohnarbeit noch weiter in die Gesellschaft hinein ausgedehnt haben, sowohl auf alle Geschlechter als auch auf zuvor noch nicht erschlossene Bereiche der menschlichen Bedürfnisbefriedigung. Auch verschiedene gesellschaftliche Bedingungen, die eine Kommodifizierung von Care begünstigen (können), findet man in extremer Ausprägung und bereits früh gereift in den USA und besonders ausgeprägt in globalen Städten wie New York City vor.

Aufgrund ihres ohnehin schwach ausgeprägten residualen Wohlfahrtsstaates, eines wenig regulierten Arbeitsmarktes und einer starken Orientierung von Wirtschaft und Gesellschaft an liberalen Vorstellungen von individueller als unternehmerischer Freiheit, Eigenverantwortung und den schöpferischen Kräften des freien Marktes, bietet das US-amerikanische politische und ökonomische System eine Art Laboratorium „that exposes in the purest real-world form the two kinds of ideologies – liberal and conservative – and the two kinds of policies – deregulation and social control – that are being produced to support global capitalism" (Lowi 1998: 6). Auch sind die USA schon länger und deutlicher auf dem für die westlichen Industrieländer im Postfordismus charakteristischen Weg in die Dienstleistungsgesellschaft. So spielte sich in den USA bereits 1970 62 % der Beschäftigung im Dienstleistungssektor ab (in der BRD hingegen nur 42,8 %), 1985 waren es 70 % (BRD 55,4 %) und 2008 dann 79 % (Deutschland 66,8 %) (vgl. US Bureau of Labor Statistics 2009). Die USA können daher als Musterbeispiel oder Extremfall einer postfordistischen Umstrukturierung von Wirtschaft und Gesellschaft dienen, die jedoch in unterschiedlichem Ausmaß auch in den europäischen Ländern stattfindet (vgl. Grell/Sambale/Eick 2002; Grell 2008; Quadagno/Street 2006).[1]

1 Aus ökonomischer Sicht wurde das US-Modell spätestens seit Mitte der 1990er Jahre häufig in öffentlichen sowie wirtschafts- und arbeitsmarktpolitischen Debatten als ein Musterbeispiel erfolgreicher ökonomischer Restrukturierung auf dem Weg zum Postfordismus gefeiert. Die Probleme des postindustriellen Wohlfahrtsstaates und der Dienstleistungsgesellschaft habe das US-amerikanische System überwunden durch hochgradig flexibilisierte und deregulierte Arbeitsmärkte, eine hohe Arbeitsmarktpartizipation im Allgemeinen und eine hohe weibliche Erwerbsbeteiligung im Besonderen sowie durch eine große Lohnspreizung (Einkommenspolarisierung) und eine

1996 beendete die Clinton-Administration mit der *Welfare Reform* „welfare as we knew it“ (Clinton). Kernstück der Reform ist der sogenannte *Personal Responsibility and Work Opportunity Reconciliation Act*. Dieser löste die zuvor über 60 Jahre geltende Sozialhilfegesetzgebung ab durch eine *workfare*-orientierte Sozialpolitik, wie sie in den westlichen Wohlfahrtsstaaten bis dahin noch weitgehend unbekannt war. Die *Welfare Reform* von 1996 stellte zwar im Rahmen der liberalen Wohlfahrtsstaatspolitik der USA keinen qualitativen Bruch dar, akzentuierte jedoch den ohnehin schon starken Fokus des Sozialhilfesystems auf die Kopplung staatlicher Unterstützungsleistungen an die Erwerbsarbeit sowie in extremer Art und Weise auf disziplinierende Erziehungs-, Weiterbildungs- und Arbeitsmaßnahmen. Städte und Gemeinden haben seitdem diverse *Welfare-to-work*-Programme eingerichtet und die erzwungene Bereitschaft, einen Job im Niedriglohnbereich anzunehmen, ist seither erheblich gestiegen.

Mit der *Welfare Reform* wurde der Zwang zur Aufnahme einer bezahlten Arbeit um fast jeden Preis auf potenzielle Arbeitnehmer_innen und v.a. auf Mütter, insbesondere alleinerziehende, deutlich erhöht (vgl. Giddings et al. 2004; Grell et al. 2002). In Folge der Reform sank zwischen 1996 und 1999 die Zahl derjenigen, die AFDC/TANF[2] (die US-amerikanische Sozialhilfe) beantragten, um rund 50 % und ca. 6 Millionen Empfänger_innen von Sozialhilfe verloren in dieser Zeit die Unterstützungsberechtigung (vgl. Tait 2007: 196). Diese Menschen strömten vor allem in die Niedriglohnsegmente des Arbeitsmarktes, die infolgedessen deutlich anwuchsen (vgl. Boushey/Gundersen 2001; vgl. Lang/Mayer/Scherrer 1999).

Zeitgleich wurden die öffentlichen Betreuungsangebote jedoch kaum ausgebaut. Arbeitende Eltern und insbesondere alleinerziehende Mütter, die arbeiten wollen und/oder müssen, haben aber dennoch weiterhin abhängige Kinder, Alte

hohe berufliche Mobilität der Arbeitskräfte auf dem nationalen Arbeitsmarkt. Diese politisch geschaffenen Bedingungen wurden als Voraussetzung für die vergleichsweise hohen wirtschaftlichen Wachstumsraten und eine niedrige Arbeitslosigkeit in den USA angesehen. Bis vor Kurzem wollte Europa noch von den USA lernen, was die Arbeitsmarkt-, Sozial- und Wirtschaftspolitik betraf (Esping-Andersen 1996, 1999; Quadagno/Street 2006; Grell 2008: 16). Auch deshalb spricht Einiges dafür, sich auch „in Europa intensiver mit den gegenwärtigen innen- und sozialpolitischen Transformationsprozessen in den USA und ihren gesellschaftlichen Implikationen auseinanderzusetzen“ (Grell 2008: 17), vielleicht auch um zu wissen, welche Wege lieber nicht beschritten werden sollten.

2 AFDC – Aid for dependent Children – ist die US-amerikanische Form der Sozialhilfe vor *Welfare Reform* 1996, die von dem neuen System TANF – Temporary Assistence for needy Families – abgelöst wurde.

oder Kranke zu versorgen. Die Kommodifizierung von Menschen mit Versorgungsverantwortung ohne die Dekommodifizierung von Betreuungsarbeiten – z.B. durch den Ausbau eines öffentlichen Sektors, oder durch verminderte Arbeitszeiten bei gleichzeitigem Lohnausgleich, durch bezahlten Elternurlaub oder Ähnliches – führt zu Bedingungen, die den Zukauf von Care auf einem Privatmarkt – soweit dies den Haushalten ökonomisch möglich ist – nahelegen. Der US-amerikanische *workfare*-Staat „unterstützt" Niedrigverdiener_innen und Sozialhilfeempfänger_innen auf *workfare*-Programmen dabei, (kostengünstiges) Care auf einem Privatmarkt kaufen zu können. Der US-amerikanische Weg in den Postfordismus bietet daher auch ein Laboratorium, anhand dessen sich die Form kommodifizierter Care-Arbeit und ihre Entwicklung beispielhaft untersuchen lässt.

New York – Tertiarisierung und neoliberale Regimetransformation in der globalen Stadt

New York als *global city*[3] (Sassen 2002), Stadt mit einer multikulturellen Gesellschaft, traditionell zentraler Ankunftsort von in die USA migrierenden Menschen und einer starken Einkommenspolarisierung ist ein Ort, der durch soziale, ökonomische und räumliche Veränderungen gezeichnet ist, die charakteristisch für

3 *Global cities* im Postfordismus sind mehr als nur Metropolen eines Landes. Saskia Sassen (2002) bezeichnet das Netzwerk globaler Städte auf dem postfordistischen Erdball als „global grid", das eine neue ökonomische Geografie der Zentralität konstituiert, die über nationale Grenzen hinausgeht und die alte sozio-geografische Teilung der Welt in globalen Süden und Norden aufhebt bzw. auf neue Art und Weise auf dem lokalen Terrain rekonstituiert. *Global cities* sind transnationale Räume, in denen „claims" formuliert werden sowohl vom globalen Kapital als auch von einer ganzen Reihe anderer sozialer Akteur_innen. Auf der lokalen Ebene der globalen Stadt passiert daher nicht nur Lokales. Vielmehr ist das Lokale in der globalen Stadt nach Sassen als Mikro-Umwelt zu verstehen, in der wir „global span" lokal erfahren können. Ein entscheidendes Charakteristikum von Globalisierung und Postfordismus ist bekanntermaßen die Mobilität von Kapital und Arbeit. Die demografische Zusammensetzung und räumliche Organisation von globalen Städten wie New York spiegelt diese Mobilität von Kapital und Arbeit wider: auf der einen Seite Standorte des globalen (Finanz-)Kapitals, auf der anderen Seite die massive Anwesenheit von migrantischen Communities aus allen Teilen der Welt. Sowohl Migrant_innen als auch Kapital sind soziale Akteur_innen in der Stadt, die durch ihre Anwesenheit (und ihr Handeln) verschiedene Bereiche der Welt miteinander verbinden.

viele postfordistische Metropolen sind. Das Nebeneinander von Gegensätzen und die postfordistischen Entwicklungsdynamiken zeigen sich hier auf sehr engem Raum (vgl. Häußermann/Siebel 1993).

Der für den Postfordismus charakteristische De-Industrialisierungsprozess verlief in der Stadt vergleichsweise schnell und setzte bereits früh ein. Traditionell war New York City zwar eine industrielle Export-Stadt mit einem seit Langem zentralen Stellenwert innerhalb der globalen Ökonomie. In den 1960er Jahren sah sich die Stadt jedoch angesichts zunehmender Globalisierung und Weltmarktkonkurrenz bereits einer recht deutlichen De-Industrialisierung ausgesetzt. Zwischen 1968 und 1977 gingen 600.000 industrielle Arbeitsplätze in der Stadt verloren. Allein in der ersten Hälfte der 1960er Jahre machten zahlreiche Bekleidungsfabriken in Manhattan ihre Tore dicht, in Brooklyn schlossen Fabriken und Brauereien und auch die bekannte Schiffswerft von New York stellte 1966 ihren Betrieb ein.[4]

In dieser Zeit verlor New York einen Großteil seiner Hafen- und industriellen Fertigungskapazitäten und damit eine wichtige materielle Basis der Produktionsweise, auf der die fordistische Regulationsweise fußte und funktionierte. Im Zuge der Veränderung der Gesellschaft, der Ausweitung von Lohnarbeit und als Bestandteil des fordistischen Klassenkompromisses weitete sich das Volumen des öffentlichen Sektors erheblich aus. So wuchs in New York City die Anzahl der öffentlichen Angestellten zwischen 1960 und 1975 um 46,7 % und die städtischen Ausgaben stiegen um 392 % (Moody 2007: 50). Als die neoliberale Wende in der New Yorker Stadtpolitik Ende der 1960er Jahre einsetzte, war die New Yorker Ökonomie in einer tiefen Krise und bereits auf dem besten Wege, eine exportierende Dienstleistungsökonomie zu werden. Mit der Ausweitung von Arbeitslosigkeit und Sozialhilfezahlungen wurde die Finanzierungsbasis des Wohlfahrtsstaates brüchig und den öffentlichen Systemen drohte die Überlastung (vgl. ebd.: 12ff.). In der Krise des Fordismus wurden die öffentlichen Ausgaben zu einem höchst brisanten Politikum, da sie nicht mehr von wachsenden Produktivitäts- und Profitraten begleitet waren.

Die neoliberale Regimetransformation sowohl in den 1970er als auch den 80er und 90er Jahren verlief in New York City besonders heftig – auch deshalb, weil die Stadt zuvor in der Zeit der *Great Society*[5] ein für US-Standards vergleichs-

4 vgl. ausführlich zur De-Industrialisierung und Veränderung New Yorks Weil (2004).

5 „Great Society" ist die Bezeichnung für die US-amerikanische Variante des fordistischen Klassenkompromisses, der in den 1930er Jahren institutionalisiert wurde. Männliche, weiße Lohnabhängige bekamen grundlegende Arbeits- und Sozialrechte

weise weit ausgebautes öffentliches Bildungs- und Versorgungsystem besaß. Kim Moody (2007) bezeichnet die Veränderungen in der städtischen Politik von den ausgehenden 1960er Jahren bis heute als Transformation von „*welfare state to real estate*". Im städtischen politischen Management der ökonomischen Krise in den 70er und 80er Jahren profitierte der private Sektor nicht nur von der Stadtpolitik, sondern er dirigierte sie zunehmend auch politisch (vgl. Harvey 2007). Massive öffentliche Sparmaßnahmen wurden beschlossen (die z.B. die städtische Universität CUNY hart trafen) und öffentliche Einrichtungen (u.a. fünf städtische Krankenhäuser) geschlossen. Städtische Beschäftigungsverhältnisse gingen in der Folge drastisch zurück. In den 1980er Jahren stoppte die Reagan-Administration auf föderaler Ebene außerdem alle Stadtentwicklungsprogramme. Föderale Regional- und Stadtentwicklungsfonds halbierten sich von 1980 bis 1990 um mehr als die Hälfte, die Privatisierung öffentlicher Einrichtungen sowie weitere Rationalisierungen von Krankenhäusern und Altenheimen folgten (vgl. Moody 2007: 67).

Im Anschluss an die *Welfare Reform* von 1996 wurde eines der US-weit umfassendsten *Workfare*-Programme der USA in New York City implementiert. Der New Yorker Bürgermeister Rudolph Giuliani besetzte rund 20.000 freiwerdende Stellen im städtischen Dienst kurzerhand mit rund doppelt so vielen teilzeitarbeitenden, nicht gewerkschaftlich organisierten „welfare workers", die an dem städtischen „Work Experience Programm" (WEP) teilnahmen und für die Stadt weitaus geringere Lohnkosten verursachten, als es die gewerkschaftlich organisierten Beschäftigten getan hätten. Vanessa Tait bezeichnet dieses als „the most dramatic example of exploitation and displacement" (Tait 2007: 200).

New York City ist also eine globale Stadt, mit einem polarisierten Dienstleistungssektor und einem hohen Anteil an migrantischer Bevölkerung. Die neoliberale Regimetransformation verlief in New York City besonders heftig und *Workfare*-Politiken haben einen hohen Stellenwert in der Stadtpolitik. Im Vergleich zur nationalen Ebene ist in der globalen Stadt New York außerdem sowohl der im Postfordismus „führende" finanz- und unternehmensnahe Dienstleistungssektor als auch der prekäre, teils informelle Dienstleistungssektor, in dem u.a. Konsumgüter und Reproduktionsdienstleistungen produziert werden, stark konzentriert (vgl. Sassen 1991, 1993).

---

zugesichert, es gab vergleichsweise starke Gewerkschaften für männliche-weiße Arbeiter und es gab für diese Arbeiter vergleichsweise hohe Löhne und ein mittelständisches Wohlstandsniveau.

4. Transformation von Gender-, Wohlfahrts- und Migrationsregimen in den USA

Die gesellschaftliche Architektur, in der Care und Care-Arbeit organisiert wird, besteht aus vier zentralen Institutionen: Familien/Haushalten, dem Staat/staatlichen Institutionen, der Zivilgesellschaft und dem (formellen und informellen) Privatmarkt (vgl. Ravazi 2007: 21; Lewis 2008). Die konkrete Gestaltung dieser Institutionen, die als Gesamtkomplex auch als „Care-Diamant"[1] bezeichnet wird, hat einen entscheidenden Einfluss auf die Reproduktionsbedingungen von Menschen, die Care benötigen bzw. die Care-Verantwortung haben auf der einen Seite und Menschen, die bezahlte oder nicht bezahlte Care-Arbeit leisten, auf der anderen. Gender-, Wohlfahrts-, und Migrationsregime gestalten maßgeblich die „vier Ecken" des „Care-Diamanten" bzw. die gesellschaftliche Architektur von Care. Darin entwickeln sich historisch-konkrete Formen von Care und Care-Arbeit.

4.1 Zwei-Verdiener_innen-Genderregime in den USA

> „Die freie Frau wird eben erst geboren. [...] Es ist nicht sicher, daß ihre Ideenwelt von der der Männer verschieden ist, das sie sich durch die Anpassung an sie befreien wird" (Simone de Beauvoir 1968: 667).

Die Transformation in den Genderregimen seit den 1960er Jahren wird in der feministischen Wohlfahrtsstaatsforschung[2] für einen Großteil der westlichen

1 Die Metapher des Care- Diamanten wird von feministischen Wohlfahrtsforscher_innen verwendet, um deutlich zu machen, dass Staat, Markt, Familie, Zivilgesellschaft allesamt an der Produktion des gesellschaftlichen Care-Kapitals (zu unterschiedlichem Ausmaß) beteiligt sind.

2 Der Begriff des Genderregimes wurde von der feministischen Wohlfahrtsstaatsforschung ins Feld der Wohlfahrtsstaatsforschung eingeführt (vgl. Ostner 1994; Woods 2004). Mit ihm soll verdeutlich werden, dass die konkrete Organisation von Arbeit und Wohlfahrt nicht nur eine Frage der historischen Genese sozialer Kompromisse

Industrieländer begrifflich gefasst als Transformation von einem männlichen Ernährermodell mit Hausfrau über ein männliches Ernährermodell mit zuverdienender Hausfrau hin zu einem *Adult-workers-* bzw. Zwei-Verdiener_innen-Modell. Das Zwei-Verdiener_innen-Modell konzentriert sich auf die Rolle, die bezahlte Arbeit im Leben der Staatsbürger_innen spielt, und befördert durch Arbeitsmarkt-, Sozial- und Steuerpolitik, dass möglichst viele Menschen einer Lohnarbeit nachgehen. Es impliziert und fördert also einen Haushalt, in dem zwei erwachsene Mitglieder zur Absicherung des Familieneinkommens beitragen (vgl. Woods 2004). Die USA sind im Vergleich zu anderen westlichen Wohlfahrtsstaaten dabei schon länger und deutlicher auf dem Weg hin zu diesem Modell. 1985 arbeitete bereits die Hälfte der Mütter mit Kindern unter drei Jahren mindestens Teilzeit (US Bureau of Labor Statistics); 1996 waren es 57 % (vgl. Childrens Defense Fund 1996). Bestandteil dieser Regimetransformation sind auch kulturelle Veränderungen in den Deutungssystemen und normativen Vorstellungen über hegemoniale Formen von Männlichkeit und Weiblichkeit (vgl. Conell 1999). Der männliche Ernährer mit der fürsorgenden Hausfrau verliert also als kulturelles, ökonomisches und sozialpolitisches Leitbild an Wirkungsmächtigkeit. Denk- und Handlungsweisen über geschlechtsspezifische Arbeitsteilung und die angemessene Form von Fürsorge, Erziehung und Versorgung verändern sich hierbei (Pühl 2003; Wetterer 2005).

Ann Shola Orloff (2006) sieht die Transformation hin zu einem Zwei-Verdiener_innen-Modell in den USA seit der *Welfare Reform* als vollendet an. Die Reform habe einen (vorläufig) endgültigen Abschied „vom Maternalismus“ der USA und der Genderdifferenz in der US-amerikanischen Arbeitsmarkt- und Sozialpolitik bewirkt. Sie untermauert dies damit, dass nunmehr selbst alleinerziehende Mütter und Mütter mit jungen Kindern, die bis 1996 noch von der US-amerikanischen Sozialpolitik vom Kommodifizierungszwang ausgenommen

---

zwischen Kapital und Arbeit (und Bauern) ist, sondern auch entscheidend geprägt ist von den jeweils gesellschaftlich hegemonialen Formen (und Vorstellungen) der geschlechtsspezifischen Arbeitsteilung. Die konkreten Politiken des Wohlfahrtsstaates sind geprägt von und haben einen Einfluss auf das jeweilige Genderregime, denn: „Welfare states are deeply implicated in shaping women's access to an independent income. Social policy may, for example, support women's waged labour. It may provide services or cash transfers that reduce both the burden of women's domestic labour and the costs entailed in undertaking paid work [...]. It may seek to strengthen women's attachment to and position in the labour market via provision of maternity leave [...]. Finally, welfare states may present an important source of employment for women“ (Kilkey/Bradshaw 1999: 149).

waren, diesem unterworfen sind. Die Transformation im US-Genderregime hin zu einem Zwei-Verdiener_innen Modell bedeutet eine Ausweitung der Lohnarbeit auf alle Geschlechter mit und ohne Versorgungsverantwortung, die sowohl von den Veränderungen im Genderregime als auch von denen des US-Wohlfahrtsregimes vorangetrieben wurde. Die Transformationen im Wohlfahrts- und Genderregime der USA haben einen Einfluss auf die Entwicklungstendenzen in der US-amerikanischen Care-Ökonomie, sowohl auf der Angebots- als auch auf der Nachfrageseite: Sie verändern die Bedingungen, unter denen Menschen Pflege und Betreuung innerhalb und außerhalb der Familie bekommen (können), und sie verändern die Bedingungen, unter denen Menschen ihre (Care-)Arbeitskraft verkaufen können, wollen und/oder müssen.

4.2 Workfare-Wohlfahrtsregime in den USA

Das liberale Wohlfahrtsregime[3] der USA praktizierte traditionell eine starke Abgrenzung zwischen öffentlich und privat und greift so wenig wie möglich in die Familienangelegenheiten ein, d.h., das „Delegieren" von privater Familienarbeit und -verantwortung an den Staat wird weitestgehend unterlassen und die Rolle

---

3 Die von Esping-Andersen (1990) entwickelte Wohlfahrtsstaatentypologie teilt die „Welt der Wohlfahrtsstaaten" in drei Modelle, die er mit dem Regimebegriff beschreibt: liberal, konservativ und sozialdemokratisch. Esping-Andersen entwikkelt diese verschiedenen Typen unter Heranziehung sowohl qualitativer wie auch quantitativer Gesichtspunkte und fasst sie als verschiedene Wohlfahrtsregime, die sich historisch im lokalen Kontext herausbilden. Wohlfahrtsregime sind spezifische institutionelle Arrangements in Gesellschaften, um Arbeit und Versorgung bzw. Wohlfahrt zu regulieren. Die Art der Finanzierung von Sozialpolitik und Wohlfahrt sowie die verschiedenen Vorstellungen, unter welchen Voraussetzungen und zu welchen Bedingungen wer einen Anspruch auf sozialpolitische Leistungen hat und welches Niveau diese haben sollten, bilden dabei die qualitative Grundlage der Unterscheidung. Zur Operationalisierung zieht Andersen eine ganze Bandbreite quantitativer Daten heran, darunter Einkommensersatzquoten, Anteil individueller Finanzierungsbeiträge für Sozial- und Gesundheitsversorgung, Staatsquoten, Anteil privater Ausgaben für Alter bzw. Gesundheit an den Gesamtausgaben, Progressionsgrad des Steuersystems, Ausgaben für aktive Arbeitsmarktpolitik etc. Unter Bezugnahme auf diese erstellt er sogenannte Dekommodifizierungsindizes und auf dieser Basis eine Rangfolge der Wohlfahrtsstaaten nach dem Grad der Dekommodifizierung, die sie für ihre Lohnabhängigen gewährleisten. Dekommodifizierung bedeutet hier die relative Unabhängigkeit von den Zwängen und Risiken kapitalistischer (Arbeits-)Märkte für die (Lohn-) Arbeitenden der jeweiligen Länder.

des freien Marktes und/oder der Familie (bzw. der Wohltätigkeit) für individuelle Versorgung und Absicherung wird betont. Das liberale Wohlfahrtsregime steht bei Gosta Esping-Andersen am unteren Ende seiner Dekommodifizierungsskala. Soziale Anspruchsrechte sind insgesamt auch während des Fordismus niedrig, an individuelle Bedürftigkeitsprüfungen gekoppelt und ihr Bezug ist mit Stigmatisierung behaftet. Marktförmige Versorgungsarrangements werden bevorzugt und v.a. über Steuerpolitik und finanzielle Unterstützungsleistungen abgestützt (vgl. Woods 2004: 208ff.; Ungerson 1997; Ungerson/Yeandle 2007), zudem ist die Staatsquote (d.h. der Anteil öffentlicher Ausgaben am BIP) traditionell vergleichsweise gering. In 2003 haben die USA z.B. für die sozialpolitischen Instrumente EITC, TANF und Lebensmittelmarken nur 0,96 % ihres BIP verwendet – Deutschland hat im gleichen Jahr für Arbeitslosengeld, Arbeitslosen- und Sozialhilfe 3,9 % des BIP ausgegeben (Peter 2005: 5).

Haushalte mit Versorgungsverantwortung stehen in den USA daher seit jeher vor der Schwierigkeit (oder der „freien Wahl"), wie sie neben der Lohnarbeit ihrer Versorgungsverantwortung nachkommen und ihre soziale und gesundheitliche Sicherheit organisieren. So bildete sich in den USA bereits während des Fordismus eine privatwirtschaftliche Ökonomie von Versorgungs-, Lebens- und Gesundheitsversicherungen und -dienstleistungen heraus (vgl. Aglietta 1979). Im Fordismus gewährleisteten jedoch die im Klassenkompromiss mitverhandelten Familienlöhne (Ernährerlöhne) sowie die gesellschaftliche Hegemonie des fordistischen Geschlechterregimes mit Familienernäher und Hausfrau eine Kanalisierung der Vereinbarkeitsproblematik, was im Postfordismus nicht mehr gleichermaßen der Fall ist (vgl. Chorus 2007). Bestandteil des fordistischen Klassenkompromisses war ferner die Institutionalisierung einer rudimentären, öffentlichen Kranken- und Pflegeversorgung für Arme und Alte (über 65-Jährige), welche als öffentliche Pflichtversicherung (*Medicare*) und Bestandteil der Sozialhilfe (*Medicaid*) bis heute besteht – allerdings politisch immer wieder zur Disposition steht.

Esping-Andersen (1999) zeigt in seinem auf postindustrielle Gesellschaften bezogenen und um die Haushaltsproduktion und geschlechtsspezifische Arbeitsteilung erweiterten Modell, wie im liberalen Wohlfahrtsstaat USA die spezifische Regulation von Weltmarktkonkurrenz und demografischem Wandel die Veränderung der Haushaltsproduktion beeinflusst und hierüber das Wachstum eines privatwirtschaftlichen Dienstleistungssektors begünstigt wird. Der traditionell geringe Dekommodifizierungseffekt im liberalen Wohlfahrtsstaat legt eine Deregulierungsstrategie angesichts verstärkter Globalisierung, also des Drucks des Weltmarktes auf Löhne und Sozialleistungen, nahe bzw. macht sie politisch vergleichsweise einfach durchsetzbar. Die Kehrseite hiervon ist eine seit den 1970er Jahren rückgängige Entwicklung des Lohnniveaus, eine wachsende Anzahl von *working poor* und eine steigende Einkommenspolarisierung innerhalb der USA (vgl. ebd.). Diese steigende Einkommenspolarisierung verläuft für die statistischen Geschlechter unterschiedlich, und in dieser unterschiedlichen Entwicklung spiegelt sich das Ende des männlichen Ernährers ökonomisch wider.

Entwickelten sich die Einkommen männlicher Arbeiter in der Zeit bis 1978 für die oberen und unteren Einkommensniveaus relativ gleichförmig und ohnehin auf der Basis einer vergleichsweise geringen Lohnspreizung, so veränderte sich die Lohnentwicklung bei den Männern Anfang der 1980er Jahre drastisch. Die Lohnschere begann sich weit auszuspreizen.[4] Auch unter den Frauen ging im Zeitraum von 1973 bis 2003 die Lohnschere auseinander – jedoch haben im Unterschied zu den Männern lediglich die unteren 10 % hier einen Verlust bei den realen Stundenlöhnen zu verzeichnen; für alle weiteren arbeitenden Frauen brachte die Zeit von 1973 bis 2003 einen Anstieg der realen Stundenlöhne (vgl. McCall 2007: 18–20).[5] Statistisch spiegelt sich hier eine für den Weg zum Postfordismus charakteristische Entwicklung wider: Widersprüche in den Klassenverhältnissen und die Polarisierung der Lohnabhängigen nehmen zu, die Entwicklung in den Männer- und Frauenlöhnen in den unteren bis mittleren Einkommenssegmenten konvergieren hingegen tendenziell.

Das fordistische Geschlechterregime wurde also nicht nur durch die Frauenbewegung in den USA der 1960er Jahre in Frage gestellt, sondern gleichermaßen durch die ökonomische Entwicklung und v.a. die Entwicklung der Löhne männlicher Arbeiter: Es verlor seine gesellschaftliche Hegemonie. Überhaupt

---

4 Für die unteren 10 sowie die mittleren 50 % der männlichen Arbeiter setzt Anfang der 1980er Jahre ein drastischer Verlust der realen Stundenlöhne ein, der sich bis Mitte der 1990er Jahre kontinuierlich fortsetzt. Ab Mitte der 1990er Jahre bis 2003 stiegen zwar für die unteren 50 und die unteren 10 % die realen Stundenlöhne wieder etwas an, erreichten aber 2003 gerade einmal das Niveau von 1973. Die Realstundenlöhne der oberen 5 und 10 % der arbeitenden Männer machten in der gleichen Zeit eine gegensätzliche Entwicklung durch, sie gingen bis 2003 kontinuierlich nach oben. Die realen Stundenlöhne der oberen 5 % unter den arbeitenden Männern lagen 2003 gut 30 % über dem Niveau von 1973 (die oberen 10 % verzeichneten im gleichen Zeitraum einen Zuwachs von gut 20 %) (vgl. McCall 2007: 20).

5 Dieser Anstieg ist für die Frauen in den oberen 5 bzw. 10 % der Einkommen mehr als doppelt so hoch wie für Frauen im mittleren Einkommensbereich. Für Frauen im unteren Einkommensbereich setzt ein Wachstum ihrer realen Stundenlöhne erst Ende der 1980er Jahre ein – bis dahin verzeichnen diese Frauen einen relativ drastischen Verlust von fast 20 % der realen Stundenlöhne seit 1979 (McCall 2007: 18).

ein männlicher Ernährer sein zu können, wurde zunehmend zu einem (ökonomischen) Privileg. Das im Fordismus von einem männlichen Ernährer (und einer zuverdienenden Hausfrau) erwirtschaftete Familieneinkommen muss im Postfordismus tendenziell von zwei Verdiener_innen erwirtschaftet werden.

Die *Welfare Reform* zementierte und institutionalisierte also einen gesellschaftlichen und ökonomischen Wandel, der einen qualitativen Schritt in der Kommodifizierung der weiblichen Arbeitskraft und der von menschlichen Bedürfnissen und Tätigkeiten bedeutete. Dieser qualitative Schritt zeichnet sich dadurch aus, dass nunmehr – bis hin zu den Kinder-versorgenden alleinerziehenden – alle Geschlechter mit und ohne Versorgungsverantwortung annähernd „gleich" behandelt werden, d.h. gleich in der Pflicht, ihr Einkommen eigenständig durch eine Lohnarbeit unter (fast) allen Umständen erwirtschaften zu müssen. Die *Welfare Reform* verfestigte damit eine Dynamik der Ausweitung von Lohnarbeit in der US-amerikanischen Gesellschaft.

Die Nachfrage nach Kinderbetreuung ist seit der *Welfare Reform* deutlich gestiegen, v.a. nach möglichst kostengünstigen Betreuungsformen und auch das Angebot an Care-Arbeitskräften hat sich erhöht (vgl. Kohli 2009; vgl. Lerman/Ratcliffe 2001). Die Vermutung liegt nahe, dass ein signifikanter Anteil der seit 1996 auf den New Yorker Arbeitsmarkt strömenden alleinerziehenden Mütter mit geringer formeller Qualifikation[6] der steigenden Nachfrage nach H*omecare*-Arbeitskräften ein Angebot „schafft" (so implizit Kohli 2009). Vorsichtigen Schätzungen zufolge belaufen sich US-weit die Zahlen der Kinder, die direkt im Anschluss an die *Welfare Reform* (1996–1998) von unbezahlter Betreuung zu Hause in bezahlte Betreuungsarrangements zogen, auf eine Million. Der Anteil der Kinder, die Betreuungskostenzuschüsse zur bezahlten Kinderbetreuung erhielten, erhöhte sich um fast ein Viertel (vgl. Fuller et al. 2002: 102).[7]

Eine Vereinbarkeitsproblematik zwischen Arbeit, Leben, Versorgungsverantwortung und Hausarbeit tritt im liberalen Wohlfahrtsregime der USA im Postfordismus dann zutage, wenn Männer und Frauen mit Versorgungsverantwortung

---

6 (ca. 14 % des Zuwachses beim Arbeitskräftepotenzial nach 1996 ist in New York City auf den Zustrom alleinerziehender Mütter zurückzuführen, vgl. hierzu Lerman/Ratcliffe 2001)

7 Dabei erhöhte sich die Anzahl der Kinder in den USA, die Zuschüsse zu den Betreuungskosten erhielten, von 1995 bis 1999 um 28 % (von ca. 1,4 auf 1,8 Millionen Kinder) (Fuller et al. 2002: 97, 109). Dennoch nahm 2000 in den USA noch nicht einmal ein Fünftel der nach der *Welfare Reform* anspruchsberechtigten Eltern die staatliche Unterstützung tatsächlich wahr, in New York State waren es lediglich 19 % (vgl. ebd.: 119).

einer Lohnarbeit nachgehen (müssen oder wollen), deren Einkommen jedoch nicht ausreicht, um im ausreichenden Maße Versorgungsdienstleistungen auf dem Markt zu erwerben. Das Zwei-Verdiener_innen-Modell im liberalen Regime „setzt" implizit auf eine sozio-ökonomische Entwicklung, in der die Löhne der Lohnabhängigen (aller Geschlechter) zumindest nicht rückläufig und tendenziell eher steigend sein müssten bzw. die Preise für privat dazugekaufte Versorgungs- und Haushaltsdienstleistungen vergleichsweise niedrig sein müssten. Beide Prämissen können durch wohlfahrtsstaatliche Politik mit gewährleistet werden.

Im liberalen Regime mit Zwei-Verdiener_innen-Modell existiert eine (potenzielle) Widerspruchskonstellation zwischen der Lohnentwicklung von Menschen mit Versorgungsverantwortung und der Preisentwicklung und damit Lohnentwicklung auf dem privaten Care-Markt[8] (vgl. McCall 2007: 28). Die Ausweitung dieses Widerspruchs wird im liberalen Regime mit Zwei-Verdiener_innen-Modell durch die arbeitsmarktbezogene Familienpolitik vorangetrieben (vgl. für Deutschland Novak 2008), die alle Geschlechter mit und ohne Versorgungsverantwortung in die Lohnarbeit drängt. Gleichzeitig moderiert dieselbe Politik diesen Widerspruch zu einem gewissen Grad und verhindert (temporär) dessen Zuspitzung, da für arbeitende Eltern und für pflegebedürftige Alte sozialstaatliches „Cash für Care" (Ungerson/Yeadle 2007) zur Verfügung gestellt wird.

4.3 Arbeitsmarktbezogene Familienpolitik in den USA

Ausdruck und Resultat der Veränderungen, welche sowohl das Gender- als auch das Wohlfahrtsregime in den USA auf dem Weg zum Postfordismus durchlaufen, ist die stark arbeitsmarktbezogene Familienpolitik seit den 1980er Jahren. So

8 Die Vereinbarkeitsproblematik im liberalen Wohlfahrtsregime mit Zwei-Verdiener_innen-Modell hat also zwei Seiten, die nicht voneinander zu trennen sind. Sie ist auf der einen Seite eine Frage der Lohnentwicklung von Menschen mit Versorgungsverantwortung: Wenn die auf dem Markt erzielten Haushaltseinkommen nicht ausreichen, um die Kosten für privat gekauftes Care zu decken, entsteht ein Vereinbarkeitsproblem. Auf der anderen Seite ist die Vereinbarkeitsproblematik auch eine Frage der Preisentwicklung auf dem privaten Care-Markt und damit eine Frage der Lohnentwicklung von privaten, bezahlten Care-Arbeiter_innen. Wenn deren Löhne steigen, steigen die Kosten von kommodifiziertem Care, und wenn Letzere das Haushaltseinkommen von Menschen mit Versorgungsverantwortung überlasten, entsteht ein Vereinbarkeitsproblem. Umgekehrt entsteht dieses Problem gleichermaßen für bezahlte Care-Arbeiter_innen mit Versorgungsverantwortung, wenn deren Löhne zu niedrig sind, um kommodifiziertes Care dazuzukaufen.

haben sich seither neue Formen der Regulation von Arbeit, Leben und Reproduktions- und Care-Arbeit als Ausdruck und Resultat eines *workfare*-orientierten Wohlfahrts- und Geschlechterregimes etabliert. Verschiedene Policy-Instrumente aus den Bereichen Sozial-, Arbeitsmarkt und Familienpolitik bewirken hier in ihrem gemeinsamen Wirken einen starken (Re-)Kommodifizierungsdruck (und Anreiz) auf Frauen und Männer mit und ohne Versorgungsverantwortung gleichermaßen. Ebenso befördern finanzielle Unterstützungsleistungen (in Form von Steuergutschriften und staatlichen Subventionen für private Kinderbetreuung) für marktförmige Lösungen der Vereinbarkeitsproblematik den Kommodifizierungsdruck bzw. stellen einen dahingehenden Reiz dar.

Eine institutionelle Neuerung in den öffentlichen Haushalten ist die Umstrukturierung und Aufstockung der staatlich zur Verfügung stehenden Mittel für Kinderbetreuung. Seit 1996 teilt die US-Regierung über den *Child Care and Development Block Grant* (CCDBG) den Bundesstaaten jährlich festgelegte finanzielle Mittel zu, die sie relativ autonom verwalten und verteilen können.[9] Der CCDBG soll arbeitende Eltern dazu befähigen, die Kinderbetreuung frei wählen zu können, die ihre Bedürfnisse am besten erfüllt. Mit dem CCDBG sollen außerdem die Staaten finanziell in die Lage versetzt werden, Kinderbetreuung für Eltern anzubieten, die versuchen, die Abhängigkeit von der Sozialhilfe zu überwinden. Ferner sollen die Bundesstaaten Eltern mit niedrigen Einkommen finanziell dabei unterstützen, Kinderbetreuung auf dem Markt kaufen zu können (Department of Health and Human Services 2007). Der Staat New York verfügte z.B. im Jahre 2008 über insgesamt eine Milliarde Dollar für die subventionierte Kinderbetreuung. Diese Mittel werden auf die einzelnen Distrikte des Staates verteilt, von denen New York City einer ist.[10] Die konkrete Organisation und

---

9 Die von der US-Regierung insgesamt aufgebrachten Mittel haben sich seit der *Welfare Reform* tatsächlich deutlich erhöht. Diese brachte eine *workfare*-orientierte Neuauflage und finanzielle Aufstockung der staatlich Subventionierten Kinderbetreuung. Der Posten im föderalen Haushalt für die finanzielle Unterstützung bei Betreuungskosten für arbeitende *Working-poor*-Eltern und Eltern, die Sozialhilfe erhalten, wurde von 2,8 Milliarden Dollar im Jahr 1995 auf 8 Milliarden Dollar im Jahr 2000 deutlich erhöht.

10 Die den Distrikten zugewiesenen Mittel für subventionierte Kinderbetreuung orientieren sich an der Bevölkerungsstruktur und daran, wie viel Eltern jeweils für die Betreuung ihrer Kinder bezahlen können. Um dies zu errechnen, werden seitens des Staates New York sogenannte Marktraten erstellt, welche die tatsächlichen Kosten für Kinderbetreuung abbilden sollen und nach denen sich dann die Zuweisung der Mittel wie auch die Erstattungssätze für subventionierte Kinderbetreuung richten. Marktraten orientieren sich dabei an der Nachfrage, nicht so sehr daran, was ein

Verwaltung der Gelder für subventionierte Kinderbetreuung obliegt den städtischen *Social-service*-Agenturen: Die *Agency for Child Development* ist dabei für die *Working-poor*-Eltern zuständig (vgl. Akthar/Antos 2010: 4ff.) und die *Human Resource Administration* für die Mittelverteilung an Sozialhilfeempfänger_innen, die sich in *Welfare-to-work*-Programmen befinden. Letzere vergibt in der Regel sogenannte Betreuungsgutscheine (*voucher*), mit denen die Care-Arbeiter_innen zu staatlich festgesetzten Sätzen bezahlt werden. Die Finanzierungsbasis der privatwirtschaftlichen Care-Ökonomie weitet sich durch die *Welfare Reform 1996* also ein Stück weit aus. Sie umschließt nunmehr auch die unteren Einkommenssegmente, die staatlicherseits finanziell im Kauf von Care unterstützt werden.

Ein zentrales arbeitsmarktpolitisches Policy-Instrument ist dabei der *Earned Income Tax Credit* (EITC). Dieser sieht Steuergutschriften für Menschen mit niedrigem Einkommen vor: bis 1993 lediglich für arbeitende Eltern, seit 1993 für alle Niedrigverdiener_innen.[11] Ziel des EITC ist es, dass es sich (vergleichsweise) „lohnt zu arbeiten" („make work pay"), auch dann, wenn die tatsächlich gezahlten Löhne nicht zum Leben reichen. Mitte der 1990er Jahre wurde der EITC sowohl hinsichtlich der Höhe der möglichen Steuergutschriften aufgestockt als auch hinsichtlich der Zielgruppe erweitert, die nun potenziell alle Arbeitenden umfasste. Bereits Mitte der 1990er Jahre waren die auf den EITC verwendeten staatlichen Ausgaben doppelt so hoch wie die für Sozialhilfe (AFDC) (vgl. Weaver 1998: 398), was die Priorität von Arbeit gegenüber der Sozialhilfe im US-amerikanischen System unterstreicht.

Der EITC bewirkt, dass eine Arbeit im Niedriglohnsektor ein Nettoeinkommen einbringt, das über der Sozialhilfe (AFDC/TANF) liegt.[12] Der EITC

---

angemessener Lohn für *Child-care*-Anbieter_innen wäre. Sie sind so lange gültig, bis sie staatlicherseits geändert werden oder bis die Betreuer_innen nachweisen können, dass sie zu niedrig veranschlagt wurden. Wenn ein_e Kinderbetreuungsanbieter_in beweisen kann, dass nicht-subventionierte Eltern für den gleichen Service mehr zu zahlen bereit sind, als es die staatlichen Erstattungssätze vorsehen, kann auch das Anlass dazu sein, die Marktraten und Erstattungssätze anzuheben (vgl. Mending the Patchwork 2002).

11 Diese „negative Einkommenssteuer" als Steuergutschrift für Geringverdiener_innen gibt es in den USA bereits seit den 1970er Jahren und hat seitdem kontinuierlich an Bedeutung gewonnen. Die Zahl der Menschen, die Steuergutschriften erhalten, ist von 1975 bis 2003 von 6,2 auf 19,3 Millionen gestiegen. In dieser Zeit sind auch die realen Bruttoausgaben für die Steuergutschrift von 1,3 auf 37,1 Milliarden Dollar gestiegen (Peter 2005: 5).

12 Eine allein erziehende Mutter mit zwei Kindern, die Bezieher_innen von TANF und Lebensmittelmarken ist, muss ohne EITC 1.235 Dollar brutto im Monat verdienen,

hatte bei der Minderung von Armut bei geringverdienenden Familien einen erheblichen Einfluss und er verbesserte die ökonomische Situation von alleinerziehenden arbeitenden Frauen – vergleichsweise (vgl. Woods 2004: 219). Ferner bewirkte er insgesamt, dass Menschen trotz schlechter Arbeitsmarktaussichten und niedriger Einkommensmöglichkeiten häufig in (über den EITC staatlich subventionierten) Bereichen des Niedriglohnsektors einen Job suchen, anstatt sich ins Sozialhilfesystem zu begeben. Dieser steuerpolitisch regulierte Arbeitsanreiz (zur Aufnahme eines Niedriglohnjobs) wird flankiert durch einen sozialpolitisch regulierten Arbeitszwang und vergleichsweise niedrige Sozialhilfezahlungen, was sich besonders deutlich in der seit 1996 geltenden Sozialhilferegelung im Rahmen von TANF ausdrückt.

TANF[13] setzt voraus, dass Sozialhilfeempfänger_innen innerhalb von zwei Jahren wieder einer Lohnarbeit nachgehen und dafür jede denkbare Anstrengung unternehmen. Anspruchsberechtigt sind bzw. bleiben nur jene Sozialhilfebezieher_innen, die eine grundsätzliche Bereitschaft zum Arbeiten oder zu Arbeitseinsätzen in sogenannten *community jobs* nachweisen. Ein Effekt hiervon ist, dass Bezieher_innen von *welfare* nicht nur den privatwirtschaftlichen Niedriglohn-

---

bevor ihr verfügbares Einkommen sie über die Armutsschwelle bringt. Mit dem EITC kommt sie über die Armutsschwelle bereits bei einem monatlichen Verdienst von 675 Dollar. Dieselbe Mutter würde mit einem 30-Stunden-Job, in dem gerade einmal der Mindestlohn gezahlt wird, aber bei dem sie zusätzlich zum Einkommen die Steuergutschriften erhält, nicht mehr als „arm" eingestuft werden und über ein Einkommen verfügen, das 461 Dollar im Monat über der Sozialhilfe läge (vgl. Peter 2005: 11). Der EITC macht also einen schlecht bezahlten Job im Niedriglohnbereich ökonomisch deutlich attraktiver als den Bezug von Sozialhilfe.

13 Bereits die Reagan-Administration hatte in den 1980er Jahren einschneidende Kürzungen bei den Sozialleistungen vorgenommen und diese Maßnahmen als „Ende der Abhängigkeit" propagiert, Interventionen des Staats wurden minimiert und die Zuständigkeiten und Gestaltungsmöglichkeiten im Bereich der Sozialhilfe an die Bundesstaaten delegiert (vgl. Woods 2004: 215; Grell 2008). Mit der *Welfare Reform* unter der Clinton-Administration wurde dieses Projekt vollendet. Das von der US-Regierung verwaltete Sozialhilfesystem AFDC wurde in das von den Bundesstaaten verwaltetes *Workfare*-Programm TANF transformiert. Hatten alleinerziehende, einkommensschwache Familien mit Kindern unter 18 Jahren durch AFDC noch (bundesstaatlich garantierten) Rechtsanspruch auf monatliche Geld- und Unterstützungsleistungen, die ungefähr vergleichbar mit der deutschen Sozialhilfe waren (vgl. Grell/Sambale/Eick 2002), so gilt seit TANF eine allgemeine Begrenzung der Bezugsdauer von Sozialhilfe auf insgesamt fünf Lebensjahre, die Sozialhilfesätze werden nunmehr von den Bundesstaaten festgelegt und sind von einigen deutlich gesenkt worden.

sektor bevölkern, sondern zunehmend auch reguläre Arbeitskräfte in städtischen Beschäftigungsverhältnissen ersetzen (vgl. Tait 2007: 194f.; Grell 2008).

Versorgungsverantwortung spielt bei TANF insgesamt nur eine sehr untergeordnete Rolle, und zwar nur in dem Punkt, dass TANF-Bezieher_innen in einigen Bundesstaaten einen Rechtsanspruch auf subventionierte Kinderbetreuung haben. Diese Ausweitung des *Workfare*-Prinzips auf Väter, Mütter und auch Alleinerziehende gleichermaßen ist eine qualitative Neuerung der *Welfare Reform*. Sozialpolitisch sind so gesehen alle Geschlechter gleich[14] (*Gender-sameness*-Prinzip) (vgl. Orloff 2006).

4.3.1 Zuckerbrot und Peitsche: staatliche Subventionierung von Care

Mit einer Kombination aus Zuckerbrot (Ausbau des EITC, der Kinderbetreuung und Krankenversicherung für Familien mit niedrigen Einkommen) und Peitsche (Einführung der Arbeitspflicht in der Sozialhilfe) (Peter 2005) erzielt der US-amerikanische *Workfare*-Staat sein erklärtes Ziel: die deutliche Reduktion von Sozialhilfebezieher_innen und die größtmögliche Ausweitung von Lohnarbeit (vgl. Tait 2007: 196).[15] Er flankiert den Arbeitszwang/Arbeitsanreiz durch Policy-Instrumente, die den Einzelhaushalten marktförmige (kommodifizierte) Betreuungs- und Versorgungsarrangements nahelegen bzw. sie darin unterstützen, den Preis hierfür zahlen zu können.

Eltern, die Sozialhilfe erhalten und an arbeitsmarktbezogenen Aktivitäten teilnehmen, haben inzwischen in vielen Bundesstaaten, u.a. in New York, ein Recht auf die Bereitstellung von Kinderbetreuung.[16] Die meisten Staaten regeln die Betreuung von Kindern aus TANF-Familien inzwischen zunehmend über die

---

14 Ebenso ist die Begrenzung der Lebenszeit, in der Sozialhilfe bezogen werden darf, eine qualitative Neuerung.

15 Von der ersten Einführung einer negativen Einkommenssteuer 1977 bis 2003 hat sich die Anzahl der EITC-Empfänger_innenhaushalte mehr als verdreifacht. Im selben Zeitraum hat sich die Anzahl der Sozialhilfebezieher_innen fast halbiert und lag 2003 ca. 40 % unter dem Niveau von 1977. Insbesondere die Erwerbstätigkeit von Alleinerziehenden hat sich deutlich erhöht und lag im Jahr 2001 um 175 % über dem Wert von 1977 (vgl. Peter 2005: 9). Die Anzahl von alleinerziehenden Müttern, die Sozialhilfe beziehen, hat sich hingegen in der Zeit von 1993 bis 2003 um 69 % verringert (Tait 2007: 196).

16 Das föderale Recht schreibt lediglich vor, dass Alleinerziehende, denen keine Kinderbetreuungsmöglichkeit angeboten wird, nicht bestraft werden können, wenn

Vergabe von Betreuungsgutscheinen. Diese werden TANF-Eltern ausgestellt und sollen ihnen theoretisch die „freie Wahl“ lassen, wo sie Betreuung am privaten Care-Markt erwerben. Praktisch reichen diese Gutscheine in der Regel lediglich für die kostengünstigste am Markt erhältliche Betreuungsvariante. Für *working-poor*-Eltern und Eltern mit einem niedrigen Einkommen (d.h. 175–275 % oberhalb der national festgelegten Armutsgrenze) haben diverse Bundesstaaten inzwischen zudem ein System von sich regional stark unterscheidenden staatlichen Zuzahlungen (*child care subsidies*) zu den Kosten privater Kinderbetreuung etabliert (vgl. Akthar/Antos 2010).

Ein weiteres Policy-Instrument zur Subventionierung von Betreuungskosten ist der *Child and Dependent Care Tax Credit* (CDCTC), der 1988 eingeführt wurde. Dieser gewährt arbeitenden Eltern und Menschen mit Versorgungsverantwortung einen Steuerkredit für ihre privaten Betreuungskosten in Höhe von 20–35 % der Betreuungskosten (je nach Einkommen), jedoch nur dann, wenn beide Elternteile erwerbstätig sind (vgl. US Department of the Treasury 2009a). Der CDCTC fördert dabei nicht nur marktförmige Betreuungsarrangements, sondern trägt auch zu einer Verstärkung von Ungleichheit zwischen unterschiedlichen Einkommensklassen und Betreuungsmöglichkeiten bei[17] (vgl. Woods 2004: 219), da Eltern mit höheren Betreuungsausgaben auch höhere Gutschriften erhalten (dieser Effekt wird jedoch moderiert durch die am Einkommen orientierte prozentuale Höhe der anzurechnenden Betreuungskosten).[18]

Die beschriebenen Tendenzen hin zu einer – wenn auch rudimentären – öffentlich co-finanzierten, privatwirtschaftlich organisierten Kinderbetreuungsstruktur in den USA im Kontext der Transformation von Wohlfahrts- und Genderregimen werden infolge der ökonomischen Entwicklung seit dem Herbst 2008 zu einem gewissen Grad von Gegentendenzen konterkariert. Auch wenn 2010

---

sie aufgrund mangelnder Betreuungsmöglichkeiten nicht an *Workfare*-Aktivitäten teilnehmen können (vgl. Akthar/Antos 2010).

17 Ein weiteres steuerpolitisches Instrument für Eltern mit Kindern ist der *Child Tax Credit* (CTC) von 1997, der für Familien mit mindestens einem erwerbstätigen Elternteil und Kind gewährt wird und der eine Steuergutschrift von 1.000 Dollar pro Jahr und Kind vorsieht und eine Steuererstattung von bis zu 600 Dollar bedeuten kann. Dies ist das einzige Policy-Instrument, welches nicht explizit eine Erwerbstätigkeit beider Eltern fordert (vgl. Woods 2004: 220; US Deparment of Treasury 2009b).

18 Der CDCTC sieht keine Einkommensgrenze nach oben vor, d.h., alle arbeitenden Eltern erhalten die an der Höhe der privaten Betreuungskosten orientierte Steuergutschrift, die bis zu gut 700 Dollar „Rückzahlung“ pro Kind jährlich bedeuten kann.

das von US-Präsident Barack Obama verabschiedete Krisenpaket eine zusätzliche finanzielle Ausstattung der bundesstaatlichen *block grants* für Kinderbetreuung beinhaltete, sahen sich erste Counties in New York State (und anderen Bundesstaaten) bereits dazu gezwungen, ihre Regelungen zur Anspruchsberechtigung für subventionierte Kinderbetreuung deutlich nach unten zu korrigieren[19] (vgl. NACCRRA 2010b). In welche Richtung sich das US-amerikanische Wohlfahrts- und Genderregime angesichts von Haushaltsdefiziten und einer steigenden Arbeitslosigkeit entwickeln wird, bleibt abzuwarten. Es zeichnet sich allerdings bereits ab, dass die Kinder von arbeitenden Armen einen „Preis" für die Krise zahlen (NACCRRA 2010) und die US-amerikanische Care-Ökonomie sich in Folge der Krise verändern wird.

4.4 Migrationsregime im Postfordismus: die staatliche Produktion von Illegalen

Nicht nur Wohlfahrts- und Genderregime, sondern auch Migrationsregime strukturieren die gesellschaftlichen und individuellen Möglichkeiten zur Organisation von Care-Arbeit und damit auch auf die Entwicklungsdynamiken in der Care-Ökonomie. Migrationsregime bestimmen ferner die Entwicklungsmöglichkeiten historischer Gender- und Wohlfahrtsregime ein Stück weit mit, denn sie haben einen Einfluss darauf, inwiefern in der nationalen Care-Ökonomie ein Reservoir von Arbeitskräften zur Verfügung steht, die gezwungen oder bereit dazu

19 So zeichnen sich seit der krisenhaften Entwicklung der Ökonomie und der öffentlichen Haushalte Verschiebungen innerhalb der arbeitsmarktbezogenen Familienpolitik und dem subventionierten *Child-care*-Markt ab. US-weit haben seit Beginn der Krise 42 Staaten öffentliche Gesundheits- und Betreuungsprogramme für Kinder als Reaktion auf die Verschuldung der öffentlichen Haushalte zurückgefahren (vgl. Naccrra 2010: 1) und institutionalisierte, öffentliche Betreuungsangebote gekürzt oder eingestellt. So leidet z.B. New York City spätestens seit 2009 unter einer „Child Care Funding Crisis" (UNH 2009). Die *Administration of Children's Services* bilanzierte 2009 in ihrem Haushalt ein strukturelles Defizit von 62 Millionen Dollar. Es folgten massive Kürzungen v.a. in den Bereichen der öffentlich finanzierten, institutionalisierten Betreuungsangebote (*pre-kindergarten* und *kindergarten*, *head start*, öffentliche *day care center*). Folge der Kürzungen: Rund 43.000 subventionierte Plätze für Kinder in Betreuungseinrichtungen gingen der Stadt verloren (vgl. UNH 2009: 2). Im Frühjahr 2010 verkündete die Stadt New York außerdem die unmittelbare Schließung von 16 städtisch subventionierten *day care center* in der Stadt, in denen 1.165 Kinder betreut wurden(vgl. Philipps 2010).

sind, ihre Arbeitskraft unterhalb der nationalen Reproduktionsbedingungen als Care-Arbeitskraft zu verkaufen (vgl. Himmelweit 2005; Aderson. B. 2006: 49ff.).

In Anlehnung an Serhat Karakayalı und Vassilis Tsianos (2005, 2007) verstehe ich Migrationsregime als ein Ensemble von verschiedenen (nicht notwendigerweise miteinander kohärenten oder verbundenen) gesellschaftlichen – (sowohl staatlichen wie auch nicht-staatlichen) – Praktiken, Strukturen und Diskursen verschiedenster sozialer Akteur_innen, die Migration und Migrant_innen betreffen oder tangieren (vgl. Karakayalı/Tsianos 2005: 12). Migrationsregime entstehen und verändern sich permanent, während sie daran arbeiten, „Antworten auf die durch die dynamischen Elemente und Prozesse [der Migration] aufgeworfenen Fragen und Probleme zu generieren" (Karakayalı/Tsianos 2007: 14). Welche Fragen gestellt und welche Antworten gegeben werden, unterliegt dabei der hegemonialen Deutung, den Interessenkonstellationen sowie den Kräfteverhältnissen zwischen den verschiedenen Akteur_innen. Der Begriff des Migrationsregimes lässt somit Raum für eine relative (Handlungs-)Autonomie von Migrant_innen trotz staatlicher Kontrolle und spricht ihnen einen eigenständigen Subjektstatus zu.

Migration findet und fand immer statt und es existiert scheinbar eine relative Autonomie der Migration (in Grenzen). Migration im Postfordismus findet allerdings gegenüber der im Fordismus unter veränderten globalen Bedingungen statt. Dementsprechend ist ein Großteil der Migration heute durch die Expansion und Konsolidierung globaler Märkte zu erklären. Migration im Postfordismus ist häufig „motiviert von den gravierenden Unterschieden in der wirtschaftlichen Entwicklungsdynamik zwischen Nord und Süd [...]. [Sie wird] beschleunigt von wachsenden Liberalisierungen transnationaler Finanz- und Warenströme, denen die Arbeitsmigrationen folgen" (Ostendorf 2007: 2). Migration im Postfordismus bedeutet also nicht nur die Suche nach besseren Arbeits- und Lebensbedingungen in den Ankunftsländern, sondern ist gleichermaßen eine Reaktion auf die Auswirkungen der Transformationen von Arbeits- und Lebensbedingungen in den Senderländern. Das Migrationsregime im Postfordismus unterscheidet sich von dem des Fordismus: Wo „Arbeit und ihre Reproduktion in der Regel auch für MigrantInnen am gleichen Ort gewährleistet war", kommt nun „in der transnationalen Migration das Spezifische ihrer Regulation zum Ausdruck: die flexible Abkopplung der Arbeit von ihren Reproduktionsorten, Ressourcen und Rechten" (Karakayalı/Tsianos 2005: 12).

Die postfordistischen Migrant_innen bewegen sich also unter den Bedingungen einer globalisierten Produktionsweise, in der sie agieren und reagieren (Karakayalı/Tisanos 2005: 23). Mit ihrer Anwesenheit in den Ankunftsländern und auf deren Arbeitsmärkten verknüpfen die postfordistischen Migrant_innen die Produktions- und Reproduktionsbedingungen verschiedener Teile der Welt miteinander und verkörpern gewissermaßen „global commodity and value chains [that] are clear examples of how the formal and informal economies are linked across the borders of many countries, influencing decent work for workers depending on which segment of the chain they are in" (ILO 2002: 37).

Arbeitsmigrant_innen sind also für die Volkswirtschaften der Ankunftsländer so etwas wie importierte *workingpoors* (vgl. Piore 1979)[20], deren (zunächst noch) an den Senderländern orientierten gesellschaftlichen Reproduktionsbedingungen eine Art komparativen Reproduktionskostenvorteil auf den Arbeitsmärkten der Ankunftsländer bedeuten. So sind die Ökonomien der Ankunftsländer geprägt und in Teilen abhängig von einem klandestinen (besser: klandestinierten) Arbeitskräftereservoir, welches für Arbeiten, in denen Löhne unterhalb des nationalen Reproduktionsniveaus gezahlt werden, zur Verfügung steht.

Auch die Ökonomien der Senderländer sind im Postfordismus vielfach abhängig von den transnationalen legalisierten und illegalisierten Arbeitsmigrant_innen, stellen deren Rücküberweisungen doch in der Regel deutlich höhere Deviseneinkünfte dar als die Entwicklungshilfezahlungen der Länder des Nordens. Im Falle von Mexiko z.B. sind die Rücküberweisungen der Arbeitsmigrant_innen nach dem Öl sogar der zweitwichtigste wirtschaftliche Posten in der mexikanischen Volkswirtschaft (Ostendorf 2007: 15).

Von den einheimischen Arbeitskräften der Ankunftsländer und von der nationalen Politik wird Migration trotz ihres ökonomischen Nutzens für die

---

20 So gibt es vier herausragende Merkmale, die Piore (1979) zufolge die Integration von Migrant_innen in den Arbeitsmarkt sowie den Migrationsprozess im Allgemeinen kennzeichnen: 1) In den industrialisierten Ländern sind die Arbeitsplätze für Migrant_innen nicht gleichmäßig über das Staatsgebiet verteilt, sondern in bestimmten Regionen und Industrien sind migrantische Arbeitskräfte überproportional vertreten; 2) in der Regel arbeiten diese in sogenannten wenig qualifizierten, schlecht bezahlten Bereichen der Ökonomie, unter unterdurchschnittlichen Arbeitsbedingungen und mit wenig bis gar keiner sozialen Absicherung; 3) selten befinden sich Migrant_innen in Arbeitsverhältnissen, in denen Professionalisierungs- und Aufstiegsmöglichkeiten existieren; 4) ist die Beziehung zwischen Arbeitgeber_in und Arbeitnehmer_in häufig paternalistisch geprägt (vgl. Hillmann 1997: 11). Nach Piore (1979) ist eine wesentliche ökonomische „Funktion" von Zuwandernden bzw. migrantischen Arbeitskräften für die nationalen Arbeitsmärkte in den Ankunftsländern, dass die Migrant_innen Arbeitsbedingungen von Arbeitsplätzen, die für die einheimischen Arbeitskräfte nicht oder nicht mehr akzeptabel sind, akzeptieren. Auf diese Weise stabilisieren migrantische Arbeitskräfte die jeweilige Organisationsweise der nationalen Ökonomien und darin die Existenz von prekären und schlecht bezahlten Arbeitsverhältnissen.

betreffenden Volkswirtschaften häufig als Bedrohung wahrgenommen.[21] Einwanderungspolitik wird immer wieder Gegenstand von nationalen Sicherheitswahnvorstellungen und Stammtischpopulismus (vgl. Benz/Schwenken 2005) und die politischen „Lösungsansätze" sind „realitätsfern und erfahrungsresistent" (Ostendorf 2007: 4). Die Politik reagiert auf die illegalisierte Einwanderung mit einer zunehmend restriktiven Einwanderungspolitik, die gleichzeitig genau die Probleme verstärkt (oder gar konstruiert), auf die sie reagiert: eine zunehmende Illegalisierung und/oder Beschränkung von Rechten und Handlungsmöglichkeiten von Migrant_innen. Dies führt dazu, dass immer mehr Migrant_innen in die unteren Segmente der formellen Arbeitsmärkte und in die informelle Ökonomie strömen (müssen). Irreguläre Migration ist dabei Bestandteil einer jeden Migrationsbewegung[22] (vgl. Piore 1979; Portes/Rumbaut 1990). Ihre Größenordnung hängt zwar auch vom Charakter der nationalen Einwanderungs- und Grenzpolitik ab, lässt sich aber nicht einfach durch diese regulieren.

Migrationsregime strukturieren den sozialen Raum, in dem verschiedene Akteur_innen aufeinandertreffen und sie strukturieren die Bedingungen der grenzüberschreitenden Arbeitsmobilität (ein Stück weit). Sie entscheiden unter Umständen über Leben und Tod von Migrant_innen. In ihnen werden Regeln darüber festgelegt, wer in der Gesellschaft des Ankunftslandes als legalisiertes und wer als illegalisiertes Subjekt gilt, wer bestimmte Rechte zugesprochen bekommt und wer sie abgesprochen bekommt.

Ein Effekt postfordistischer Migrationsregime ist also „gewiss nicht, die Grenzen der 'reichen Länder' hermetisch zu schließen[23], sondern ein System

---

21 Aus einer gewerkschaftspolitischen Perspektive ist diese Bedrohung insofern „real", als die Existenz eines Arbeitskräftereservoirs, welches zu niedrigen Löhnen und schlechten Arbeitsbedingungen arbeiten muss, ein Downsizing von Arbeitsverhältnissen und Standards begünstigen kann (vgl. ILO 2002: 4). Dies kann aber selbstredend nicht durch die Abwesenheit von Migrant_innen, sondern v.a. durch die Sicherung bestimmter Standards für Migrant_innen und Nicht-Migrant_innen verhindert werden.

22 So wird in der Migrationsforschung vielfach darauf verwiesen, dass z.B. durch Pull-Faktoren wie die teilweise Öffnung der US-Außengrenzen initiierte Migrationsströme eine gewisse Eigendynamik entwickeln und von der Politik nicht ohne Weiteres wieder unterbunden werden können (denn Menschen bauen Netzwerke auf, holen ihre Liebsten nach, helfen anderen, bauen sich Communities in den Ankunftsländern auf etc.).

23 Ähnlich stellen auch Michael Hardt und Antonio Negri fest, dass ein Gespenst umgeht in der westlichen Welt „und sein Name ist Migration. Alle Mächte der alten Welt haben sich vereint und kämpfen gnadenlos dagegen an, aber die Bewegung ist nicht aufzuhalten. […] Die legalen und offiziell erfassten Bewegungen werden von den

von Sperren zu errichten, das letztlich [...] dazu dient, 'einen aktiven Prozess der Inklusion migrantischer Arbeit durch ihre Klandestinisierung' zu produzieren" (Sandro Mezzadra zit. n. Karakayalı/Tsianos 2005: 14). Das Migrationsregime geht also über die Frage hinaus, wer in das Land darf und wer nicht, wer illegal und wer legal ist. Migrationsregime strukturieren die gesellschaftlichen Praktiken auf den nationalen Arbeitsmärkten, die ethnische Schichtung der Arbeitsmärkte und haben einen Einfluss auf die Entwicklung der nationalen Ökonomie (vgl. Hillmann 1997).

Für die Lebens-, Überlebens- und Arbeitsmöglichkeiten von Migrant_innen und ihre Positionierung auf den Arbeitsmärkten in der formellen und informellen Ökonomie (und Care-Ökonomie) der Ankunftsländer spielen Migrationsregime also eine entscheidende Rolle. Migrationsregime prägen daher auch die konkrete Gestalt(-ung) bzw. Regulation von Ökonomie und Care-Ökonomie und gehören daher in die Betrachtung dieser Gestaltungs-, Regulations- und Transformationsprozesse in der US-amerikanischen Care-Ökonomie. Ein wesentlicher Anteil der Arbeitskräfte in der bezahlten Care-Ökonomie der USA sind legalisierte und illegalisierte Migrant_innen aus aller Welt (vgl. zur Übersicht Glenn 1992) und dass dies (heute) so ist, hat wesentlich mit der Entwicklung des US-Migrationsregimes zu tun.

4.4.1 Transformation des US-Migrationsregimes

Die Entwicklung des US-Migrationsregimes auf dem Weg zum Postfordismus kann kurz als bestehend aus zwei aufeinander bezogenen Tendenzen beschrieben werden: Zunächst wurde mit dem *Immigration and Nationality Act* von 1965 eine Öffnung der USA gegenüber nicht-europäischen Migrant_innen aus den Ländern des globalen Südens vollzogen.[24] Diese veränderte Einwanderungs-

---

verborgenen Migrationen weit übertroffen: Die Grenzen nationaler Souveränität sind durchlässig wie ein Sieb, und jeder Versuch, die Migrationsbewegungen vollständig zu regulieren, scheitert am gewaltsamen Druck" (Hardt/Negri 2002: 225).

24 So wurde mit dem neuen Einwanderungsgesetz (Public Law 236 of the 89th Congress) das bis dahin gültige „National Origin Quota System" aufgehoben, das die Einwanderung nach ethnischer Zugehörigkeit quotierte: Demnach durften pro Jahr von jeder ethnischen Bevölkerungsgruppe maximal so viele Menschen einwandern, wie es einem Anteil von 2 % ihrer jeweiligen Größe im Jahr 1890 entsprach. Dieses alte Prinzip der Stabilisierung der existierenden ethnischen Schichtung in den USA und damit der Privilegierung europäischer Migrant_innen durch die Einwanderungspolitik wurde von Seiten der Bürgerrechtsbewegung als rassistisch angeprangert und

politik war ein deutlicher Pull-Faktor für Migration. Die USA präsentiert sich erstmals als wahrlich globales Einwanderungsland, und schuf den legalen Rahmen dafür, dass Migrant_innn aus aller Welt in die USA einwandern konnten[25]. Mit der teilweisen Öffnung der US-Außengrenzen wurden Einwanderung und Einwanderungspolitik in der US-amerikanischen Politik zum Dauerbrenner (vgl. Ostendorf 2007). Die in den 1980er und 90er Jahren erlassenen Einwanderungsgesetze hatten dann zum Ziel, die Migrant_innenbewegungen v.a. aus nicht-europäischen Ländern in die USA wieder stärker zu begrenzen, die illegale Migration in die USA einzudämmen und somit die „Grenzsicherheit" wieder herzustellen.[26]

Auf einen gesteigerten Arbeitskräftebedarf einerseits und eine zunehmende diskursive Problematisierung der Illegalität andererseits reagierte die Politik

---

1965 durch einen sogenannten Herkunftsuniversalismus abgelöst. Die Kontingente wurden auf jährlich insgesamt 170.000 Migrant_innen für die östliche Hemisphäre (Europa, Afrika, Asien) und maximal 20.000 Einwandernde pro Herkunftsland festgesetzt.

25 Diese Migrationsbewegung wird in der Literatur öfter als vierte und fünfte Welle der Migration bezeichnet. Hilmann (1997) teilt die Geschichte der Einwanderung in die USA in fünf Phasen ein, die sie jeweils mit ökonomischen Umbrüchen in Verbindung setzt: 1) die Einwanderung aus Nordwesteuropa in der ersten Phase der ökonomischen Entwicklung; 2) die Einwanderung aus Süd- und Osteuropa, die mit der Grenzschließung 1923 endete; 3) die interne Migration von afroamerikanischen Frauen und Männern vom Süden der USA in den Norden zwischen den Weltkriegen und bis in die 1960er Jahre; 4) die Einwanderung von Menschen aus Mexiko und der Karibik in den 1960er und 70er Jahren; 5) die jüngsten Einwanderungen von Menschen aus allen Teilen der Welt, die 1965 einsetzte und bis heute andauert und sich v.a. darüber charakterisiert, dass ein erheblich größerer Anteil an illegalisierten Migrant_innen darunter ist. Die im Anschluss an den *Immigration and Nationality Act* einsetzende Migrationsdynamik (vierte und fünfte Welle) übertraf die Erwartungen der nationalen Politik bei Weitem. Bis 1980 hatte sich der Anteil der Migrant_innen aus Asien und Lateinamerika in den USA mehr als vervierfacht, und die 1965 beschlossenen Möglichkeiten der Familienzusammenführung wurden mehr als erwartet genutzt (und zwar nicht wie erwartet von den europäischen Migrant_innen, sondern v.a. von Migrant_innen aus Lateinamerika und Asien) (vgl. Ostendorf 2007: 8).

26 Erklärtes Ziel des *Immigration Reform and Control Act* von 1986 war es daher, ein Ende der illegalen Einwanderung zu erreichen. Dies sollte einerseits durch eine verschärfte Sicherung der US-Außengrenzen erreicht werden, andererseits durch eine Legalisierung („Naturalisierung") von in den USA lebenden illegalisierten Migrant_innen. Ferner sah das Gesetz Sanktionen gegenüber Arbeitgeber_innen vor, die illegalisierte Migrant_innen beschäftigten.

1990 mit dem *Immigration Act*, der einen Kompromiss zwischen Inklusions- und Exklusionsbefürworter_innen im Lande darstellte (vgl. Hillmann 1997: 5; Ostendorf 2007: 5). Er vollzog eine Liberalisierung der Migrationspolitik – die Gesamtzahl der zugelassenen Migrant_innen wurde um 40 % erhöht – und schuf zugleich die Voraussetzungen dafür, dass insbesondere qualifizierte Migrant_innen ins Land kamen (sogenannte *skilled migration*).[27] Der *Immigration Act* und die politischen Diskussionen der Folgejahre zeigten, dass sich der Migrationsdiskurs immer stärker arbeitsmarktbezogenen Themen zuwandte. Darin wurden undokumentierte Arbeit und illegale Migrant_innen zu einem zentralen Topos. Illegale Zuwanderung wurde zunehmend als nationale Bedrohung stilisiert, die das Einwanderungsland USA teuer zu stehen kommen würde,[28] weshalb man die nationalen Grenzen stärker sichern müsste. „Make our borders safe“ war etwa der Slogan, mit dem die Clinton-Administration 1996 den *Illegal Immigration Reform and Immigrant Responsibility Act* auf den Weg brachte. Konsequenz des Gesetzes war jedoch nicht, dass illegale Einwanderung abnahm, sondern v.a. dass die Grenzüberquerung gefährlicher wurde und das Schlepper-Business aufblühte. Illegalität wurde nach 1995 für viele zu einem Dauerzustand, weil temporäre illegale Pendelmigration zu teuer und zu gefährlich wurde (Ostendorf 2007: 11).[29]

Die Einwanderungsdynamik in die USA[30] hat sich in den vergangenen drei Jahrzehnten trotz der gegensätzlichen Anstrengungen seitens der nationalen

---

27 Mitte der 1990er Jahre wurde rund die Hälfte der Migrant_innen, die Anträge auf Einwanderung stellten, zugelassen (700.000 Green Cards jährlich). Diese erhielten die Option, unter gegebenen Umständen (Straffreiheit, Arbeitsnachweis, Wohnsitz etc.) nach fünf Jahren die US-amerikanische Staatsbürgerschaft zu erhalten.

28 So entstand z.B. die sogenannte *English-only*-Bewegung, die sich für die Festschreibung von Englisch als alleiniger Sprache an den Schulen New Yorks einsetzte und eine Rückkehr zur assimilistischen Politik forderte sowie vor einer „Überfremdung“ der USA warnte. Auch hatten Initiativen zur Beschränkung des Zugangs zum Sozialsystem für Migrant_innen in dieser Zeit teilweise Erfolg. Die *Proposition 187*, der zufolge Migrant_innen in Kalifornien das Recht auf soziale Dienstleistungen abgesprochen wurde, ist ein Beispiel hierfür.

29 Die Ausgaben für die Grenzbefestigung nach Mexiko wurden nach den Anschlägen des 11. September 2001 nochmals von knapp 5 auf gut 10 Milliarden Dollar erhöht (ebd.).

30 Z.B. in New York: Noch 1960 waren lediglich 1,2 % der New Yorker Bevölkerung „Asian“, 21 % „Black“ und es lebten so wenige „Hispanics“ oder „Latinos“ in der Stadt, dass für diese Kategorie keine Erhebungen durchgeführt wurden (Schätzungen für das Jahr 1950 belaufen sich auf gerade einmal 1,6 %); 1980 sah die ethnische Zusammensetzung von New York bereits deutlich anders aus: 3,2 % der Bevölkerung

Grenz- und Einwanderungspolitik vor allem in einem Punkt verändert: „Lediglich der Anteil der 'Illegalen' hat eine neue Dimension erreicht, die selbst neoliberale Befürworter der Einwanderung nachdenklich machen sollte" (Ostendorf 2007: 6). Man schätzt ihre Zahl derzeit auf ca. elf bis zwölf Millionen.[31] Die Dunkelziffer wird mit bis zu 20 Millionen noch deutlich höher geschätzt (vgl. Ostendorf 2007: 18). Die Illegalität ist in gewisser Weise ein „hausgemachtes Problem", welches im Wesentlichen durch die nationale Einwanderungs- und Grenzpolitik sowie die öffentlichen und politischen Diskurse über Migrant_innen und Migration produziert wird.

4.4.2 Migrationsregime und informelle Ökonomie

Die Veränderungen im US-amerikanischen Migrationsregime und die Herausbildung einer informellen Ökonomie in den USA und besonders in New York sind eng miteinander verbunden. Illegalisierte Migrant_innen treffen in den USA auf einen durch ein liberales Arbeitsmarktregime strukturierten Arbeitsmarkt, auf dem Sanktionen gegen Arbeitgeber_innen (die undokumentierte Arbeitskräfte einstellen) nur selten durchgesetzt werden, es keine zentrale Meldebehörde gibt und Sozialversicherungsnummern erfunden werden können. Aus der Arbeitgeber_innenperspektive betrachtet sind die Einwanderungsgesetzgebung und ihre Verfügungen „laws to be broken" (Ostendorf 2007: 10). Die informellen oder undokumentierten Arbeiter_innen finden nicht zuletzt deshalb Arbeit in der US-amerikanischen Ökonomie, weil deren Bedarf an billigen Arbeitskräften im Zuge der radikalen neoliberalen Transformation deutlich gestiegen ist (vgl. Harvey 2005). Sie sind „vom Markt gewollt und von der Politik diskriminiert" (Mae Ngai zit. n. Ostendorf 2007: 9). Dieser Widerspruch macht die „Illegalen" zu „impossible subjects" (ebenda).

Ist die US-Außengrenze einmal überwunden, geraten ankommende Migrant_innen in prekäre und schlecht bezahlte Jobs der informellen Ökonomie und/oder in Bereiche der Ökonomie, in denen bereits viele ihrer Landsleute, Freund_innen oder Bekannten arbeiten. Hierdurch existieren und reproduzieren sich sogenannte

---

bezeichneten sich als „Asien", 19 % als „Hispanic" oder „Latino" und 25 % als „Black"; im Jahr 2007 wiederum verstanden sich 11,8 % als „Asian", 26 % als „Black" und 27,4 % als „Hispanic" oder „Latino" (alle Daten entnommen aus: New York – Race and Hispanic Origin for Selected Large Cities and Other Places: Earliest Census to 1990 und New York ACS Demographic and Housing Estimates: 2007)

31 40 % der illegalisierten Migrant_innen kommen mit zeitlich begrenzten Visa ins Land und bleiben dann dort (sogenannte *overstays*) (Ostendorf 2007: 18).

ethnisierte Enklavenökonomien (Zhou/Logan 1989).[32] Enklavenökonomien gibt es vor allem in den großen Einwanderungsmetropolen der USA wie New York City. Die Einwanderungspolitik im Besonderen und das Migrationsregime im Allgemeinen strukturieren die Bewegungen migrantischer Arbeitskräfte, den Grad an Verletzlichkeit der Arbeitskräfte auf den nationalen Arbeitsmärkten und schaffen die Rahmenbedingungen, in denen sich Enklavenökonomien herausbilden können, bestehen bleiben oder sich verändern. So etablieren, reproduzieren (oder transformieren) sich bestimmte Sektoren in der Ökonomie als ethnisierte, häufig unregulierte *Low-wage*-Sektoren. Die Arbeitskräfte, die in ihnen arbeiten, weisen der gängigen ILO-Definition zufolge größtenteils wesentliche Merkmale „informeller" Arbeiter_innen auf (ILO 2002: 3).[33]

In den 1980er Jahren, in denen Saskia Sassen den Begriff der informellen Ökonomie am Beispiel New York prägt (vgl. Sassen 1989), befinden sich ca. 14,5 % aller legalen Migrant_innen der USA in der Stadt. In dieser Zeit unterscheidet sich New York vom Rest des Landes nicht nur durch den hohen Anteil von Migrant_innen an der Bevölkerung, sondern auch durch die Zusammensetzung der migrantischen Communities. Diese ist um ein vielfaches diverser als in weiten Teilen der USA, und europäische Migrant_innen sind hier vergleichsweise unterrepräsentiert[34]. Die Einwanderung nach New York ist in den späten 80er

32 Enklavenökonomien sind nach Zhou und Logan (1989) solche Ökonomien bzw. Sektoren in der Ökonomie, in denen überproportional viele Menschen aus einer ethnischen Gruppe arbeiten. Sie müssen nicht informelle Ökonomien sein (auch wenn sie es häufig sind), aber sie sind in der Regel Ökonomien mit schlechten Arbeitsverhältnissen, niedrigen Löhnen und mangelnder sozialer Absicherung. Sie funktionieren häufig „nach eigenen Regeln", sind durch interne Netzwerke der Migrant_innen untereinander strukturiert und haben ihre eigene „politische Ökonomie".

33 Sie sind insofern verletzliche Arbeiter_innen (*vulnerable workers*), als sie nicht den nationalen Staatsbürgerstandard an sozialen Rechten, Eigentumsrechten und Arbeitsrechten genießen. Sie haben einen geringen Grad an ökonomischer und sozialer Sicherheit, können sich in der Regel nicht organisieren und ihre Interessen sind im öffentlichen Diskurs und in der Politik unterrepräsentiert. Zur öffentlichen Infrastruktur und Versorgung haben sie kaum Zugang und ihre Arbeitsverhältnisse sind prekär, ihre Einkommen niedrig und unstabil. In der Regel gehören informelle Arbeiter_innen in die Kategorie der *working poor* (vgl. ILO 2002.).

34 Neben mexikanischen und asiatischen Migrant_innen befinden sich Menschen aus der Dominikanischen Republik, Jamaika, Haiti und vielen anderen Ländern in der Stadt. Unter ihnen ist ferner der Anteil der Frauen deutlich höher als der der Männer (vgl. Hillmann 1997: 24ff.).

Jahren also global, v.a. aus den Ländern des Südens, und weiblich (vgl. Hillmann 1997: 25).

4.4.3 Ethnisierte Schichtungen in der Care-Ökonomie

Mit den postfordistischen Migrationsbewegungen in die USA aktualisieren sich die ethnisierten Schichtungen innerhalb der US-amerikanischen Ökonomie und Care-Ökonomie. Nakano Glenn (1992) rekonstruiert, wie in der historischen Entwicklung der sozialen Reproduktion Migrant_innen der ersten Generation als schlecht bezahlte *domestic workers* arbeiteten und sich die ethnische Zusammensetzung der *Domestic-work*-Ökonomie mit neuen Migrationsströmen in die USA immer wieder veränderte. Sie zeigt auch, dass nach der Abschaffung der Sklaverei v.a. die arbeitsintensiven Pflege- und Versorgungsarbeiten innerhalb des US-amerikanischen Gesundheitssystems von diskriminierten afroamerikanischen US-Bürger_innen besetzt wruden, deren Status sich im Laufe der Zeit durch die Bürgerrechtsbewegung und die zunehmende Einwanderung von Migrant_innen aus dem globalen Süden veränderte: „Anders als die Neuankömmlinge, die mit den schlechtesten Arbeitsplätzen auf dem Arbeitsmarkt anfingen und denen die eigene Community als Plattform für den beruflichen Aufstieg diente, [...] haben sich die Afroamerikanerinnen (die amerikanische Staatsbürger sind) in den 1970er und 80er Jahren in Positionen des öffentlichen Dienstes 'vorgearbeitet'." (Hillmann 1997: 27)

Die ethnische Schichtung (und Umschichtung) der US-amerikanischen Care-Ökonomie ist daher nicht nur Resultat und Spiegel eines traditionellen Rassismus innerhalb der USA (Glenn 1992), sondern ebenso Resultat des US-amerikanischen Migrationsregimes und seiner Transformation. Alte Enklavenökonomien verändern sich hierdurch grundlegend und neue (veränderte alte oder qualitativ neue) bilden sich heraus. Anteilsmäßig befinden sich z.B. in der *Domestic-work*-Ökonomie tendenziell immer weniger Afroamerikanerinnen und zunehmend mehr (illegalisierte) Frauen aus den Ländern des globalen Südens (vgl. DWU & DataCenter 2006).

4.5 Zusammenfassung

Die Entwicklungen im Wohlfahrts-, Gender-, und Migrationsregime der USA auf dem Weg zum Postfordismus sind der Kontext, in dem Formen von kommodifiziertem Care und Care-Arbeit emergieren und sich ausweiten können.

Als entscheidende Faktoren dieses Kontextes sind festzuhalten: ein schwacher Sozialstaat, dessen Politiken *workfare*-orientiert sind und der Arbeitsmärkte wenig reguliert (vgl. Esping-Andersen 1999); eine hohe weibliche Erwerbstätigkeit, die durch eine arbeitsmarktorientierte Familienpolitik teilweise gefördert (oder erzwungen) wird, jedoch nicht (oder nur ansatzweise) begleitet ist von einem wachsenden öffentlichen Betreuungssektor (Woods 2004); eine „Gleichbehandlung" aller Geschlechter in der Arbeitsmarkt- und Sozialpolitik, die auf einem sogenannten *Gender-sameness*-Prinzip beruht, d.h. gegebene sozio-ökonomische Differenzen zwischen den Geschlechtern (z.B. in der Belastung durch Versorgungsarbeiten) nicht in das Design ihrer Politiken mit einbezieht (vgl. Orloff 2006); Policy-Instrumente in der Arbeitsmarkt- und Familienpolitik, die v.a. durch finanzielle Transferleistungen (*cash transfers*) Haushalte beim Kauf von Care-Arbeit unterstützen (vgl. Ungerson 1997, 2004). Eine starke Einkommenspolarisierung bzw. die Existenz von Arbeitskräften, die aufgrund ihrer Zugehörigkeit zu diskriminierten und im Sozialgefüge benachteiligte Gruppen über vergleichsweise schlechte Einkommensmöglichkeiten am Arbeitsmarkt verfügen (Himmelweit 2005; Glenn 1992; Twigg 2000). Ein hoher Anteil an nicht dokumentierten, illegalisierten Arbeitskräften, denen nichts anderes übrig bleibt, als in den informellen Bereichen der Ökonomie zu arbeiten und Arbeits- und Reproduktionsbedingungen in Kauf zu nehmen, die unterhalb der für Staatsbürger_innen geltenden Standards liegen. Insbesondere für illegalisierte Frauen bedeutet dies häufig, dass sie in der informellen *Domestic-work*-Ökonomie arbeiten müssen (vgl. Andersen 2006; DWU & DataCenter 2006). Wohlfahrtsregime, Genderregime und Migrationsregime bilden innerhalb der Regulationsweise einen Komplex, der die gesellschaftlichen Reproduktionsbedingungen von bezahlten Care-Arbeiter_innen und unbezahlten Care-Verantwortlichen sowie die Reproduktionsbedingungen von Care-takern entscheidend mitbestimmt.

5. Soziale Tat-Sachen: historische Emergenz und soziale Entwicklung von Altenpflege, Kinderbetreuung und Domestic Work in NYC

Die drei verschiedenen Formen warenförmiger (kommodifizierter) Care-Arbeit – domestic Care Work, home-based Child Care und home Health Care –, die ich im Folgenden vorstelle und deren Emergenz und Entwicklung ich nachzeichne, bilden einen wesentlichen Anteil der bezahlten Care-Ökonomie von New York City (und New York State) (vgl. Kapitel 6). Die konkrete Gestalt/Gestaltung der Formen war historisch und aktuell immer mal wieder Gegenstand von sozialen Kämpfen, in denen implizit oder explizit der Widerspruch zwischen sozialer Reproduktion und Produktion mitverhandelt wurde.

Im Kontext der postfordistischen Transformation (vgl. Kapitel 4) haben sich die drei hier interessierenden Formen warenförmiger Care-Arbeit verändert und zu dem entwickelt, was sie heute sind. *Was* sie heute sind, werde ich eingangs darstellen, indem ich sie qualitativ von ihren zwei Seiten – dem Pol der Caretaker und dem der Care-giver – beschreibe. Wie sie im historisch-sozialen Prozess zu dem wurden, was sie heute sind, wird im zweiten Teil dieses Unterkapitels rekonstruiert. Deutlich werden soll, dass es sich bei den Formen, in denen sich der Tausch von Care-Arbeit gegen Geld wie von selbst bewegt, um historisch gewordene gesellschaftliche Verkehrsformen (und VerCaresformen) handelt, die sich verfestigen in institutionell regulierten Verhältnissen der beiden Pole und die von deren sozialen Reproduktionsbedingungen geprägt werden.

5.1 Formen von Care in Warenform

Für die Beschreibung der verschiedenen Formen von bezahlter Care-Arbeit verwende ich auch hier weitestgehend die englischen Begriffe, die ich in die deutsche Sprache integriere, da diese eine Unterscheidung erleichtern. Domestic Work ist im Gegensatz zu Hausarbeit bezahlte Arbeit in Privathaushalten, in dem die_der Arbeitgeber_in der Haushaltsvorstand ist; Care Work ist Arbeit (bezahlt und unbezahlt), deren zentraler Arbeitsgegenstand das Wohlbefinden, die Bedürfnisse, die Fürsorge für und oder die Betreuung von einer anderen, mindestens situativ abhängigen Person ist; domestic Care Work ist ebenso bezahlte Arbeit im Privathaushalt, deren primäres Arbeitsziel nicht die instrumentellen Tätigkeiten (wie putzen, waschen, aufräumen) der Hausarbeit sind, sondern die emotionale Betreuungsarbeit mit einer abhängigen Person, in der Regel einem Kind ist. Auch für die konkreten Formen von bezahlter Care-Arbeit verwende ich im Folgenden deren englische Originalbezeichnungen ins Deutsche integriert, da diese Formen von Arbeit im spezifischen Kontext der USA entstanden und mit eben diesen Bezeichnungen versehen und institutionalisiert worden sind.[1]

5.1.1 Domestic Work

Die Organisation *Domestic Workers United* (DWU)[2] definiert in ihrer Vorlage einer *Bill of Rights for Domestic Workers* im Bundesstaat New York domestic Worker wie folgt:

> „[A domestic worker is, S.C.] a person employed in a home or residence for the purpose of caring for a child, serving as a companion to a sick, convalescing or elderly person, housekeeping, or for any other domestic service purpose."[3] Der jeweilige Haushaltsvorstand ist dabei der/die jeweilige Arbeitgeber_in (vgl. DWU & DataCenter 2006: 1).

Das entscheidende Kriterium für domestic Work ist der primäre Ort der Arbeit und nicht so sehr der konkrete Inhalt der Tätigkeit. Domestic Work ist also nicht notwendigerweise Care-Arbeit, in der Beziehungsarbeit im Vordergrund steht. So sind z.B. Tätigkeiten wie putzen, kochen und Wäsche waschen für das individuelle Wohlbefinden und die Versorgung von Menschen wichtig und so gesehen indirekte Care-Arbeit, sie haben aber primär nichts mit Beziehungsarbeit

---

1 So ist Heimpflege in Deutschland institutionell anders eingebettet als home (Health) Care in den USA, die Arbeit einer Tagesmutter in Deutschland etwas anderes als home-based Family Care in den USA, und auch wenn es in Deutschland bezahlte Hausarbeit genauso gibt wie in den USA, so hat domestic Work durch die spezifische Geschichte der Sklaverei in den USA eine andere Bedeutung.

2 DWU ist eine Quasi-Gewerkschaft für domestic Worker in New York, die seit 2000 für die Arbeitnehmer_innen Interessen von domestic Worker im Bundesstaat New York eintritt. In Abschnitt II.1 dieses Kapitels erläutere ich diese Organisation ausführlicher.

3 Domestic Workers Bill of Rights, S 690(1), Introduced as A02084 in the NY State Assembly and S3547 in the NY State Senate.

zu tun und können auch in Abwesenheit der Person, für deren Wohlergehen sie ausgeübt werden, verrichtet werden. Ferner können sie durch den Einsatz von Maschinen oder Haushaltsgeräten teilweise ersetzt werden, was für direkte Care-Arbeit nicht gleichermaßen gilt.

Die bislang ausführlichste empirische Untersuchung über domestic Worker in der Stadt New York wurde von Domestic Workers United und DataCenter 2006 erstellt und veröffentlicht (DWU & DataCenter 2006).[4] Dieser Report geht von 200.000 domestic Worker in der Stadt aus. Andere Schätzungen, welche die Nachfrageseite zugrunde legen, gehen von bis zu 600.000 aus. Der Studie von DWU & DataCenter zufolge sind in New York City 99 % der domestic Worker nicht in den USA geboren, 76 % sind keine US-Bürger_innen und 93 % von ihnen sind Frauen.[5]

Domestic Worker arbeiten in New York City häufig deshalb, weil sie in ihren Heimatländern ihre Familien nicht ernähren können, weil Löhne zu niedrig sind oder die Arbeitslosigkeit zu hoch ist. Häufig folgen sie anderen Familienangehörigen oder Freund_innen, die bereits in die USA migriert sind (vgl. Parrenas 2005). Ein überwiegender Anteil der domestic Worker in New York City fällt unter die Kategorie der *working poor*, die mehr als Vollzeit arbeiten, deren Reproduktionsbedingungen aber dennoch prekär sind. Nur ein geringer Teil (13 %) der domestic Worker verdient Löhne, die zum Leben reichen.[6] Dennoch sind domestic Worker in 59 % der Fälle die Haupt- oder Alleinverdiener_innen für ihre Familien und 72 % schicken einen Teil ihres Einkommens regelmäßig zu ihren Familien in ihre Heimatländer (DWU & DataCenter 2006: 26).

4 Soweit nicht anders angegeben, stammen die Daten in diesem Abschnitt aus dieser Studie. Insgesamt ist empirisches und repräsentatives Datenmaterial über diesen informellen Teil der Ökonomie, in dem vielfach undokumentierte Arbeiter_innen arbeiten, nur schwer, unter großem Arbeits-, Zeit- und Kostenaufwand zu generieren (vgl. hierzu auch DWU&Data Center 2006: 1).

5 Historisch gab es in den USA Ende des 19./Anfang des 20. Jahrhunderts im Westen der USA eine signifikante Anzahl männlicher bezahlter domestic Worker, und zwar während der ersten großen Migrationsbewegung von China und Japan in die USA (v.a. in Kalifornien bis 1880 und in Hawaii sogar bis 1920), da in diesen Regionen ein Mangel an migrantischen Frauen bestand. Als zunehmend auch Frauen aus Asien in den Westen der USA migrierten, übernahmen diese relativ schnell den Domestic-Work-Sektor (vgl. Nadasen 2008: 417ff.).

6 Fast die Hälfte der befragten domestic Workers hatte Schwierigkeiten, die Telefonrechnungen zu bezahlen, ein Viertel hatte manchmal bis öfter Probleme, sich ausreichend Nahrungsmittel zu kaufen. 37 % der Domestic Workers konnten nicht immer ihre Miete bezahlen. 90 % waren nicht krankenversichert.

Sind die Arbeitnehmer_innen fast ausschließlich *women of color*, die nicht in den USA geboren wurden, so sind umgekehrt die Arbeitgeber_innen von domestic Workern in New York City zum Großteil weiße US-Amerikaner_innen (78 %). 60 % der Arbeitgeber_innen leben in Paarbeziehungen mit Kindern, 8 % der Arbeitgeber_innen sind Alleinerziehende, 4 % sind ältere Menschen und 9 % sind Singles oder Paare ohne Kinder (ebd.: 32). Die fünf häufigsten Berufsgruppen bei den Arbeitgeber_innen sind (in dieser Reihenfolge) Vertreter_innen des Bereichs „Business and Finance", Anwält_innen, Richter_innen und Gerichtsarbeiter_innen sowie Inhaber_innen kleinerer Unternehmen (ebd.: 11).[7]

Ein Großteil (76 %) der domestic Worker in NYC ist heute primär als domestic Care Workers angestellt. Von ihren Arbeitgeber_innen werden sie häufig als eine Art Ersatzmutter betrachtet.[8] Äußerungen wie: „You know, number one job, second mother. If I could afford to pay her 1000 $ a week I would", waren unter den befragten Arbeitgeber_innen der DWU-Studie nicht selten (DWU & DataCenter 2006: 32). Domestic Worker bauen häufig persönliche Care-Beziehungen zu den ihnen anvertrauten Kindern auf, die über die rein berufliche Bindung mit diesen hinausgehen (vgl. Ehrenreich/Hochschild 2004). Die Art der exklusiven Betreuung, die domestic Care Worker als bezahlte Arbeit den ihnen anvertrauten Kindern zukommen lassen können und die der einer klassischen Hausfrau/Mutter sehr ähnelt, unterscheidet sich dabei in der Regel stark von dem, was unter den jeweiligen ökonomischen Bedingungen in ihren Heimatländern für die Betreuung ihrer eigenen Kinder möglich wäre bzw. ist (vgl. Botshon 2007).

Domestic Care Work ist aus der Konsumt_innen-Perspektive eine vergleichsweise teure Form der Betreuung. Viele Eltern koordinieren sich daher, um die Betreuungskosten bezahlen zu können, in Elternforen[9] oder über lokale Zeitungen und arrangieren sogenannte *nanny sharings* (vgl. Shellenbarger 2004). Viele New Yorker Eltern können sich diese Betreuungsoption dennoch nicht leisten

---

7 6 % der Arbeitgeber_innen arbeiten selbst im Care-Bereich, hier jedoch vor allem in den professionalisierten Bereichen der Health Care (als Ärzt_innen, Zahnärzt_innen, Therapeut_innen und Krankenschwestern). Häufig sind die Arbeitgeber_innen auch in Bereichen wie Medien, Kunst und Entertainment tätig.

8 Aber zwei Drittel der New Yorker Nannies führen auch weitere Haushaltstätigkeiten aus, im Schnitt vier bis acht verschiedene Tätigkeiten (vgl. DWU & DataCenter 2006: 20). Instrumentelle und emotionale bzw. kommunikative Tätigkeiten vermischen sich im Domestic-(Care-)Work-Alltag also in der Regel miteinander (ebd.: 4). Die verschiedenen Tätigkeiten drehen sich jedoch häufig direkt oder indirekt um das Wohlergehen eines oder mehrerer Kinder.

9 Z.B. www.lilaguide.com

und müssen auf andere Angebote auf dem Markt der bezahlten Kinderbetreuung zurückgreifen.

5.1.2 Home-based Child Care Work

Home-based Child Care ist die private Betreuung von Kindern, in der Regel unter dem Vorschulalter, die bezahlt in den Privathaushalten der Anbieter_innen stattfindet. Man kann sie als eine etwas umfangreichere Art von Tagespflege betrachten. Für die Betreuung von Kindern unter fünf Jahren ist home-based Child Care häufig die kostengünstigste Variante in den USA und manchmal die einzig mögliche, wenn Day Care Center keine Plätze mehr zur Verfügung stellen können oder nicht bezahlbar sind und das Anstellen einer Nanny im Rahmen des jeweiligen Haushaltseinkommens nicht möglich ist (vgl. Shellenbarger 2004).

Häufig findet die Betreuung in der unmittelbaren Nachbarschaft der Eltern statt. Anbieter_innen von home-based Child Care können alleine drei bis sechs bzw. zu zweit sechs bis zwölf Kinder in ihrem eigenen Zuhause betreuen, d.h., der Betreuungsschlüssel ist deutlich höher als bei domestic Care Workern und der Care-Arbeitsprozess beinhaltet häufig ein prekäres Management der verschiedenen emotionalen bzw. kommunikativen und instrumentellen Tätigkeiten. Home-based Child Care Worker haben statistisch gesehen häufiger und mehr Kinder als andere arbeitende Frauen (vgl. Blau 2002: 32). Dies kann möglicherweise darauf zurückgeführt werden, dass diese Form von bezahlter Care-Arbeit im eigenen Zuhause eine Möglichkeit ist, die Betreuung der eigenen Kinder mit einer bezahlten Arbeit zu verbinden, ohne dass zusätzliche Betreuungskosten anfallen.

Siobhan McGrath und James DeFilippis (2009: 70) unterscheiden bei den unterschiedlichen Arrangements im Bereich home-based Child Care generell zwischen „registered Family Child Care"[10] auf der einen und „legally exempt

10 Bei registriertem Family Child Care werden die Anbieter_innen als „independent contractors" klassifiziert und müssen bestimmte staatliche Vorgaben erfüllen. Ihr Haushalt bzw. Arbeitsplatz wird vom New York City Department of Health and Mental Hygiene auf Hygiene- und Sicherheitsstandards geprüft. Ihr Name wird dem Child Abuse Registry zur Überprüfung geschickt und die Anbieter_innen müssen einmalig ein 15-stündiges Training zu grundlegenden Gesundheits- und Sicherheitsstandards, so wie alle 2 Jahre ein weiteres, 30-stündiges Grundlagentraining absolvieren. In registriertem Family Child Care kann ein offiziell zugelassener „provider" (Anbieter_in) bis zu sechs Kinder unter 13 Jahren im eigenen Haushalt betreuen. Wenn eine weitere Assistenz zur Betreuung eingestellt wird, können Anbieter_innen bis zu zwölf Kinder in ihrem eigenen Haushalt betreuen. Diese Form

Child Care“ auf der anderen Seite. Letztere wird teilweise auch als informelle Care-Arbeit bezeichnet (vgl. ebd.). Zutreffender wäre es, diese letzere Betreuungsform als legalisiert-informelle Kinderbetreuung zu bezeichnen, weil sie erstens formell von den sonst geltenden Regularien ausgeschlossen wird (*legally exempt*) und zweitens von staatlichen *Welfare*-Institutionen Eltern mit Betreuungsgutscheinen häufig nahegelegt wird, wahrscheinlich weil sie schneller zu arrangieren und kostengünstiger ist als alle anderen Formen privater Kinderbetreuung auf dem New Yorker Child-Care-Markt. Die staatlichen Erstattungskosten für die beiden genannten Formen von Child Care unterscheiden sich erheblich und sind für legalisiert-informelles Child Care deutlich geringer als für registriertes Family Child Care (vgl. McGrath/DeFilippis 2009; CCI 2008: 13).

In Angebot und Nachfrage nach home-based Child Care treffen sich sozial benachteiligte und ökonomisch schwächer gestellte Frauen. Die home-based Child Care Worker betreuen größtenteils Kinder aus einkommensschwachen Haushalten bzw. Kinder von Eltern, die Sozialhilfe erhalten und in *Welfare-to-work*-Programmen sind. Die legalisiert-informelle Betreuung ist sogar fast ausschließlich eine, in der Kinder von Eltern, die Sozialhilfe oder staatliche Unterstützungsleistungen beziehen, betreut werden.[11] Umgekehrt gehören die home-based Child Care Worker selbst häufig zu den *care-working poor*. McGrath und DeFilippis (2009: 70) zeigen in ihrer Studie, dass die Anbieter_innen von *registrierter* home-based Care häufig *care-working poor women of color* sind, wohingegen die Mütter, die diesen Service nachfragen, häufig weiße *Working-poor*-Frauen sind. Riku Sen (2006) vom Magazin *Colorlines* stellt bezüglich der legalisiert-informellen Form von home-based Child Care fest, dass die in dieser Form Arbeitenden sich ähneln, und zwar sowohl, was ihre sozio-ökonomische Positionierung angeht als auch bezüglich ihrer Hautfarbe. Sen bezeichnet diese Frauen als „welfare nannies“ (ebd.: 1). Die *welfare nanny* ist die arme Nanny für Kinder von armen Müttern bzw. Eltern.

wird dann als Group Family Child Care bezeichnet. *Legally exempt* Child Care Workers werden in der Regel nicht staatlich geprüft und diese Form ist insgesamt wenig reguliert. Hier können bis zu zwei Kinder von einem bezahlten Care-giver betreut werden, der nicht direkt mit diesen verwandt sein darf.

11 Allein über 40.000 Kinder aus Familien, die Sozialhilfe empfangen (32.439 TANF-Kinder), bzw. Familien mit einem niedrigen Einkommen (7.995 ACS-Kinder), die Zuschüsse zur Kinderbetreuung erhalten, wurden 2007 in *licenced exempt arrangements* betreut (CCI 2008: 13).

5.1.3 Altenpflege zu Hause – home Health Care

Home Health Care (häufig auch nur home Care) ist Pflege-, Betreuungs- und Sorgearbeit, die in den Privathaushalten der zu pflegenden Personen stattfindet. In der Regel sind dies alte Menschen oder Menschen mit Behinderung, die Langzeitpflege benötigen. Home Health Care Worker stellen heute ungefähr 70–80 % der bezahlten direkten Langzeitpflege und Assistenz für pflegebedürftige Alte und Menschen mit Behinderung in den USA. Die primäre Aufgabe von home Health Care Workern ist, bei den Aktivitäten der alltäglichen Lebensführung Unterstützung zu gewährleisten und gegebenenfalls einfache medizinische Versorgung zu sichern (vgl. Paraprofesional Health Care Institute 2009a). Auch wenn in den Arbeitsplatzbeschreibungen emotionale und kommunikative Aspekte der Arbeit in der Regel nicht vorkommen (vgl. Glazer 1993: 174), sind diese ein zentrales Element von home Health Care. Kommunikative und emotionale Handlungen[12] sind in dieser Form von Arbeit zentral, sowohl für die Ausführung der instrumentellen Tätigkeiten wie auch für die Qualität der Pflege insgesamt. Das „Caring-Element" in dieser Form von Arbeit ist i.d.R. einer Stigmatisierung ausgesetzt (und z.B. keinesfalls so positiv aufgeladen wie beim Care for Kids), und es auszuführen obliegt in der Regel der persönlichen Verantwortung, Arbeitsethik und Belastbarkeit der Care-Arbeiter_innen (vgl. Kumbruck 2009).

Bei der home Care Work unterscheide ich zwei Kategorien von home Health Care Workern: Home Health Aids und home Care Aids (*home attendents*). Die

12 Ein Großteil der Arbeit von home Care Workern gilt dennoch als „dirty work" (Glenn 1992: 30), Arbeit, die mit Verfall, Tod und Schmutz zu tun hat (vgl. Palmer 1989): Inkontinente Patient_innen windeln, deren Betten reinigen, alte und gebrechliche Körper waschen oder duschen, Gebisse reinigen, Bettpfannen ausleeren, füttern, stark vereinsamten Personen ein Ohr leihen etc. Diese Abwertung verschleiert die emotionalen und kommunikativen Herausforderungen und Anforderungen in der Care-Arbeit: „Doing care requires negotiation and trust building, emotional labor absent from formal job classifications and bureaucratic regulation" (Boris/Klein 2007: 180). So beschreibt auch Glenn: „Yet there is another, unacknowledged, mental and emotional dimension to the work: listening to reminiscences of elderly patients to help them hold on to their memory, comforting frightened patients about to undergo surgery, and providing the only human contact some patients get. This caring work is largely invisible, and the skills required to do it are not recognized as real skills" (Glenn 1992: 30). Auch wenn dies in den formellen Aufgabenbeschreibungen nicht vorgesehen und gesellschaftlich so wenig anerkannt ist, sehen sich home Health Care Worker selbst häufig als „a little bit of everything – nurse, companion, psychiatrist, etc." und ihre Care-Arbeit als „human service": „[S]ome people are without relatives and to make a cake or a pan of rolls for them means a lot" (Parker zit. n. Boris/Klein 2007: 179).

beiden unterscheiden sich v.a. darin, dass home Health Aids einfache medizinische Versorgungstätigkeiten übernehmen dürfen und keine Aufgaben der Haushaltsführung übernehmen müssen, während home Care Aids keine medizinische Versorgung, dafür aber Haushaltsarbeiten übernehmen können. Home Care Worker sind bei privatwirtschaftlichen oder privaten gemeinnützigen Agenturen angestellte Arbeitskräfte und/oder sie arbeiten als Selbständige (Paraprofesional Health Care Institute 2009a). Ein Großteil der home Care Worker wird über staatliche Programme bezahlt. 82 % der Gesamtfinanzierung für home Care im Bundesstaat New York stammt von *Medicaid* oder *Medicare* (vgl. Home Care Crisis A). Ich betrachte die beiden verschiedenen Formen von home Care-Arbeit gemeinsam, weil sie starke Ähnlichkeiten aufweisen und die Arbeitsbedingungen durch ähnliche Faktoren bestimmt werden: die Arbeit im direkten Kontakt mit abhängigen Personen im Privathaushalt, bei der Care-Tätigkeiten im Vordergrund stehen und in deren Form (anders als bei domestic Workern) staatliche *Medicare-/Medicaid*-Institutionen und häufig außerdem private Home-Care-Agenturen hineinwirken.

Im Gesundheitssektor des Staates New York sind home Care Worker die zweithäufigste Berufsgruppe (nach *registered nurses*) und die mit Abstand im gesamten Health-Care-Sektor am schlechtesten bezahlten formellen Arbeitskräfte (vgl. Kohli 2009: 10).[13] Die „invisible workforce" der home Care Worker umfasst US-weit 1,4 Millionen Arbeitskräfte (Boris/Klein 2007: 32). Sie setzt sich also mehrheitlich aus *women of color* und Migrant_innen zusammen (vgl. Glenn 1992; Boris/Klein 2007), und die Beschäftigungszahlen in diesem Bereich steigen kontinuierlich (vgl. Paraprofesional Health Care Institute 2009b).[14] Home Care Worker zählen selbst häufig zu den *care-working poor*, deren Lebensunterhalt (teilweise) durch staatliche Sozialtransfers und Unterstützungsleistungen aufgestockt wird (vgl. Paraprofesional Health Care Institute 2009a).[15]

---

13 Vgl. auch ausführlich aufgeschlüsselt in: New York State Bureau of Labor Statistics OES Survey für New York City 31-1011 und 39-9021.

14 So schätzt das nationale Paraprofesional Health Care Institute für New York City die Wachstumsraten in diesem Sektor für die Zeit von 2006 bis 2012 auf rund 50 %, d.h., in dieser Zeit sollen hier schätzungsweise 65.000 zusätzliche Arbeitsplätze entstehen. In der Gruppe der direkten Care Worker, die ältere und kranke Menschen pflegen, sind die home Care Workers mit Abstand die größte Gruppe. D.h. in der Alten- und Langzeitpflege ist inzwischen diese Form von Arbeit und Pflege diejenige, die am weitesten verbreitet ist (vgl. Paraprofesional Health Care Institute 2009b).

15 US-weit sind 86 % dieser Care-Arbeiter_innen Frauen im mittleren Alter, 52 % von ihnen gehören einer ethnischen Minderheit an, 21 % sind außerhalb der USA geboren

Nachgefragt wird home (Health) Care vor allem von pflegebedürftigen alten Menschen und Menschen mit Behinderung (oder deren Angehörigen), die nicht ausreichend von ihren eigenen Familienangehörigen gepflegt werden (können), nicht in Pflegeheimen betreut werden und die zum überwiegenden Teil ein Anrecht auf Unterstützungsleistungen von *Medicare* oder *Medicaid* haben.

5.1.4 Zusammenfassung

> „It seems that women in the USA manage to substitute for the relative inactivity of the state by garnering services and resources from the market" (Daily/Rake 2003: 162).

Die Care-Arbeit in den drei vorgestellten Formen wird von Care-Arbeiter_innen ausgeführt, deren eigene Reproduktionsbedingungen prekär sind: Überwiegend weibliche *care-working poor* machen hier die Care-Arbeit für abhängige Kinder, Alte und Kranke. Im Hinblick auf den Grad an Verletzlichkeit, das Niveau der Armut, die Hautfarbe sowie den legalen Status der Arbeitskräfte und damit verbunden den Zugang zu grundlegenden Arbeits- und Sozialrechten unterscheiden sich die Care-Arbeiter_innen in den drei Formen. Auch der Grad und die Art der Ungleichheit in den Reproduktionsbedingungen der beiden Pole der Formen von Care-Work sind unterschiedlich. Die Spanne an Care-takern in den vorgestellten Formen reicht von Care-takern aus wohlhabenden, weißen US-Familien in der Domestic-Care-Work-Form bis hin zu Care-takern, die einen ganz ähnlichen sozialen und ökonomischen Status innehaben wie die sie betreuenden, schlecht bezahlten Care-giver *of color* in der legalisiert-informellen Home-based-Child-Care-Form. Die sozialen Reproduktionsbedingungen der beiden Pole der übergeordneten Form konstituieren deren Verhältnis zueinander und zugleich die Form des Verkehres von Care, Arbeit, Geld und Lohn.

Die VerCaresform domestic Care Work konstituiert sich auf Basis einer starken Ungleichheit in den Reproduktionsbedingungen der beiden Pole der Form. Domestic Care Worker sind häufig nicht dokumentierte Arbeitskräfte, daher besonders verletzlich und ungeschützt. Abeitgeber_innen von domestic Workern befinden sich hingegen am mittleren bis oberen Ende der Einkommensverteilung. Der Betreuungsschlüssel ist bei domestic Care Work niedrig, d.h., das

---

und 41 % der direkten Care Workers leben in Haushalten, die in irgendeiner Form staatliche Unterstützung erhalten (wie Essensmarken, *Medicaid* oder Unterstützung bei den Kosten für Child Care und Housing) (vgl. Paraprofesional Health Care Institute 2009a).

„Care-Element" kann in dieser Care-Arbeit im Vordergrund stehen und es gibt (theoretisch) viel Zeit für Care pro Care-taker.

Die VerCaresform home-based Child Care konstituiert sich auf Basis eines vergleichsweise niedrigen Reproduktionsniveaus der beiden Pole der Form. Die Seite der Care-taker hat häufig ein Anrecht auf sozialstaatliche Subventionen auch zu den Betreuungskosten, oder die Kosten werden über Betreuungsgutscheine staatlich komplett übernommen. Die bezahlten Care-giver verbinden häufig die Betreuung ihrer eigenen Kinder – ihre eigene, unbezahlte Care-Arbeit – mit der bezahlten Care-Arbeit. Der Betreuungsschlüssel ist in dieser Form höher, d.h., pro Care-taker steht eine geringere Zeiteinheit für Care zur Verfügung.

Die VerCaresform Home Care konstituiert sich auf Basis einer starken Subventionierung von abhängigen, pflegebedürftigen Care-takern durch *Medicare* oder *Medicaid*. Das materielle Reproduktionsniveau der Care-Arbeiter_innen ist auch hier niedrig. Das Care-Element in dieser Form findet häufig unbezahlt statt und es ist stigmatisiert. Die Zeiteinheiten für die Care-Arbeit, die pro Pflegefall zur Verfügung stehen, sind in der Regel genau vorgegeben und knapp bemessen. Auf den gesamten Arbeitstag hin betrachtet ist der Betreuungsschlüssel hoch und die mögliche Menge an Care für die Care-taker damit notwendigerweise begrenzt.

Bei diesen drei Formen von Care-Arbeit handelt es sich um warenförmige VerCaresverhältnisse zwischen verschiedenen Akteur_innen. Sind es bei domestic Care Work vornehmlich Care-Verantwortliche und domestic Care Worker, die im Tausch Care gegen Geld die Form konstituieren, so spielen bei home-based Child Care und home Care außerdem staatliche Care-Institutionen hinein, bei home Care ferner als vierte Partei private Home-Care-Agenturen.

5.2 Formen von Care und Care-Arbeit in Warenform – historische Emergenz und Entwicklung

Ich werde nun die Emergenz der drei vorgestellten Formen von Care rekonstruieren, um Aufschlüsse darüber zu erhalten, wie sie *trotz* der Eigentümlichkeit der Care-Warenform und *trotz* des grundsätzlichen Widerspruches zwischen Produktion und sozialer Reproduktion emergieren, sich entwickeln und derart ausweiten, dass sie schließlich zu einem entscheidenden Charakterzug der postfordistischen Reproduktionsweise avancieren können.

Die Formen sind institutionalisierte VerCaresverhältnisse, d.h., in ihrer historischen Form sind sie das Produkt des wechselseitigen Handelns verschiedener Akteur_innen, ihres sozialen Handelns, von Kämpfen, Kompromissen und verschiedensten politischen Strategien. In der Emergenz und Entwicklung der drei Formen spielen die Geschichte der Sklaverei, der Rassismus und die Feminisierung dieser Arbeiten in den USA ebenso eine Rolle wie die Institutionalisierung eines rudimentären Wohlfahrtsstaates im New Deal und die Einrichtung einer Krankenversicherung für Alte und Arme in der Zeit der *Great Society*. Des Weiteren hat die Transformation von Geschlechterverhältnissen, der neoliberale Regimewechsel in Staat und Gesellschaft und die Zunahme der unregulierten Migration aus den Ländern des globalen Südens in die USA Einfluss auf die Entwicklung der Formen genommen (vgl. Kapitel 4). Als Bestandteil dieser sozialen Prozesse bilden sich historisch spezifische VerCaresformen zunächst als molekulare Praktiken heraus, verstetigen sich, werden verallgemeinert und institutionalisiert. Alle drei Formen von Care verfügen über eine gemeinsame Wurzel in der Form „domestic Work", die zunächst als Sklav_innen- und später Dienstbotinnenarbeit von *women of color* und Migrant_innen der ersten Generation ausgeführt wurde und stark rassifiziert und feminisiert war – und es bis heute ist.

5.2.1 Domestic Work: von der Sklavenarbeit über die Dienstbot_innenarbeit zur migrantischen Dienstleistungsarbeit

> „No more mistress, no more maid. Nor more work that's underpaid. Hours that take all your leisure time away.
>
> Chorus: Social Security we need. Social Security indeed! March we forth 2 million strong, Workers all but stand alone. While all legislative measures pass us by. [Stanza]
>
> These are things we must demand. If high standards we commend. Then a Household Worker we will be proud to be. Hours shorter, wages right. Our security in sight – Better understanding in the home we will see" (Song von domestic Workers in den 1930er (sic!) Jahren, Nadasen 2008: 420).

„We have the dream that one day all work will be valued equally!" und „Tell them slavery is done!" Mit diesen und ähnlichen Slogans demonstriert eine nicht sehr große, aber lautstarke Gruppe von domestic Workern (Mitglieder von DWU) im Herbst 2009 vor dem Sitz der New York State Legislature in Albany. Sie treten ein für die Rechte von domestic Workern und fordern eine rechtliche Absicherung von und Mindeststandards in ihren Arbeitsverhältnissen.[16]

Domestic Workers United ist eine NGO, die sich selbst als Quasi-Gewerkschaft für domestic Worker versteht. DWU wurde 2000 von Hausarbeiterinnen in New

16 vgl. die Dokumentation der Kampagne von DWU auf ihrer Homepage, z.B. unter: http://www.domesticworkersunited.org/shownews/72, Einsicht am 15. Sep. 2011

York City als ein Dachverband gegründet, der sich aus verschiedenen Selbstorganisationen migrantischer Arbeiterinnen, Nachbarschaftsorganisationen (*community groups*) und Lobbygruppen (*advocacy groups*) zusammensetzt. DWU bildet damit eine multiethnische, multilinguale Organisation[17]. Diese Quasi-Gewerkschaft in New York City ist inzwischen über 3.000 Mitglieder stark. Das gemeinsame Ziel dieser domestic Worker in New York City, die aus aller Welt stammen, besteht darin, „to build the power of the entire domestic workforce, raise the level of respect for domestic work, establish fair labor standards and help build a movement to end exploitation and oppression" (DWU & DataCenter 2006: 1).

Die Forderungen von DWU rekurrieren auf die Historie von domestic Work als Sklav_innenarbeit und fordern eine Aktualisierung der Form von domestic Work gemäß den veränderten gesellschaftlichen Verhältnissen, in denen de jure alle US-Staatsbürger_innen gleichgestellt sind und Arbeitnehmer_innen in den USA – unabhängig von ihrem Staatsbürger_innenstatus – über grundlegende Arbeitsrechte verfügen (sollten). Sie stellen sich in eine lange Tradition von Kämpfen von domestic Workern *of color* in den USA, welche die Emergenz und Entwicklung der Form domestic Work begleitet und geprägt haben.

Die historische Entwicklung der sozialen Form domestic Work lässt sich aus der Perspektive der domestic Worker in drei aufeinander folgende und sich signifikant unterscheidende Phasen und Formen von Arbeit unterteilen, wobei sich in der Entwicklung ihres Charakters sowohl Kontinuitäten als auch Brüche erkennen lassen: Domestic Work als Sklavinnenarbeit (*slave labor*) bis zur formellen Abschaffung der Sklaverei im 19. Jahrhundert (1450–1860); domestic Work als Dienstbotinnenarbeit (*servitude work*) bzw. *black women's work* bis zur Bürgerrechtsbewegung und der Antidiskriminierungsgesetzgebung (1860–1970) und somit der de jure Gleichstellung *aller* in den USA geborenen Menschen; domestic Work als schlecht bezahlte Dienstleistungsarbeit (*service work*), die v.a. von migrantischen, undokumentierten *women of color* ausgeführt wird, deren Rechte und Handlungsmöglichkeiten als Nicht-Staatsbürgerinnen in den USA stark eingeschränkt sind (1970–heute) (vgl. hierzu DWU & DataCenter 2006: 3; Nadasen 2008, 2009).

Dabei transformierte sich die soziale Form der Arbeit und es änderten sich die konkreten sozialen Gruppen derjenigen, die in dieser Form arbeiteten.[18] Auch

17 Hier kommen afroamerikanische, südasiatische, Philippinische, lateinamerikanische, karibische, indonesische, nepalesische Frauen zusammen.

18 Glenn rekonstruiert, wie sich im Zuge neuer Migrationswellen in die und innerhalb der USA diejenigen Migrant_innengruppen, deren weibliche Mitglieder überproportional häufig als Hausarbeiterinnen arbeiteten, zeitlich und regional unterschieden.

verschoben sich die Handlungsmöglichkeiten von domestic Workern selbst – ohne Rechte als Sklavinnen, mit eingeschränkten Rechten als Bürgerinnen zweiter Klasse, mit formal gleichen Rechten als US-Bürgerinnen und als Nicht-Staatsbürgerinnen, die zwar einige, aber nicht alle Arbeits- und Menschenrechte für sich geltend machen können. Die Angebotsseite blieb – mit kleinen Ausnahmen – *of color*, relativ arm und weiblich. Die ethnische Zusammensetzung der *domestic workforce* veränderte und diversifizierte sich im Laufe des 20. und frühen 21. Jahrhunderts zum Teil erheblich (vgl. ausführlich Glenn 1992). Diese Verschiebungen beruhten auf gesellschaftlichen und ökonomischen Veränderungen und Umschichtungsprozessen – sowohl US-intern als auch in der globalen Ökonomie. So spielten die US-internen Migrationsbewegungen Anfang des 20. Jahrhunderts von Süden nach Norden, die Etablierung von europäischen Migrant_innen in der US-Gesellschaft im ausgehenden 19. und der ersten Hälfte des 20. Jahrhunderts, die Industrialisierung des Nordens und die zyklischen Krisen und Restrukturierungen in der US-Ökonomie eine wichtige Rolle im Hinblick darauf, welche ethnischen und sozialen Gruppen die *domestic workforce* stellten und wie groß diese war.[19] Ex post betrachtet, scheint hier eine Art „Gesetz“ zu wirken, dem zufolge die in der US-Bevölkerung am stärksten marginalisierten und diskriminierten Gruppen einen wesentlichen Anteil der *domestic workforce* stellten (vgl. ebd.) und, da diese wechselten, sich auch die ethnische Zusammensetzung der *domestic workforce* kontinuierlich veränderte. Im 20. und frühen 21. Jahrhundert prägen zunehmend

---

Im Nordosten der USA arbeiteten z.B. Ende des 19./Anfang des 20. Jahrhunderts v.a. irische und deutsche Migrantinnen als domestic Workers. Im Süden waren es bis zur ersten großen Migrationswelle vor allem afroamerikanische Frauen, im Südwesten mexikanische Frauen und Frauen aus Zentralamerika, in Kalifornien und Hawaii Frauen aus Japan und China (vgl. Glenn 1992: 8; Nadasen 2008).

19 So kam es in der Zeit der Großen Depression zu Massenentlassungen von domestic Workers (vgl. hierzu Nadasen 2008, 2009) und auch im Zuge der Krise in der US-Ökonomie ab Herbst 2008 wurden viele domestic Workers entlassen: Auf der Homepage von DWU wird der Assemblyman Keith L.T. Wright aus Harlem zitiert: “I applaud New York domestic workers and their supporters for traveling to Albany and working tirelessly to ensure the passage of this legislation“, denn so begründet er: “This bill could not come at a better time, as the employers are laying these workers off in record numbers during this financial crisis” (vgl. http://domesticworkersunited.org/static/February10, Einsicht 15. September 2011). Die *domestic workforce* wuchs hingegen sprunghaft an, als die Kriegsrückkehrer aus dem Zweiten Weltkrieg die sogenannten „internen afroamerikanischen“ Migrant_innen im industrialisierten Norden, die vor dem rassistischem Konsens und der Arbeitslosigkeit im Süden der US in den Norden geflohen waren, aus der Waffen- und Metallindustrie erneut verdrängten.

die ökonomische Globalisierung, ihre Auswirkungen in den Ländern des Südens und die Veränderungen im US-Migrationsregime die konkrete Zusammensetzung der *domestic workforce*, in der immer weniger US-Staatsbürgerinnen *of color* und immer mehr Migrantinnen aus aller Welt tätig sind (vgl. hierzu Parrenas 2001; Glenn 1992; Sen 2009: 4f.; Nadasen 2008).

Aus der Perspektive der Nachfrage hat domestic (Care) Work historisch eine wichtige Funktion für das weiße Geschlechterverhältnis und seine Veränderungen, denn sie entlastete in der Regel weiße Frauen von Haus- und Care-Arbeit, die ihnen im Rahmen einer traditionellen geschlechtsspezifischen Arbeitsteilung andernfalls zugefallen wäre. Domestic Worker „befreiten" weiße Frauen von wesentlichen Anteilen der Haus- und Care-Arbeit – insbesondere jenen, die mit Dreck, Schmutz, körperlicher Anstrengung und Verwesung behaftet waren. Die weiße, hegemoniale Weiblichkeit, die jeweils in den verschiedenen Entwicklungsphasen von domestic Workern gestützt wurde, führte von der Land-Lady der Plantagen im Süden über die bürgerliche Frau zur fordistischen Hausfrau und Mutter, die in ihrem Schalten und Walten im Eigenheim nicht nur durch den Einsatz von Haushaltsmaschinen, sondern auch von domestic Workern unterstützt wurde. Diese Stützung eines weißen Geschlechtermodells reicht bis heute zur berufstätigen Frau und „Supermutter" des Postfordismus, deren Karriere-*und*-Kind-Laufbahn trotz der Persistenz männlicher Abstinenz in der privaten Haus- und Betreuungsarbeit durch die Verfügbarkeit einer migrantischen Nanny wesentlich erleichtert wird. Noch weit bis zur Mitte des 20. Jahrhunderts war es in den USA für einen Großteil der weißen Mittelschicht üblich, eine Haushaltshilfe anzustellen[20]. Kostengünstige weibliche Arbeitskräfte hierfür gab es ausreichend: Migrantinnen der ersten Generation, arme Frauen aus der Arbeiter_innenklasse und *women of color*. Domestic Worker übernahmen einen Großteil der schweren Hausarbeit, das Putzen,

20 Für die Mittelklasse gab es außer der Beschäftigung von domestic Workern allerdings auch wenig andere Möglichkeiten, Hausarbeit und Betreuungs- und Pflegearbeiten abzugeben. Staatliche Kinderbetreuung gab es in den USA des 20. Jahrhunderts nur in Ausnahmefällen. Auch die Pflege von kranken und alten Angehörigen wurde erst in der *Great Society* der 1950er und 60er Jahren vermehrt über staatliche Programme organisiert und finanziert, als sich erstmals ein öffentliches System der Altenfürsorge (*Medicare*) etablieren konnte (vgl. Boris/Klein 2009: 2f.). Die Emergenz und Ausweitung von domestic Work innerhalb der sozialen Reproduktion basierte also auch auf einem Mangel an Alternativen, Haus- und Care-Arbeit anders als in Form von Hausfrauenarbeit oder domestic Work zu organisieren. Da ausreichend Arbeitskräfte zur Verfügung standen, deren Reproduktionskosten niedrig waren, war domestic Work aus der Perspektive der weißen Haushalte eine „effektive" Auslagerung anfallender Haus- und Care-Arbeiten.

Schrubben, Waschen und Bügeln. Häufig waren sie auch in der Kinderbetreuung und Altenpflege eingesetzt (Palmer 1987: 182f.).

Die gesellschaftliche und monetäre Geringschätzung von domestic Work und domestic Worker und die soziale Konstruktion einer weiblichen (*of color*/ migrantischen) Domestic-Worker-Identität in Abgrenzung zu einer bürgerlichen weiblichen Identität[21] sind auf der Ebene der normativen und hegemonialen Deutungsmuster und sozialen Identitäten Bestandteil und Ausdruck dessen, wie der Widerspruch zwischen Produktion und Reproduktion verhandelt wird. In dieser Variante der Widerspruchsverhandlung wird die „Exklusivität" und Privatheit von Haus- und Care-Arbeit, so wie sie im bürgerlichen Familienmodell vorgesehen ist, beibehalten. Die Arbeit bleibt trotzdem vergleichsweise kostengünstig und für eine breite bürgerliche Mittelschicht zugänglich, da die nachgefragten Arbeitskräfte auf den US-Arbeitsmärkten historisch verschiedene, jedoch stets diskriminierte Gruppen waren, die daher unterhalb des durchschnittlichen nationalen Reproduktionsniveaus und der gängigen Standards in der Lohnarbeit ihre materielle Reproduktion sichern mussten.

Seit es domestic Worker gibt, haben sie Kämpfe ausgetragen, in denen sie für eine monetäre, gesellschaftliche und sozial- und arbeitsrechtliche Anerkennung dieser Arbeit als reguläre Arbeit gestritten haben und bis heute streiten (vgl. Nadasen 2008, 2009).[22] Im 20. und frühen 21. Jahrhundert können wir drei grö-

---

21 Der Kontext der Emergenz und Entwicklung der Form von Care-Arbeit – Sklaverei und Rassismus – hatte auch einen Einfluss auf die Entwicklung von geschlechtsspezifischen und rassifizierten Identitäten und Körpern von weißen und schwarzen Frauen. Diese wurden mit jeweils spezifischen, gesellschaftlich und monetär unterschiedlich bewerteten Arbeiten und Tätigkeiten verknüpft (Andersen 2006: 192ff.), und die Form von Care speichert diese Geschichte bis heute. Spezifische mit Hautfarbe, Körpern und Tätigkeiten/Arbeiten verknüpfte Identitäten werden in dem VerCaresverhältnis domestic Work (re-)produziert: So sind migrantische domestic Worker oder Nannies sehr spezifische mit sozialer Bedeutung behaftete Berufsbezeichnungen, die auf die sozial konstruierten Identitäten und den sozialen Status ihrer „Träger_innen" einen Einfluss ausüben: „So sind es nicht nur Geschlechter und Klassenidentitäten, die durch die Arbeit im Haushalt reproduziert werden, sondern auch 'rassische' Identitäten. [...] Unterschiedliche Tätigkeiten werden mit unterschiedlichen Bedeutungen belegt, es werden Zuordnungen zu Geschlecht und 'Rasse' vorgenommen und so die Identitäten von Arbeiterinnen und Arbeitgeberinnen bestätigt" (B. Anderson 2006: 191).

22 Bereits in der ersten Phase zu Zeiten der New-Deal-Bewegung wurden ähnliche Forderungen wie heute aufgestellt und politische Strategien angebracht: die Formalisierung von Arbeitsverträgen, die moralische Bearbeitung der Konsument_innen (*consumer responsibility*), die Professionalisierung des Berufes und Versuche der Anbindung an und Integration in die Gewerkschaft (vgl. Nadasen 2008: 419).

ßere Phasen der Selbstorganisierung von domestic Workern in den USA ausmachen: eine erste zu Zeiten der New-Deal-Bewegung der 1930er Jahre,[23] eine zweite zu Zeiten der Bürgerrechtsbewegung in den 1950er und 60er Jahren und eine dritte, die in den 1990er Jahren einsetzte und bis heute anhält. Die schrittweise Institutionalisierung der Form domestic Work als gering qualifizierte und gering entlohnte, aber immerhin mit einigen arbeitsrechtlichen Mindeststandards und Mindestlöhnen abgesicherte Dienstleistungsarbeit setzt im Verlauf der zweiten Phase ein und erreichte einen vorläufigen institutionellen Meilenstein 2010, als die von DWU eingebrachte *Bill of Rights for Domestic Workers* im Staat New York als Gesetz verabschiedet wurde – allerdings in einer von der eingereichten Version deutlich abweichenden, reduzierten Fassung.

Die ersten Versuche, eine Institutionalisierung von domestic Work als „richtiger" Arbeit mit Sozial- und Krankenversicherung und juristisch gewährleisteten arbeitsrechtlichen Mindeststandards zu erwirken, scheiterten in den 1930 Jahren angesichts des rassistischen Konsenses im Süden der USA und der Tatsache, dass ein Großteil der Kongressabgeordneten aus dem Süden außerdem Arbeitgeber von domestic und farm Workern (*of color*) waren (Nadasen 2009: 287; McGrath/DeFilippis 2009: 76). Domestic und farm Worker wurden aus den Bestimmungen des *Social Security Act* von 1935,[24] des *National Labor Relations Act*[25] von 1936 und des *Fair Labor Standards Act* von 1938[26] ausgeschlossen. Dieser Ausschluss

23 1928 formierte sich erstmals das *National Committee on Household Employment* (NCHE). Das NCHE wurde v.a. von weißen Frauengruppen gegründet, deren Mitglieder häufig Töchter europäischer Migrant_innen waren. Ebenso waren auch Wissenschaftlerinnen aus den sich an den Universitäten etablierenden *Home Economics* und sogenannte *black educators* Mitglieder im NCHE. Primäres Ziel dieses ersten NCHE war es, die Arbeitgeber_innen von domestic Workers zu überzeugen, freiwillig einen sogenannten *code of ethics* anzuerkennen und gewisse Standards im Arbeitsverhältnis einzuhalten. Im weiteren Verlauf gab es zwei Neugründungen des NCHE, welches sich immer mehr zu einer NGO von und für *women of color* transformierte (vgl. Nadasen 2008: 419ff.).

24 Das grundlegende Gesetz, auf dem das Rentenversicherungs- und Sozialversicherungssystem der USA aufbaut. Es regelt Altersrente, Altersfürsorge, Witwenrente, Erwerbsunfähigkeitsrente und Einkommensbeihilfen für bedürftige Familien mit Kindern (vgl. Gregory 1961).

25 Dieses Gesetz gewährt Angestellten in den USA das Recht, sich zu organisieren, aber schließt ausdrücklich domestic Workers aus der Definition von *employees* aus (vgl. Nadasen 2008).

26 Das Gesetz zu Mindestlohn- und Arbeitszeitregelungen sowie zur Überstundenbezahlung; dieses betrifft jedoch nur angestellte Arbeitskräfte und verpflichtet nur

war das Resultat eines „Kompromisses“ um den New Deal zwischen Nord- und Südstaaten, wobei die Südstaatler sich im Punkto Arbeits- und Sozialrechte für domestic und farm Worker mit ihren Eigeninteressen durchsetzen konnten. Grundlegende Arbeits- und Sozialrechte wurden domestic und farm Workers somit nicht gewährt: etwa das Recht, sich zu organisieren und Gewerkschaften zu gründen, ein Recht auf Altersversorgung, ein Recht auf den staatlich festgesetzten Mindestlohn, angemessene Arbeitszeitbegrenzungen, die Bezahlung von Überstunden und Fristen bei Entlassungen. Mit der New-Deal-Gesetzgebung wurde domestic Work somit als soziale, maßgeblich durch Rassismus strukturierte „Nicht-Arbeit“ institutionalisiert – einfach dadurch, dass sie aus der politischen Regulation von Arbeitsverhältnissen und sozialstaatlichen Mindeststandards per definitionem ausgeschlossen wurde.

Die zweite Phase der Organisierung von domestic Workern war auch eine Reaktion auf dieses rassistische Erbe, das in die New-Deal-Gesetzgebung eingelassen war. Die erneuten Organisierungsbestrebungen waren eingebettet in die Bürgerrechtsbewegung.[27] Sie führten zu ersten Teilerfolgen auf dem Weg zur Anerkennung von domestic Work als „richtiger“ Arbeit. 1972 wurde domestic Workern ein Recht auf gewerkschaftliche Organisierung zugesprochen – allerdings nur jenen, die von einer dritten Partei angestellt oder finanziert wurden. 1974 integrierte der US-Kongress alle Formen von domestic Work in die Mindestlohngesetzgebung des *Fair Labor Standard and Relations Act*.

Die etablierten Gewerkschaften entdeckten auf Basis dieser Gesetzgebung einen Teil der domestic Worker als organisierbare Arbeitskräfte und die Dienstleistungsgewerkschaft SEIU machte sich „on the march [...] to organize and to free you good people from Slavery“.[28] Die Aufmerksamkeit der Gewerkschaften wandte sich jedoch ausschließlich denjenigen zu, die „organisierbar“ waren – nach Recht und Gesetz also jene domestic Worker, die von kommunalen oder

---

jene Arbeitgeber_innen, deren Geschäfte einen bestimmten Umsatz verzeichnen (Arbeiter_innen, die als *independent contractors* klassifiziert werden, fallen nicht unter diese Gesetzgebung) (vgl. Grossmann 1978).

27 1960 gründete sich erneut ein NCHE mit dem Ziel, grundlegende Standards im Domestic-Work-Sektor zu etablieren. 1972 erfolgt die Gründung einer Quasi-Gewerkschaft für domestic Workers: *The Houshold Technicians of America*. Auch hier lauteten die Forderungen „equal pay for equal work, decent working conditions and respect for the long, hard hours we work“ (Die demokratische Repräsentantin aus Brooklyn Shirley Chisholm, zit. n. Nadasen 2008: 422).

28 SEIU 1978: “*N.Y. Household workers Move Up from Slavery*”. Service Employee September, 2, zit.n. Boris/Klein 2007: 185.

privatwirtschaftlichen Agenturen angestellt waren. Ausgeschlossen aus den Anstrengungen der Gewerkschaften waren all jene, die von Privatpersonen angestellt und häufig in den „klassischen" Formen von domestic Work arbeiteten: Babysitter bzw. Nannies und private Pflegekräfte. Der private Charakter dieser Arbeit und ihre erneute institutionelle Zementierung als „Nicht-Arbeit" verhinderten, dass die anerkannten Gewerkschaften sich für diese Arbeitskräfte interessierten[29]. Die Domestic-Work-Ökonomie begann sich zu verändern und neue Formen von domestic Work emergierten und wurden schrittweise institutionalisiert – auch, weil sich das US-Gesundheitssystem herausbildete und veränderte. Unter diesen Formen befand sich home Care Work (vgl. Biklen 2003) (vgl. II.3). In der historischen ex-post Betrachtung zeigt sich, dass Formen von domestic Work sich ab dem Zeitpunkt zu transformieren beginnen, ab dem staatliche Institutionen in die Konstituierung der Formen involviert sind, das VerCaresverhältnis einen nicht mehr ausschließlich privaten Charakter besitzt und öffentliche Haushalte Formen von Care-Arbeit für ältere Pflegebedürftige oder für Kinder aus einkommensschwachen Familien mitfinanzieren.

Seit den 1990er Jahren bilden sich neue Organisationsformen von domestic Workern heraus, die in ihren Organisationsstrukturen die veränderten sozioökonomischen Bedingungen, unter denen ihre Arbeit stattfindet, berücksich-

---

29 Allerdings wurden in der Geschichte von domestic Work Seitens der US-Regierung immer wieder kleinere Versuche unternommen, diese Arbeit aufzuwerten. Staatliche Programme wurden entworfen und neue Bezeichnungen für domestic Worker, die über staatliche Programme vermittelt oder subventioniert wurden – wie „Housekeeping Aids" zu Zeiten des New Deals –, wurden geschaffen. Ein ähnliches Programm wurde erneut Anfang der 1970er Jahre im Rahmen des „War on Poverty" aufgelegt. Das *National Comittee on Household Employment* (NCHE), finanziell unterstützt durch öffentliche Gelder und größere private Stiftungen wie die *Ford Foundation*, entwickelte Pilotprojekte, in denen domestic Worker besser ausgebildet und eine finanzielle Anschubhilfe zur Unterstützung einer selbständigen ökonomischen Existenzsicherung erhalten sollten. Diese Projekte gewährleisteten jedoch nur für die Dauer der staatlichen Subventionierung tatsächlich höhere Löhne für domestic Worker und eine damit einhergehende Aufwertung der Form (vgl. Nadasen 2008: 417, 422; Boris/Klein 2009: 5f.). Weiterbildung und Anschubhilfen führten nicht dazu, dass die nicht-staatlich subventionierte Form von domestic (Care) Work sich nachhaltig veränderte und als eine existenzsichernde Einkommensquelle auf dem Arbeitsmarkt etablierte. Einen Arbeitskräftemangel in der Domestic-Work-Ökonomie gab und gibt es trotzdem nicht, denn der New Yorker Domestic-Work-Arbeitsmarkt erlebt seit den 1980er Jahren einen kontinuierlichen Zustrom von ungeschützten, undokumentierten Arbeitskräften aus den Ländern des globalen Südens.

tigen. Organisationsstruktur, politische Strategien und Rhetorik von DWU spiegeln diese Veränderungen in der *domestic workforce* wider. DWU versteht sich selbst als eine Schirmorganisation, die US-Migrantinnen aus allen Teilen der Welt[30], die jeweils an unterschiedliche, länderspezifische migrantische Arbeiter_innen-Organisationen angeschlossen sind, miteinander verbindet (vgl. Nadasen 2008, 2009; DWU & DataCenter 2006). Eine alte feministische Forderung – „We have the dream that one day all work will be valued equally" – wird hier erneut aufgegriffen von einer neuen Klasse migrantischer domestic Worker – eine Klasse, die dezentriert bzw. durchkreuzt ist durch die Kategorien Gender, Ethnizität und *citizenship* (vgl. Nadasen 2009: 286, 295). Neben kleineren Erfolgen[31] hat DWU Geschichte gemacht mit der in Teilen erfolgreichen Kampagne für die *Bill of Rights for Domestic Workers*. Erstmals innerhalb der US-Geschichte wurde das Recht, sich zu organisieren auch privaten domestic Workern gewährt und einige Basisstandards hinsichtlich von Kündigungsfristen, freien Tagen und Überstunden werden in der Bill geregelt (vgl. Fuchs 2010).[32]

Ähnlich wie in den beiden vorherigen Phasen der Selbstorganisierung von domestic Workern handelt es sich um politische Forderungen nach einer Mi-

30 Stellen heute die lateinamerikanischen und asiatischen Communities in New York fast 40 % der Bevölkerung, so waren es in den 1950er Jahren gerade mal 5 % und 1980 knapp 23 %. Der Anteil der New Yorker Bevölkerung, der außerhalb der USA geboren wurde, erhöhte sich ebenfalls von 20 % im Jahr 1960 auf über 28 % 1990 und fast 39 % 2007. Im gleichen Zeitraum nahm auch die Einkommenspolarisierung in der Stadt erheblich zu. Heute verfügt New York City über eine Einkommenspolarisierung, die größer ist als die Guatemalas. Und heute ist die kontinuierlich wachsende *domestic workforce* in der Stadt eine bunte Mischung aus weiterhin vielen US-afroamerikanischen Frauen, zunehmend jedoch mehr migrantischen Frauen aus allen Ländern des globalen Südens (vgl. Nadasen 2008, 2009; McGrath/DeFilippis 2009; Sen 2009: 4f).

31 DWU erreichte 2003 eine Erweiterung der Gesetzgebung von New York City (City Law 33).Vermittlungsagenturen (die immerhin 16 % der domestic Workers in der Stadt vermitteln) wurden verpflichtet, einen standardisierten Arbeitsvertrag für domestic Workers zu verwenden, Arbeitgeber_innen und Arbeitnehmer_innen über ihre Rechte und Pflichten aufzuklären und Missbrauch und Ausbeutung von domestic Workers am Arbeitsplatz an die zuständigen Behörden zu melden. Ferner hat DWU in den vergangenen Jahren rund 300.000 Dollar an nicht gezahlten Löhnen vor Gericht eingeklagt (vgl. Nadasen 2008, 2009).

32 Vgl. auch Bill No. A01470B, S-2311-E, establishing N.Y. EXEC. LAW § 296-b., unter: http://assembly.state.ny.us/leg/?bn=A01470&term=2009, Einsicht am 15.Sep. 2011.

nimalsicherung von domestic Work als Lohnarbeit, die sich an den juristisch garantierten arbeits- und sozialrechtlichen Standards für etablierte Arbeitsverhältnisse orientieren. Die Forderungen zielen allesamt in die Richtung einer Kommodifizierung *im Rahmen* der gesellschaftlichen Standards: „We are not asking to be treated different. Since slavery we have been treated different. We are asking to be treated the same, that is what the Bill of Rights will do. The Bill of Rights will right centuries of wrongs." (Nanny in Manhattan zit. n. DWU & DataCenter 2006: 36). Die in der *Bill of Rights* vorgesehene juristische Regulierung des privaten Arbeitsverhältnisses gibt auf der Ebene des Verhältnisses zwischen Arbeitgeber_in und domestic Worker Rahmenbedingungen vor. Die juristische Regulation setzt eine (erste) Grenze nach unten bezüglich dessen, wie „Sklavenähnlich", ungesichert und schlecht bezahlt die Arbeit domestic Work gestaltet sein darf. Die *Bill of Rights* ändert hingegen nichts an der privaten Qualität dieser Form von domestic (Care) Work an sich. Wohlhabendere Haushalte können domestic Worker gut bezahlen und faire Arbeitsstandards einhalten – auf Basis eines vergleichsweise hohen Einkommens und d.h. eines ökonomischen Privilegs. Der Widerspruch zwischen Vollzeit-Lohnarbeit auf der einen Seite und auf der anderen Seite Versorgungsverantwortung und Hausarbeit bleibt allerdings weiterhin ein privat kanalisierter.

5.2.2 Die Form Home-based Child Care: von der Untergrund-Ökonomie zum Sozialhilfe-Kindergarten

> „There's a joke in the childcare industry. Q: Why did the childcare worker cross the road? A: To get to her other job. Selling fast food, preparing bodies for burial and cleaning the streets all pay more than childcare does" (Sen 2006: 4).

Home-based Child Care hat als Form bezahlter Care-Arbeit in den USA bereits eine lange Geschichte. Es war stets eine Betreuungsform, die eher einkommensschwache Eltern wählten. Sen charakterisiert die Home-based-Child-Care-Ökonomie bis in die 1980er Jahre hinein als „almost [...] an underground economy" (Sen 2006: 4). Mitte der 1970er Jahre wurden 40 % der Kinder mit arbeitenden Eltern innerhalb informeller, bezahlter (nicht familiärer) Arrangements betreut (vgl. Blau 2002: 30f.). Für arme arbeitende Eltern gab es ab den 1980er Jahren geringfügige Zuschüsse zu dieser Form der Kinderbetreuung, die dadurch erstmals zu einem gewissen Grad reguliert und formalisiert wurde (ebd.). Mit der steigenden Erwerbstätigkeit von Frauen und der wachsenden Nachfrage nach *qualitativ angemessener und gesicherter* Kinderbetreuung stieg die Nachfrage nach Kinderbetreuung bis Mitte der 1990er Jahre relativ stark an – das Angebot an bezahlbarer Kinderbetreuung wollte sich hingegen nicht gleichermaßen entwickeln (vgl. Boris/Klein 2008: 34; Blau 2002: 32).[33]

Seit der *Welfare Reform* von 1996 haben sich die gesellschaftlichen Bedingungen von Angebot an und Nachfrage nach home-based Child Care derart verändert, dass man trotz der deutlich früheren Emergenz von einem qualitativen Wandel der Form sprechen muss. Erklärtes Ziel der *Welfare Reform* war, dass sich Arbeit wieder lohnen sollte und musste – für alle Geschlechter mit und ohne Versorgungsverantwortung gleichermaßen (vgl. Kap. 4.1). *Workfare* für alle und die „Employability" von Frauen im größeren Stil (und das schließt Frauen mit geringer Qualifizierung ein) setzte also voraus, dass Kinderbetreuung auch für Frauen bzw. Eltern im unteren Einkommensbereich erschwinglich wurde. Diese Ausweitung der Lohnarbeit auf alle Geschlechter verlief parallel zu einer rudimentären Dekommodifizierung der Care-Verantwortung von arbeitenden Eltern, von der die Aufstockung der öffentlichen Haushalte für die subventionierte Kinderbetreuung ein Ausdruck war (vgl. 4.1). So haben Eltern, die Sozialhilfe beziehen und sich in *Welfare-to-work*-Maßnahmen befinden, seit 1996 ein Anrecht auf die Übernahme der Kosten von Kinderbetreuung durch die zuständigen Behörden. In diversen Staaten erhalten außerdem Niedrig- und Geringverdiener_innen finanzielle Unterstützungsleistungen für die Betreuungskosten. Diese Form von öffentlich stark subventioniertem home-based Child Care ist eine Form der staatlich regulierten Bearbeitung des Widerspruches zwischen Produktion und sozialer Reproduktion. Trotz niedriger Löhne und am männlichen Normalarbeitsmodell orientierter Arbeitszeiten in den Niedriglohnsektoren, in welche die *working poor* nach der Reform strömten, ist die Betreuung ihrer Kinder (rudimentär) gewährleistet.

Angesichts dessen, dass trotz der staatlichen Zuschüsse das Angebot an kostengünstiger und qualitativ guter Kinderbetreuung bei Weitem nicht die Nachfrage deckt (vgl. CCI 2008) und es insbesondere bei ACS- oder TANF-Kindern teilweise lange Wartezeiten für einen subventionierten Betreuungsplatz gibt (vgl. Children's Aid Society 2000), ist die Option, selbst ein Home-based-Child-Care-„Unternehmen" zu eröffnen, für viele Frauen, die geringe Einkommensmöglichkeiten auf dem Arbeitsmarkt haben, eine Lösung für ihr ansonsten entstehendes Vereinbarkeitsproblem. Dies gilt insbesondere für alleinerziehende Mütter mit Kindern unter dem Vorschulalter (vgl. Hughes/McCuaig 2000), die unter dem

33 Die Abnahme des Angebots an home-based Child Care bis Mitte der 1990er Jahre ist auch deshalb wenig verwunderlich, da diese Form von Lohnarbeit für arbeitende Frauen eine der mit den geringsten Verdienstmöglichkeiten überhaupt ist (vgl. Blau 2002).

Workfare-Regime von „welfare mums" zu „welfare nannies" werden,[34] und in der Regel bedeutet dies einen Übergang von extremer Armut mit Sozialhilfe zu extremer Armut trotz Arbeit (vgl. Hughes/McCuaig 2000: 2). Gleichzeitig geben die jährlich festgesetzten *block grants* eine institutionelle Struktur vor, die einen Druck zur Absenkung der Erstattungssätze von subventionierter Kinderbetreuung und der Höhe der *voucher* ausübt. Da den *Social-Service*-Agenturen jährlich festgesetzte Mittel zur Verfügung stehen, ist es aus der Organisationslogik der Agenturen durchaus „rational" und bei einer hohen Nachfrage nach Zuschüssen aus der internen Organisationlogik der Agenturen heraus vergleichsweise „gerecht", die individuellen Betreuungskosten möglichst gering zu halten (vgl. McGrath/DeFilippis 2009; CCI 2008: 27) bzw. Betreuungsoptionen nahezulegen oder zu erleichtern, die vergleichsweise kostengünstig sind[35].

Angebot an und Nachfrage nach relativ kostengünstigem home-based Child Care weiten sich auf dieser Basis aus. Das institutionalisierte Betreuungsangebot wird im Verhältnis zur Entwicklung der weiblichen Erwerbstätigkeit jedoch kaum ausgebaut und die Home-based-Child-Care-Branche erhält innerhalb der kommodifizierten Care-Ökonomie einen zunehmend zentralen Stellenwert gegenüber institutionalisierten Betreuungseinrichtungen (McGrath/DeFilippis 2009: 69).[36] So ist diese Form, die vergleichsweise kostengünstig ist und in der

34 New York State legte zu diesem Zwecke 1998 das *Satellite Child Care Program* auf. Kommunale Agenturen, *Welfare-* und *Housing*-Behörden machten Sozialhilfeempfängerinnen als potenzielle home-based Child Care Provider aus, die in einem *From-welfare-to-child-care*-Training auf ihren neuen Job vorbereitet, mit einer Grundausrüstung ausgestattet wurden und sich anschließend auf dem Child-Care-Markt ihren Lebensunterhalt eigenständig verdienen können sollten (vgl. Center for the Child Care Work Force 1998).

35 Es ist daher sicherlich auch kein Zufall, dass es häufig lange Wartelisten für die Beantragung von Betreuungsgutscheinen, finanziellen Zuschüsse und öffentlich finanzierten *day care slots* gibt und viele Eltern ein solches Prozedere von vornherein meiden. 40.000 Kinder standen im Jahr 2000 auf den Wartelisten für Zuschüsse zur Kinderbetreuung, und die Zeit von der Beantragung bis hin zur Bewilligung betrug häufig über ein Jahr (vgl. The Childrens Aid Society 2000; CCI 2008: 27). Zwischen 2003 und 2007 nahm die Betreuung von TANF-Kindern in den verschiedenen Home-based-Child-Care-Arrangements um 56 % zu, die von ACS-Kindern um 24 % (vgl. CCI 2008: 13). Insgesamt werden immer mehr Kinder sowohl von *Working-poor*-Eltern als auch von Eltern, die Sozialhilfe beziehen, in der kostengünstigsten Form von home-based Child Care – der legalisiert-informellen Form – betreut (vgl. CCI 2008).

36 So ist in New York City seit 1998 das Angebot an Betreuungsplätzen im Rahmen von center-based Child Care konstant geblieben, obwohl die weibliche Erwerbstä-

dafür gesorgt ist, dass die Reproduktions- und Care-Arbeit den öffentlichen Haushalt nicht zu teuer zu stehen kommt, Ausdruck und Resultat der Bearbeitung des Widerspruchs zwischen Produktion/Löhnen und Reproduktion/Care.

Mit der *Welfare Reform* änderte sich der Rahmen, in dem Kämpfe, Koalitionen und Aushandlungen um Löhne und Arbeitsbedingungen von bezahlten Child-Care-Arbeiter_innen stattfinden. Der Staat wird zunehmend Adressat für Forderungen seitens der Child-Care-Arbeiter_innen und der Child-Care-Konsument_innen gleichermaßen. Anders als bei domestic Care Work treten nunmehr Child-Care-Arbeiter_innen und Eltern zunehmend auch gemeinsam für eine Verbesserung von Child Care ein – sowohl im Hinblick auf die Erstattungssätze und die Regeln zur Anspruchsberechtigung für Child Care als auch im Hinblick auf die Bezahlung und die sozialstaatliche Absicherung von Child-Care-Arbeiterinnen. Eltern und Child-Care-Arbeiter_innen können hier Koalitionspartner_innen werden, weil aufgrund der Veränderung in der ökonomischen Form von home-based Child Care ein gemeinsamer Adressat für ihre Forderungen zur Verfügung steht. Dabei machen sie die Transformationsprozesse in dieser sozialen Form von Arbeit zum Ausgangspunkt ihrer Mobilisierung. Sie thematisieren den indirekten und direkten Einfluss staatlicher Politik auf die Arbeits- und Care-Bedingungen sowie die Lohnhöhen in diesem Sektor und versuchen den Staat als eigentlichen Arbeitgeber in die Verantwortung hierfür zu nehmen (McGrath/DeFilippis 2009: 73).

In der ersten Mobilisierungswelle für eine Verbesserung der Arbeitsbedingungen von Child Care Workern und der Care-Bedingungen für die Kinder arbeitender Eltern erwachte das Interesse der Gewerkschaften für das Thema Child Care ein wenig und diese begannen sich als soziale Akteurinnen in diesen Bereich einzubringen. So gründete sich 1998 in New York City die *New York Union Child Care Coalition* (vgl. New York Times 02.03.1998),[37] die sich aus insgesamt 22

---

tigkeit im selben Zeitraum erheblich zugenommen hat. Dagegen nahm die Anzahl von Betreuungsangeboten in privatisierten Arrangements erheblich zu (McGrath/DeFilippis 2009: 69), vor allem in Stadtteilen mit hoher Armutsquote. In Manhattan und Staten Island (als wohlhabenden Bezirken) wurde 2008 jedes dritte Kind in institutionalisierten und professionalisierten Day Care Centern betreut. In Brooklyn und der Bronx, beides Bezirke mit einer vergleichsweise hohen Kinderdichte und hohen Armutsquoten, wurde nur jedes fünfte (Bronx) bzw. vierte (Brooklyn) Kind in einem Day Care Center betreut (vgl. CCI 2008: 25).

37 An der Koalition beteiligten sich schließlich Gewerkschaften wie SEIU, *Union of Needle Trades, Industrial and Textile Employees, Hotel Employees and Restaurant Employees Union* (UNITE HERE), *United Federation of Teachers* und andere.

Vertreter_innen verschiedener Gewerkschaften zusammensetzte. Ihr Ziel war, die Qualität und die Preise von Child-Care für arbeitende Eltern und *Working-poor*-Eltern im Staat New York zu verbessern, die Einkommensgrenze bei der Anspruchsberechtigung für staatliche Zuschüsse zur Kinderbetreuung zu erhöhen und in den jeweiligen Gewerkschaften eine Sensibilisierung für die Bedürfnisse und Interessen von Eltern anzustoßen.[38] Zeitgleich begannen sich New Yorker Eltern mit ähnlichen Forderungen zu organisieren. Schließlich wurde erreicht, dass die Einkommensgrenze der Unterstützungsberechtigten erhöht wurde,[39] Vermittlungsagenturen für Kinderbetreuung, die sowohl für *Welfare-to-work-* als auch für *Working-poor*-Eltern Kinderbetreuungsplätze vermittelten, eingerichtet wurden, die Zuschüsse zur Kinderbetreuung deutlich erhöht wurden und die bestehende Infrastruktur von institutionellen Betreuungsprojekten erneuert und ausgeweitet wurde. Außerdem erreichte die Kampagne, dass punktuell auch die Löhne von Child Care Workern staatlich aufgestockt und Haushaltsmittel dafür zur Verfügung gestellt wurden, neue Child Care Worker anzuwerben und diesen eine öffentlich finanzierte Basisausbildung in Child Care zukommen zu lassen (vgl. New York Union Child Care Coalition 2004).[40]

Eine zweite, größere Mobilisierung auf Seiten der Child Care Worker entstand als Reaktion auf die Dumping-Praxis der Stadt New York bezüglich der staatli-

---

38 Die gemeinsame Mobilisierung umfasste Aktionen wie das Versenden von 30.000 Postkarten von Gewerkschaftsangehörigen an die Vertreter_innen in der Legislative, auf denen die Gewerkschafter_innen ihre Probleme, bezahlbare Kinderbetreuung zu finden, schilderten; öffentliche Anhörungen vor der Legislative, in denen (auch männliche) Mitglieder der Gewerkschaftsbasis ihren Betreuungsnotstand darlegten; Busladungen voll mit arbeitenden Eltern und ihren Kinder, die an sogenannten Lobby-Tagen in Albany, der Hauptstadt von New York State, protestierten und gleichzeitig mit ihren Bezirksabgeordneten die *child care issues* diskutierten, etc. (vgl. Firestein/Dones 2007: 48; vgl. Greenhouse, Steven in New York Times vom 02. März 1998)

39 Von 200 auf 275 % der Nationalen Armutsgrenze.

40 Die bundesstaatlichen Mittel für Zuschüsse zur Kinderbetreuung wurden erhöht – im Jahr 1999 gab es 162 Millionen Dollar zusätzlich (so erhielten zusätzlich 13.000 arbeitende Eltern Unterstützung), im folgen Jahr 120 Millionen Dollar; vom Staat New York wurden 1999 15 Millionen Dollar für den Ausbau und die Erneuerung bestehender Betreuungsprojekte zur Verfügung gestellt und 2001 weitere 40 Millionen Dollar als Zuschüsse zu den Löhnen von Child Care Workers und für die Anwerbung und Ausbildung neuer Child Care Workers (diese Gelder kamen rund 35.000 Child Care Workers – überwiegend Frauen – zugute) (vgl. Firestein/Dones 2007: 150ff.).

chen Erstattungssätze für Kinderbetreuungskosten.[41] Eltern, Child Care-Worker und die Community- und Graswurzel-Organisation *Families United for Racial and Economic Equality* (FUREE), die sich 2001 gründete, forderten bessere Kinderbetreuung und bessere Arbeitsbedingungen für Care-Arbeiter_innen. Child Care Worker forderten das Recht, sich zu organisieren, höhere Löhne und höhere Subventionen für Kinderbetreuung. New York State war schließlich der achte Bundesstaat in den USA, der eine gewerkschaftliche Organisierung von home-based Child Care Workern zuließ (Boris/Klein 2007: 40).

Im Oktober 2007 traten die Child Care Worker der Lehrer_innen-Gewerkschaft *United Teachers Federation* (UFT) bei, die nunmehr über 28.000 Home-based-Child-Care-Anbieter_innen vertritt. Nahziel der UFT bei den Verhandlungen mit der Stadtverwaltung von New York war zunächst, dass diese den Anbieter_innen tatsächlich die vom Staat New York vorgegebenen Marktraten auszahlte.[42] Längerfristiges Ziel war es, Verträge auszuhandeln, in denen höhere

---

41 Da die Stadt 1999 mit Anbieter_innen-Netzwerken von home-based Child Care Workern vergleichsweise niedrige Sätze aushandelte (die deutlich unterhalb der vom Bundesstaat festgesetzten Marktraten [vgl. 4.1] lagen und bis 2005 gültig waren), etablierte sich unter den Anbieter_innen von home-based Child Care ein duales System. Jene, die subventionierte Kinder betreuten, verdienten im Schnitt vier bis zehn Dollar pro Kind und Tag weniger als ihre privat agierenden Kolleg_innen. Child-Care-Anbieter_innen waren also benachteiligt, wenn sie Kinder aus Niedrigverdiener_innen-Familien oder von *Welfare-to-work*-Eltern betreuten (vgl. UFTnews 31.07. 2009) und für Eltern, die auf Welfare angewiesen waren, war es teilweise unmöglich, Anbieter_innen zu finden, die bereit waren, Betreuungsgutscheine anzunehmen (FUREE 2006). Diese Situation im subventionierten Home-based-Child-Care-Sektor war sogar Anlass für eine *emergency rule* von Seiten des New York State Office of Childen and Family Services, in der eine Ermahnung gegenüber der Stadt ausgesprochen wurde: "Continuing to maintain the existing rates could result in subsidized families losing their child care arrangements or being unable to find appropriate child care". Die sozialen Service Agenturen der Stadt wurden hier aufgefordert, die Erstattungsraten für subventionierte Kinderbetreuung den vom Bundesaat aktualisierten Marktdaten anzupassen. Dies sei notwendig „to maintain and preserve the gains achieved for poor families under welfare reform," NYS Office of Children and Family Services (2005): Notice of Emergeny adoption Rev. 11/00 NYS Office of Children and Family Services, Amendment of section 415.9 of Title 18 NYCRR). http://www.empirejustice.org/assets/pdf/issue-areas/child-care/notice-of-emergency-adoption.pdf

42 Diese Marktraten werden von den Staaten jährlich festgesetzt und geben den Social-service-Agenturen in den einzelnen Distrikten vor, wie hoch bzw. niedrig die Erstattungssätze für Kinderbetreuung jeweils sein können. Marktraten werden festgelegt unter Berücksichtigung der Bevölkerungsstruktur, des Einkommensniveaus und

Löhne, Krankenversicherung und bezahlter Urlaub für Home-based-Child-Care-Anbieter_innen, die mit staatlichen Geldern bezahlt werden, garantiert werden (vgl. UFTnews 31.07.2009).

Resultat dieser Kämpfe und Aushandlungen war auf der Angebotsseite der Child Care Worker, dass diese Form privater, kommodifizierter Care-Arbeit zu einem gewissen Grad in Richtung öffentliche und ansatzweise dekommodifizierte Care-Arbeit „zurecht"-gerückt wurde. Wesentlich hierfür war, dass die Stadt New York[43] als Institution und soziale Akteurin auftreten musste, die als „dritte Partei" neben den beiden Polen – Child Care Worker und Child-Care-Konsument_innen – einen wesentlichen Einfluss auf die Gestaltung dieser privaten Form von Care und Care-Arbeit besitzt. Die Kämpfe von Child-Care-Arbeiter_innen haben letzten Endes die Stadt New York dazu gezwungen, die Rolle des öffentlichen Arbeitgebers (in Teilen) anzunehmen.

Auf Basis dessen, dass die Regulation des Widerspruches zwischen Lohnarbeit für alle Geschlechter und vergleichsweise niedrigen Löhne auf der einen Seite und bezahlbarer Betreuung für die Kinder arbeitender Eltern auf der anderen Seite durch die staatliche Arbeitsmarkt- und Familienpolitik seit 1996 teilweise kanalisiert wurde, existierte fortan ein institutionalisierter Adressat für Forderungen von Child Care Workern, arbeitenden Eltern und Gewerkschaften. Allianzen zwischen diesen verschiedenen sozialen Akteur_innen wurden möglich und eine ökonomische Aufwertung, Institutionalisierung und Absicherung dieser Form von Care-Arbeit konnte in Teilen und schrittweise stattfinden; auf der anderen Seite führt die Krise in der Ökonomie und den öffentlichen Haushalten sowie die Sparpraxis der Stadt New York dazu, dass genau dieser Aufwertungsprozess unterlaufen wird, die legalisiert-informelle Form von Child Care quantitativ zunimmt und dies eine Gegentendenz zur Institutionalisierung und Aufwertung

---

der Marktpreise auf dem privaten Child-Care-Markt (vgl. Mending the Patchwork 2004).

43 Nach zweijährigen zähen Verhandlungen zwischen der UFT, dem Staat New York und dem New York State *Office of Children and Family Services* erreichte die UFT einen Teilerfolg im Juli 2009, einen Vertrag zwischen der UFT und der Stadt New York, der für rund 28.000 Home-based-Child-Care-Anbieter_innen in der Stadt Gültigkeit besitzt. In dem Vertrag werden die Mindestsätze für Kinderbetreuung auf jeweils zwei Jahre festlegt, allen Anbieter_innen wird der Zugang zur New Yorker Krankenversicherung für öffentlich Angestellte – *Family Health Plus* – gewährt, die Bereitstellung finanzieller Mittel für die Weiterbildung wird zugesichert und den Eltern das Recht bestätigt, frei eine_n Anbieter_in zu wählen (vgl. UFT 31.07.2009).

der Home-based-Child-Care-Branche innerhalb der kommodifizierten Care-Ökonomie darstellt.

In der aktuellen ökonomischen Krise steigt die Anzahl der *working poor*[44] und der Arbeitslosen[45] in der Stadt und viele Einzelhaushalte sehen sich angesichts der Betreuungskosten vor existenzielle Probleme gestellt. Steigende Arbeitslosigkeit und sinkende Haushaltseinkommen führen dazu, dass immer mehr Eltern ihre Kinder aus der bezahlten Betreuung herausnehmen und entweder in unbezahlte oder kostengünstigere Arrangements geben[46]. Eine immer größere Anzahl an *working poor* und TANF-Bezieher_innen konkurrieren um die finanziellen Zuzahlungen zur home-based Child Care.

Registrierte Child-Care-Anbieter_innen verlieren ihre „Kund_innen" und müssen „den Laden dicht machen". Zeitgleich strömen neue Anbieter_innen auf den Home-based-Child-Care-Markt. Dies sind v.a. Frauen mit Kindern, die ihre Lohnarbeit im Zuge der ökonomischen Krise verloren haben und mit home-based Child Care versuchen, die Betreuung ihrer eigenen Kinder mit der Erwirtschaftung eines eigenen Einkommens zu verbinden (NACCRAA 2009). D.h., einerseits institutionalisiert sich die Form von subventionierter home-based Child Care derzeit zu einem gewissen Grad, wodurch Home-based-Child-Care-Arbeiter_innen etwas bessere Arbeits- und Reproduktionsbedingungen erlangen. Andererseits strömen angesichts der ökonomischen Krise und ihrer sozialen Auswirkungen neue Anbieter_innen auf den Markt, deren Reproduktionsbedingungen prekär sind.

In Zeiten knapper öffentlicher Kassen und eines steigenden Bedarfs an sozialstaatlichen Zuschüssen zu bzw. Übernahme von Betreuungskosten greift der Staat New York zunehmend auf das „Schlupfloch" der nicht gewerkschaftlich organisierten legalisiert-informellen Betreuung zurück. Kinder von Sozialhilfebezieher_innen erhalten häufig nur noch Betreuungsgutscheine für diese kostengünstigste, kaum regulierte Variante der Betreuung (vgl. ebd.). So scheint es

44 Die Anzahl der *working poor* in New York City stieg bereits in den Jahren von 2005 bis Ende 2008 um ca. 300.000 (vgl. New York Times vom 02.03.2010; Bureau of Labor Statistics 2010). Im Laufe des Jahres 2009 dürfte sie weiter gestiegen sein.

45 Auch die Arbeitslosigkeit stieg in der Stadt seit August 2008 um 4,5 % auf 9,5 % (im April 2010), was einer Zunahme um ca. 120.000 auf nunmehr 427.332 entspricht (vgl. Bureau of Labor Statistics 2010).

46 „[A]s parents lose employment, as their hours are cut back, they are taking children out of organized child care and making do with whatever arrangement they can find (hoping it's safe, hoping it meets health and safety standards, hoping the arrangement is temporary until times are better)" (NACCRRA 2010 B).

wahrscheinlich, dass unter den verschiedenen Formen von home-based Child Care gerade die Form sich quantitativ ausweiten wird, in der die arbeitenden Child Care Worker mit ihren Löhnen kaum über das Sozialhilfeniveau kommen, in denen die Qualität der Betreuung nicht reguliert und unter den gegebenen Arbeitsbedingungen eher zweifelhaft ist.

5.2.3 Home (Health) Care: Altenpfleger_innen im rudimentären Wohlfahrtsstaat – Legalisierte Migrant_innen und women of color

Erstmals taucht diese Form von Care-Arbeit zu Zeiten des New Deals auf: Staatlich finanzierte arbeitslose afroamerikanische domestic Worker werden als *visiting homemakers/housekeepers* in Haushalte geschickt, um hilfsbedürftige Frauen bei der Pflege von Familienangehörigen zu unterstützen (Boris/Klein 2008: 33; Nadasen 2008). Boris und Klein (2008: 33) machen drei gesellschaftliche „Arenen" aus, die sich transformieren und in denen seit den 1930er Jahren diese Form von Altenpflege emergiert – und sich verändert: das System der öffentlichen Krankenhäuser, die staatlichen Kranken- und Altenpflegeprogramme für Arme und Alte (*Medicare* und *Medicaid*) und den Privatmarkt für *domestic services.*

Die Veränderungen in der Organisation des Arbeitsprozesses in den öffentlichen Krankenhäusern in den 1930er Jahren sind der Boden, von dem aus sich in der weiteren historischen Entwicklung home Care Work ausweitet. Dabei wurden drei verschiedene, hierarchisch zueinander positionierte Kategorien von Krankenschwestern geschaffen, die sich in der erforderlichen medizinischen Qualifikation und dem jeweiligen „Care-Anteil" ihrer Arbeitsaufgaben, ihrer Bezahlung und ihrer individuellen Absicherung stark voneinander unterscheiden[47]: Ganz oben die regulären Krankenschwestern (*regular nurses*, RN[48]) mit einem geringen Care-

---

47 Home Health Aids und home Care Aids führen ähnliche Tätigkeiten im Zuhause der Patient_innen aus wie ihre in den Krankenhäusern arbeitenden „Kolleg_innen" – einfache lizensierte Krankenschwestern (*licensed practical nurses*, LPN) und ihre Assistent_innen (*nursing aids*, NA). Als Kategorien von Care-Arbeit und medizinischer Grundversorgung entstehen die Berufsgruppen der LPNs und NAs in Folge einer an Taylors Ideen zur Betriebsführung orientierten effizienten Reorganisation des Krankenhaussystems in den 1930er Jahren (vgl. Cannings/Lazonik 1975).

48 Die RNs sahen sich angesichts der vermehrten Einstellung ihrer kostengünstigeren, häufig afroamerikanischen Kolleginnen (LPN und NA) in der Folge bedroht und begannen sich in den 1950er Jahren zu organisieren und Arbeitskämpfe zu führen (vgl. Glenn 1992: 27), woraufhin der Krankenschwesternberuf stärker professio-

Anteil in der Arbeit,[49] in der Mitte die lizensierten Krankenschwestern (LPN) (vgl. OHRS 2008),[50] ganz unten mit einem hohen Care-Anteil in der Arbeit die Krankenschwestergehilfen bzw. Pfleger_innen (NA) (vgl. Cannings/Lazonik 1975). Die Arbeit der NAs etablierte sich im weiteren Verlauf als eine Form von gering qualifizierter und kostengünstiger Pflegearbeit, die v.a. von afroamerikanischen und später auch zunehmend migrantischen Frauen mit Aufenthalts- und Arbeitserlaubnis übernommen wurde. Home Care Worker machen weitgehend dieselbe Arbeit wie NAs, nur im Privathaushalt der jeweiligen Care-taker.

Home (Health) Care Arbeit als Form der Langzeitpflege und Betreuung erfuhr einen ersten deutlichen Nachfrageschub im Kontext der Implementierung von *Medicare* und *Medicaid* in den 1960er Jahren. Eine (wenn auch rudimentäre) Dekommodifizierungspolitik, von der v.a. ältere und ärmere US-Amerikaner_innen profitierten, erforderte nun einen vergleichsweise umfassenden öffentlichen Haushalt für die Pflege und Betreuung von Alten und Armen.

In derselben Zeit mehrten sich Skandale in Pflegeheimen und es setzte eine De-Institutionalisierungsbewegung ein (vgl. Rhee/Zabin 2009: 85), welche Langzeitpflege und Betreuung von Alten und Kranken zu Hause als die bessere Alternative zur institutionellen Betreuung diskursiv platzierte. Unter diesen Voraussetzungen und bei explodierenden Kosten in den öffentlichen Gesundheitshaushalten war es ein Leichtes, in den 1960er Jahren mit den Argumenten Kosteneinsparung *und* bessere Pflegequalität die arbeitsintensive Care-Arbeit in der Langzeit- und Altenpflege als kostengünstige Home Care Work, die unter den Standards in der Pflegearbeit in den Pflegeheimen bezahlt wird und kostengünstiger ist, zu reorganisieren und v.a. an auf dem Arbeitsmarkt benachteiligte *women of color* mit geringer Qualifizierung zu delegieren (vgl. Biklen 2003; Boris/Klein 2007: 182). Staatliche Privatisierungs- und Sparpolitiken sowie

---

nalisiert und die Kompetenzbereiche in den Krankenhäusern strenger definiert wurden (vgl. OHRS 2008). Weniger anspruchsvolle klinische Tätigkeiten sollten fortan ausschließlich von LPNs und die zeitintensiven Pflegetätigkeiten von NAs ausgeführt werden – in Krankenhäusern wie auch in institutionellen Pflegeheimen (vgl. Glenn 1992: 28ff.).

49 In ihren Arbeitsbeschreibungen ist der Anteil an Pflegetätigkeiten vergleichsweise gering. Schwerpunkt ihrer Arbeit sind die gesundheitliche Versorgung und eine ganze Reihe an klinischen Tätigkeiten. Sie benötigen eine 3- bis 4-jährige Collegeausbildung, so dass dieser Beruf bis zur Bürgerrechtsbewegung ein Beruf v.a. weißer Frauen war (vgl. OHRS 2008).

50 LPNs übernehmen einfachere medizinische Tätigkeiten und sind für einen Teil der direkten Pflege- und Versorgungstätigkeiten zuständig.

eine Diskursverschiebung hinsichtlich der Frage, was angesichts der Situation in institutionellen Pflegeeinrichtungen die „bessere Pflege" sei, begünstigten die Verbreitung dieser Form von Care-Arbeit in den 1960er und 70er Jahren. Die Dekommodifizierung der Pflege von Alten und Armen fußte daher u.a. auf einer Privatisierung der Arbeitsverhältnisse und der Ausnutzung stark kommodifizierter und marginalisierter Care-Arbeitskräfte.

Die Geschichte der weiteren Entwicklung von Home Care Work liest sich – je nach Perspektive – wie eine aus einem postoperaistischen Beispielbuch (vgl. zum Begriff Postoperaismus Birkner/Foltin 2006)[51] oder aber wie ein Musterbeispiel eines „Klassenkampfes von oben". So entwickelt sich diese Form von Arbeit in einem kontinuierlichen dialektischen Wechselspiel von auf der einen Seite Organisierungsversuchen und Teilerfolgen der bezahlten home Care Worker und der Konsument_innen ihrer Arbeit und auf der anderen Seite einer rigiden öffentlichen Sparpolitik sowie erfolgreichen „Gewerkschaftsvermeidungstaktiken" seitens der politischen und ökonomischen Eliten New Yorks. Dabei ringen verschiedene Akteur_innen mit gegensätzlichen Motiven und Interessen miteinander und in diesem Ringen wird die (Geschichte der) Form gemacht.

Home-based Care Worker forderten die Anerkennung von Seiten der Stadt als das, was sie ökonomisch gesehen spätestens seit Mitte der 1960er mit der Einführung von *Medicare* und *Medicaid* im Grunde waren: Arbeiter_innen, die im Auftrag der städtischen Sozialbehörden arbeiteten und zum Großteil von staatlichen Geldern bezahlt wurden (Boris/Klein 2007: 184).[52] Ziel der Kämpfe war ähnlich wie bei den home-based Child Care Workern 40 Jahre später, dass die Stadt als öffentlicher Arbeitgeber und Verhandlungspartner in Sachen Arbeitsbedingungen, soziale Absicherung und Löhne in Erscheinung trat. Erste zaghafte Erfolge von Home Care Workern, was die Anerkennung ihres Arbeitsverhältnisses als quasi öffentliches anging, wurden jedoch durch die krisenhafte ökonomische Entwicklung und die neoliberale Regimetransformation in den späten 1970er Jahren konterkariert, in deren Kontext die sozialdemokratischen

51 Grundannahme des Operaismus (und Postoperaismus, der über einen weiten und dezentrierten Klassenbegriff verfügt) ist, dass die kapitalistische Entwicklung vom proletarischen Klassenkampf bzw. von sozialen Kämpfen bestimmt und vorangetrieben wird (vgl. Birkner/Foltin 2006) und daher auch von den Kämpfen aus untersucht und verstanden werden müsste.

52 Mitte der 1960er schlossen sich Home Care Worker in New York City an die AFSCME (Lokal 371) an und bestreikten gemeinsam mit Sozialarbeiter_innen und Einzelfallhelfer_innen – insgesamt kamen so ca. 8.000 Arbeiter_innen zusammen – rund zwei Drittel der Sozialbehörden in der Stadt (Boris/Klein 2007: 184).

Grundlagen der öffentlichen Ausgabenpolitik der Stadt zunehmend verblassten (Moody 2007: 61).

Am Ende der Fordismuskrise hatte die Stadt rund 20 % ihrer Angestellten entlassen, fünf städtische Krankenhäuser geschlossen, ihre *Medicaid*-Programme deutlich zurückgefahren und sie privatisierte einen Teil der öffentlichen Dienstleistungen auf verschiedenen Wegen (ebd.: 65ff.). Boris und Klein stellen rückblickend auf diese Zeit fest, dass die öffentliche Sparpolitik *race relations*, Geschlechterverhältnisse und die Besonderheit von Care-Arbeiten zu ihren Zwecken nutzte:

> „The City took advantage of the racialized and gendered devaluation of care labor to balance its welfare books and to keep the costs of elderly programs at bay. It could also take advantage of the ambiguities of care work – the emotional and psychological connections between workers and clients, compassion, and the dependence of clients – to defray the real costs, increasingly building the program on a casualized, minimally compensated workforce" (Boris/Klein 2009: 17).

Home Care Worker werden in dieser Zeit als *independent contractors* (selbständige Unternehmer_innen) re-klassifiziert, gelten fortan als „Hausangestellte" und sind rechtlich ähnlich ungeschützt wie domestic Worker. Sie können direkt von den Konsument_innen angestellt werden, die hierfür Zahlungen vom Staat erhalten (ebenda 2009: 22f.). Auch als *independent contractors* sind home Care Worker aber weiterhin zu einem wesentlichen Anteil über staatliche Gelder finanziert und erfüllen staatlich zugesicherte Ansprüche an Pflege. Der Demokratische New Yorker Abgeordnete Seymour Posner, der sich für eine Regulierung und Aufwertung von home Care Work und bezahlter Hausarbeit einsetzte, formulierte diesen Widerspruch in den *Household Worker News* von 1980 wie folgt: „[E]ven though people are now paid for working, the attitude of the masters toward the servant in their home remains the same. The City administration is now the 'lady of the house'. The 'girl' or 'maid' or 'servant' who is treated like a slave still exists" (Posner zit. n. ebenda 2009: 32f.). Die Nachfrage nach home-based Care Arbeit stieg, gleichzeitig verschlechterten sich sowohl Arbeitsbedingungen als auch Leistungsqualität erheblich.[53]

---

53 Der Zusammenhang von Care-Qualität und Arbeitsbedingungen wurde in einer öffentlichen Anhörung im US-Kongress thematisiert. Dass es überhaupt zu einer solchen Anhörung auf Bundesebene kam, zeigt, dass es sich tatsächlich bereits Ende der 70er Jahre um ein Problem von größerem Ausmaß handelte (vgl. U.S. Congress, House of Representatives. 1979. Independent Contractors. Hearings before the Subcommittee on Select Revenue Measures of the Committee on Ways and Means, 96th Congress, 1st Session. Washington, D.C.: Government Printing Office).

An diesem Widerspruch entzündete sich bereits Mitte der 1970er Jahre arbeitsrechtlicher Protest, begleitet von einer verstärkten Organisierung von Home Care Workern im Bundesstaat New York (vgl. Boris/Klein 2007: 184).[54] Die Dienstleistungsgewerkschaft *Service Employees International Union* (SEIU)[55] begann erhebliche Anstrengungen zu unternehmen, um diese aufgrund ihrer dezentralen Arbeitsplätze schwer organisierbaren Arbeitskräfte gewerkschaftlich zu organisieren (vgl. Boris/Klein 2009: 32). Neue Organisierungsstrategien wurden entwickelt und verschiedene Gewerkschaftsabteilungen der SEIU in die Mobilisierung eingebunden.[56] Ziel der SEIU war es, die Stadt dazu zu bringen, ihre Rolle als öffentlicher Arbeitgeber und *bargaining partner* der Gewerkschaft anzunehmen. Die Stadt zog eine „Gewerkschaftsvermeidungstaktik" (ebenda 2009: 35) vor und privatisierte damals kurzerhand das ganze Home-Care-Programm. Damit oblag nunmehr auch die Organisation und Durchführung von home-based Care im Rahmen von *Medicaid* und *Medicare* Privatagenturen,[57] die mit unterschiedlichen Organisationszielen – religiös, unternehmerisch, gemeinnützig – den privaten Home-Care-Markt New Yorks zunehmend bevölkerten. Diese Privatagenturen wurden primär zuständig für Arbeitsbedingungen und Löhne und daher auch die Adressaten der gewerkschaftlichen Politik.

---

54 Nach dem gewerkschaftsnahen Demokraten Posner benannt, war die sogenannte *Posner Bill* von 1977 ein Zwischenschritt auf dem Weg zur Anerkennung und Regulierung dieser Form von Care-Arbeit als Arbeit. Die *Posner Bill* gewährte zwar kollektive Verhandlungsrechte für Hausangestellte, aber sie schloss weiterhin – in Anlehnung an die Bundesgesetzgebung – jene Arbeiter_innen aus, deren Arbeit besonders Care-intensiv war, darunter Babysitter und Begleit- und Betreuungspersonen von kranken und älteren Menschen (vgl. hierzu auch einen Brief von Posner an Edward Bookstein, abgedruckt in Boris/Klein 2007: 184).

55 Insbesondere das „Flaggschiffs" 32BJ der Gebäudereiniger und -instandhalter von SEIU und sein damaliger Präsident John Sweeney.

56 Unter anderen waren beteiligt: SEIU Local 32B-32J, SEIU Local 144 (Krankenschwestern und Pflegepersonal) und die *National Union of Personal and Health Care Employees* Lokal 1199.

57 In New York (und diversen anderen Bundesstaaten) etablierte sich als staatliche Privatisierungspraxis die Institutionalisierung von sogenannten *vendor schemes* (vgl. Boris/Klein 2008: 34ff.). Dabei schloss der Staat mit privaten Agenturen Verträge ab (in der Regel über eine festgelegten Menge an Home-Care-Fällen) und gab so die Organisation, Verwaltung und Durchführung von *Medicare*- und *Medicaid*-Fällen in die Hände privater (Profit- oder Nonprofit-)Firmen. D.h., die Organisation und Durchführung des Care-Prozesses oblag nunmehr zunehmend entweder Privatpersonen (den Home Care Workern selbst) oder aber privaten Agenturen, die Home Care Worker anstellten.

Ein Ergebnis dieser zweiten Organisationswelle war, dass sich der gewerkschaftliche Organisierungsgrad von Home Care Workern deutlich erhöhte.[58] SEIU 1199 handelte Verträge mit verschiedenen privaten Home-Care-Agenturen aus. Deren Budget für home Health Care war jedoch weiterhin durch die staatliche Mittelvergabe festgelegt und Löhne, laufende Ausgaben und Profite konkurrierten hier um ein fixiertes Finanzvolumen. Die Handlungsspielräume der Gewerkschaften war im Hinblick auf den Gegenstand der Aushandlungen mit den privaten Arbeitgeber_innen daher weiterhin begrenzt (vgl. Boris/Klein 2007: 187). Aufgrund einer kontinuierlichen Verschlechterung der Arbeitsbedingungen im Bereich Home Care kam es zu einem erheblichen Arbeitskräftemangel in diesem Bereich in den 1980er Jahren.[59]

Die Kampagne „Justice for home care workers“ verband Forderungen nach höheren Löhnen mit Forderungen nach einer Erhöhung der staatlichen Gelder für home Care.[60] Im März 1988 sah sich der Staat New York dazu gezwungen, einer erheblichen Erhöhung der Mittel für home Care zuzustimmen. Den Gewerkschaften wurde eine Lohnerhöhung von 53 % für home Care Worker, Krankenversicherung (bzw. Zuzahlung zu Versicherungskosten), garantierte freie Tage und die Übernahme der Kosten für verordnete Medikamente zugesichert (vgl. Caress 1988: 4–14). Weitere gewerkschaftlich organisierte Kämpfe und politische Kampagnen führten u.a. dazu, dass 2002 die New Yorker home Care Aids in die *Living-wage*-Gesetzgebung der Stadt aufgenommen wurden.[61] Dies

58 1985 waren bereits 20.000 Home Care Worker von der Gewerkschaft 1199 vertreten und hatten gewerkschaftlich verhandelte Verträge, die Organisierung war bereits mehr als 10 Jahre her und dennoch waren Arbeitsbedingungen, Löhne und Absicherung für Home Care Worker weiterhin miserabel (im Schnitt verdienten viele Home Care Worker nicht mehr als 7.000 Dollar im Jahr, in der 24-Stunden-Pflege wurden nur 12 Stunden bezahlt, bezahlter Urlaub, Krankheitstage und Zuschüsse zur Krankenversorgung gab es kaum (vgl. Boris/Klein 2007: 187).

59 So titelt Esther Iverem in der New York Times am 28. Januar 1988 „New York's Home Health Care System facing a labor crisis“: „New York's home health-care system, because of low pay and difficult working conditions, is having problems attracting and keeping workers, according to health and labor experts and officials of agencies that provide the care“.

60 An der Kampagne beteiligten sich Home Care Worker, Gewerkschaften, Non-Profit-home-Care-Agenturen, Konsument_innen (Klient_innen von home Care), Community-Organisationen und religiöse Vereinigungen.

61 Die (US-weite) *Living-wage*-Bewegung versucht Gesetzesänderungen im Arbeitsrecht auf städtischer und bundesstaatlicher Ebene voranzubringen (vgl. http://livingwagenyc.org). Diese Änderungen sollen für die verschiedenen Gruppen von in privaten

bedeutete für ca. 50.000 home Care Worker in New York City eine deutliche Gehaltserhöhung auf 8,1 Dollar (plus *benefits*) bzw. 9,6 Dollar pro Stunde (vgl. New York Times vom 11.11.2002).

Unter das *Living-wage*-Gesetz fallen jedoch vor allem jene Care Worker, die von Home-Care-Agenturen angestellt werden, die im Rahmen des *Personal-care*-Programms der Stadt direkt ihre Aufträge erhalten. Dies sind in New York City vornehmlich die home Care Attendents, nicht aber die home Health Aids. Dies führt zu der ungewöhnlichen Situation, dass die besser ausgebildeten home Health Care Aids weniger verdienen als ihre als home Care Aids arbeitenden Kolleg_innen (vgl. Paraprofessional Health Care Institute 2009b).

Dieser Widerspruch war wiederum Anlass für eine dritte Organisierungswelle von home Care Workern. Im Sommer 2004 sah die Stadt New York den größten aller „Care-Streiks":[62] 23.000 gewerkschaftlich organisierte (1199 SEIU) home Health Care Worker traten für drei Tage in den Streik und forderten eine deutliche Lohnerhöhung auf das *Living-wage*-Niveau (von 7 auf 10 Dollar).[63] Die Hälfte der bestreikten privaten Agenturen stimmte schließlich einem Kompromiss mit den Gewerkschaften zu und vereinbarte die Anhebung der Stundenlöhne auf 10 Dollar, allerdings erst ab 2008 (vgl. wsws.org vom 14.06.2004).

Von den durch Arbeitskämpfe erzielten Erhöhungen in den *Medicaid*- und *Medicare*-Erstattungssätzen profitieren aber nicht allein die Care-Arbeiter_innen selbst, sondern ebenso die privatwirtschaftlichen Firmen (vgl. Home Care Crisis C), und der Home-Care-Markt scheint für profitorientierte Home-Care-Agenturen attraktiver zu werden, da diese in den letzten Jahren einen wachsenden

---

Firmen (for profit und not for profit) arbeitenden Arbeiter_innen, die öffentliche Aufträge ausführen, Löhne garantieren, die (auch in New York) zum Leben reichen (und sich daher an regionalen Lebenshaltungskosten orientieren müssen und nicht am Mindestlohn). Die *Living-wage*-Bewegung fokussiert dabei auf Veränderungen im lokalen Recht und ersetzt nicht die bundesstaatliche Mindestlohngesetzgebung. *Living wages* sind häufig und insbesondere in New York mit seinen hohen Lebenshaltungskosten höher als der Mindestlohn.

62 In der gleichen Zeit streikten 7.000 Child-Care-Arbeiter_innen aus staatlich subventionierten Day-Care-Einrichtungen, in denen ca. 30.000 Kinder aus einkommensschwachen Familien betreut wurden, sowie 10.000 Lehrer_innen.

63 Obwohl nach dem ersten Streiktag der New Yorker Bürgermeister Michael Bloomberg die Gewerkschaft aufforderte „to end its job action and return to work in order to minimize the disruption of patient care" (zit. n. WSWS 14. Juni 2004) und Gewerkschaftsführer Dennis Rivera daraufhin die Streikenden um eine 30-tägige Friedensfrist bat, in der weitere Verhandlungen mit der Stadt und den Agenturen stattfinden könnten, wurde dieser Streik nicht vorzeitig beendet. (vgl. wsws.org 14.6.2004).

Anteil des Home-Care Marktes ausmachen. Dies lässt sich daran ablesen, dass das Finanzvolumen, das *Medicaid* an solche home-Care-Anbieter_innen für die Durchführung von Home-Care-Aufträgen vergab, 2007 erstmals das Volumen, welches an gemeinnützige Agenturen oder Privatpersonen ging, überstieg (vgl. HCC C). Dabei wachsen vor allem die größeren Home-Care-Firmen[64]. Weiterhin befinden sich die Löhne im Bereich von home Care jedoch am unteren Ende der Einkommensskala (Armstrong et al. 2007). Auch wenn die Stadt die Agenturen auf das *Living-wage*-Gesetz verpflichtet, lässt der „freie" Markt zu, dass Home-Care-Agenturen Subunternehmen damit beauftragen, Teile des öffentlichen Care-Auftrages in ihrem Auftrag auszuführen. Die so in den Care-Prozess eingebundenen Care-Arbeitskräfte werden deutlich unterhalb des *living wage* bezahlt (vgl. Home Care Crisis C; Boris/Klein 2007). Gleichzeitig ist diese Form von Arbeit der Kern eines rasant wachsenden Arbeitsmarktes (vgl. Paraprofessional Health Care Institute 2010) – auch nach der jüngsten ökonomischen Krise (US Bureau of Labor Statistics 2009) und angesichts von De-Industrialisierungsprozessen, demografischem Wandel und der Zunahme weiblicher Erwerbstätigkeit in den USA wird diese Form von Care und Care-Arbeit eine weiterhin wachsende Bedeutung sowohl für die Care-Ökonomie als auch für die Ökonomie insgesamt einnehmen.

5.3 Zusammenfassung: widerstreitende Tendenzen der Auf- und Abwertung von Care-Arbeit

In der historischen Entwicklung wurde ex post betrachtet bei home Care besonders deutlich, dass in der Emergenz und Entwicklung der drei untersuchten Formen von Care-Arbeit verschiedene gesellschaftliche Verhältnisse und soziale Akteur_innen, widerstreitende Interessen und Tendenzen der Aufwertung und Abwertung von Care-Arbeit in Warenform am Werke sind und eine klare Entwicklungsrichtung hier nicht auszumachen ist.

Die öffentlich (ko-)finanzierten Formen, in denen die Ausführung eines öffentlichen Care-Auftrages für Arme und Alte (home Care) bzw. Kinder von einkommensschwachen arbeitenden Eltern (home-based Child Care) gewähr-

64 Erhielten die sechs größten Anbieter auf dem New Yorker Home-Care-Markt 2001 noch lediglich 9 % der *Medicaid*-Zahlungen für home Care, so waren es 2007 bereits 48 %, und die Profite dieser Anbieter beliefen sich auf 41 Millionen Dollar (Zahlen aus HCC C und Certified Home Health Agency Cost Reports 2001, 2007, New York State Department of Health).

leistet wird, sind in ihrer aktuellen Entwicklung stark von einer restriktiven Haushaltspolitik und den *Workfare*-Politiken im Wohlfahrtsregime auf dem Weg zum Postfordismus geprägt. In der Entwicklung dieser Formen ist eine Tendenz erkennbar, den Widerspruch zwischen Sparen und Pflegen/Betreuen zu Lasten der Arbeitsbedingungen von Care-Arbeiter_innen und der Care-Qualität aufzulösen. Allerdings regen sich in beiden Formen Gegentendenzen, die eine politisch gesetzte Grenze der Kommodifizierung von Care-Arbeiter_innen fordern und für die Aufwertung und Absicherung dieser Form von Care-Lohnarbeit streiten.

Eine ökonomische Aufwertung der Care-Arbeit erzielten die home Care Worker als Bestandteil einer größeren Allianz. Eine moderate strukturelle Transformation in den Verteilungsrelationen innerhalb der öffentlichen Haushalte (die Erhöhung der Erstattungssätze für home Care) in Richtung soziale Reproduktion und Care war hier die Basis für deutlich höhere Löhne für home Care Worker. In der Form home-based Child Care sind aktuell ähnliche Entwicklungen zu beobachten. Auch hier formieren sich Widerstände gegen die Arbeitsbedingungen, niedrige Löhne und dadurch verursachte Verschlechterungen der Care-Qualität. Die Child Care Worker wurden im Zuge dessen als „richtige" Arbeiter_innen gewerkschaftlich eingebunden. Erneut etablierten sich hier im weiteren Verlauf auch Gegentendenzen zur Aufwertung dieser Arbeit. Auf Basis höherer Erstattungssätze wurde der Home-Care-Markt interessant für profitorientierte Unternehmen. Heute konkurrieren profitorientierte *und* gemeinnützige Home-Care-Agenturen miteinander um die öffentlichen Aufträge, da Zuschläge seitens der öffentlichen Hand an jene Home-Care Agenturen vergeben werden, die möglichst kostengünstige Angebote machen. Tendenziell ist hierdurch ein Druck zur „effizienten" Care-Organisation und zu niedrigen Löhne vorgegeben. Privatagenturen versuchen, Löhne zu drücken, indem sie sich um arbeitsrechtliche Mindeststandards durch *subcontracting* herummogeln. Zudem besteht in allen drei untersuchten Formen von Care-Arbeit aufgrund der aktuellen ökonomischen Sparpolitiken, der steigenden Arbeitslosigkeit und der sinkenden Löhne auf den Arbeitsmärkten im Kontext der aktuellen Krise die Tendenz der ökonomischen Abwertung.

Die Form home-based Child Care emergierte zwar bereits lange vor der *Welfare Reform* von 1996, da sie allerdings mit der Reform einen quantitativen und qualitativen Sprung in ihrer Entwicklung durchmachte, lässt sich hier von der Emergenz einer neuen Form von öffentlich stark subventionierter oder finanzierter, über einen Privatmarkt organisierter Kinderbetreuung sprechen. Diese emergiert und weitet sich aus, weil sich die gesellschaftlichen Institutionen und Policy-Instrumente verändern, in denen sich die Organisationsmöglichkeiten und

Entscheidungen der Haushalte, was die Lohn-, Reproduktions- und Care-Arbeit betrifft, herausbilden. Seit der *Welfare Reform* hat sich auch der Boden verändert, auf dem Care-Arbeiter_innen sich organisieren können und Allianzen mit Eltern und Gewerkschaften schließen können. Auf dieser Basis konnten erste Schritte hin zur Anerkennung von Child-Care-Arbeit als eine Form der Erziehungs- und Bildungsarbeit gegangen werden. Eine Gegentendenz zur Aufwertung und Anerkennung dieser Care-Arbeit als „echte" Arbeit ist aktuell die öffentliche Sparpolitik im Zuge der ökonomischen Krise. Zu einem gewissen Grad können die gewerkschaftlich organisierten Child-Care-Arbeiter_innen und die Eltern diese Tendenz abfedern[65]. Im Zuge der Krise hat auch die legalisiert-informelle Form von Child Care, bei der die Arbeiter_innen nicht gewerkschaftlich organisiert sind, auf der Angebots- und Nachfrageseite Aufwind bekommen, da eine größere Anzahl von Eltern die kostengünstigsten Betreuungsoptionen suchen und arbeitslos gewordene Elternteile mit einem kleinen Child Care „Business" versuchen, ein Einkommen zu sichern. Diese Restrukturierungsprozesse in der Child Care Ökonomie im Zuge der aktuellen Krise stellen allerdings eine Gegentendenz zu Tendenzen der Formalisierung und gewerkschaftlichen Organisierung dieser Arbeit und dieser Arbeiter_innen dar.

Domestic Work erfuhr dank der Kämpfe von domestic Workern eine schrittweise Aufwertung, allerdings emergierte die Form auch als stark abgewertete Sklavinnenarbeit. Diese Tradition hat bis in die heutige Form hinein eine Wirkmächtigkeit. In dem Arbeits- und Care-Verhältnis der beiden Pole der Form zueinander schwingt „Mistress" und „Maid" (Young 1998) (noch) stärker mit als ein Selbstverständnis von domestic Workern als „echte" Arbeiterinnen mit entsprechenden Rechten und Arbeitgeber_innen von domestic Workern als „richtigen" Arbeitgeber_innen mit entsprechenden Pflichten (vgl. ähnlich NYS Department of Labor 2010: 2; ausführlich Andersen 2006).[66] Tendenzen der

---

65 New Yorks Bürgermeister Michael Bloomberg kündigte im Mai 2011 nach starken Protesten der Child-Care-Anbieter_innen in der UFT, Eltern und anderer Care-Advokat_innen an, „nur" 51 Millionen Dollar der städtischen Ausgaben für öffentliche Kinderbetreuung und Subventionen zur privaten Kinderbetreuung einzusparen – immerhin 40 Millionen weniger als ursprünglich geplant (vgl. UFT news vom 26.05.2011).

66 Das NYS Department of Labor (NYS 2010) diagnostiziert diesbezüglich: „Because domestic workers labor in private homes with children and the elderly, they form unique emotional attachments with the families that employ them. While these relationships may make their employers less likely to arbitrarily terminate their employment, they also complicate the nature of the employment relationship, with

Aufwertung im Zuge der Bürgerrechtsbewegung und der verschiedenen Organisierungswellen von domestic Workern sehen sich einer einflussreichen Gegentendenz durch den kontinuierlichen Zufluss von verletzlichen Arbeitskräften auf die US-Arbeitsmärkte – insbesondere in der globalen Stadt New York – gegenüber. Die *Bill of Rights for Domestic Workers* 2011 ist ein „institutionelles Instrument", das dieser Tendenz etwas entgegensetzen kann, denn sie gilt für domestic Worker unabhängig von ihrem Aufenthaltsstatus. Inwiefern die *Bill of Rights* die VerCaresform domestic Work tatsächlich verändern wird, bleibt abzuwarten.[67] Institutionelle Verstärkung erhält sie durch die ILO-Konvention „Decent work for Domestic Workers" von 2011. Eine Gegentendenz wiederum stellen die Auswirkungen der aktuellen ökonomischen Krise auf die Domestic-Work-Ökonomie dar, in deren Zuge viele domestic Worker ihre Arbeit verlieren und gezwungen sind, trotz besserer Rechte, Arbeit zu fast jedem Preis anzunehmen.

In diesen sozialen Geschichten von Tendenzen und Gegentendenzen der Auf- und Abwertung von Care-Arbeit, der verschiedenen Organisationformen von Care-Arbeit und der Erfüllung menschlicher Care-Bedürfnisse wird ökonomische Geschichte geschrieben. Hier werden nicht nur die heutigen gesellschaftlichen Formen von Care und Care-Arbeit „gemacht", sondern die Funktionsweise und ökonomische Einbettung von drei Wirtschaftszweigen wird hier sozial gestaltet.

---

many employers reporting they feel awkward discussing employment terms and many workers reporting their employment concerns are often treated too informally by their employers" (ebenda: 2). Hier wird das besondere VerCaresverhältnis mit der Intimität der Care-Arbeit begründet. Diese spielt sicherlich auch eine Rolle in der Problematik, domestic Care Work als „echte" Arbeit anzuerkennen. Andererseits gibt es eine ganze Reihe an Berufen, in denen Intimität und Privatsphäre stark tangiert sind und die dennoch als „echte" Arbeit anerkannt werden. Ich halte daher die hier hergeleitete Begründung für plausibler, dass die Infragestellung dieser Arbeit als „richtige" Arbeit mir ihrer historischen Feminisierung und Rassifizierung eng verbunden ist.

67 Interessant ist in diesem Zusammenhang die „feasibility study of domestic workers collective bargaining" des NYS Department of Labor 2010. Die Studie ist ernsthaft, professionell und stark formell-juristisch aufgebaut. Unterzeichnet ist sie vom New Yorker Gouverneur Paterson und dem Kommissionär Gardener. Als Zeitdokument, das nach der *Bill of Rights* entstand, ist sie Ausdruck davon, dass auf der politischen Ebene die Materie „domestic Work" mit einer neuen Ernsthaftigkeit behandelt wird. Ähnliches ist auch in der ILO (vgl. ILO 2010) und auf einer globalen Ebene festzustellen (vgl. DWU et al. 2010: 14).

6. Die Ökonomie der Formen von Care: Wirtschaftszweige der Care-Ökonomie und ökonomische Formen von kommodifiziertem Care

Resultat der Emergenz, Ausweitung und Veränderung der untersuchten Formen von Care und Care-Arbeit ist die Herausbildung, Ausweitung und Veränderung von drei Wirtschaftszweigen, die sich um die drei Formen aufspannen. Ich werde diese drei Zweige der Care-Ökonomie im Folgenden (1.) quantitativ und (2.) qualitativ bestimmen, um einen Eindruck von ihren Größenordnungen zu generieren und Anhaltspunkte dafür zu gewinnen, welche ökonomischen Voraussetzungen und Verteilungsrelationen ihre Existenz und ihr Wachstum begleiten und welche ökonomischen Implikationen dieses Wachstum besitzt. Ich greife hierfür teilweise zurück auf die Formanalyse (Kap. 3) und bestimme die drei Formen von Care in Warenform von ihrer ökonomischen Seite her. Neben einer materiellen und strukturalen Perspektive auf gemeinsame und/oder divergierende Interessen der verschiedenen sozialen Akteur_innen in den Formen eröffnet die Formanalyse allgemeine Einsichten über die ökonomischen Existenzbedingungen der Formen und erlaubt eine genauere Spezifizierung der drei Arten von Kommodifizierung, mit denen wir es zu tun haben (3.). Diese überwiegend ökonomische Betrachtung der Formen gibt mir eine Grundlage dafür, im abschließenden Kapitel Hypothesen über die allgemeinen sozio-ökonomischen Bedingungen und ökonomischen Grenzen der Kommodifizierung von Care im Postfordismus zu formulieren.

6.1 Domestic Work, home-based Child Care und home Care als Wirtschaftszweige – die Größenordnungen

Im Folgenden werde ich die jeweilige ökonomische Relevanz von domestic Work, home-based Child Care und home Care in quantitativen Daten darstellen. Ich werde einige Eckdaten der New Yorker Gesamtökonomie anbringen und auf dieser Basis versuchen, eine Vorstellung von der Größe der drei Wirtschaftszweige zu generieren. Da es keine einheitliche statistische Erfassung dieser verschiedenen

Formen von Care-Arbeiten gibt, werde ich teilweise unterschiedliche Datensätze verwenden und so erhebt dieser Abschnitt keinen Anspruch auf tatsächliche und exakte empirische Abbildung von der ökonomischen Größe dieser drei „Care-Sektoren". Sinn und Zweck dieses Abschnittes ist lediglich, einen empirischen Eindruck von der ungefähren ökonomischen Größenordnung, den Verteilungsrelationen und der Relevanz der drei Zweige der bezahlten Care-Ökonomie zu gewinnen.

Für die Abbildung der offiziell erfassten Ökonomie von New York verwende ich die Daten aus den Statistiken des *U.S. Bureau of Labor Statistics* und vom *Office of Management and Budget* der Stadt New York.[1] Da die untersuchten Formen in der staatlichen Wirtschaftsstatistik in übergeordneten Kategorien von Dienstleistungsberufen aufgehen,[2] muss ich weitere Datensätze hinzuziehen. Für domestic Work ist dabei die empirische Datenlage am schlechtesten, was zu einem wesentlichen Teil darauf zurückzuführen ist, dass ein Großteil dieser Arbeit von nicht registrierten Arbeitskräften geleistet wird, in den Privathaushalten und der informellen Ökonomie stattfindet und schlichtweg nicht erfasst wird.[3] Der Report von 2006, den *Domestic Workers United* (DWU) und das *Brennan Center for Justice* der New York Universität in der Vorbereitung der *Bill-of-Rights*-Kampagne erstellt haben, liefert den bislang umfassendsten Datensatz über den Domestic-Work-Sektor in der Stadt.[4] Für den Wirtschaftszweig der registrierten

1 The City of New York Office of Management and Budget: Monthly Report on Current Economic Conditions, einsehbar unter: http://www.nyc.gov/html/omb/html/home/home.shtml.

2 In den offiziellen Beschäftigungsstatistiken bilden die Wirtschaftszweige home-based Child Care und home Care gemeinsam eine Untergruppe der Dienstleistungsberufe und gehen auf in den Kategorien „Educational Services" und „Health and Social Assistance" (vgl. Office of Management and Budget 2009). Domestic Work taucht in diesen Statistiken als Wirtschaftszweig nur unzureichend abgebildet auf, da ein wesentlicher Anteil dieser Arbeit nicht registriert ist.

3 Ich verwende hier und im Folgenden die Bezeichnungen, „informell" oder „nicht-registriert" synonym und meine damit bezahlte Arbeit, die nicht reguliert ist, nicht in den öffentlichen Statistiken erfasst wird und in der Regel auch nicht versteuert wird. Arbeitskräfte in solchen Arbeitsverhältnissen sind häufig ungeschützt (vgl. ILO 2010; DWU & DataCenter 2010)

4 Dieser Report beruht auf der Auswertung eines Samples von insgesamt 547 Interviews mit domestic Workern aus New York City. Er enthält eine ganze Reihe an auf Basis dieser Interviews erstellten und hochgerechneten Angaben über die Einkommensverteilung in diesem Wirtschaftszweig, Stundenlöhne und Arbeitszeiten, Herkunftsländer, den legalen Status der domestic Worker etc. Inzwischen existiert

home-based Child Care stütze ich mich zusätzlich auf Daten von *Child Care, Inc.* (CCI 2008).[5] In diesem Jahresbericht wird auf Basis verschiedenster offizieller Statistiken – darunter der *U.S. Census*, Statistiken des *Budget Office* der Stadt und der New Yorker Behörde für *Children's Services* – die Lage des regulierten Betreuungsangebotes für Kinder unter fünf Jahren in New York (City und State) ausführlich dargestellt (vgl. CCI 2008).

Außerdem beziehe ich mich bei der Abbildung der Home-based-Child-Care-Branche auf die Daten, die McGrath und DeFilippis (2009) verwenden und die größtenteils den Datensätzen des *New York City Independent Budget Office* entnommen wurden. Für den Wirtschaftszweig home (Health) Care ziehe ich zusätzlich Daten, welche die Dienstleistungsgewerkschaft SEIU im Rahmen ihrer Kampagne „Home Care Crisis.org" aus verschiedenen offiziellen kommunalen und föderalen Statistiken als *fact sheets* zusammengestellt hat, heran (Home Care Crisis A, B und C). Auf Basis dieser Daten erstelle ich in Teilen eigene Rechnungen, die in den Fußnoten nachvollziehbar gemacht werden.

Die Stadt New York ist den registrierten Zahlen zufolge mit gut 8 Millionen Einwohner_innen die größte Stadt in den USA. Im Frühjahr 2007 gab es ca. 3.830.000 erfasste Vollzeit- und Teilzeit-Erwerbstätige in der Stadt, wovon 3.173.000 in erfassten Beschäftigungsverhältnissen für die Privatwirtschaft arbeiten (vgl. New York City Office of Management and Budget 2007). Das Brutto-Stadt-Produkt (*gross city product*) betrug im Jahr 2006, also vor der ökonomischen Krise noch etwas über eine Billion Dollar, im Jahr 2009 dann nur noch 852 Milliarden Dollar (vgl. NYC Office of Management and Budget 2007 und 2009). Das durchschnittliche Jahresgehalt in der Stadt belief sich 2009 auf 73.802 Dollar (vgl. NYC Office of Management and Budget 2009).[6]

---

ein Folgereport 2010. Diese beiden bilden die Datenbasis, auf die sich sogar mangels besserer Alternativen das *New York State Department of Labor* bezieht (vgl. NYS Department of Labor 2010: 7f.).

5 CCI ist eine nicht-staatliche Einrichtung, die auf Bundesebene agiert und Eltern und Home-based-Child-Care-Anbieter_innen unterstützt, vermittelt und weiterbildet. CCI kooperiert eng mit staatlichen Behörden und gibt für New York jährlich einen umfassenden Bericht heraus.

6 Das durchschnittliche Jahreseinkommen im Staat New York betrug 48.801 Dollar (vgl. U.S. Bureau of Labor Statistics 2011).

6.1.1 Domestic Work

Gehen wir mit den vorsichtigen Schätzungen von DWU und DataCenter (2006, 2010), so arbeiten in New York City 200.000 domestic Worker, im Schnitt 50–60 Stunden die Woche und zu einem Stundenlohn von 10 Dollar; rund drei Viertel von ihnen arbeiten primär als Nannies. Legt man die Zahlen von McGrath und DeFilippis zugrunde, so zahlt ein Haushalt in New York City, der eine *Live-out*-Nanny[7] beschäftigt, monatlich *durchschnittlich* zwischen 1.200 und 1.600 Dollar für die Kinderbetreuung und Teile der Hausarbeit.[8]

Fast die Hälfte der domestic Worker fallen in die Kategorie der Niedriglöhner_innen (8,98–13,46 Dollar/Stunde) und rund 18 % liegen mit ihrem Einkommen deutlich unterhalb der Armutsgrenze (5,16–8,87 Dollar/Stunde) (DWU et al. 2010: 5). Domestic Care Worker sind im Schnitt schlechter bezahlt als formelle Child Care Worker, obwohl sie deutlich mehr arbeiten (ebd.). Zudem haben sie in der Regel weder Sozial- noch Krankenversicherung. McGrath und DeFilippis (2009: 77), die sich sowohl auf eigene Daten als auch die von DWU stützen, schätzen das Einkommen von domestic Workern in New York City für *Live-in*-Nannies/Housekeepers auf ca. 300 Dollar pro Woche oder niedriger. Für *Live-out*-Vollzeit-domestic-Worker liegt ein Wochenlohn bei ca. 300–400 Dollar, in wohlhabenderen Gegenden bis zu 700 Dollar. Die durchschnittlichen Arbeitszeiten von Nannies schätzen McGrath und DeFilippis auf 10–15 Stunden täglich, 50–60 wöchentlich, bei mindestens sechs Arbeitstagen in der Woche; Überstunden werden nur selten bezahlt.

Von den Beschäftigungszahlen und den erwirtschafteten Bruttolöhnen her ist domestic Work ein ökonomisch relevanter Sektor in New York City. Hier arbeiten mehr Menschen als z.B. in dem von offizieller Seite erfassten Sektor der *educational services* (143.000) und ungefähr so viele wie im gesamten Versicherungswesen (191.000) oder im Bereich *food and drinking services* (209.000)[9].

---

7 *Live-out*-domestic-Worker haben ein eigenes Zuhause und kommen zu den jeweiligen Arbeitszeiten in die Privathaushalte der Arbeitgeber_innen. *Live-in*-domestic-Worker sind solche, die in den Haushalten ihrer Arbeitgeber_innen leben. Häufig wird ihnen für Unterkunft und Verpflegung etwas von ihrem Lohn abgezogen.

8 Einer Umfrage der *International Nanny Association* zufolge zahlen US-Eltern durchschnittlich für eine *Live-out*-Nanny knapp 2.400 Dollar im Monat (vgl. Shellenbarger 2004). Da es wie gesagt keine repräsentativen Studien zu den durchschnittlichen Kosten für Nannies gibt, kann ich eine solche Differenz nur als solche benennen. In eigenen Interviews bestätigte sich für mich eher der Wert, den McGrath und DeFilippis angeben.

9 vgl. im Folgenden, soweit nicht anders angegeben, New York City Office of Management and Budget 2007 und 2009.

Von den Beschäftigungszahlen arbeiten im Domestic-Work-Wirtschaftszweig deutlich mehr Beschäftigte als im Bereich der verarbeitenden Industrie (79.000) oder im Bausektor (129.000).

Würde der öffentliche Sektor domestic Worker als öffentliche Angestellte beschäftigen und bezahlen, wäre er von den Beschäftigtenzahlen her um rund ein Drittel größer, als er derzeit mit 550.000 öffentlichen Beschäftigten ist. Zählen wir die in der Regel informell Beschäftigten domestic Worker zu den anderen, formell Beschäftigten im Privatsektor, dann sind rund 6 % der Beschäftigten im Privatsektor von New York City als domestic Worker beschäftigt.[10]

Jährlich werden im Wirtschaftszweig domestic Work von den 200.000 domestic Workern insgesamt grob geschätzt 440 Millionen Stunden gearbeitet. Nehmen wir einen durchschnittlichen Stundenlohn von 10 Dollar an und gehen davon aus, dass 50 Stunden Arbeit pro Woche bezahlt werden und 11 Monate im Jahr bezahlt gearbeitet werden (DWU & DataCenter 2006), dann werden hier Bruttolöhne im Wert von insgesamt 4,4 Milliarden Dollar pro Jahr verdient. Betrachtet man domestic Worker als Teil der New Yorker Ökonomie, dann liegt ihr Anteil am Brutto-Stadt-Produkt von 2006 bei ca. 0,043 %.[11]

Die formelle und informelle domestic Work ist in New York City ein relevanter Beschäftigungssektor – vor allem für weibliche migrantische Arbeitskräfte. Auch wenn es nicht in der öffentlichen Statistik auftaucht, wird hier ein kleiner, aber signifikanter Betrag zum Brutto-Stadt-Produkt (GCP)[12] geleistet. Wichtiger noch: Dank der Existenz dieses Wirtschaftszweiges können in New York City die Angehörigen aus 200.000 Haushalten, in denen domestic Worker beschäftigt werden, einer Lohnarbeit nachgehen, und für die Hausarbeit und Kinderbetreuung wird trotzdem gesorgt (vgl. DWU & DataCenter 2006: 6). Dieser ökonomisch nicht zu unterschätzende Effekt auf das GCP ist hier nicht berücksichtigt. Domestic Work ist außerdem eine wichtige Quelle für Rücküberweisungen an die Länder des globalen Südens. Ferner beansprucht dieser Wirtschaftszweig jährlich ca. 4,4 Milliarden Euro an privaten „Konsumausgaben" von Einzelhaushalten.

---

10 Dieser Anteil ergibt sich, wenn wir die Zahl der Beschäftigten im Privatsektor (3.173.000) plus die Zahl von domestic Workern (200.000) als die Gesamtbeschäftigung setzen (3.372.000) und errechnen, wie viel Prozent von dieser Beschäftigtenzahl dann die 200.000 Domestic Worker ausmachen (5,93 %).

11 Dieser Wert ergibt sich wenn wir 4,4 Milliarden Dollar im Verhältnis zum formellen Brutto-Stadt-Produkt von 1.032 Milliarden Dollar betrachten. Im Grunde müsste man allerdings beim Brutto-Stadt-Produkt den informellen Sektor, z.B. informelle domestic Work, einberechnen.

12 Gross City Product

6.1.2 Home-based Child Care

Von den Kindern in New York City leben ca. 30 % in Familien mit Einkommen, die unter der nationalen Armutsgrenze liegen,[13] jedes fünfte Kind unter fünf Jahren (ins. 102, 520) erhält öffentliche Unterstützung für die Kinderbetreuungskosten oder nimmt an einem öffentlichen Betreuungsprogramm teil (vgl. CCI Report 2008).[14] Ein Großteil dieser Kinder kommt aus Familien, deren Einkommen maximal 135 % über der nationalen Armutsgrenze liegt.[15]

Dabei ist es auch für die Stadt nicht billig, Kinderbetreuung für Bedürftige und Niedrigverdiener_innen bereitzustellen. So kostete die Kinderbetreuung für Kinder, die Zuschüsse zu den Betreuungskosten erhalten (sogenannte ACS-Kinder) die Stadt 2006 8,762 Dollar (pro Kind), und für Kinder, deren Betreuung über Betreuungsgutscheine vollständig vom Staat übernommen wurde, weil ihre Eltern Sozialhilfe beziehen (sogenannte TANF-Kinder), 4,396 Dollar (pro Kind) (vgl. CCI 2008: 22).

Zum Wirtschaftszweig der registrierten home-based Child Care zähle ich folgende drei Unterformen: *legally exempt*, *family child care* und *group family child care*. Von den Beschäftigungszahlen und den Bruttolöhnen ist er deutlich kleiner als der Wirtschaftszweig domestic Work. Als reguliertes Betreuungsangebot für Kinder im Vorschulalter in New York City hat dieser Wirtschaftszweig jedoch eine wichtige Bedeutung. So machen die drei genannten Formen von reguliertem

13 2007 lag die Armutsgrenze auf Bundesebene bei einem Jahreseinkommen von 17.170 Dollar für eine Familie (zwei Erwachsene, ein Kind).

14 Die aktuelle Regelung für *Working-poor*-Eltern in New York City sieht vor, dass Familien mit einem Einkommen bis zu 275 % über der nationalen Armutsgrenze unterstützungsberechtigt sind. *Working-poor*-Eltern, die Unterstützung beantragen, erhalten die Kosten für Kinderbetreuung erstattet, müssen dabei jedoch 35 % der Kosten selber tragen. Diese 35 % dürfen jedoch nicht mehr als 12 % des Haushaltseinkommens übersteigen (vgl. Akthar/Antos 2010: 5). Für die *working poor*, deren Einkommen nahe oder unterhalb der Armutsgrenze liegt, bedeutet diese neue Regelung eine im Vergleich zur Haushaltsbelastung durch Kinderbetreuung, wie sie bis Mitte der 1990er Jahren bestand (im Schnitt um die 35 % des Haushaltseinkommens), eine finanzielle Erleichterung.

15 Ein Großteil der Familien (86 %), die sich für diese Art der Unterstützung anmelden, sind Familien mit einem Einkommen, welches höchstens 135 % über der nationalen Armutsgrenze liegt. D.h., ein Großteil der Familien, die Zuschüsse zur Kinderbetreuung erhalten, befindet sich am unteren Rand der Einkommensverteilung. Nur 14 % der Zuschüsse zur Kinderbetreuung (insg. 14.500 Kinder) gingen an Eltern, die 135–200% (10%) und 4% gingen an Eltern die 200–275% (4%) über der Armutsgrenze verdienten (CCI 2008: 9ff.).

home-based Child Care im Jahr 2003 64 % des gesamten regulierten Kinderbetreuungsangebots in New York City für Kinder unter dem Vorschulalter aus (CCI 2004). 2008 gab es insgesamt 6.400 registrierte Home-based-Child-Care-Anbieter_innen in der Stadt, bei denen rund 46.000 Kinder im Vorschulalter betreut wurden (vgl. CCI 2008: 25). Dazu kamen (2007) rund 19.000 Anbieter_innen in der Stadt, die von den geltenden Bestimmungen formell ausgeschlossen wurden (*legally exempt* oder legalisiert-informelle Kinderbetreuung) und die jeweils bis zu zwei Kinder anderer Eltern betreuen (McGrath/DeFilippis 2009: 70). Das durchschnittliche Einkommen für registrierte Home-based-Child-CareAnbieter_innen in den USA, die das ganze Jahr Vollzeit arbeiten, betrug im Jahr 2009 ca. 22.850 Dollar (NACCRRA 2009B).

Ein_e legalisiert-informelle_r Anbieter_in, der_die zwei Kinder mit Betreuungsgutscheinen betreut, verdient 210 Dollar pro Woche, d.h. 840 Dollar monatlich bzw. 10.080 Dollar im Jahr, in der Regel mit wöchentlichen Arbeitszeiten von 50 bis 60 Stunden (häufig ohne dass Überstunden vergütet würden) (vgl. McGrath/DeFilippis 2009: 72), und muss hiervon noch die laufenden Kosten und das Essen für die Kinder bezahlen (oder mit den Eltern privat um die Übernahme dieser Kosten verhandeln). Damit ähneln die Löhne hier eher einem Zuverdienst und sie liegen weit unter der nationalen Armutsgrenze.

Die 6.400 registrierten Home-based-Child-Care-Arbeiter_innen verdienen jährlich insgesamt Bruttolöhne im Wert von 147,2 Millionen Dollar. Die 19.000 *legally exempt* Anbieter_innen verdienen insgesamt 191,52 Millionen Dollar im Jahr (ebd.).[16] Also werden im Wirtschaftszweig der home-based Child Care insgesamt jährlich ca. 313,12 Millionen Dollar an Bruttolöhnen erarbeitet. D.h. umgekehrt auch, dass wir sagen können, dass die Voraussetzung für die Existenz dieser Ökonomie ist, dass *mindestens* diese Summe als Voraussetzung der Form auf die Seite von Care-takern gelangen muss (entweder über eigene Einkommen oder über staatliche Zuschüsse oder Betreuungsgutscheine) und hier die Basis der Nachfrage stellt. Das sind rund 7 % dessen, was im Wirtschaftszweig domestic Work erarbeitet wird und 0,0032% des Brutto-Stadt-Produktes.

16 Ausgehend davon, dass die Erstattungssätze für legalisiert-formelle Kinderbetreuung 105 Dollar pro Woche und Kind sind und maximal zwei nicht-eigene Kinder betreut werden können, was in der Regel der Fall sein dürfte, da andernfalls die Einkünfte sehr gering ausfallen würden.

6.1.3 Home Care Work

Im Folgenden soll eine Vorstellung von der Größenordnung von Health Care im Hinblick auf die gesamten Gesundheitsausgaben in den USA generiert werden.[17] Anders als häufig angenommen ist das US-Gesundheitssystem zur Hälfte öffentlich finanziert. Von den knapp 2,5 Billionen Dollar für Gesundheitsausgaben – 17,6 % vom BSP (GDP) – wurden 2009 28 % von Privathaushalten gezahlt, 21 % von der Privatwirtschaft und 44 % vom Staat.[18] Home Care ist eine Form von Care(-Arbeit), die direkter Bestandteil des US-amerikanischen Gesundheitssystems ist und überwiegend öffentlich finanziert wird. Von der im öffentlichen Diskurs immer wieder brisant diskutieren „Health-Care-Krise" in den USA ist diese Form von Care(-Arbeit) daher direkt betroffen, z.B. wenn öffentliche Pfleginstitutionen zwecks Kosteneinsparung geschlossen werden oder die Übernahme von home Care mit der Erwartung an Privatagenturen abgetreten wird, diese würden aufgrund des privatwirtschaftlichen Wettbewerbs effizienter und für die öffentlichen Haushalte preiswerter Home-Care-Aufträge ausführen (vgl. Kapitel 5).

Die Kosten und Kostenentwicklung für Health Care ist eines der größten Policy-Issues in den USA. Die Kosten steigen kontinuierlich[19] und die Versorgung scheint dennoch kaum besser zu werden.[20] In New York State zeigt sich dies an

17 Ich stütze mich dabei auf die offziellen Statistiken von: *Centers for Medicare & Medicaid Services, Office of the Actuary, National Health Statistics Group, U.S. Department of Commerce, Bureau of Economic Analysis, U.S. Bureau of the Census* (2009), *Office of the Actuary, CMS* (September 2007).

18 In der historischen Entwicklung ist eine relative Konstanz in der Verteilung der Kosten für Gesundheit zwischen Privathaushalten (1987: 39 %, 2003: 32 %, 2009: 28 %), *governments* (*federal, state* und *local*) (1987: 31 %, 2003: 39 %, 2009: 44 %) und *private businesses* (konstant bei 26–27 %) zu erkennen. Eine signifikante Veränderung ist allerdings, dass die Privathaushalte ihre Gesundheitsausgaben immer weniger direkt *out of pocket* bezahlen und stärker über private und staatliche Versicherungen (vgl. US Dep. of Health and Human Services 2005).

19 So betrugen die National Health Care Costs 1960 5,2% des GDP, 1980 9,2%, 1993 bereits 13,8% und 17,6% in 2009. Vgl. US National Health Care Expenditures 1960-2009, Centers for Medicare & Medicaid Services, Office of the Actuary, National Health Statistics Group; U.S. Department of Commerce, Bureau of Economic Analysis; and U.S. Bureau of the Census 2009 und Office of the Actuary.

20 Popularwissenschaftlich wie wissenschaftlich füllt dieses Thema Bände und wird aufgeregt diskutiert, wie z.B. in: Richmond, B. Julius and Rashi Fein (2005): *The Health Care Mess: How We Got Into It and What It Will Take To Get Out*. Harvard University Press 2005; Coan, Jonathan (2008): Sick: *The Untold Story of America's*

den durchschnittlichen jährlichen Gesundheitsausgaben pro Einwohner_in: Betrugen diese 1991 noch 3.158 Dollar, so waren es 2004 bereits 6.535 Dollar. Dabei sind es vor allem Krankenhausaufenthalte (2.362 Dollar pro Einwohner_in im Jahr 2004) und „drugs and other medical nondurables" (919 Dollar), die einen wesentlichen Anteil dieser Kosten ausmachen. Pflegeheime kosten 693 Dollar pro Einwohner_in und lediglich 313 Dollar pro Einwohner_in werden für home Care ausgegeben, obwohl diese Arbeit zeitintensiv ist und in der Regel in einem Betreuungsverhältnis von 1:1 geleistet wird. Von den nationalen Gesundheitsausgaben von knapp 2,5 Billionen Dollar im Jahr 2009 (knapp 1,8 Billionen im Jahr 2003) waren die Ausgaben für home Health Care in Höhe von 68,3 Milliarden Dollar ein vergleichsweise kleiner Posten. Von diesen wurden 29,3 Milliarden Dollar über *Medicare* und 24,3 Milliarden über *Medicaid* finanziert[21]. Lediglich 6,0 Milliarden der Home-Health-Care-Ausgaben wurden *out of pocket* bezahlt, und 5,0 Milliarden wurden von Privatversicherungen übernommen.[22] Auch mussten rund 1,5 Millionen in der öffentlichen Arbeitsmarktstatistik erfasste home Care Worker (Bureau of Labor Statistics 2006) von den Home-Care-Dollars bezahlt werden.

Im Staat New York beliefen sich die Ausgaben für Gesundheit 2004 auf gut 126 Milliarden Dollar. Seit 1991 wuchsen diese Ausgaben im Schnitt um 6,3 % pro Jahr. Die Gesamtausgaben für home Health Care (und Nursing Home Care) verdoppelten sich jeweils in der Zeit von 1991 bis 2004 und betrugen für home Health Care im Jahr 2004 knapp 6,9 Milliarden Dollar (rund 0,052 % des Brutto-Stadt-Produktes von 2006) und für Pflegeheime etwa das Doppelte, nämlich rund

---

Health Care Crisis---and the People Who Pay the Price. Harper Perennial; Reid, T.R. (2010): *The Healing of America: A Global Quest for Better, Cheaper, and Fairer Health Care.* Penguin, u.v.m.

21 Diese beiden Programme sind steuer- bzw. beitragsbasierte, öffentliche Programme. *Medicare*-Steuern sind Pflichtbeiträge zur Krankenversicherung, die dann ab dem 65. Lebensjahr greift. Diese Steuern belaufen sich auf 2,9 % des Brutto-Lohns (monatliche Beiträge), wobei hier Arbeitgeber_innen und Arbeitnehmer_innen je 1,45 % übernehmen und es hierbei keine Einkommensgrenze nach oben gibt, vgl. SSA (2011).

22 National Health Expenditures Aggregate, Per Capita Amounts, Percent Distribution, and Average Annual Percent Growth: Selected Calendar Years 1960-2009, Centers for Medicare & Medicaid Services, Office of the Actuary, National Health Statistics Group, 2009; U.S. Department of Commerce, Bureau of Economic Analysis; and U.S. Bureau of the Census.

13 Milliarden Dollar[23]. Rund die Hälfte der New Yorker Health-Care-Ausgaben stammten 2004 aus den Haushalten von *Medicare* und *Medicaid*.[24]

2008 arbeiteten in New York State offiziell insgesamt 210.640 Home Care Worker (U.S. Bureau of Labor Statistics 2008) und 500.000 Patient_innenen wurden von diesen gepflegt und betreut (vgl. Home Care Crisis A). Home Care ist ein wachsender Arbeitsmarkt, allein in New York City hat die Anzahl der hier Beschäftigten seit 2002 um gut 20 % zugelegt (Home Care Crisis A; Paraprofessional Health Care Institut 2009b). Diesem Arbeitsmarkt werden auch zukünftig quantitativ gute Zukunftsaussichten prognostiziert (vgl. Florida 2010; Paraprofessional Health Care Institute 200b; vgl. NYS Department of Labor 2006-2011).

Die Löhne, die im Bereich home Care gezahlt werden, sind mit Abstand die niedrigsten im gesamten formellen Health-Care-Sektor (vgl. New York State Department of Labor Occupational Employment Statistics 2010). Den Angaben der SEIU zufolge arbeiten in New York City insgesamt 130.000 Arbeiter_innen als home Care Worker und jede_r 30. Angestellte im Privatsektor ist Home Care Worker (Home Care Crisis A; Paraprofessional Health Care Institute 2009b).[25] Die Home-Care-*workforce* teilt sich in zwei ungefähr gleich große Gruppen: Ca. 70.000 home Care Worker verdienen im Schnitt bei einer Vollzeit-Tätigkeit 13.000 Dollar im Jahr, die anderen 60.000, die gemäß *Living-wage*-Gesetz bezahlt werden, verdienen deutlich mehr, nämlich ebenfalls bei Vollzeit 23.000 Dollar im Jahr (Home Care Crisis A und B).[26] Damit arbeiten in New York City im Bereich home Care ähnlich viele Beschäftigte wie im Transportwesen oder im

23 U.S. Department of Health and Human Services, Centers for Medicare & Medicaid Services, Office of the Actuary (2007)

24 U.S. Department of Health and Human Services, Centers for Medicare & Medicaid Services, Office of the Actuary (2007b),

25 Nach meinen Berechnungen, welche von 3.173.000 Beschäftigten ausgehen, darunter 130.000 home Care Worker, wäre es jede_r 25. Beschäftigte.

26 In Kap. 5 habe ich die Genese dieser Teilung erklärt: Die besser verdienenden Home-Care-Arbeiter_innen sind diejenigen, die direkt von Agenturen beschäftigt werden, welche mit der Stadt Verträge zur Pflege der *Medicaid*- und *Medicare*-Patient_innen haben und daher unter das *Living-wage*-Gesetz fallen. Die schlechter verdienende Gruppe besteht aus denjenigen, die in Home-Care-Agenturen arbeiten, die nicht direkt Verträge mit der Stadt unterhalten, sondern im Auftrag einer Agentur arbeiten, die dann ihrerseits die städtischen Verträge ausführt. Zwar werden auch diese Care Worker zum Großteil über *Medicare* und *Medicaid* bezahlt, sie fallen aber lediglich unter die Mindestlohngesetzgebung und nicht unter das *Living-wage*-Gesetz (vgl. Home Care Crisis A und B).

Bauwesen. Die Stundenlöhne für die besser verdienenden *Living-wage*-Worker liegen bei 10 Dollar und zusätzlich erhalten sie 2,5 Dollar die Stunde für Krankenversicherungskosten, diejenigen für die Nicht-*living wage*-Arbeiter_innen bei 7,5 Dollar.[27] Betrachtet man diese verschiedenen Kategorien von home Care Work im Gesamtzusammenhang, dann verdient ein home Care Worker in New York City im Schnitt 18.000 Dollar im Jahr bzw. 1.500 Dollar im Monat, das wären im Jahr insgesamt 2,34 Milliarden Dollar Brutto-Löhne. Die Löhne für die home Care Worker in New York City machen rund ein Drittel der Gesamtausgaben im Staat New York für home Care aus.

Seit 2000 ist auf dem New Yorker Home-Care-Markt ein Anstieg der profitorientierten Home-Care-Agenturen und ihrer Profitabilität zu verzeichnen.[28] Die SEIU stellt bezogen auf die *Medicaid*-Programme fest, dass kürzlich erstmals mehr als die Hälfte der *Medicaid*-Gelder für home Care an solche Agenturen ging (Home Care Crisis C). Die sechs größten Agenturen auf dem New Yorker Home-Care-Markt erzielten 2007 Profite von insgesamt 41 Millionen Dollar (vgl. Certified Home Health Agency Cost Report 2007 und Home Care Crisis C). Im Vergleich zu den New Yorker Gesamtausgaben für home Care im Jahre 2004 (rund 6,8 Milliarden) ist das nicht viel. Legen wir die von der SEIU geschätzten Ausgaben von 20 Dollar (vgl. Home Care Crisis C), die *Medicare* für eine Stunde Home Care hat, zugrunde, so sind diese Profite allerdings immerhin über 2 Millionen Stunden home Care „wert", die von dieser Summe zusätzlich bezahlt werden könnten. Die durch die Profite verursachten „Care-Opportunitätskosten" betragen also 2 Millionen Stunden Care-Arbeit. Bei einer Betreuungszeit von 20 Stunden pro Woche und 52 Wochen im Jahr, könnten von dieser Summe immerhin 1923 Home-Care-Fälle mehr gepflegt werden oder die 130.000 Home Care Worker könnten 314 Dollar mehr im Jahr verdienen.

27 Im nationalen Durchschnitt verdienten 2007 (Vollzeit arbeitende) home Health Care Aids im Jahr durchschnittlich 20.010 Dollar (Nursing Aids sind etwas besser bezahlt und verdienten im gleichen Zeitraum im Schnitt 23,160 Dollar). Home Care Aids verdienten deutlich weniger, im Schnitt 18,480 Dollar, d.h., home Care Worker schaffen es mit ihren Gehältern nur knapp über die Armutsgrenze. Ferner haben rund 36 % der Arbeitskräfte keine Krankenversicherung (PHI 3).

28 Vgl. die Certified Home Health Agency Cost Reports 2000 und 2007 des New York State Department of Health, einzusehen unter https://www.cms.gov/CostReports/CostReportsFY/list.asp.

6.1.4 Zusammenfassung: drei Care-Wirtschaftszweige in NYC

Domestic Work ist von den Beschäftigungszahlen und Bruttolöhnen her der größte der drei hier präsentierten Wirtschaftszweige der kommodifizierten Care-Ökonomie, relativ dicht gefolgt von Home Care. Home Care ist der einzige Bereich, in dem Profite gemacht werden, da hier größere Geldsummen im Spiel sind (die Haushalte von *Medicare* und *Medicaid*) und es Unternehmen gibt, die darauf aus und in der Lage sind, Profite zu machen. Der Care-Zuschuss bzw. Care-Gutschein, der bei home-based Child Care die ökonomische Basis der Nachfrage gewährleistet oder stützt, fällt deutlich bescheidener aus als die 20 Dollar pro Stunde Home Care, die *Medicare* veranschlagt. Unter diesen Umständen sind Profitmargen im Home-based-Child-Care-Bereich kaum vorhanden. So können zwar Child-Care-Arbeiter_innen ein „Betreuungsunternehmen" aufmachen, der hier erzielte Unternehmensumsatz wird über die Reproduktion der Child Care Worker hinaus jedoch kaum einen nennenswerten Unternehmensgewinn zulassen.

Von ihren ökonomischen „Volumen" her bzw. im Verhältnis zum Brutto-Stadt-Produkt sind alle drei Zweige der Care-Ökonomie klein. Home-based Child Care ist von den dreien am kleinsten, domestic Work am größten. Betrachten wir die drei Wirtschaftszweige in ihrer quantitativen Performanz als Care-Ökonomien unter dem Aspekt der Anzahl an Care-takern, die hier betreut wurden, dann hat home-based Child Care eine höhere Signifikanz,[29] auch wenn es weiterhin von der Anzahl der betreuten Care-taker gegenüber den anderen beiden Bereichen der kleinste bleibt.[30] Von der Anzahl an Beschäftigungsverhältnissen her sind die drei Branchen der New Yorker Care-Ökonomie vergleichsweise relevant. Hier

29 Im Grunde können wir die Performanz der Care-Ökonomie nicht mit den zur Verfügung stehenden Daten messen und die Anzahl der Betreuten Care-taker ist nur eine unter vielen Größen, die einen Aufschluss über die Performanz der Care-Ökonomie geben würde. Zusätzlich müsste man die Care-Qualität messen und die Frage statistisch bearbeitbar machen, ab welchem Punkt sich „Produktivität" in der Care-Arbeit und die Care-Qualität jeweils gegensätzlich zueinander verhalten. Die hier präsentierten Zahlenbeispiele sollen lediglich einen Eindruck quantitativer Aspekte vermitteln.

30 Ausgehend davon, dass von den 200.000 Domestic Workers 76% als Nannies arbeiten und mindestens ein Kind betreuen, würden hier also mindestens 176.000 Care-taker betreut; ausgehend davon, dass die 130.000 Home Care Worker in New York City einen wesentlichen Anteil der 500.000 in New York State insgesamt von Home-Care ArbeiterInnen gepflegte KlientInnen ausmachen, würden hier sogar deutlich mehr Care-taker betreut; von den home-based Child Care ArbeiterInnen werden rund 80.000 Care-taker betreut, allerdings sind dies Kinder, die allesamt wenig Betreuungsalternativen hätten.

arbeiten ca. 355.400 Care-Arbeiter_innen – immerhin über 10 % der formell arbeitenden New Yorker – und verdienen sich ihren bescheidenen Lebensunterhalt. Betrachtet man die drei Zweige der Care-Ökonomie vom Standpunkt der Pflege und Betreuung sowie ihrer Kosten aus, dann handelt es sich hier um vergleichsweise kostengünstige Versorgungsstrukturen, wie v.a. im Vergleich mit anderen Ausgaben deutlich wird: Angesichts der rund 126 Milliarden Dollar Gesamtausgaben für Gesundheit in New York State machen die drei hier betrachten Care-Branchen nur knapp 10 % der gesamten Gesundheitsausgaben im Staat New York aus. Allein die Gesamtausgaben für Krankenhausaufenthalte betrugen nach meinen hier erstellten Vergleichen 2004 ungefähr das Sechseinhalbfache (fast 45,6 Milliarden Dollar)[31] der Kosten für die Brutto-Löhne in den drei Care-Branchen zusammen (rund 7 Milliarden Dollar). In New York State gibt man mehr Geld für „drugs and other medical nondurables" aus (ca. 17,7 Milliarden Dollar)[32] als für die Löhne der insgesamt 355.400 Care-Arbeiter_innen aus den drei Zweigen der Care-Ökonomie zusammen. Anders als es in den Erklärungsansätzen, welche die Kostenexplosion im Gesundheitswesen auch mit der Erhöhung der relativen Preise für zeitintensive Care-Arbeiten erklären, und diesen Preisanstieg mit der divergierenden Arbeitsproduktivität begründen (Baumhol 1967; Madörin 2006; Harwig 2006; Himmelweit 2005), angenommen wird, scheint dieser Bereich weiterhin vergleichsweise wenige Kosten zu verursachen (obwohl er zeitintensiv ist) auch deshalb weil Care-Arbeiter_innen schlecht bezahlt werden. Die Kostenexplosion im Gesundheitswesen muss also anderswo ihre primären Ursachen haben.

6.2 Formbestimmung: Tauschverhältnisse und ökonomische Einbettung der drei Formen

Die ökonomische Einbettung und Funktionsweise der betrachteten Formen kann – wie ich im Kapitel 3 hergeleitet habe – eingehender qualitativ (und quantitativ) beschrieben werden, indem wir dem Geld in der Form nachgehen. Dadurch er-

31 U.S. Department of Health and Human Services, Centers for Medicare & Medicaid Services, Office of the Actuary (2007a), National Health Statistics Group; Medicare State Estimates 1991-2004.

32 U.S. Department of Health and Human Services, Centers for Medicare & Medicaid Services, Office of the Actuary (2007b), National Health Statistics Group; Medicaid/Medicare State Estimates by State of Residence — Personal Health Care 1991–2004, Drugs and other medical Nondurables (Millions of Dollars).

halten wir erste Anhaltspunkte für die sozio-ökonomischen Bedingungen, unter denen es als *Voraussetzung* des Tausches „Geld gegen Care bzw. Care-Arbeitszeit gegen Lohn“ auf die Seite des Care-takers gelangt und die Ähnlichkeiten mit den Möglichkeiten B und C aus Kapitel 3 besitzen – aber auch von diesen abweichen.[33] Klären wir die Frage, woher das Geld als Voraussetzung der Form jeweils stammt, dann können wir auch erste Antworten auf die Frage generieren, wie die makroökonomischen Voraussetzungen, Bedingungen und Verteilungsrelationen, in denen die Form existiert, beschaffen sind – sofern die Form existiert.

6.2.1 Domestic Work: 'private' und globale Ungleichheit

> „[We] constantly have to take into account the simultaneity and extension of events and possibilities [...]. There are many reasons why this should be so; the scale of modern power; the degree of personal responsibilities that must be accepted for events all over the world; the fact that the world has become indivisible; the unevenness of economic development within that world; the scale of exploitation. All these play a part. Prophesy now involves a geographical rather than historical projection: it is space not time that hides consequences from us“ (Berger, John 1974: the look of things. New York-p.40).“

Domestic Work ist ein sehr ‘privates Geschäft’, die privateste der hier betrachteten Formen. Die beiden Vertragspartner_innen sind Privatpersonen und der Arbeitsplatz ist der Privathaushalt der Nachfrageseite. Der „Vertrag“ zwischen Arbeitgeber_in und domestic Worker ist im Grunde (bislang) nicht formalisiert. Häufig wird er sogar lediglich mündlich vereinbart und weist daher in seiner konkreten Form und den jeweils ausgehandelten Standards ein sehr hohes Maß an

33 Möglichkeit B war, dass ein aktueller Care-Verantwortlicher Anteile seines Lohnes/Einkommens für die Bezahlung einer Care-Arbeitskraft aufbringt, die auf den Care-taker aufpasst oder ihn pflegt, solange der hierfür zahlende Care-Verantwortliche seiner Lohnarbeit nachgeht. In seinem Lohn/Einkommen ist dann ein Care-Bestandteil enthalten. Möglichkeit C war, dass die aktuell Erwerbstätigen Anteile ihrer Löhne in einen kollektiven Care-Schatz einzahlen. Von diesem finanzieren sie die Care-Arbeit, die für die Pflege der aktuellen Care-taker nötig ist, und Letzere taten dasselbe, als sie (noch) in der Lage dazu waren, einer Erwerbsarbeit nachzugehen (vgl. Kapitel 2). Dabei handelt es sich bei Möglichkeit B um eine vollständig privatisierte Form von Care-Verantwortung, Care-Organisation und Care-Arbeit und der Grad der Kommodifizierung ist auf beiden Seiten der Form relativ hoch; bei Möglichkeit C betreten wir bereits den Bereich, in dem Care-Verantwortung und Finanzierung partiell vergesellschaftet sind und ein Mindestmaß an Dekommodifizierung und Kollektivierung auf der Seite von Care-takern, nicht aber notwendigerweise auf der Seite von bezahlten Care-givern herrscht.

Willkür auf (vgl. DWU & DataCenter 2006: 33). Von den persönlichen Werten und Normen ebenso wie von den jeweiligen Verhandlungs- und Handlungsmöglichkeiten hängt maßgeblich die konkrete Gestaltung dieses personalisierten Arbeitsverhältnisses ab. Daher finden wir auf der Seite des Angebotes hier eine sehr starke Varianz in den konkreten Arbeitsbedingungen und Lohnhöhen (vgl. ebd.: 16).

Ein Großteil der domestic Worker wird heute in Haushalten eingestellt, um Care-Verantwortliche zu entlastet und zu befähigen, einer bezahlten Arbeit nachzugehen (vgl. DWU & DataCenter 2006; vgl. Andersen 2006; Young 1998). Die Arbeitgeber_innen von domestic Workern in New York City sind mehrheitlich Zwei-Verdiener_innen-Haushalte, in denen die erwachsenen Haushaltsmitglieder mehrheitlich in wertschöpfungsstarken und/oder mit hohem gesellschaftlichen Status versehenen Bereichen arbeiten (vgl. DWU & DataCenter 2006; New York Department of Labor 2010).

Die Arbeitsstunde domestic Work setzt die Arbeitsstunde der Arbeitgeberin frei, die dann am Arbeitsmarkt ihre eigene Arbeitskraft zu einem besseren Preis verkaufen und von diesem Erlös den Lohn für die Domestic-Work-Arbeitskraft bezahlen kann. Sofern domestic Worker ihren Lohn am Ende einer Arbeitsperiode von dem jeweiligen Einkommen der erwachsenen Haushaltmitglieder ausgezahlt bekommen, fungiert der jeweils versprochene oder vertraglich festgelegte Lohn der Domestic-Work-Arbeitskraft als eine Art im Vorab vereinbarte Beteiligung an den (Lohn-)Einkünften, die durch den Einsatz und Verkauf der dann freigesetzten Arbeitskraft der jeweiligen Care-Verantwortlichen erzielt werden.

In der Form domestic (Care) Work findet auf der Basis eines mündlichen oder schriftlichen Vertrages zwischen zwei Privatpersonen ein Tausch statt. Die jeweils verausgabten Arbeitsstunden dieser Privatpersonen scheinen unterschiedlich viel „wert" zu sein, denn der monetäre Erlös ihrer jeweils verausgabten Arbeitsstunden unterscheidet sich quantitativ: Der Lohn der Arbeitgeberin ist höher als der Lohn der von ihr bezahlten Hausangestellten. Dieser quantitative Unterschied drückt einen qualitativen aus: Haushalte, die sich domestic Worker von ihrem Einkommen leisten können, leben unter anderen Reproduktionsbedingungen als die Domestic Worker selbst. Letzere können sich von ihrem Lohn in der Regel keinen Zukauf von marktförmiger Reproduktions- und Care-Arbeit leisten – erstere offenkundig schon. Letzten Endes bedeutet dies ökonomisch wie normativ, dass die Arbeitskraft von domestic Workern und die ihrer arbeitenden Arbeitgeber_innen unterschiedlich viel „wert"(-geschätzt) sind, d.h., ihre materiellen Reproduktionsniveaus und Reproduktionskosten unterschiedlich ausfallen und sich qualitativ (u.a.) in der Frage unterscheiden, ob Care-Arbeit markförmig dazugekauft werden kann – oder nicht. Offenkundig findet hier also eine unterschiedliche Bewertung der Arbeit von domestic Workern und ihren Arbeitgeber_innen und damit ihrer Reproduktionsnotwendigkeiten statt – und diese Unterschiedlichkeit ist Voraussetzung der Existenz der Form und wird durch sie reproduziert, insofern sich die Voraussetzungen für einen erneuten Tausch ebenfalls stetig erneuern.

Dennoch können wir hier nicht von direkter ökonomischer Ausbeutung im marxschen Sinne sprechen. Die Arbeitgeber_innen von domestic Workern erzielen keinen unmittelbaren Profit durch die ökonomische Ausbeutung der Domestic-Work-Arbeitskraft, den sie dann gewinnbringend anlegen bzw. investieren würden. Dennoch profitieren sie von deren Einsatz ökonomisch, sofern und solange ihre eigene Arbeitskraft mehr Geld einbringt als die Domestic-Work-Arbeitskraft kostet. Das Tauschverhältnis zwischen diesen beiden Polen der Form ist weniger von direkter ökonomischer Ausbeutung (im Marxschen Sinne) und wesentlich stärker von einer strukturellen Ungleichwertigkeit der involvierten Arbeiten und Arbeitskräfte gekennzeichnet.

In Anlehnung an den Begriff des Ernährerlohn-Anteils im Lohn des fordistischen männlichen Normalarbeiters können wir angesichts dieser Voraussetzungen für die Existenz der Form von einem Domestic-Worker-Lohnanteil oder allgemeiner von einem Care-Lohnanteil als einer ökonomischen Voraussetzung für die Existenz der Form sprechen.

Das Geld in der Form durchläuft verschiedene Metamorphosen: Es besitzt zunächst die Form eines Care-Bestandteiles in den Reproduktionskosten einer besser verdiendenden Care-Verantwortlichen; als versprochener Lohn aktiviert es die Care-Arbeitskraft; schließlich wird es zu einem Lohn, der die Reproduktion der Care-Arbeitskraft selbst sichert, d.h. Basis ihres Konsums von warenförmigen Lebensmitteln und Konsumgütern wird; unter Umständen wird das Geld zu einer Rücksendung in das jeweilige Herkunftsland der Care-Arbeiterin und trägt dort zur Reproduktion ihrer Familienangehörigen bei.[34]

---

34 Ein fiktives Beispiel auf der Basis der verfügbaren Daten zur Veranschaulichung: Kehren wir zurück zu den 4,4 Milliarden Dollar Brutto-Löhnen jährlich für domestic Worker in New York City. Gehen wir mit DWU und DataCenter davon aus, dass in 73 % der Fälle (vgl. DWU & DataCenter 2006) Anteile des Lohnes in die Senderländer zu den Familien der domestic Worker zurückgeschickt werden, und setzen wir als Schätzung, dass im Schnitt vielleicht ein Drittel des Lohnes dieser 73 % zurückgeschickt werden, weil man von im Schnitt 7 Dollar pro Stunde gerade noch in New York City leben kann, so ergibt dies eine gute Milliarde Dollar, die jährlich

Voraussetzung für die Existenz der Form ist, dass die Haushaltseinkommen der Arbeitgeber_innen den „Konsum" von domestic Work erlauben, d.h. deren Löhne und Einkommen einen ausreichend hohen „Care-Bestandteil" enthalten und umgekehrt die Löhne der Domestic Worker nicht die Haushaltseinkommen ihrer Arbeitgeber_innen „überstrapazieren". Auf der quantitativen Ebene der Verteilungsrelationen beobachten wir, dass eine starke Lohnspreizung eine der ökonomischen Bedingungen ist, in denen sich Formen von domestic Work ausweiten können. Umgekehrt gibt es in Ländern ohne starke Lohnspreizungen, in denen Beschäftigte nicht genug verdienen bzw. Care-Arbeit nicht „schlecht genug" bezahlt wird bzw. werden kann (z.B. aufgrund von Mindestlohngesetzgebungen etc.), in der Regel eine eher kleine Domestic-Work-Ökonomie (vgl. z.B. Appelbaum/Schettkat 1999).

Die Existenz der Form setzt eine nicht-gleiche Wertigkeit in den Reproduktionsbedingungen ihrer beiden Pole voraus, deren quantitativer Ausdruck die unterschiedlichen monetären Reproduktionsniveaus von domestic Workern und ihren Arbeitgeber_innen sind. Das vergleichsweise hohe Reproduktionsniveau auf der Seite der Care-taker wird unter anderem ermöglicht durch das vergleichsweise niedrige Reproduktionsniveau auf Seiten der domestic Worker, die in New York City zu überwiegenden Anteilen Migrantinnen aus dem globalen Süden sind. Das Reproduktionsniveau von domestic Workern ist auch deshalb so niedrig, weil das allgemeine materielle Reproduktionsniveau in den Herkunftsländern ungleich niedriger ist. Domestic Worker sind in einer hierarchisierten globalen Ökonomie aktiv handelnde Akteurinnen, die ihre individuelle Reproduktionslage und die ihrer Familien durch die Arbeit als Domestic Worker erheblich verbessern (vgl. zu dieser Ambivalenz das Beispiel bei Piperno 2007; Parreñas 2001).

Die Care-Seite hiervon ist, dass die Emergenz und Ausweitung der Form materielle Konsequenzen in den Herkunftsländern der domestic Worker besitzt, die in der Form unsichtbar bleiben, da sie sich an einem anderen Ort artikulieren. So bedeutet die Emergenz und Ausweitung dieser spezifischen Form von migrantischer Haus- und Care-Arbeit innerhalb des Modus der sozialen Reproduktion in New York City auf der Seite der Herkunftsländer häufig ein Mehr an unbezahlter Care-Arbeit (oder einen Wegfall dieser Arbeit) (vgl. Parreñas 2001; vgl. Ehrenreich/Hochschild 2003).

Manchmal wird in den Herkunftsländern die fehlende Care-Arbeit ersetzt durch migrantische Care-Arbeiter_innen, deren Reproduktionsbedingungen

---

in Form von *remittances* (Rücküberweisungen) von New York City in die Länder des globalen Südens fließt.

noch prekärer sind. So basiert diese Form auf einem „Care Drain" (vgl. hierzu kritisch Piperno 2007) und ist dann das letzte Glied in einer globalen Care-Kette (vgl. Yeates 2004), deren einzelne Glieder jeweils lokal spezifische und im Verhältnis zueinander ungleiche Reproduktionsbedingungen aufweisen (vgl. hierzu Parreñas 2001). In diesen Ketten wird Care-Arbeit auf mehrfache Weise substituiert (sowohl im nationalen wie auch im internationalen Kontext): jeweils v.a. von ökonomisch und sozial schlechter positionierten Frauen bis hin zu hochqualifizierten US-amerikanischen Haushalten der Mittel- und Oberschicht (vgl. Gavannas Williams 2004: 311; ähnlich auch Parreñas 2001; Hochschild 2000), die domestic Work nachfragen und die selbst wiederum in andere soziale Formen von Lohnarbeit (häufig nicht Care-Arbeit) eingebunden sind.

Bezieht man diese Feststellung auf die makroökonomische Ebene der gesellschaftlichen Produktion und Reproduktion in kapitalistischen Gesellschaftsformationen, bedeutet dies, dass ökonomische Voraussetzung und Resultat der Existenz der Form domestic (Care) Work ist, dass ein ausreichend hoher Bestandteil des gesellschaftlich produzierten Wertes gesellschaftlich derart verteilt wird, dass er für die Bezahlung von domestic Workern gemäß den jeweiligen gesellschaftlichen Standards verwendet werden kann. Im Umkehrschluss heißt dies, dass dieser Bestandteil des gesellschaftlich produzieren Wertes (hier 4,4 Milliarden Dollar) nicht in andere Bereiche der gesellschaftlichen Reproduktion fließt,[35] sondern als Lohn für die Domestic-Work-Arbeitskräfte verwendet wird.[36] Die gesellschaftliche Voraussetzung für die Existenz der Form ist, dass sich diese ökonomische Möglichkeit auch realisiert, d.h., dass die Möglichkeit, domestic Worker zu bezahlen, auch tatsächlich genutzt wird oder werden muss. Ob dies so ist oder nicht, hängt auch von individuellen Präferenzen ab, und (wesentlich) von geschlechtsspezifisch strukturierten hegemonialen Formen der Arbeits-, Lebens- und Reproduktionsweise.

Die jeweils „komparativen Reproduktionskostenvorteile" bzw. schlechteren (materiellen) Reproduktionsbedingungen von ökonomisch schlechter positionierten Frauen, die ihre Arbeitskraft als Domestic-Care-Arbeitskraft verkaufen, sind eine ökonomische Voraussetzung dafür, dass Care-Ketten unter derart privatisierten Tauschverhältnissen ökonomisch funktionieren. Unter diesen

35 Immerhin beanspruchen die „Konsumausgaben" für Domestic Worker eine ähnliche Summe wie die Finanzierung der städtischen Polizei und sie entspricht rund zwei Dritteln der städtischen Ausgaben für Pensionszahlungen (vgl. NYC Office of Management and Budget 2009) .

36 Und partiell zu Deviseneinkünften für die jeweiligen Herkunftsländer wird.

Umständen ist es aus der individuellen Perspektive der jeweils stärkeren Glieder in dieser Kette ökonomisch durchaus „rational", die eigene Care-Arbeit durch eingekaufte Care-Arbeit zu ersetzen. Eine gesellschaftliche Voraussetzung für Care-Ketten ist, dass Domestic-Work-Arbeitskräfte zur Verfügung stehen, die – aus welchen Gründen auch immer – zu vergleichsweise schlechten Bedingungen ihre Care-Arbeitskraft verkaufen müssen.
Ob und wie viel domestic Care Work von einem jeweils hierfür zur Verfügung stehenden gesellschaftlichen Wertanteil am Markt gekauft werden kann, hängt auch davon ab, welche Reproduktionsbedingungen und gesellschaftlichen Standards für domestic Worker auf diesem Markt jeweils gesellschaftlich gängig sind. Wie gezeigt spielen in New York City für diese Frage Migrationsregime eine große Rolle. Denkbar wären allerdings ebenso gut andere gesellschaftliche Ungleichheits-„Regime", sofern diese dazu führen, dass die materiellen Reproduktionsbedingungen von bezahlten domestic Workern auf der einen Seite und den Arbeitgeber_innen-Haushalten auf der anderen sich quantitativ unterscheiden (Lohnspreizung) und dieser Unterschied sich qualitativ in der Möglichkeit auf der einen und Unmöglichkeit auf der anderen Seite ausdrückt, einen Teil der Haus- und Care-Arbeit bezahlt an Dritte delegieren zu können.

6.2.2 Home-based Child Care: Working-poor-Carer für Working-poor-Eltern?

> "In the USA the polarization between women is almost so huge, that it is almost dangerous to use the generic category women. In the US the differences between lone mothers and women in high-level jobs are arguably larger than those between women and men" (Mary/Daly 2003: 158)."

In die Konstituierung von home-based Child Care sind Eltern und Care-Arbeiter_innen als Privatpersonen involviert. Ferner haben Arbeitsmarkt-, Familien- und Sozialpolitik des Staates einen direkten und regulierenden Einfluss auf den Charakter der Form, auf die Arbeitsbedingungen und Lohnhöhen von Child-Care-Arbeiter_innen und die Preisentwicklungen am Child Care-Markt. Die ökonomische Basis der Nachfrage nach dieser Form von Kinderbetreuung wird durch den US-amerikanischen Sozialstaat unterstützt bis ermöglicht und politisch wird die Ausweitung der Form durch einen erhöhten Arbeitszwang, der auch durch den Sozialstaat auf Eltern und Alleinerziehende ausgeübt wird, befördert.

Unter diesen Umständen kann man zwar von einem „formell" privaten und in der Frage der konkreten Personenwahl „freien" Vertrags- und Tauschverhältnis zwischen den beiden Polen der Form sprechen, ökonomisch gesehen handelt es sich aber um eine Form von öffentlich (ko-)finanzierter Care-Arbeit. So wird der Schein der individualistischen Tradition des US-amerikanischen Staats, was die „freie" Wahl an Betreuungsoptionen und die Bevorzugung des Marktes gegenüber staatlichen Lösungen angeht (vgl. Sainsbury 1996: 29), zu einem gewissen Grad aufrechterhalten, auch wenn es sich hier um einen quasi-staatlichen Markt handelt, der durch die sozialstaatlichen Cash-Transfers im Rahmen der arbeitsmarktorientierten Sozial- und Familienpolitik ökonomisch ermöglicht wird. Sowohl die Bedingungen des Tausches als auch die Bedingungen, unter denen die Nachfrage möglich und nötig wird, sind alles andere als privat und frei zwischen den Vertragspartner_innen gewählt. Der US-amerikanische Wohlfahrtsstaat mit seinem *Workfare*-Kurs ist hier die zentrale Regulationsinstitution (vgl. auch Daly/Rake 2003: 18).

Eine mit der Domestic-Work-Form vergleichbare ökonomische Ungleichheit zwischen den beiden Polen gibt es bei home-based Child Care nicht. Eltern oder Alleinerziehende, die ihre Kinder in dieser Form betreuen lassen (müssen), und die bezahlten Care-giver stehen sich in ihren materiellen Reproduktionsniveaus vergleichsweise ähnlich gegenüber. Die Reproduktionsbedingungen dieser Care-Arbeiter_innen unterscheiden sich hinsichtlich der Reproduktionsbedingungen (und -kosten) der Eltern, deren Kinder sie betreuen, qualitativ jedoch (häufig) in einem zentralen Punkt, der eine wichtige Determinante der vergleichsweise geringen Kosten und Preise für diese Form von Kinderbetreuung ist: Schlecht bezahlte Child-Care-Arbeiter_innen verbinden häufig die unbezahlte Care-Arbeit mit bezahlter Care-Arbeit, sie betreuen also ihre eigenen Kinder „außerhalb" der Warenform unbezahlt im eigenen Heim und verbinden dies mit der bezahlten Kinderbetreuung als Einkommensquelle. So sind die Kosten für warenförmige Kinderbetreuung in den Reproduktionskosten der bezahlten Care-giver nicht enthalten, in den Netto-Haushaltseinkommen der Eltern, deren (staatlich subventionierte) Kinder sie betreuen, hingegen schon. Die Reproduktionskosten der Eltern, deren Kinder sie betreuen, enthalten einen Care-Bestandteil, der (in unterschiedlichem Ausmaß) durch die staatlichen Zuschüsse zu den Betreuungskosten oder Gutscheine finanziert ist. D.h., in den Netto-Haushaltseinkommen dieser Eltern, die staatlich aufgestockt werden, sind die Kosten für Care enthalten, in ihren Brutto-Löhnen hingegen nicht oder nur teilweise.

Auch wenn die Ungleichheit zwischen den beiden Polen der Form nicht sehr stark ist und wir hinsichtlich der Form nicht von ökonomischer Ausbeutung sprechen können, gibt es soziale Akteur_innen außerhalb der Form, die zumindest indirekt von der Existenz dieser Form profitieren. David Blau (2001: 167ff.)

kommt in seiner Analyse der Ökonomie von Child Care nach der *Welfare Reform* 1996 zu dem Ergebnis, dass die Subventionierung von Kinderbetreuung bei den niedrigverdienenden Familien (anders als bei mittleren Einkommensgruppen) einen signifikanten Effekt auf das Erwerbsverhalten der Mütter ausübte, sicherlich auch deshalb, weil insbesondere diese Gruppe einem starken Arbeitszwang ausgesetzt wurde (vgl. auch Lerman/Ratcliffe 2001: 5). Sofern der US-amerikanische Wohlfahrtsstaat auf seinem *Workfare*-Kurs für alle Geschlechter ein minimales Betreuungsangebot schaffen muss, damit ein Mindestmaß an gesellschaftlicher Kohärenz in einer weitestgehend individualisierten Gesellschaft der Alleinerziehenden und Kleinstfamilien gewährleistet ist, profitiert er indirekt von der Existenz von home-based Child Care: Denn die Existenz dieser Form macht es unnötig, ein umfassenderes, reguliertes öffentliches Kinderbetreuungssystem zu schaffen, welches deutlich teurer wäre, als es die Cash-Transfers in die Privathaushalte sind (vgl. CCI 2008). Außerdem profitieren jene Arbeitgeber_innen, die Eltern und Alleinerziehende zu einem Brutto-Lohn einstellen können, der angesichts der Care-Verantwortung eigentlich nicht zum Leben reichen würde, wären da nicht die sozialstaatlichen Subventionen für die Kinderbetreuung.

Das Geld als Voraussetzung dieser Form von Care-Arbeit durchläuft auch hier eine Metamorphose: Zunächst ist es Bestandteil eines Lohnes, Einkommens oder Gewinns; über Steuern und Sozialabgaben wird es zu einem öffentlichen, d.h. kollektiven Haushalt für die subventionierte Kinderbetreuung; reguliert über sozialstaatliche Umverteilung und Anspruchsberechtigungsregelungen[37] wird es sodann zu einer individuellen sozialstaatlichen Unterstützungsleistung für einkommensschwache Eltern und stockt deren Brutto-Löhne durch die Subventionierung des Care-Bestandteiles auf; in den Privathaushalten bilden die sozialstaatlichen Transfers die Voraussetzung für die Mobilisierung einer bezahlten Care-Arbeitskraft; sobald das Geld dann von der Seite des Care-takers auf die der Care-Arbeitskraft gewechselt hat, ist es zu einem Lohn für Letzere geworden, dessen Höhe wesentlich das Reproduktionsniveau der Care-Arbeitskraft bestimmt. Jeder dieser Metamorphosen unterliegt eine Verteilungsfrage über den gesamtgesellschaftlich produzierten Wert und seine Verteilung und Verwendung. An jeder dieser verschiedenen Umschlagpunkte werden Entschei-

37 Die entsprechenden staatlichen Gelder werden auf kommunaler Ebene verwaltet. Sie setzen sich zusammen aus bundesstaatlichen Child-Care-*block-grants* und bundesstaatlichen Mitteln sowie aus kommunalen und lokalen Geldern (vgl. Kap. 5.II und Mending the Patchwork 2004; IBO 2005), die über die *Social-service*-Agenturen verwaltet werden (ACD und HRA).

dungen getroffen, die einen Einfluss auf die konkrete Gestaltung der Form und die Reproduktionsbedingungen ihrer beiden Pole haben.

Die Form ist in ihrer konkreten Entwicklung abhängig davon, ob und wie sich die Steuerbasis, die Art der Steuererhebung und die Verteilungsrelationen innerhalb der öffentlichen Haushalte auf bundes-, einzelstaatlicher, kommunaler und lokaler Ebene so gestalten, dass ein relativ zur Nachfrageentwicklung nach subventionierter Kinderbetreuung „ausreichend" hoher Anteil des gesellschaftlich produzierten Wertes als kollektiver Care-Schatz fungiert. Ein Anteil des gesellschaftlich produzierten Wertes muss als vergesellschafteter Wert abgeführt werden und in „Care for Kids" fließen. In New York State waren dies z.B. im Jahr 2008 über eine Milliarde Dollar. Diese Mittel wurden dann vom Bundesstaat auf die einzelnen Distrikte (vgl. Kapital 4.1) verteilt, darunter New York City. Zusätzlich können Bundesstaaten und Distrikte die *block grants* für Kinderbetreuung aufstocken, indem sie Mittel aus den Sozialhilfehaushalten umverteilen oder eigene bundesstaatliche oder kommunale Mittel zusätzlich hinzuziehen.[38]

Die Existenz dieser Form ist Ausdruck einer zumindest leichten Dekommodifizierung der Versorgungsverantwortung von arbeitenden Eltern mit Versorgungsverantwortung – und setzt diese voraus. Unter den hier betrachteten Bedingungen relativ fixer Haushaltsbudgets (*block grants*) für subventionierte Kinderbetreuung hängt die Form in ihrer Existenz und Entwicklung wesentlich von der Entwicklung der Nachfrage nach dieser Form von Care, der Einkommensentwicklung von arbeitenden Eltern und der Lohnentwicklung von Care-Arbeiter_innen ab, d.h. allgemein von der Frage, ob für die jeweilige Nachfrageentwicklung nach Subventionen für Kinderbetreuung ausreichende Haushaltsmittel zur Verfügung gestellt werden (vgl UNH 2009; Blau 2001: 9)

38 Zur Veranschaulichung: Im *block grant* für New York State befanden sich 2008 eine Milliarde Dollar für subventionierte Kinderbetreuung insgesamt. Davon waren 81 % bundesstaatliche Gelder aus den Mitteln des CCDBG und dem TANF-Programm und damit deutlich mehr föderale als städtische Gelder als Ende der 1990er Jahre. Der Rest waren bundesstaatliche Mittel (Akthar/Antos 2010). Das Budget für Child Care in New York City betrug 1999 520.112 Dollar und 2006 712.412 Dollar. Davon waren rund 43 % bzw. 31,2 % städtische Gelder, und aus dem CCDBG stammten rund 34 % bzw. 61 %. Jeweils rund 22 % bzw. 7,5 % stammten aus anderen Quellen (vgl. IBO 2005: 4).

6.2.3 Home Care: Öffentlicher Auftrag in privater Hand?

Bei home Care gibt es vier soziale Akteure, die miteinander interagieren, in jeweils unterschiedlich gerahmte ökonomische Interaktionen miteinander treten und dabei die Form home Care konstituieren: Die Care-taker (oder gegebenenfalls ihre Angehörigen), staatliche Programme (*Medicare* und *Medicaid*), privatwirtschaftliche (profitorientierte und nonprofit) Home-Care-Agenturen, unter Umständen Subunternehmen sowie die home Care Worker selbst. Da es sich hier um eine Form handelt, die eng mit der öffentlichen Daseinsfürsorge im Alter zusammenhängt, sind die öffentlichen Versorgungssysteme *Medicare* und *Medicaid*[39] und ihre Entwicklung als Existenzbedingung dieser Form von home Care zentral.

Private Home-Care-Agenturen sind dafür verantwortlich, den jeweiligen *plan of care*[40] für einen Care-taker, der Anspruchsrechte auf *Medicare* hat (bei Armen über 65, die nicht in die Pflichtversicherung eingezahlt haben, greift *Medicaid*), auszuführen. Die Home-Care-Agenturen arbeiten im Auftrag von *Medicare* und führen den öffentlichen Pflegeauftrag aus. Sie erhalten zu diesem Zweck für einen jeweils festgelegten Zeitraum einer sogenannten Care-Episode Vorauszahlungen von *Medicare*. Wie die Agenturen die Pflege-Arbeit organisieren, bleibt weitestgehend ihnen selbst überlassen, solange sie den vorab vereinbarten *plan of care* erfüllen. Die Care-Arbeiter_innen, die hierzu benötigt werden, werden formell von den Home-Care-Agenturen angestellt oder als Selbständige beauftragt, von ihnen bezahlt. Somit sind die Home-Care-Agenturen die privaten Arbeitsgeber der Care-Arbeiter_innen (vgl. U.S. Department of Health and Human Services, Centers for Medicare and Medicaid Services 2009 und 2011; SAA 2011). Die

39 Zukünftige Care-taker, die in *Medicare* einzahlen, haben die Wahl zwischen *Original Medicare plans* und *Managed Care plans*. Der wesentliche Unterschied zwischen diesen beiden Systemen besteht darin, ob *Medicare* die Durchführung von Care-Plänen pro Fall an Privatagenturen abtritt oder ob Privatagenturen auch die Planung der Versorgung sowie die Zusammenstellung bestimmter Care-Pakete, die dann in der Regel von einem festen Pool an Anbieter_innen ausgeführt werden, übernehmen. In beiden Fällen ist das zugrunde liegende Zahlungsprinzip jedoch dasselbe: *Medicare* leistet Vorauszahlungen für die Durchführung von festgelegten Care-Plänen. Die Agenturen verpflichten sich, diese Pläne durchzuführen, und tragen dann sowohl das Risiko als auch die Vorteile der Durchführung.

40 Im Falle der Pflegebedürftigkeit wird zwischen dem_der betreuenden Ärzt_in und der jeweiligen *Medicare*-zertifizierten Home-Care-Agentur ein *plan of care* erstellt, in dem Care-Bedürfnisse und Care-Leistungen festgehalten werden.

Form home Care ist dann ein formell privates Arbeitsverhältnis, in dem die Ausführung des öffentlichen *Care-Auftrages* stattfindet.

Zwischen den beiden Polen der Form – dem Care-taker und dem Care-giver – findet in der Form also kein ökonomischer Tausch statt, denn die jeweiligen Vertragspartner_innen befinden sich außerhalb der Form: *Medicare* tauscht mit den Home-Care-Agenturen Geld gegen die Zusicherung, die öffentliche Care-Verantwortung zu erfüllen. Die Home-Care-Agenturen tragen die ökonomischen Risiken des Pflegeprozesses – und erhalten die aus einer effizienten und kostengünstigen Organisation des Pflegeprozesses resultierenden (möglichen) Gewinne. Der öffentliche Vorschuss zwecks Ausführung von Care-Plänen fungiert als öffentlich finanziertes, vorgeschossenes „Kapital". Aus diesem Kapital werden sodann die Care-Arbeitskräfte und der Pflegeprozess sowie die hierfür notwendige Administration finanziert. Hier findet ein zweiter Tausch statt zwischen Home-Care-Agentur und Care-Arbeitskraft. Geld wird gegen Arbeitskraft des bezahlten Care-givers getauscht. Dieser erhält einen Lohn und führt die Care-Arbeit aus, die im *plan of care* vereinbart wurde. Was dann von dem vorgeschossenen „Care-Kapital" übrig bleibt, ist der Gewinn der Home-Care-Agentur (vgl. Home Care Crisis C).[41] Sofern die Home-Care-Agenturen die Ausführung der Pflege-Arbeit nicht an Subunternehmen abtreten, sind sie auf das *Living-wage*-Gesetz der Stadt verpflichtet. Sofern sie jedoch die Ausführung der arbeitsintensiven Pflegearbeit an Subunternehmen outsourcen, verfügen sie über Spielräume bei den Löhnen.

Die Verteilungsmasse, die für Profite und Löhne insgesamt zur Verfügung steht, bestimmt sich in der ersten Tauschinteraktion zwischen *Medicare/Medicaid* und den Home-Care-Agenturen durch die staatlich festgelegten Erstattungssätze. Das tatsächliche Verhältnis von Löhnen und Profiten bestimmt sich dann auf dieser Basis in der zweiten Tauschinteraktion zwischen Home-Care-Agenturen und Care-Arbeiter_innen.

Die Care-Arbeitskraft führt also eine soziale Dienstleistung aus, deren „Preis" nicht in erster Linie auf dem Markt bestimmt wird, sondern bereits vor der Ausführung der Arbeit durch die staatlichen Erstattungssätze tendenziell vorgegeben wurde, deren *Bezahlung* allerdings im zweiten Schritt auch von den Verhandlungen zwischen Home-Care-Agenturen und Care-Arbeiter_innen mitbestimmt wird. Sofern die Agenturen an das *Living-wage*-Gesetz der Stadt gebunden sind, ist der Lohn für die Care-Arbeiter_innen fix. Unter den Bedingungen von festen

41 Vgl. auch Miss Jones, die den Home-Care-Schwindel im Auftrag der SEIU verfolgt unter: http://www.youtube.com/watch?v=-rL6ODl1i8M&feature=player_embedded (20.8.2011).

Erstattungssätzen und festen Lohnhöhen lassen sich Profite dann allein dadurch erzielen oder erhöhen, dass den Care-Arbeiter_innen mehr Betreuungsfälle zugewiesen werden und so die Produktivität der Care-Arbeitskräfte erhöht wird (und/oder deren Arbeitstage verlängert werden). Der Profit der Home-Care-Agenturen basiert dann zwar weiterhin auf der Existenz eines kollektiven Care-Schatzes – d.h. eines kollektiven Wertbestandteiles, der bereits vor der Existenz der Form produziert wurde –, allerdings beruht er dann auch darauf, dass die Care-Arbeitskraft eine höhere Leistung erbringen muss (sei es durch längere Arbeitstage oder durch erhöhte Arbeitsproduktivität). D.h., in diesem Fall ist die Ausbeutung von Arbeitskraft von unmittelbarer Bedeutung für die Frage, wie hoch die Profite von Home-Care-Agenturen unter den Bedingungen staatlich festgelegter Erstattungssätze sein können. Dies gilt umso mehr, wenn die Home-Care-Agenturen nicht an das *Living-wage*-Gesetz gebunden sind und dadurch, dass sie Löhne nach unten drücken, ihren Profit erhöhen.

Die ökonomischen Tauschverhältnisse haben hier also einen doppelten Charakter. Die Quelle der Profite wie auch der Löhne liegt in den öffentlichen *Medicare*-Haushalten.[42] Die Lohnhöhe, Arbeitsintensität und die Länge des Arbeitstages der Care-Arbeitskraft bestimmen die Verteilungsrelationen des bereits geschaffenen, in öffentlicher Hand verwalteten und an die Privatagenturen verteilten Wertes zu einem gewissen Grad mit.

Das Geld als Voraussetzung für die Existenz der Form stammt zu überwiegenden Teilen aus den *Medicare*- und *Medicaid*-Haushalten. Die Gesamtausgaben für home Care in New York State betrugen im Jahre 2004 6,86 Milliarden Dollar. Anspruchsberechtigt für die Übernahme von home Care durch *Medicare* sind pflegebedürftige US-Bürger_innen ab dem 65. Lebensjahr, die in die Pflichtversicherung *Medicare* über die *Medicare*-Steuer und damit in der Regel auch in die Sozialversicherung[43] eingezahlt haben (oder mit Einzahlenden verheiratetet

42 Pro Medicare-Antragsteller_in gab New York State im Jahre 2004 z.B. 8.221 Dollar aus. Über die Hälfte der Ausgaben fließen in die Finanzierung von Krankenhausaufenthalten (56 %) und rund ein Viertel in stationäre Behandlungen. Allein 3,7 % der *Medicare*-Ausgaben in New York 2004 entfielen auf home Care. Auf die *Medicare*-Anspruchsberechtigten gerechnet macht das im Schnitt gerade einmal 305 Dollar im Jahr aus (im Gegensatz zu 4.641 Dollar Krankenhauskosten pro Anspruchsberechtigtem), vgl. U.S. Bureau of Health and Human Services (2007).

43 Sozialversicherungsbeiträge beliefen sich 2011 auf gut 6 % Arbeitgeber_innenanteil und 4,2 % Arbeitnehmer_innenanteil vom Brutto-Lohn der Arbeitnehmer_innen. Diese Beiträge werden bis zu einer Einkommensobergrenze von 106.800 Dollar Brutto-Jahreseinkommen bemessen. Einkommensanteile über dieser Grenze, die

sind), als sie selbst noch gearbeitet haben. Ein guter Teil des *Medicare*-Haushaltes setzt sich außerdem aus lokalen und föderalen Steuereinnahmen (*general revenue*) zusammen.

Auch wenn dies hier nicht in „Reinform" gilt, können wir sagen, dass die Art und Weise, wie das Geld als Voraussetzung für die Existenz der Form auf die Seite des Care-takers kommt, der im Kapitel 2 formulierten Möglichkeit C stark ähnelt. Der Haushalt von *Medicare* ist hier der kollektive Care-Schatz, der durch die Einzahlungen der Arbeitgeber_innen sowie der aktiven Erwerbsbevölkerung, den monatlichen Prämien von *Medicare*-Klient_innen und in Teilen den föderalen und lokalen Steuereinnahmen gebildet wird (vgl. detailliert Centers for Medicare & Medicaid Services, Office of the Actuary, 2005; Social Security Administration, Office of the Actuary, 2005).

Im Haushalt von *Medicare* liegen zu überwiegenden Teilen im allgemeinen Äquivalent vergegenständlichte und temporär geronnene Quanten von verausgabter Arbeitskraft der aktiven, regulären Erwerbsbevölkerung als kollektiver Care-Schatz, aus dem u.a. home Care bezahlt wird.[44] Das Geld im *Medicare*-Haushalt wandelt sodann seine Form und wird zu einer vorgeschossenen öffentlichen Auszahlung an eine Home-Care-Agentur; für diese fungiert es nunmehr als Kapital, mit dem Care-Arbeitskraft eingekauft wird und der Care-Prozess für den Care-taker organisiert wird; *Medicare*-Gelder werden zu Löhnen für die Care-Arbeiter_innen und unter Umständen zu Profiten für Home-Care-Agenturen, sofern diese den Pflegeprozess für die übernommenen Fälle gemäß den festgesetzten Erstattungsätzen pro Fall entsprechend effizient organisieren.

Auch hier ist Voraussetzung und Resultat der Form, dass es einen Bestandteil des gesellschaftlich produzierten Wertes gibt, der als Care-Bestandteil in den Haushalt von *Medicare* fließt, d.h. nicht für unmittelbare Profite, Löhne, Konsumausgaben oder dergleichen zur Verfügung steht. Die Verteilungsrelationen des

---

sogenannte *Social Security wage base*, werden nicht mehr zusätzlich mit Beiträgen besteuert, vgl. SSA (2011).

44 Die Art und Weise, wie dieser Care-Schatz gebildet wird, hat sich in der Zeit verändert. Seine absolute Zahl ist US-weit drastisch gestiegen von 22,8 Milliarden Dollar 1987 auf 111,8 Milliarden 2003. Die Erhebungsbasis dieses kollektiven *Medicare*-Schatzes hat sich insofern verändert, als er sich heute zu größeren Anteilen aus den Einzahlungen der Arbeitnehmer_innen und den Gesamteinnahmen des Staates über Steuern zusammensetzt und der Anteil, der von den Arbeitgeber_innen in der Privatwirtschaft übernommen wird, in diesem Zeitraum um 7 % gesunken ist (von 30 auf 23 % des gesamten *Medicare*-Haushalts), vgl. Centers for Medicare & Medicaid Services, Office of the Actuary, 2005; Social Security Administration, Office of the Actuary, 2005.

produzierten gesellschaftlichen Produktes müssen also diesen Care-Bestandteil zulassen, der über den öffentlichen *Medicare*-Haushalt in die Bezahlung von home Care und Care-Arbeiter_innen fließt.

Wer den Care-Bestandteil bezahlt und ob er eher zu Lasten von Löhnen oder Profiten geht, ist in der hier vorgeschlagenen regulationstheoretischen und feministischen Perspektive zu betrachten als Frage sozialer Aushandlungsprozesse, Kämpfe und Kompromisse – darunter prominent zwischen Kapital und Arbeit. Allerdings hängt der Ausgang von Streits und Aushandlungen darüber, zu welchen Anteilen Kapital respektive Arbeit die Kosten für Care zu tragen hat, nicht alleine vom Verhältnis dieser zwei Klassen ab, sondern auch davon, in was für einem gesellschaftlichen Kontext diese verhandeln, wie Pflegearbeit gesellschaftlich „wertgeschätzt" wird und was diese Arbeit kosten darf. Dies hängt sowohl von hegemonialen Deutungen der Geschlechterdifferenz und den hegemonialen Geschlechterverhältnissen, und der von diesen geprägten gesellschaftlichen Bewertung von Pflegearbeit ab, wie auch vom gesellschaftlichen Umgang mit menschlichen Prozessen wie Altern und Sterben, von den sozialen Verhältnissen zwischen den Generationen und dem Grad an Individualisierung respektive Kollektivität in einer Gesellschaftsformation. Gesellschaftliche Kompromisse darüber, wie hoch z.B. Beitragssätze für *Medicare* sind und zu welchen Anteilen sie von Arbeitnehmer_innen, Arbeitgeber_innen oder aus Steueraufkommen bezahlt werden, spiegeln diese – und andere – gesellschaftlichen Zustände wider.

6.2.4 Materielle Interessengegensätze zwischen den Akteur_innen in der Form

Die ökonomischen Formen sind Resultat von sozialen Prozessen und vergangenen Handlungen sozialer Akteur_innen, in und durch die sie sich zu dem entwickelten, was sie heute sind: VerCaresformen, in denen sich der Tausch von Care-Arbeitskraft gegen Geld wie von selbst bewegt. Für die aktuellen Akteur_innen bilden diese sozial und historisch gewordenen Formen einen „objektiven" Boden, auf dem sich die verschiedenen Pole der Form gegenüberstehen, auf dem aktuelle Akteur_innen ihre Strategien entwickeln und unter Umständen handeln und Veränderungen bewirken. Je nachdem, wie die Formen jeweils ökonomisch strukturiert und eingebettet sind, ergeben sich materielle Interessengegensätze oder Ähnlichkeiten in den materiellen Interessen zwischen den beiden Polen in der Form.

Häufig – aber nicht immer – artikulieren sich diese strukturell bedingten, materiellen Gegensätze als unterschiedliche soziale Positionierungen von und Ungleichheitsverhältnisse zwischen verschiedenen Gruppen von Frauen. „Strukturell bedingt" bedeutet hier, dass aus der ökonomischen Einbettung und Funktionsweise der Form heraus materielle Interessengegensätze zwischen Care-takern und den angehörigen Care-Verantwortlichen (häufig Frauen) auf der einen Seite und bezahlten Care-givern (häufig Frauen aus marginalisierten sozialen Gruppen) auf der anderen Seite entstehen. Die aktuellen Formen von Care, so wie wir sie vorfinden, haben eine strukturelle und strukturierende Auswirkung, wie sich Care-taker/Care-Verantwortliche und bezahlte Care-giver in der Form zueinander positionieren. Dies wiederum hat einen Einfluss auf die jeweiligen Handlungsmöglichkeiten, die individuell „rationalen" Handlungsstrategien, die materiellen Interessengegensätze, aber auch die gemeinsamen Interessen von Akteur_innen in der Form. Da die Form einen Einfluss auf das Handeln der Akteur_innen in ihr besitzt, bestimmt die Struktur der ökonomischen Form ihre eigenen Entwicklungstendenzen und Möglichkeiten zu einem gewissen Grad mit.

Die Art und Weise, wie die beiden Pole der Form domestic Work aufeinandertreffen, ist ein privat organisierter und finanzierter Tausch von Care-Arbeit gegen Lohn (bzw. aus der Perspektive des Care-takers: Care gegen Geld). Hier liegt ein individueller, materieller Interessengegensatz begründet, der in einer rein materialistischen Perspektive die beiden Pole der Form als antagonistische Pole zueinander positioniert. Dieser materielle Interessengegensatz hat es gemeinsamen Organisierungsversuchen von Frauenrechtler_innen und domestic Workern in den USA nicht leicht gemacht (vgl. hierzu Glenn 1992: 16). Gemeinsame Interessen liegen *in* der Form lediglich dort, wo die Qualität des Arbeitsplatzes die Qualität der Care-Dienstleistung mitbestimmt und dies sowohl Care-givern als auch Care-takern in der Form bewusst ist. Das bedeutet nicht, dass domestic Worker und Arbeitgeber_innen nicht auch gemeinsame Interessen finden und artikulieren können,[45] aber es heißt, dass sie *in* der Form bezüglich ihrer *materiellen* Indivi-

45 Materielle Gegensätze müssen nicht unbedingt das Handeln der hier beteiligten Personen determinieren und es können auch auf einer anderen Basis gemeinsame Interessen vorhanden sein oder Kompromisse gefunden werden. Materielle Gegensätze können durch ein geteiltes Wertesystem – z.B. ideelle Vorstellungen über den Wert der Arbeit – und ein sich dieser Gegensätze bewusstes Verhalten – z.B. als Resultat einer vegeschlechtlichten ökonomischen Organisationsweise, die Frauen betrifft, aber verschieden betrifft – ausgeglichen werden. Solange die soziale Form domestic Work jedoch in Bezahlung und Ausgestaltung eine gänzlich private Angelegenheit zwischen Arbeitgeber_in und Arbeitnehmerin ist, stehen sich die beiden Pole in ihren materiellen Interessen in diesem Austauschverhältnis als gegensätzliche gegenüber: Materielle Zugeständnisse von Seiten der Arbeitgeberin an die Arbeitnehmerin bedeuten für

dualinteressen zunächst in einem antagonistischen Verhältnis zueinander positioniert sind und dass sie in unterschiedliche gesellschaftlich gegebene Gruppen im Rahmen einer hierarchisierten globalen Ökonomie „hineingeboren" werden.[46] Dass sich die beiden Pole in der Form materiell mit gegensätzlichen Interessen gegenüberstehen, ist wiederum Resultat der historischen Emergenz der Form innerhalb einer durch Geschlechterverhältnisse und Rassismus strukturierten sozialen Reproduktionsweise in den USA, und wir können daher auch hier von einer vergeschlechtlichten und rassifizierten Form sprechen (vgl. Acker 2007).[47]

Materielle Interessengegensätze zwischen den beiden Polen existieren in der Form umso weniger, je stärker die Seite der Care-taker staatlich in den Betreuungskosten unterstützt wird. Ist der Finanzier der Arbeit vornehmlich der Staat, so werden Lohnhöhen und Arbeitsbedingungen für die bezahlten Care-giver hauptsächlich durch die staatlichen Erstattungssätze reguliert. D.h., je stärker der Staat in die Konstituierung der jeweiligen Form involviert ist, desto näher liegen die materiellen Interessen von anspruchsberechtigten Care-takern bzw.

Erstere einen materiellen Verlust. Umgekehrt gilt dasselbe unter umgekehrten Vorzeichen: Wenn domestic Worker z.B. für die gleiche Bezahlung längere Arbeitszeiten akzeptieren, weil ihre Arbeitgeberin selbst länger arbeiten muss, bedeutet auch dies einen materiellen Verlust (hier an Zeit, die anderweitig verwendet werden könnte) auf der Seite der domestic Worker (vgl. hierzu auch: ver.di AK undokumentiertes Arbeiten: Videoclip „Know your Rights" unter: http://besondere-dienste.bb.verdi.de/lbzfg_sonstige_dienstleistungen/verdi_ak_undokumentierte_arbeit/#know-your-rights, 5.10.2010).

46 Nancy Folbre (1994) schlägt vor, diesbezüglich zwischen sozial gegebenen und selbst gewählten Gruppen zu unterscheiden. Eine gegebene Gruppe wäre eine, in die das Individuum zunächst „hineingeboren" wird, z.B. durch sein Geburtsland und dessen Positionierung innerhalb der globalen Ökonomie oder durch sein biologisch-soziales Geschlecht. D.h. nicht, dass das Individuum darauf festgelegt ist, sein Leben lang zu dieser Gruppe zu gehören. Im Laufe seines Lebens kann es verschiedenen gewählten Gruppen beitreten oder es findet oder gründet Gruppenzusammenschlüsse aus Menschen, die allesamt zur gleichen „gegebenen Gruppe" gehören. Als kollektive Akteur_innen von gewählten oder gegebenen Gruppen kann es dann gemeinsam mit anderen für eine Verbesserung seiner sozialen Positionierung und/oder der Positionierung anderer streiten und damit das Gefüge der gegebenen Gruppen verändern.

47 Vielleicht erklärt dies mit, warum von feministischer Seite überraschend wenig Unterstützung für den Kampf von DWU kommt. Auf meine Frage in einem der vorexplorativen Interviews in New York City bei DWU, wo denn die (weißen) Feminist_innen bei ihren Treffen seien, erhielt ich seitens des Organisationskomitees von DWU lediglich ein enttäuschtes Achselzucken und die leicht verärgerte Antwort, dass ich das doch lieber die Feminist_innen selbst fragen sollte.

Versorgungsverantwortlichen und bezahlten Care-givern beieinander und desto einfacher kann die Bildung von Allianzen zwischen ihnen sein. Daher ist es sicherlich kein Zufall, dass die gemeinsamen Organisierungsbestrebungen von Home-based Child-Care-Workern und Eltern nach der *Welfare Reform* und der deutlichen Ausweitung der staatlich subventionierten Kinderbetreuung stattfanden – und nicht davor (vgl. Boris/Klein 2008: 38f.). Ähnlich existiert in der Form home Care zwischen dem Care-taker und dem bezahlten Care-giver kein direktes Tauschverhältnis, was gemeinsame Kämpfe für die Erhöhung der Erstattungssätze ermöglichte.

Warenförmige Formen von Care, die von einer staatlichen Institution bezahlt werden, weisen dennoch auch materielle Gegensätze zwischen den beiden Polen auf: z.B. im Hinblick auf die Ressource Zeit. Ist die Zeit für Care in der Care-Arbeit knapp bemessen und nicht oder kaum entlohnt und hat die Zeit für Care insbesondere für den Care-taker einen wesentlichen Einfluss auf die Frage, ob eine Care-Situation für diesen „effektiv" ist (Jochimsen 2003: 53), existiert hier unter Umständen durchaus ein Interessengegensatz zwischen den beiden Polen (unbezahlte Lebenszeit vs. Zeit für Care). Wenn Zeit für Care in der Care-Arbeit selbst allerdings für Care-Arbeiter_innen ein Faktor ist, der die Arbeitsqualität mitbestimmt (vgl. Jochimsen 2003: 58ff.; Nowak 2011: 382f) und die „Nächstenliebe unter Zeitdruck" gerät (vgl. Kumbruck 2009), dann wird der Widerspruch Care-Zeit vs. unbezahlte Lebenszeit einer, der auch von der Care-Arbeiterin selbst einen Umgang erfordert (vgl. hierzu Nowak 2011: 383ff.; Kumbruck 2009: 94ff.). Ein gemeinsames Interesse von Care-takern und bezahlten Care-givern in dieser Form könnte „mehr bezahlte Zeit für Care in der Care-Arbeit", d.h. höhere Löhne für Care-Arbeiter_innen sein. Unter Umständen haben private Home-Care-Agenturen gegenüber *Medicare* ein ähnliches Interesse, denn höhere Erstattungssätze erweitern den Spielraum der Agenturen bei der Care-Organisation, und sie ermöglichen unter Umständen auch höhere Profite. Boris und Klein (2007: 192) sehen in dieser Interessenkonstellation einen entscheidenden Unterschied zwischen home Care und personennahen Dienstleistungen, die ausschließlich von Privathaushalten gekauft und bezahlt werden. Dieser Unterschied hat einen Einfluss auf die nötigen und möglichen Strategien, wenn es um die Verbesserung von Arbeitsbedingungen und die Erhöhung von Löhnen geht, sowie auf die potenziellen Bündnispartner_innen. In der Emergenz der Form haben wir gesehen, dass von den drei hier betrachteten Formen home Care diejenige ist, in der bislang die breiteste Allianz verschiedener sozialer Akteur_innen geschlossen und sowohl für höhere Erstattungssätze als auch höhere Löhne teilweise erfolgreich gestritten wurde. Eine breite Allianz war hier einfacher, als es z.B. bei der domestic Work der Fall wäre, da in der ökonomischen Form gemeinsame materielle Interessen von Home-Care-Arbeiter_innen, Pflegebedürftigen, Home-Care-Agenturen und Angehörigen und ein gemeinsames Gegenüber dieser kollektiven Interessen als Adressat existent war: der Staat in Vertretung von *Medicare/Medicaid*.

6.3 Zusammenfassung: ökonomische Formen von Care und Care-Arbeit in Warenform

In allen drei in dieser Untersuchung betrachteten Formen haben wir es mit Care und Care-Arbeit in Warenform zu tun. Care-Arbeitskraft produziert in diesen Formen Care und erhält dafür einen Lohn. Das Zur-Ware-Werden von Care bedeutet den Eintritt von Care-Beziehungen in die Welt der ökonomischen Tauschverhältnisse. Die Ware Care hat hier einen Preis, sie wird auf einem privaten Markt angeboten und nachgefragt. Sie entsteht im Rahmen einer Care-Arbeitsbeziehung und Produzent_in und Konsument_in, Produktion und Produkt sind untrennbar miteinander verbunden. Voraussetzung der Existenz von warenförmigem Care ist bei allen drei betrachten Formen, dass auf der Seite der Care-taker Geld vorhanden ist (dies wird in den Formen unterschiedlich gewährleistet, über individuelles Einkommen, staatliche Cash-Transfers und/oder Betreuungsgutscheine), welches die Arbeitskraft der Care-giver mobilisieren kann. Auf der Seite der Care-giver muss Arbeitszeit zur Verfügung stehen, die als Care-Arbeitszeit gegen einen Lohn getauscht wird. Alle drei Formen von kommodifiziertem Care basieren also auf der Kommodifizierung von (Care-)Arbeitskraft, auf der Monetarisierung von Care-Bedürfnissen und darauf, dass Geld für Care vorhanden ist.

Die Formen ähneln sich hinsichtlich der Reproduktionsbedingungen auf der Angebotsseite – prekär, schlecht bezahlt und in der eigenen Reproduktion nicht oder nur eingeschränkt in der Lage, auf warenförmiges Care zurückzugreifen. Während der Grad an materieller Ungleichheit zwischen den beiden Polen von warenförmigem Care in der Domestic-Work-Form sehr hoch ist, ist er in der Form von *legally exempt* home-based Child Care sehr gering. Gemeinsam ist diesen beiden Formen, dass die Anwesenheit von warenförmigem Care in den Reproduktionskosten auf der einen Seite und seine Abwesenheit auf der anderen Seiten einen qualitativen Unterschied zwischen den Reproduktionsbedingungen der beiden Pole der Form ausmacht.

Die allgemeine ökonomische Bedingung dieser Formen von Care ist ein produzierter Wert, der über jeweils spezifische gesellschaftliche Verteilungsrelationen und Koordinierungsmechanismen als „Cash für Care" (Ungerson/Yeandle 2007) auf die Seite von Care-takern gelangt. Alle drei Formen beanspruchen Wertmassen, die auf die eine oder andere Weise von der aktiven Erwerbsbevölkerung produziert werden und in Form eines Care-Bestandteiles im Lohn (domestic Work), als Steueraufkommen, die für Care verwendet werden (home-based Child Care), oder als kollektiver Care-Schatz (home Care) auf die Seite von Care-takern fließen. Sie sind auf sehr unterschiedliche Art und Weise mit anderen Bereichen der Ökonomie verbunden und der Charakter der Tauschverhältnisse unterscheidet sich.

6.3.1 Charakter und ökonomische Einbettung der Care- Tauschverhältnisse

Domestic Work unterscheidet sich von den beiden anderen Formen dadurch, dass in ihr die Verbindung zu den Ökonomien der Länder des Südens besonders stark ausgeprägt ist durch die Rücksendungen der domestic Worker und durch das, was man (vielleicht etwas euphemistisch[48]) ihren „komparativen Reproduktionskostenvorteil" nennen könnte: Beide Pole der Form sind – was die Sicherung ihrer individuellen Reproduktion und die Erfüllung ihrer Care-Verantwortung angeht – stark vom Cash-Nexus und also vom Verkauf ihrer Arbeitskraft abhängig, sozialstaatliche Umverteilung spielt für die Konstituierung dieser Form kaum bis keine Rolle. Was den Wert ihrer jeweiligen Arbeitskraft und die Bestimmungen dessen, was zu ihrer notwendigen Reproduktion dazugehört, angeht, unterscheiden sich die beiden Pole der Form jedoch maßgeblich. Der Tauschwert von Domestic-Work-Arbeitskraft ist vergleichsweise gering und er wird partiell bemessen an den gesellschaftlichen Standards und Reproduktionskosten der Länder des globalen Südens. Der Tauschwert der Arbeitskraft der Arbeitgeber_innen von domestic Workern ist hoch und in ihren Reproduktionskosten ist Care in Warenform enthalten.

In der Form können wir nicht von (direkter) ökonomischer Ausbeutung und Mehrwertproduktion im marxschen Sinne sprechen. Dennoch rücken Enteignungsprozesse und Profitproduktion in den Blick, wenn wir die gesellschaftlichen und globalen Verhältnisse einbeziehen, in denen sich die Reproduktionsbedingungen der beiden Pole der Form konstituieren, und die für die konkrete *Gestaltung* der Form maßgeblich sind.

48 Da die Umstände, unter denen dieser „Vorteil" entsteht nicht von den domestic Worker selbst gewählt oder angestrebt werden, sondern gesellschaftliche und globale Verhältnisse sind, die insgesamt eher zu ihrem Nachteil sind, ist diese Feststellung euphemistisch.

Bei domestic Work findet auf einer individuellen Ebene eine Care-Enteignung statt, was aus der Perspektive der sozialen Reproduktion in den jeweiligen Herkunftsländern der domestic Worker einem Care-Drain[49] entspricht. Auf der anderen Seite befreit die Care-Arbeitskraft in der Regel eine hochqualifizierte weibliche Arbeitskraft von Care-Verantwortung, und diese Arbeitskraft wird oftmals in Wirtschaftszweigen eingesetzt, in denen Einkommen und häufig auch Profitraten hoch sind. Da sich hinter den Einkommensunterschieden zwischen den beiden Polen der Form extrem unterschiedliche qualitative Reproduktionsbedingungen von Menschen verbergen, die Voraussetzung und Resultat der Form sind, kann die Ausweitung dieser Form von warenförmigem Care zu einer Etablierung neo-feudaler Strukturen führen bzw. Ausdruck von einer solchen Ausweitung sein (vgl. Freemann/Schettkatt 2005; Oderna 2000; Schettkatt 2010: 32). Da die Arbeitskräfte hier allerdings auch soziale Akteur_innen sind, die ihre Situation verbessern können, wenn sie kollektiv handeln, kann die Ausweitung der Form auch zu ihrer Institutionalisierung und Aufwertung führen[50].

In der Form home-based Child Care sind die Reproduktionsbedingungen auf beiden Seiten der Form vergleichsweise stark von den staatlichen *Workfare*-Politiken geprägt. Innerhalb der sozialen Reproduktion werden ehemals Sozialhilfe beziehende Frauen mit kleinen Kindern zu schlecht bezahlten Child-Care-Arbeiterinnen, die Kinder aus ihrerseits Sozialhilfe beziehenden Familien bzw. Geringverdiener_innen-Familien betreuen. So gesehen hat hier eine Umschichtung von Care-Arbeit stattgefunden von in der Regel weißen *Working-poor*-Frauen mit Kindern hin zu bezahlten, in der Regel *of color* Care-Arbeiter_innen mit Kindern, Letzere überproportional Alleinerziehende (vgl. McGrath&DeFilippis 2009: 70; Giddings/Dingeldey/Ulbricht 2004: 128ff.; Orloff 2007).

Auch in diesem Tauschverhältnis liegt keine Ausbeutung im marxschen Sinne vor: Die Home-based-Child-Care-Arbeitskraft produziert keinen Überschuss, der als Mehrwert in Privathand die Basis für Profit darstellen würde. Auch ist die ökonomische Ungleichheit zwischen den beiden Polen in dieser Form nur schwach

---

49 D.h. im Tausch gegen Deviseneinkünfte durch Rücksendungen, die in vielen Entwicklungsländern rund 10 %, in einigen bis zu 20 % des BIP ausmachen (vgl. ILO 2010: 10) und die sowohl für die Haushalte als auch für die Nationalökonomien in den Ländern des globalen Südens häufig lebensnotwendig sind, entschwindet in den Senderländern ein Teil des Care-Kapitals (Lynch 2009).

50 Sofern eine große Ungleichheit in den Reproduktionsbedingungen und Einkommen allerdings strukturelle Voraussetzung für die Existenz der Form ist, würden solche Aufwertungsprozesse über kurz oder lang die Ausweitung der Form bremsen und gegebenenfalls rückläufig machen.

ausgeprägt. Ein volkswirtschaftlicher Effekt der Form ist, dass das allgemeine Einkommensniveau gesenkt wird, ab dem es für Eltern ökonomisch möglich ist und sich unter Umständen sogar lohnt, eine Lohnarbeit im Niedriglohnbereich aufzunehmen. Die Arbeitskraft dieser Eltern kann unter den Voraussetzungen der (rudimentären) Dekommodifizierung ihrer Versorgungsverantwortung gegen einen Brutto-Lohn getauscht werden, der Profitproduktion auch dort möglich macht, wo Profitmargen eng sind (z.B. in vielen Niedriglohnsegmenten des Dienstleistungsbereichs). Sofern die Abwesenheit oder Minderung der Kosten für warenförmiges Care in den individuellen Reproduktionskosten der Arbeitskraft von *Working-poor*-Eltern zur Profitproduktion durch diese Arbeitskraft beiträgt, weil Brutto-Löhne trotz Versorgungsverantwortung vergleichsweise gering ausfallen können, handelt es sich um eine Akkumulation, die zu einem gewissen Grad auf der gesellschaftlichen Umverteilung der Kosten für Care (und anderer Reproduktionskosten) basiert.

Im Falle von home Care werden die Reproduktionsbedingungen der Caretaker wesentlich durch die Existenz eines gesellschaftlichen Generationenvertrages geprägt, der Ausdruck einer Dekommodifizierung von Versorgungs- und Gesundheitsrisiken im Alter ist. Durch das „Zwischenschalten" privatwirtschaftlicher Care-Agenturen und deren Rolle als Arbeitgeber in der Form, prägt sich das konkrete Tauschverhältnis Care-Arbeit gegen Lohn in einem Wechselspiel von staatlichen Erstattungssätzen, privaten Profitinteressen und Lohnhöhen aus.

In den Home-Care-Lohnverhältnissen kann – anders als in den beiden anderen Formen – direkte Ausbeutung von Arbeitskraft im marxschen Sinne stattfinden, durch Arbeitszeitverlängerung, Intensivierung der Arbeit und unter Umständen eine Reduktion der Löhne[51]. Profit und Akkumulation finden auf dem Home-Care Markt durch zwei ineinandergreifende Akkumulationsmethoden statt: Akkumulation durch die Umverteilung des gesellschaftlichen Wertes[52] in private Hand (auf Basis einer staatlichen Privatisierungs- und Outsourcing-Politik) und

51 Nur ist die Frage, auf welcher Basis dies vonstatten geht. Hier weicht das Lohnverhältnis schon wieder ab vom „klassischen Ausbeutungsschema" in der materiellen Produktion. Denn der Profit entsteht bei home Care nicht dadurch, dass die Care-Arbeitskraft einen Wert produziert und dieser entsprechend den gesellschaftlichen Verteilungsrelationen aufgeteilt wird in Profite, Löhne und Produktionskosten. Basis der Ausbeutung in der Form home Care ist der bereits produzierte Wert, von dem die Home-Care-Arbeitskraft schlecht oder schlechter bezahlt werden kann und die Home-Care-Agenturen unter Umständen einen Gewinn einstreichen.

52 Denn schließlich bilden die Haushalte der staatlichen Programme *Medicare/Medicaid* die Grundlage für die von den Home-Care Agenturen 'erwirtschafteten' Gewinne.

Akkumulation durch die Intensivierung der Care-Arbeit und/oder durch die Ausdehnung des Arbeitstages und/oder das Senken der Löhne.

6.3.2 verschieden voraussetzungsvolle Warenformen von Care

Alle drei Arten der Kommodifizierung von Care und Care-Arbeit, mit denen wir es hier zu tun haben, lassen sich an dieser Stelle spezifizieren: Bei domestic Work handelt es sich um eine vergleichsweise „reine" Form von Care und Care-Arbeit in Warenform, die stark privatisiert und wenig staatlich reguliert ist. „Rein" bedeutet hier, dass in die Form wenig staatliche Umverteilungsmechanismen hineinwirken. Die Form funktioniert auf Basis eines starken Wohlstandsgefälles – hier zwischen Nord und Süd – und einer extremen Ungleichheit in den Reproduktionsbedingungen und -möglichkeiten der beiden Pole der Form. Bei den beiden anderen Formen handelt es sich lediglich auf den ersten Blick um privatwirtschaftlich gehandelte „Care-Waren".

Home-based Child Care als sozio-ökonomische Form von warenförmigem Care und Care-Arbeit ist eine warenförmige Care-Dienstleistung auf einem Privatmarkt, die hier angeboten und nachgefragt wird und einen Preis hat. Diese Form ist allerdings direkt abhängig von den staatlichen Dekommodifizierungspolitiken, den Zuschüssen zu den Care-Kosten an Geringverdiendende und *Workfare*-Eltern und dem verstärkten Arbeitszwang auf Alleinerziehende.

Auch bei der US-amerikanischen Form der Altenpflege im eigenen Heim – home (Health) Care – handelt es sich um eine Form von warenförmigem Care, die als warenförmige Dienstleistung auf einem Markt angeboten und nachgefragt wird und einen Preis hat. Die Existenz dieser Form von Care für abhängige, alte Menschen basiert überwiegend auf der staatlichen Regulation eines Generationenvertrags und der sozialstaatlichen Dekommodifizierungspolitik bezüglich der Gesundheit und Basisversorgung im Alter. Die warenförmige Dienstleistung home Care ist eine warenförmig organisierte soziale Dienstleistung, deren ökonomische Basis wesentlich durch den US-amerikanischen Wohlfahrtsstaat gewährleistet wird[53]. Diese Form ist von den drei hier betrachteten die einzige, in der das Prinzip der Profitproduktion direkt eine größere Rolle spielt und in dem profitorientierte Unternehmen zunehmend ihren Platz erstreiten. Profite im

53 Die Care-Arbeiter_innen in der Form sind hingegen relativ stark kommodifiziert, was die Sicherung ihrer Grundbedürfnisse angeht. Eine schon etwas längere Geschichte von Kämpfen von Home-Care-Arbeiter_innen hat hier allerdings den Grad der Dekommodifizierung für diese Arbeitskräfte leicht anheben können.

Home-Care-Bereich funktionieren durch die Ausnutzung von Care-Arbeitskraft, *basieren* allerdings auf der Existenz eines kollektiven Care-Schatzes, der an die Privatunternehmen als öffentlich finanziertes Care-Kapital vorgeschossen wird und hier zu einem privaten Profit umgewandelt werden kann.

Es handelt sich also in allen drei Formen um Warenformen mit Voraussetzungen. Die drei Wirtschaftszweige, so wie sie aktuell um die Formen herum existieren, sind Resultat eines historischen Prozesses, in dem die Formen von Care- und Hausarbeit als Sklav_innen-, Frauen- und „Migrantinnen"-Arbeit emergierten und sich im Prozess der Transformation von *race relations*, Geschlechterverhältnissen, Klassenverhältnissen und globalen Produktions- und Ungleichheitsverhältnissen transformierten. Der strukturelle Widerspruch zwischen Produktion und sozialer Reproduktion begleitet die Entwicklung dieser drei Wirtschaftszweige und äußert sich in widerstreitenden Tendenzen der monetären Aufwertung und sozialen Institutionalisierung von Care-Arbeit als „richtiger" Arbeit auf der einen Seite und den Gegentendenzen von monetärer Abwertung und Prekarisierung der Care-Arbeit sowie eines gesellschaftlich hergestellten Mangels an Ressourcen, um die für das Care-Element in der Care-Arbeit notwendige Arbeitszeit und Arbeitskraft mobilisieren und bezahlen zu können.

Trotz Kommodifizierung, teilweiser Durchkapitalisierung und der Verfügbarkeit eines Arbeitskräftepotenzials, welches weit unter den gesellschaftlichen Standards zu arbeiten gezwungen ist, bleibt auch die US-amerikanische, kommodifizierte Care-Ökonomie eine, die weitestgehend nicht aus sich selbst heraus existieren kann. Ihre Existenz beansprucht einen Bestandteil des gesellschaftlich produzierten Wertes als Care-Schatz oder Care-Bestandteil. Dieser Care-Bestandteil ist aus der Perspektive der kapitalistischen Produktionsweise ein Kostenfaktor in der Produktion. Aus der Perspektive der privatisierten postfordistischen sozialen Reproduktion mit immer mehr Haushalten, in denen alle Erwachsenen einer Lohnarbeit nachgehen, und Arbeitszeitregimen, die am männlichen Ernährermodell orientiert sind, ist dieser Care-Bestandteil eine existenzielle Voraussetzung für die Produktion des gesellschaftlichen „Care-Kapitals" und die Gewährleistung der menschlichen Care-Sicherheit.

So artikuliert sich der grundsätzliche Widerspruch zwischen Produktion und sozialer Reproduktion in postfordistischen Gesellschaftsformationen immer stärker auch direkt innerhalb der Geldökonomie. Die in diesem Prozess emergierende „neue" Klasse der Care-Arbeiter_innen ist zwar an sich kein neues Phänomen, angesichts ihrer quantitativen Zunahme und der ihrer Ausweitung unterliegenden strukturellen Transformation ist hier allerdings eine neue Qualität und daher eine neue Klasse zu vermuten. Diese steht lohnabhängigen Nicht-Care-Arbeiter_innen umso stärker in direkten materiellen Interessengegensätzen gegenüber, je privater die ökonomischen Formen von Care und Care-Arbeit sind. Soziale Kämpfe von überwiegend weiblichen, in der Regel marginalisierten Care-Arbeiter_innen entzünden sich an dem Widerspruch, dass bezahlte Care-Arbeit weder Sklav_innen- noch Liebesdienst (mehr) ist, allerdings (noch) nicht wie jede andere Arbeit bewertet wird. Die Care-Arbeiter_innen führen dabei einen Kampf fort, den die Frauenbewegung einst begonnen hat. Sie sind allerdings unter Umständen mit einigen dieser Frauen inzwischen in handfeste materielle Interessengegensätze verstrickt. Ein Ausweg aus diesem Dilemma bestünde darin, die Verantwortung für die soziale Reproduktion und darin die Care-Arbeiten gesellschaftlich zu teilen. Ist die Arbeit weniger privat und stärker öffentlich und kollektiv organisiert, können Care-Arbeiter_innen und Nicht-Care-Arbeiter_innen gemeinsame Interessen artikulieren, wenn es um die Sicherung von Care-Bedürfnissen und um die Sicherung von Arbeitsstandards geht.

Existenzielle Abhängigkeit ist bei Care und Care-Arbeit in Warenform immer ein wesentliches Movens, welches den Tausch – Geld gegen Care bzw. Care-Arbeit gegen Lohn – initiiert. Daher stoßen in allen drei Formen die ökonomischen Kategorien an ihre Grenzen, weil in „seiner"[54] politischen Ökonomie Abhängigkeit, Asymmetrie, eingeschränkte Autonomie und die Unfähigkeit zum Tausch nicht die Regel sind. Oder verhält es sich vielleicht gerade umgekehrt: Treiben die hier betrachteten Formen selbst die kapitalistische, androzentrische politische Ökonomie, so wie wir sie kannten, an ihre Grenzen?

54 Mit „seiner" ist hier der androzentrische Blick auf Ökonomie gemeint, den Marx in seiner Kritik der politischen Ökonomie und den viele Ökonom_innen auf die Ökonomie anbringen.

7. Die Care-Seiten des Postfordismus – Sozio-ökonomische Bedingungen, Tendenzen und Grenzen der Kommodifizierung von Care

> „The fundamental problem is that an economy coordinated by markets has no system for signaling to employers or macroeconomic police makers the economic value on the unpaid care of children and adults. [...] But for the economic system as a whole, the provision of such care is essential, as it is needed to reproduce the labour force on a daily and intergenerational basis" (Elson 2010: 231)

In diesem abschließenden Kapitel frage ich nach den ökonomischen Grenzen der Kommodifizierung von Care und Care-Arbeit. Anhaltspunkte für die Grenzen der Kommodifizierung von Care und Care-Arbeit ergaben sich aus der Untersuchung des Konkretums, von dem ich nun erneut hinaufsteige auf die abstrakte und allgemeine Ebene von Verteilungsrelationen, Wertströmen und Entwicklungstendenzen in postfordistischen Gesellschaftsformationen mit einer kommodifizierten Care-Ökonomie. Zu diesem Zwecke sehe ich von Variationen und Fluktuationen ab und versuche, allgemeine Muster und Tendenzen hinter diesen zu identifizieren.

Hierfür werde ich eingangs kurz zusammenfassen, (1.) unter welchen allgemeinen sozio-ökonomischen Bedingungen warenförmiges Care und Care-Arbeit in postfordistischen Gesellschaftsformationen emergiert und (2.) wie diese Form von Care und Care-Arbeit ökonomisch funktioniert und eingebettet ist; auf dieser Basis werde ich abschließend (3.) Hypothesen zu den Fragen formulieren, welche ökonomische Tendenzen eine Kommodifizierung von Care und Care-Arbeit im Postfordismus hervorrufen kann und an welchen „Knackpunkten" der kapitalistischen Reproduktion sich ökonomische Grenzen von der Kommodifzierung von Care abzeichnen (könnten).

7.1 Sozio-ökonomische Bedingungen und Voraussetzungen für Emergenz und Ausweitung von warenförmigem Care

7.1.1 Care als fiktive Ware – sozio-ökonomische Transformation im Modus der sozialen Reproduktion

Eine tiefgehende gesellschaftliche Transformation ist nötig, damit eine universelle Fähigkeit – für jemand anderen zu sorgen – und eine universelle Eigenschaft des Menschen – in bestimmten Lebensphasen auf Pflege, Sorge oder Betreuung angewiesen zu sein – im größeren Stile über einen Markt organisiert werden kann oder muss.

Jessop bezeichnet Waren, die im Grunde universell zugänglich sind – wie Boden, Arbeit und Geld – unter Rückgriff auf Polanyi als „fiktive Waren", als „[S]omething that has the form of a commodity (in other words that can be sold and bought) but is not itself created in a profit-oriented labour process subject to the typical competitive pressures of market forces to rationalize its production and reduce the turnover time of invested capital" (Jessop 2001: 13; vgl. Polanyi 1978: 107f.). Fiktive Waren zeichnen sich dadurch aus, dass sie nicht ohne Weiteres knapp sind und sich daher nicht ohne Weiteres für ein Waren-Dasein eignen.

Wir können dies hier eins zu eins auf Care und Care-Arbeit übertragen: „Arbeit [inklusive Care und Care-Arbeit, S.C.] ist bloß eine andere Bezeichnung für eine menschliche Tätigkeit, die zum Leben an sich gehört, das seinerseits nicht zum Zwecke des Verkaufs, sondern zu gänzlich anderen Zwecken hervorgebracht wird; auch kann diese Tätigkeit nicht vom restlichen Leben abgetrennt, aufbewahrt oder flüssig gemacht werden." (Polanyi 1978: 107). Fiktive Waren werden nicht erst produziert, um verkauft zu werden. Ihre Knappheit muss sich in sozialen Veränderungsprozessen erst herausbilden, bei Boden z.B. durch seine Privatisierung, bei Arbeit durch die Trennung der Produzenten von den Produktionsmitteln. Care kann knapp und zu einer fiktiven Ware werden, wenn Care-Beziehungen, Care-Wissen und/oder Zeit für Care fehlen.

Die Kommodifizierung von Care und Care-Arbeit ist also Ausdruck davon und setzt zugleich voraus, dass Zeit, Fähigkeiten und/oder Motivationen für Care eine Mangelware werden und dass die Angewiesenheit auf Fürsorge, Betreuung und/oder Pflege zu einem Bedürfnis avanciert, dessen Befriedigung vom Cash-Nexus abhängt. Die sozio-ökonomische Transformation, die nötig ist, um diese Knappheit herzustellen, ist eine, die im Modus der sozialen Reproduktion abläuft und die eine Veränderung der zwischenmenschlichen Care-Beziehungen voraussetzt und ausdrückt (vgl. Madörin 2006).

Sozio-ökonomische Veränderungen, die dazu beitragen, die Knappheit von Zeit und Bereitschaft für Care herzustellen, sind solche, in deren Zuge immer mehr Menschen jeden Geschlechts einer bezahlten Arbeit nachgehen wollen, können und/oder müssen, Zwei-Verdiener_innen-Haushalte zur individuell gewollten und/oder ökonomisch notwendigen hegemonialen Lebensform werden (Wood 2004; Winker 2007), der „Goldstandard des idealen Arbeiters" weiterhin am männlichen Ernährermodell orientiert ist (vgl. Appelbau et al. 2002: 144ff.; Winker 2007: 38) und immer weniger Menschen bereit *und* in der Lage dazu sind, jenen, die es brauchen, unbezahlte Fürsorge, Betreuung oder Pflege zukommen zu lassen. Wenn zusätzlich eine neoliberale Privatisierungspolitik das besitzende Individuum zur Kernfigur der staatlichen Arbeitsmarkt- und Sozialpolitik erklärt (vgl. ähnlich Candeias 2004: 202) und ein „Kommodifizierungs-Bias" in der makroökonomischen Politik das Eindringen von Warenbeziehungen in die soziale Reproduktion aktiv vorantreibt (Elson/Cagatay 2000), entwickelt sich die soziale Reproduktion in Richtung eines privatisierten Systems der Bearbeitung von Lebensrisiken und Reproduktionsverantwortung (Gill 1995; Kohlmorgen 2004: 180). Die Abhängigkeit der Einzelnen von einem Einkommen über die Lohnarbeit und die Versorgung über das Geld und den Markt (und gegebenenfalls die Familie) (Gill/Bakker 2008: 28) nimmt zu.

Im Kontext dieser Transformationsprozesse verschieben sich die gesellschaftlichen Anerkennungssysteme dahingehend, dass es – unabhängig von Geschlecht – ein universell gültiges Primat von Lohnarbeit, Autonomie, Selbsterhaltung und Unabhängigkeit gibt (Gill 2003:43). Die produktiven Aspekte der weiblichen Lohnarbeit stehen zunehmend im Zentrum von Arbeitsmarkt-, Wirtschafts-, Sozial- und Familienpolitik, und die materiellen und normativen, individuellen *und* gesellschaftlichen Opportunitätskosten[1] der unbezahlten Haus- und Care-Arbeit steigen (vgl. Himmelweit 1995). Rückblickend auf die Transformation vom Fordismus zum Postfordismus stellt Nancy Fraser (2009: 111) daher für die beiden liberalen Wohlfahrtsregime USA und Großbritannien fest, dass es im Klima des aufstrebenden Neoliberalismus ein relativ kurzer Schritt war von der feministischen Kritik am patriarchalen Wohlfahrtsstaat – der zufolge Frauen über Sozial-, Steuer-, und Arbeitsmarktpolitik in die unbezahlte Reproduktions-, und Care-Arbeit gedrängt und aus der Lohnarbeit ausgeschlossen wurden – hin zu Thatchers Kritik

1 Opportunitätskosten sind die Kosten, die individuell und/oder gesellschaftlich entstehen, wenn von zwei möglichen Entscheidungen (z.B. Hausarbeit vs. Lohnarbeit), die sich jeweils wechselseitig ausschließen, eine getroffen wird und damit der (materielle und/oder immaterielle) Gewinn der anderen möglichen Entscheidung verloren geht.

am „Nanny State" – der zufolge eben jene Politiken vermeintlich auf Kosten des Wohlfahrtsstaates und des ökonomischen Wachstums missbraucht würden.

Im Kontext der sozio-ökonomischen Transformationsprozesse auf dem Weg zu Postfordismus wird Care, Zeit für Care und Care-freie Zeit gleichermaßen zu einem knappen Gut. Der Kauf und Verkauf der (fiktiven) „Ware" Care gewinnt an Bedeutung – sowohl als Quelle von Einkommen als auch von Versorgung, Pflege oder Betreuung. Allerdings zeigt sich auch, dass warenförmige Care-Dienstleistungen im großen Stil v.a. dann nachgefragt werden, wenn staatliche Cash-Transfers in die Haushalte mit Care-takern (Ungerson/Yeandle 2004) die ökonomische Basis dafür sichern und/oder die Lohnspreizung in einer Gesellschaft sehr stark ist (Esping-Andersen 1999; Schettkat 2006).

7.1.2 Opportunität(-skosten) für (weibliche) Hausarbeit und Lohnarbeit

Die sozio-ökonomischen Bedingungen für die Emergenz und Ausweitung von warenförmigem Care im Postfordismus müssen derart gestaltet werden, dass es für individuelle Haushalte möglich ist und sich unter Umständen sogar „lohnt", dass alle erwachsenen Haushaltsmitglieder einer Erwerbsarbeit nachgehen und einen Teil ihrer Care-Arbeit durch marktförmige Dienstleistungen ersetzen. Marx verwies darauf, dass es sich aus der Perspektive der Einzelhaushalte nicht notwendigerweise ökonomisch „lohnt", dass alle erwachsenen Haushaltsmitglieder – er sprach von Frauen – einer Lohnarbeit nachgehen, denn Haushaltsausgaben würden durch den Wegfall der weiblichen Arbeitskraft im Haushalt notwendigerweise steigen (vgl. Haug, Frigga 1994: 118ff.). Ähnlich versuchen Opportunitätskostenansätze aus der Ökonomik zu modellieren, unter welchen individuellen Voraussetzungen und Marktbedingungen es für Haushalte ökonomisch rational ist, sich für spezifische Haushaltsmodelle zu entscheiden. Letzten Endes konzipieren diese Ansätze Entscheidungen von Haushalten als eine Frage des Verhältnisses der Netto-Mehreinnahmen durch ein größeres Lohneinkommen zu den Netto-Mehrausgaben durch zusätzlich anfallende Marktgüter und marktförmige Dienstleistungen. Ronald Schettkat (2010: 33) fasst – ökonomische Rationalität in der Entscheidung Eigenarbeit vs. „marketization" unterstellend – diesen Sachverhalt kurz wie folgt zusammen: auf der einen Seite die Opportunitätskosten der Haushalte für eine Stunde Hausarbeit (entgangener Netto-Stundenlohn[2]), auf der

2 D.h. Brutto-Stundenlohn minus Einkommensteuer und Sozialversicherungsabgaben (Letzere enthalten sowohl eine Versicherungs- als auch eine Umverteilungskomponente).

anderen Seite die Preise für eine Stunde einer vergleichbaren Marktdienstleistung. Letzere setzt Schettkat zusammen aus der Produktivität der Marktdienstleistung, dem Lohn der Arbeitskraft, den Arbeitgeber_innenabgaben, der Mehrwertsteuer, den Zusatzkosten für Gewinne und den eventuellen Subventionen: M + Wm + s + Mwst + u + Sub.[3]

Die Option für „marketization“ wird dann „ökonomisch rational“, wenn die Opportunitätskosten größer sind als die Preise für Marktdienstleistungen. D.h. die Frage, ob Haushalte kommodifiziertes Care nachfragen können (und gegebenenfalls wollen), ist hier modelliert als Frage der erwarteten Löhne in der Regel für die „zusätzliche“ weibliche Arbeitskraft auf dem Arbeitsmarkt im Verhältnis zu den anfallenden Kosten für die zusätzlich anfallenden sogenannten externalisierten Haushaltsgüter (vgl. Ott 1995; Hoppe 2002: 70ff.) und Care-Dienstleistungen. Die Emergenz und Ausweitung von warenförmigem Care setzt demnach voraus, dass die Lohnentwicklung mit der Entwicklung in den Lebenshaltungskosten *inklusive* der Kosten für warenförmiges Care in einem derart kohärenten Verhältnis zueinander verlaufen, dass Einzelhaushalte im größeren Stil Nachfrager nach marktförmigen Care-Dienstleistungen sein können und ein entsprechendes Angebot an marktförmiger Care-Arbeit vorfinden, das sie sich „leisten“ können.

Wohlfahrts-, Gender-, Arbeitsmarkt- und Migrationsregime haben hierauf einen maßgeblichen Einfluss, da sie in ihrem gemeinsamen Wirken die Bedingungen des Angebots an Care-Arbeit wie auch die der Nachfrage nach Care-Arbeit wesentlich strukturieren (vgl. Kapitel 4). Sie werden in ihrer jeweiligen Gestalt(ung) von den Entwicklungen im Gesamtzusammenhang der gesellschaftlichen Verhältnisse geprägt – darunter zentral Klassen- und Geschlechterverhältnisse, Verhältnisse zwischen den Generationen, *race relations* und die hegemonialen Konzepte von Staatsbürger_innenschaft (vgl. Kapitel 4 und 5). Diese gesellschaftlichen Verhältnisse und ihre temporär institutionalisierten *outcomes* bestimmen die zentralen ökonomischen Faktoren, gemäß denen Haushalte Entscheidung für oder gegen marktförmige Care-Optionen treffen (können): die Entwicklung in den Brutto- und Netto-Löhnen der Nachfragehaushalte, die Gestaltung von Steuersystemen und Subventionen, die Löhne von Care-Arbeiter_innen, die An- oder Abwesenheit von verletzlichen, undokumentierten Arbeiter_innen auf den nationalen Arbeitsmärkten, die Betreuungsdichte

3 M = Produktivität der Dienstleistungsarbeit, Wm = Lohn der Arbeitskraft; s = Arbeitgeber_innenabgaben, Mwst = Mehrwertsteuer, u = Overheads und Gewinnabschläge und Sub = Subventionen.

(Arbeitsproduktivität) in der Care-Arbeit, die Alternativen zu marktförmigen Care-Optionen und ihre Qualität etc.

Eine Reproduktionsweise, in der warenförmige, private Care-Dienstleistungen im größeren Stil Bestandteil der gesellschaftlichen Konsumnorm sind, muss mit einer entsprechenden Arbeitsweise einhergehen, in der ein Care-Bestandteil in den Löhnen den Kauf von warenförmigen Care-Diensten erlaubt. Sozialstaatliche Subventionen und Transferleistungen können den Widerspruch zwischen einer Arbeits- und Reproduktionsweise, die den Kauf von Care für einen weiteren Kreis von Lohnabhängigen zwar nicht erlaubt, aber erfordert, dadurch kanalisieren, dass sie niedrigere Einkommensschichten im Kauf von Care finanziell unterstützen und so den Marktpreis für Care moderieren oder über eine negative Einkommensteuer und gegebenenfalls niedrige Sozialversicherungsabgaben für Haushalte mit Versorgungsverantwortung höhere Netto- als Brutto-Löhne garantieren (vgl. Kapitel 4 und 5). In beiden Fällen greifen sozialstaatliche Umverteilungsmechanismen in das Verhältnis der Arbeits- und Reproduktionsweise ein und verändern die Haushaltsgleichung von Opportunitätskosten auf der einen und Kosten für Care auf der anderen Seite.

7.1.3 Eine neue Klasse: die Care-Arbeiter_innen

Sozio-ökonomische Bedingung für die Emergenz und Ausweitung von kommodifiziertem Care in einer privatisierten sozialen Reproduktion ist ferner, dass es Arbeitskräfte gibt, die zu den jeweiligen gesellschaftlichen Bedingungen die bezahlte Care-Arbeit übernehmen. Dies setzt die Existenz einer oder mehrerer sozialer Gruppen voraus, die als Care-Arbeiter_innen ihre Arbeitskraft verkaufen wollen/können/müssen (vgl. Himmelweit 2006), und zwar in der Regel unterhalb der gängigen Standards in der Nicht-Care-Lohnarbeit (vgl. Blau 2002). Ingrid Kurz-Scherf (1995: 189) spricht hier von einer Re-Feudalisierung als „luxurierende[r] Kapitulation vor den patriarchalen Grundmustern geschlechtshierarchischer Arbeitsteilung [...] im Glanz einer Karriere, die ganz und gar den herr(!)schenden Normen entspricht – einschließlich der darin enthaltenen Delegation des privaten Alltags an häusliche Gehilfinnen oder außerhäusliche Dienstleistungen" (ähnlich auch Klenner/Willig 1999: 159f.). Angesichts dessen, dass es sich bei den Konsument_innen von warenförmigen Care-Dienstleistungen nicht alleine um gut verdienende „Karrierefrauen" handelt, sondern die Nachfrage sich in weite Schichten der Gesellschaft hinein erstreckt, scheint es – trotz der existierenden Kontinuitätslinien – sinnvoll, hier nicht alleine eine *Rückkehr* der „Dienstmädchen" (Odierna 2000) zu vermuten, da sich die strukturellen sozioökomischen Bedingungen, unter denen ein Angebot an und eine Nachfrage nach warenförmiger Care-Arbeit entsteht, verändert haben.

Die Basis der Ausweitung von warenförmigen Care-Dienstleistungen im Postfordismus ist eine Ausdehnung von Warenbeziehungen in den Modus der sozialen Reproduktion hinein und von Lohnarbeit auf einen weiteren Teil des (überwiegend) weiblichen Arbeitskräftepotenzials (Alleinerziehende und Migrant_innen), in deren Zuge sich das kapitalistische Wirtschaftssystem insgesamt verändert. Angesichts des Beschäftigungsrückgangs (und der Standortverlagerung) innerhalb jener Bereiche der kapitalistischen Produktion, die im Fordismus aufgrund ihrer Arbeitsproduktivität und Wertschöpfungsstärke Wachstums- und Beschäftigungsmotoren waren (vgl. Appelbaum/Schettkat 1999), erhält der wachsende Dienstleistungssektor, was Beschäftigung, ökonomische Nachfrage und die Sicherung der individuellen (materiellen) Reproduktion angeht (vgl. Esping-Andersen 1999), einen zentralen Stellenwert für die ökonomische (vgl. Schettkat 2010) und gesellschaftliche Entwicklung. Die bezahlten Care-Arbeiter_innen sind kein gesellschaftliches Randphänomen oder als „Dienstmädchen" einzig Bestandteil des Luxuskonsums der bürgerlichen Klasse.

Diese Care-Arbeiter_innen sind Resultat (und Bestandteil) einer Transformation im gesellschaftlichen Strukturzusammenhang von Produktion und sozialer Reproduktion, in dem sich Geschlechterverhältnisse, Klassenverhältnisse, *race relations* und Care-Verhältnisse auf veränderte Art und Weise miteinander artikulieren. In diesem Zusammenhang existieren strukturell bedingte, materielle Antagonismen und divergierende Interessen zwischen bezahlten Care-Arbeiter_innen und zahlenden Care-Konsument_innen. In Anlehnung an den von Joan Acker (2007) vorgeschlagenen weiten Klassenbegriff lässt sich angesichts dieser strukturellen Transformationen also nicht (nur) von einer Rückkehr der Dienstmädchen oder Re-Feudalisierung sprechen, sondern auch von der Emergenz und Ausweitung einer *neuen Klasse* von Care-Arbeiter_innen.

7.1.4 Geld für Care als Bedingung für Care

Egal, in welcher Organisationsform Care-Tätigkeiten ausgeführt werden, Bedingung für ihre Existenz und Grundlage ihrer Notwendigkeit ist die Abhängigkeit einer Person von einer anderen. Die Existenz einer Care-Ökonomie setzt daher voraus, dass ein Bestandteil der gesellschaftlichen Arbeitszeit nicht in die Produktion, Reproduktion oder Transformation von Produktionsmitteln, die unmittelbare Reproduktion von Lohnabhängigen oder in die erweitere Reproduktion von Kapital (Profite) fließt, sondern als (bezahlte) Zeit für Care verwendet wird.

Care-Arbeiter_innen werden von individuellen oder kollektiven Care-Schätzen oder Care-Bestandteilen in den Löhnen bezahlt. Die Mobilisierung der bezahlten Care-Arbeitskräfte basiert daher auf Quanten verausgabter Arbeitskraft, deren in Geld geronnene Wertgegenständlichkeit als monetäre Quelle für die Mobilisierung der Care-Arbeitskraft und letzten Endes für ihre individuelle Reproduktion verwendet wird. Arbeitszeit, die für Care-Arbeit „gespendet" wird, ist auch in der kommodifizierten Form die Voraussetzung dafür, dass Care-Arbeitskräfte für Care bezahlt werden können. Auch privatwirtschaftlich organisierten Care-Ökonomien unterliegt eine Verteilungsrelation der gesellschaftlichen Arbeitszeit, in der Zeit nicht in die „Erzeugung [...] von bloßen Lebensmitteln [...] [oder, S.C.] von Produktionsmitteln" fließt (MEW 20: 180), sondern in die Betreuung, Pflege oder Fürsorge für eine andere Person.

7.2 Ökonomische Funktionsweise und Einbettung

> „Die geplätteten Unterhosen für den voll arbeitsfähigen Ehepartner wegzuräumen, ist ökonomisch gesehen nicht dasselbe, wie die Wäsche für ein kleines Kind wegzuräumen oder für eine gehbehinderte erwachsene Person einkaufen zu gehen. Das explizite oder implizite Tauschverhältnis ist ein anderes" (Madörin 2007: 143).

Dass Care in Lebenslagen nachgefragt oder benötigt wird, in denen Menschen nicht mehr, noch nicht oder nie wieder selbst produzierend tätig werden und aktiv an der Arbeits- und Tauschgesellschaft teilhaben können, führt dazu, dass die ökonomische Funktionsweise und Einbettung warenförmiger Care-Ökonomien einige spezifische Charakteristika aufweist.

7.2.1 Abhängigkeit als Konstante in Care-Beziehungen, besondere Bestimmung des Geldes – besondere soziale Dienstleistungen

Die Eigenheiten von Care und Care-Arbeit implizieren in der Warenform, dass in dem Moment, in dem die Nachfrage nach Care entsteht, der Care-taker über in Geld vergegenständlichte bereits verausgabte Arbeitskraft verfügen muss, damit der Tausch Geld gegen Care überhaupt zustande kommen kann (vgl. Kap. 3). Wie der Care-taker zu Geld für Care kommt, d.h., auf welcher Finanzierungsbasis die jeweilige warenförmige Care-Ökonomie beruht, ist unterschiedlich denkbar und jeweils Ausdruck und Resultat historisch-regional spezifischer Care-Beziehungen. Die „Natur" von sozialen Care-Dienstleistungen widerspricht im Grunde einer typischen Tausch- oder Marktsituation diametral: So ist sowohl die Autonomie bzw. freie Wahl stark eingeschränkt, d.h. es gibt keine oder nur eine eingeschränkte Konsument_innensouveränität (Jochimsen 2003) *und* die Konsument_innen sind in dem Moment, in dem die Nachfrage entsteht, meist nicht in der Lage, als gleichwertige Tauschpartner_innen oder Arbeitskraftbesitzer_innen auf den Mark zu treten. Sehr berechtigt ist daher Mascha Madörins Frage (2007: 143), „ob es nicht wichtig wäre, zu unterscheiden zwischen den bezahlten und unbezahlten Care-Tätigkeiten für Menschen, die selbst nicht in der Lage sind, für sich selbst finanziell und durch unbezahlte Arbeit teilweise oder ganz zu sorgen (Kinder, gebrechliche und kranke Erwachsene), und den Care-Tätigkeiten, die für alle wichtig sind".

So besitzen zwar alle personennahen Dienstleistungen das Merkmal, dass Produktions- und Konsumtionsakt in der Regel ineinanderfallen (vgl. Heinrich 2005: 42), aber nur Care-Dienstleistungen für extrem abhängige Personen besitzen die Eigenheit, dass im Moment der Konsumtion häufig kein Produktionsakt auf der Konsument_innenseite möglich ist[4] und damit auch keine Partizipation an der gesellschaftlichen Arbeitsteilung und des Warentausches. Dies ist eine Besonderheit des Inhalts „Care", welche auf die ökonomische Form der Ware einen Einfluss hat, der sich uns hier als besondere Voraussetzung der Existenz der Form zeigt. Egal, in welcher konkreten Form es vorliegt – als Schenkung, Teil eines Generationenvertrages, Sozialleistung oder Rendite von kapitalgedeckten privaten Care-Versicherungen (Pflegeversicherung z.B.) –, das Geld für warenförmiges Care auf der Seite von Care-takern hat eine von seiner Grundform verwandelte Form: Geld ist hier nicht allein allgemeines Äquivalent und Mittel des Tausches, sondern hat außerdem eine soziale (oder individualisierte) Versorgungsfunktion, da die Nachfrage nach Care im Moment der Abhängigkeit entsteht. Geld für Care ist sowohl Symbol als auch materielle Möglichkeit der Aktivierung von Care-Arbeitskraft für abhängige Care-taker. Da es jedoch nicht für diesen Zweck gedruckt wird, gilt weiterhin, dass die Grundform von Geld die Form des allgemeinen Äquivalentes verausgabter Arbeitskraft ist – die anderen Formen (Geld als Care-Schatz, als Schenkung, als Kapital) sind Metamorphosen dieser Grundform, auf der sie basieren. Die verausgabte Arbeitskraft ist daher die

4 Das gilt für die hier betrachten Formen von Care-Dienstleistungen für stark abhängige Personen, die nicht mehr oder noch nicht einer bezahlten Arbeit nachgehen können. Das gilt nicht oder in eingeschränktem Maß für solche Care-Dienstleistungen - wie z.B. die Betreuung/Assistenz von Menschen mit körperlichen Einschränkungen – die den Care-takern mitunter ermöglichen trotz ihrer Einschränkung einer Erwerbsarbeit nachgehen zu können (prominentes Beispiel: Steven Hawkins).

Bedingung für die Verfügbarkeit von Geld, das als Care-Geld/Schatz/Schenkung verwendet werden kann.

Care in Warenform unter „reinen" Bedingungen von privater Warenproduktion und Warentausch zwischen voneinander vollständig unabhängigen Privatpersonen müsste eigentlich ein Widerspruch in sich sein, insbesondere dann, wenn ein Profit-Motiv hinzukommt. Denn Kranke, Kinder und Alte können schlecht mit anderen tauschen, sie können wenig oder keinen materiellen Wert produzieren und auf dieser Basis ist schwer vorstellbar, wie deren Pflege, Betreuung und Versorgung im größeren Stil einen Gewinn abwerfen bzw. gesellschaftlich nichts kosten sollte. Dieser Widerspruch muss kanalisiert werden, sofern die Warenform Care im größeren Ausmaß existiert und Teile der gesellschaftlichen Versorgungsstruktur von der warenförmigen Care-Ökonomie gestellt werden. Tatsächlich haben wir gesehen, dass die ökonomischen Formen[5] im Konkretum auf verschiedene Art und Weise von diesem Widerspruch gezeichnet waren. Policy-Instrumente wie Cash-for-Care bzw. Subventionen für Care-Preise, eine negative Einkommenssteuer, und kollektive und private Care-Versicherungen, oder die Verfügbarkeit eines diskriminierten Arbeitskräftepotenzials und allgemein niedrige Löhne und schlechte Arbeitsbedingungen für Care-Arbeiter_innen sind verschiedene gesellschaftliche Formen der Regulation dieses strukturellen Widerspruches.

Insofern trifft auf Care-Dienstleistungen nicht in gleichem Maße das zu, was Marx in seinen Theorien über den Mehrwert für andere Arbeiten feststellt und was er im Grunde mit dem ökonomischen Formbegriff erklären wollte: dass die ökonomische Bestimmung von Arbeit nichts mit dem bestimmten Inhalt zu tun habe (MEW 26.1: 376f.). Der Inhalt „Care" hat einen Einfluss auf die *besondere* Warenform von Care und die Existenz dieser besonderen Ware setzt ein gesellschaftliches und/oder individuelles Mehrprodukt voraus.

Empirisch existiert in allen OECD-Ländern mit Ausnahme von Japan und Deutschland (vgl. Schettkat 2010: 17) tatsächlich eine starke Korrelation zwischen der Entwicklung des Pro-Kopf-Einkommens und dem tatsächlichen Dienstleistungsanteil an der Beschäftigung (Fuchs 1980, 2007). Schettkat

5 Geht es um die ökonomische Formbestimmung, ist dabei normalerweise die Frage zentral, ob erstens Dinge oder Dienstleistungen getauscht werden und also einen Tauschwert besitzen (Warenform) oder nicht (vgl. Heinrich 2005: 42); und ob zweitens die hier tätigen Arbeitskräfte für eine_n Unternehmer_in Profit produzieren (Lohnarbeiter_in) oder nicht (private, bezahlte Arbeit oder persönliche Dienste) und also produktiv sind oder nicht (ebd.: 122). Bei Care in Warenform zeigt sich, dass auch die Umstände, unter denen eine Nachfrage nach einer Ware zustande kommt (kommen kann), einen Einfluss auf die ökonomische Form besitzen.

(2010: 16) spricht diesbezüglich von einem „Rätsel", da dieser empirische Befund ökonomietheoretisch bislang noch nicht befriedigend erklärt worden sei. Angesichts der besonderen ökonomischen Voraussetzungen von warenförmigen Care-Dienstleistungen lässt sich dieser Befund für den Care-Bereich allerdings leicht erklären: Der Care-Bestandteil oder -Schatz, von dem die Beschäftigten im Care-Dienstleistungssektor bezahlt werden, kann prinzipiell umso größer sein, je größer das gesellschaftliche Produkt ist. Sofern die soziale Reproduktion funktionieren soll, muss dieser Bestandteil absolut umso größer sein, je mehr Menschen in einer Gesellschaft einer bezahlten Arbeit im Rahmen eines Normalarbeitsverhältnisses nachgehen – was wiederum häufig eine Ursache für ein steigendes durchschnittliches Pro-Kopf-Einkommen in postfordistischen Ökonomien ist, in denen die individuellen Löhne eher rückläufig sind. Die privatwirtschaftliche Care-Ökonomie entwickelt sich daher in einem Wechselspiel mit der Nicht-Care-Ökonomie und befindet sich aufgrund ihrer besonderen ökonomischen Voraussetzungen mit dieser in einem Abhängigkeitsverhältnis im Hinblick auf ihre ökonomischen Entwicklungsmöglichkeiten.

7.2.2 Care-Dienstleistungen – produktive, unproduktive und profitträchtige Dienstleistungen?

Der Begriff der produktiven Arbeit, wie er von Marx entwickelt wurde, erscheint aus einer feministischen Perspektive auf Ökonomie zunächst androzentrisch verkürzt und wird auch in marxologischen Kreisen kontrovers diskutiert und keinesfalls einheitlich verwendet (vgl. Kahlmring 2003). Der Begriff erklärt im Grunde jede Arbeit, die nicht im Rahmen eines profitschaffenden Unternehmens stattfindet oder unmittelbar zur Profitproduktion beiträgt, für unproduktiv[6].

6 Dass unproduktive Arbeit – wie Care-Arbeit – die produktive voraussetzt, könnte man auch umgekehrt formulieren, sofern es sich bei der unproduktiven Arbeit um Arbeit handelt, die gesellschaftlich notwendig ist. Der Begriff der produktiven Arbeit stand daher auch im Zentrum der Arbeiten diverser feministischer Kritikerinnen (vgl. den Überblick in Hoppe 2002; vgl. Neusüß 1985). Ich möchte den Begriff der produktiven Arbeit hier dennoch (zumindest vorläufig) als analytischen Begriff verwenden. Er dient mir *nicht* dazu, Aussagen darüber zu treffen, welche Arbeiten in einer Gesellschaft getan werden müssen, damit die Gesellschaft und darin die Einzelnen existieren, gut leben und sich erhalten können. Er dient einzig und allein dazu, aus der Perspektive *des kapitalistischen Produktionsprozesses* zu bestimmen, welche Arbeiten hier zur Mehrung des materiellen Reichtums beitragen und welche Reichtum verzehren. Diese Perspektive einzunehmen macht Sinn, da sich aus ihr divergierende Interessen verschiedener sozialer Akteur_innen als (auch) gesellschaftlich

Marx macht den Unterschied zwischen produktiver und unproduktiver Arbeit anhand verschiedener Organisationsformen der Arbeit deutlich. So könne z.B. auch ein Schulmeister theoretisch „produktiver Arbeiter" sein, „wenn er nicht nur Kinderköpfe bearbeitet, sondern sich selbst abarbeitet zur Bereicherung des Unternehmers. Dass letzterer sein Kapital in einer Lehrfabrik angelegt hat, statt in einer Wurstfabrik, ändert nichts an dem Verhältnis" (MEW 23: 532). Produktive Arbeiter_innen unterscheiden sich von unproduktiven nicht in puncto ihrer gesellschaftlichen Wichtigkeit, sondern in ihrer Finanzierungsbasis: „[U]nproduktive Arbeiten (oder Dienste, sei es der Hure, sei es des Papstes) [können] nur bezahlt werden [...] entweder aus dem Lohn der produktiven [besser: produzierenden, S.C.] Arbeiter oder [...] aus dem Profit der Kapitalisten" (MEW 26.1: 157). *So* gesehen produzieren die produzierenden Arbeiter „die materielle Grundlage des Lebensunterhalts und, konsequenterweise, der Existenz der unproduktiven [Care-]Arbeiter" (ebenda). Im Sinne des marxschen Produktivitätsbegriffs müsste Care-Arbeit als unproduktive Arbeit bezeichnet werden, sofern sie nicht gegen Kapital getauscht wird und zu einer Vermehrung desselben beiträgt (ebd.: 135). Geld, welches als Revenue – d.h. Einkommen, das auf Seiten der Lohnabhängigen und/oder des Kapitals *bereits vorhanden* ist (vgl. Rose 1977: 32) – als bloßes Zirkulationsmittel gegen lebendige Arbeit getauscht wird, könne nie das Geld als Kapital und Lohnarbeit als produktive Lohnarbeit ersetzen (MEW 42: 379). Unproduktive Dienstleistungen sind nach Marx solche Dienstleistungen, in denen Reichtum konsumiert wird (ebenda), d.h. keine Wertschöpfung stattfindet, sondern vorhandene Werte konsumiert und entwertet werden.

Eine Pflegekraft, Krankenschwester oder Kindergärtnerin ist demnach vom Standpunkt des *Einzelkapitals* ein_e produktive_r Arbeiter_in, wenn sie im Dienste eines gewinnorientierten Unternehmens arbeitet. Die Arbeit der Pflegekraft in diesem Beispiel tauscht sich aus gegen Kapital und trägt zur Vermehrung von Kapital bei. Eine Haushälterin oder Nanny hingegen, die in den Privathaushalt kommt, hier die Küche putzt oder ein Kind betreut, schafft bloße

---

strukturierte ökonomische Rationalitäten verstehen lassen. Diese ökonomischen Rationalitäten sind aufgrund der unterschiedlichen Positionierung im Prozess der gesellschaftlichen Produktion und der sozialen Reproduktion tatsächlich unterschiedlich und stehen häufig in konflikthaften Verhältnissen miteinander. Darüber hinaus können die Begriffe von produktiver und unproduktiver Arbeit dabei helfen, Krisentendenzen und Stabilitätsbedingungen innerhalb der formellen, von kapitalistischen Produktionsformen wesentlich dominierten Ökonomie zu erkennen und zu benennen. Entscheidend ist dabei, produktiv nicht mit nützlich/wichtig gleichzusetzen.

Gebrauchswerte und ist eine unproduktive Arbeiterin, die ihre Arbeitskraft gegen Revenue oder Lohn tauscht. Die Pflegekraft schafft für das Einzelkapital einen Mehrwert (MEW 26.1: 127), die Arbeitskraft der Pflege-Arbeiterin wird produktiv eingesetzt, die Arbeitskraft der Hausarbeiterin wird allein als Dienst konsumiert (MEW 24: 409).

Allerdings bleibt auch im Rahmen der Warenform, in der zwei unabhängige „Privatbesitzer" von Arbeitskraft bzw. Geld miteinander tauschen, die Abhängigkeit des Care-takers eine zentrale Bedingung dafür, dass dieser Tausch zustande kommt. Berücksichtigen wir diese besonderen Existenzbedingungen des Inhalts Care, folgt daraus, dass Care-Dienstleistungen für abhängige Personen selbst dann, wenn sie in der Warenform profitabel-produktiv und über den Privatmarkt organisiert sind, auf einem Mehrprodukt als materieller Voraussetzung basieren, welches außerhalb der Form geschaffen wurde. „Entsteht" also ein Profit in einem Care-Unternehmen und wird sich dieser individuell angeeignet, handelt es sich hier nicht um neu geschaffenen Reichtum, sondern bereits vorhandener Reichtum wird in Privathand „umverteilt" und so gesehen verzehrt. Daher ist fraglich, ob es sich bei Care-Arbeit, die für Einzelkapitale u.U. „produktiv", d.h. profitabel eingesetzt werden kann, tatsächlich einfach um „produktive" Arbeit handelt respektive ob die Kategorien von produktiver vs. unproduktiver Arbeit hier an eine Grenze stoßen.

7.2.3 Divergierende Produktivität und das Wertgesetz

Auch Care-Dienstleistungen, die profitabel organisiert werden, setzen eine materielle Produktion voraus, in der es ein Mehrprodukt gibt, welches für die Finanzierung der Care-Ökonomie (bzw. der Care-Arbeiter_innen) verwendet wird. So gesehen ist eine höhere Arbeitsproduktivität in der Ökonomie eine entscheidende Möglichkeitsbedingung für die Existenz einer warenförmigen Care-Ökonomie, in der Löhne gezahlt werden und Arbeitsbedingungen herrschen, die den Charakter von „richtigen" Lohnarbeitsverhältnissen haben (und nicht von Sklav_innen- oder Dienstbot_innenarbeit). Wird Care-Arbeit zunehmend über das Geld und den Privatmarkt organisiert, fällt auch diese Arbeit unter die Wirkung des Wertgesetzes.[7] Care-Arbeit wird über das Geld ins Verhältnis

7 Marx' Werttheorie basiert auf folgender Grundannahme: „Die Menschen beziehen ihre Arbeitsprodukte nicht auf einander als Werthe, weil diese Sachen ihnen als bloß sachliche Hüllen gleichartig menschlicher Arbeit gelten. Umgekehrt. Indem sie ihre verschiedenartigen Produkte einander im Austausch als Werthe gleichsetzen, setzen

gesetzt zu aller weiteren bezahlten Arbeit und damit auch zur durchschnittlichen Arbeitsproduktivität und schneidet dabei eher „schlecht" ab.

In der Ökonomik wird dieses ökonomische und gesellschaftliche Problem diskutiert als Problem der divergierenden Arbeitsproduktivität in verschiedenen ökonomischen Sektoren. So würde eine erhöhte volkswirtschaftliche Gesamtproduktivität (im Sinne der Arbeitsproduktivität) bei einer aufgrund ihrer Besonderheit gleich bleibenden Arbeitsproduktivität von z.B. Care-Arbeiten zu einer divergierenden Produktivität von Care-Arbeiten und Nicht-Care-Arbeiten und damit zu einer *relativen* Verteuerung von Care-Arbeiten führen (vgl. Madörin 2006; Hartwig 2005). Diese relative Verteuerung ist hier ein Problem der gesellschaftlichen Opportunitätskosten und relativen Preise: Wenn die gesellschaftlich notwendige Arbeitszeit in der Produktion von warenförmigen Lebensmitteln und Konsumgütern sinkt,[8] in der Care-Arbeit hingegen nicht, entgeht einer Volkswirtschaft ein immer größerer möglicher materieller Reichtum, sofern sie einen konstanten Zeitanteil für Care aufbringt. Gleichzeitig wird die divergierende Arbeitsproduktivität in der Ökonomik auch als ein Grund dafür angeführt, dass die Beschäftigung im tertiären Sektor schneller zunimmt als in den anderen Sektoren der Ökonomie (vgl. Bosch 2005; Schettkat 2010: 23ff.).

Aus der Perspektive des Wertgesetztes betrachtet, stellt sich dieses Problem der divergierenden Arbeitsproduktivität als ein Problem der fallenden (bzw. steigenden) Werte bei steigender (bzw. fallender) Arbeitsproduktivität dar (vgl. Fußnote 7): Der Wert der Care-Arbeit steigt dann relativ zum Wert aller anderen Arbeiten, sofern es eine allgemeine Entwicklung in Richtung steigender Pro-

---

sie ihre verschiedenen Arbeiten einander als menschliche Arbeit gleich. Sie wissen das nicht, aber sie thun es" (MEW 23: 88). So ist „[d]er Austausch oder Verkauf der Ware zu ihrem Wert [...] das Rationelle, das natürliche Gesetz ihres Gleichgewichts; von ihm ausgehend, sind die Abweichungen zu erklären" (MEW 25: 197). Daraus ergeben sich einige „Gesetzmäßigkeiten" (besser: Tendenzen), diese sind die „Wirkungen" des Wertgesetzes, z.B.: „Je größer die Produktivkraft der Arbeit, desto kleiner die zur Herstellung eines Artikels erheischte Arbeitszeit, desto kleiner die in ihm kristallisierte Arbeitsmasse, desto kleiner sein Wert. Umgekehrt, je kleiner die Produktivkraft der Arbeit, desto größer die zur Herstellung eines Artikels notwendige Arbeitszeit, desto größer sein Wert" (MEW 23: 55).

8 Was sie relativ kontinuierlich tut, denn das Gesetz der Konkurrenz auf dem freien Markt begünstigt, dass einmal in einzelnen Betrieben eingeführte technische Innovationen sich innerhalb eines Sektors schnell verbreiten und hier zu gängigen Produktionsstandards werden. Eine kontinuierliche Umwälzung und Erneuerung der Produktivkräfte ist die Folge.

duktivkraft der Arbeit[9] gibt (vgl. MEW 25: 186, 23: 55), was in kapitalistischen Wirtschaftsystemen in der Regel der Fall ist. Steigt der Wert, dann müssten über kurz oder lang auch die Preise steigen – wenn alle anderen Faktoren gleich bleiben[10] (MEW 25: 186).

Die kapitalistische Care-Geschichte tendiert also zu einer widersprüchlichen Entwicklung: Auf der einen Seite ermöglichen Zuwächse in der Arbeitsproduktivität prinzipiell, dass immer mehr Menschen für Care-Arbeit bezahlt werden *könnten* und immer mehr Menschen in diesem Sektor arbeiten *müssten*, wenn die freigesetzten Arbeitskräfte aus den produktiven Bereichen der Ökonomie (vgl. Esping-Andersen 1999) die Möglichkeit zu einem Lohneinkommen in der Arbeitsgesellschaft weiterhin haben sollen (sofern nicht ein wachsender Konsum/eine steigende Nachfrage den beschäftigungssenkenden Effekt einer wachsenden Arbeitsproduktivität auszugleichen vermag); auf der anderen Seite führt der gleiche Prozess dazu, dass Care-Arbeit (relativ) immer mehr wert wird, d.h. tendenziell immer teurer wird.

Sowohl aus der Perspektive des Wertgesetzes (vgl. Heinrich 2006: 206ff.) als auch aus der Perspektive der divergierenden Produktivität ist die geringe Arbeitsproduktivität von Care-Dienstleistungen ein handfestes, wenn auch „hausgemachtes" Problem. In einer nicht regulierten, „rein" kapitalistischen Ökonomie, in der die Investitionsentscheidungen von Einzelkapitalien in Konkurrenz zueinander und unter einem Akkumulationsimperativ getroffen werden, könnte angesichts einer solchen Entwicklung das Wachstum von privaten Dienstleistun-

9 Wie Wert und Preis zueinander im Verhältnis stehen, wird in marxologischen Kreisen nicht einheitlich beantwortet und in Teilen kontrovers diskutiert. Schettkat (2010: 24) z.B. wendet gegen die hier präsentierte Interpretation des Wertgesetztes ein, dass die Produktivitätsniveaus zwischen unterschiedlichen Produkten und Zweigen der Ökonomie nicht vergleichbar seien. So könne man zwar Aussagen darüber treffen, dass Produktivitätssteigerungen in einem Zweig langsam oder gar nicht funktionieren, in einem anderen schon, aber das anfängliche Produktivitätsniveau müsse branchenspezifisch bestimmt werden. Marx würde hier m.E. jedoch einwenden, dass, sofern es eine Vergleichbarkeit verschiedener Arbeitsprodukte gibt, weil die Menschen sie über das Geld einander gleichsetzen, es ein gemeinsames Maß geben muss und dieses kein anderes sein kann als die im Arbeitsprodukt verausgabte Arbeitszeit.

10 D.h. nicht, dass die Preise deshalb immer gleich dem jeweiligen Wert entsprechen, aber sie tendieren dahin: „In welcher Weise immer die Preise der verschiedenen Waren zuerst gegeneinander festgesetzt oder geregelt sein mögen, das Wertgesetz beherrscht ihre Bewegung. Wo die zu ihrer Produktion erheischte Arbeitszeit fällt, fallen die Preise; wo sie steigt, steigen die Preise, bei sonst gleichbleibenden Umständen" (MEW 25/186).

gen über kurz oder lang zum Erliegen kommen, da sich Investitionen in diesen Bereich schlichtweg (vergleichsweise) nicht mehr lohnen würden und/oder Löhne hier derart niedrig wären, dass niemand mehr in diesem Bereich arbeiten wollte – sofern er_sie nicht müsste (vgl. Himmelweit 2005). Oder die Preise würden derart steigen, dass diese Dienstleistungen allein noch von wenigen mit hohen Einkommen konsumiert werden könnten. Madörin stellt angesichts dessen die Frage: „Wie vereinbart die Gesellschaft die Akkumulationsinteressen des Kapitals mit wachsenden Wirtschaftssektoren, die relativ niedrige Arbeitsproduktivität aufweisen und die zudem Dienstleistungen anbieten, die allen zugänglich, also nicht zu teuer, sein sollten?“ (Madörin 2007:153).

In der Betrachtung der konkreten Formen (Kapitel 4, 5 und 6) wurde deutlich, dass in zwei von drei Wirtschaftszweigen der warenförmigen Care-Ökonomie der Staat das Wertgesetz politisch und ökonomisch entscheidend modifiziert hat. Die staatliche Regulation hat hier sowohl wesentliche Voraussetzungen eines Angebots an und einer Nachfrage nach warenförmigem Care als auch die ökonomische Basis dafür geschaffen, dass in diesem Bereich Profite durch die Home-Care-Agenturen erzielt werden können. Die staatlich festgelegten Erstattungssätze und, sofern existent, die staatlich gesetzten Mindeststandards bei Löhnen und Arbeitsbedingungen haben hier also einen Rahmen abgesteckt, in dem das Wertgesetz und das Gesetz der Konkurrenz wirkmächtig werden. In diesem Rahmen werden Löhne, Gewinne und Preise von Care verhandelt und dabei wird explizit oder implizit mit verhandelt, was die gesellschaftlich gültigen Standards für Care-Arbeit und Care-Qualität sein sollen und sein können.

Für Einzelkapitale kann es unter bestimmten ökonomischen und gesellschaftlichen Bedingungen günstig sein, in den Care-Bereich zu investieren und Care-Dienstleistungen anzubieten. Die ökonomische Unterstützung in Form der Nachfrage durch den Staat und die Modifikation oder Begrenzung der Wirkungen des Wertgesetzes in der warenförmigen Care-Ökonomie sind eine wesentliche Voraussetzung dafür, dass warenförmige, privatwirtschaftliche und in Teilen profitable Care-Ökonomien im größeren Stil existieren. Staatliche Regulation kann also wesentliche Voraussetzungen auch für eine privatwirtschaftliche Care-Ökonomie schaffen. Auf dieser Basis kann hier das Wertgesetz in Grenzen seine Wirkung entfalten: Unter dem Druck von Konkurrenz und Akkumulationsimperativ müssen privatwirtschaftliche Care-Unternehmen nach den jeweils effizienten und billigsten Produktionsmethoden von Care-Dienstleistungen streben. Die begrenzten Möglichkeiten zur Steigerung der Arbeitsproduktivität von Care-Arbeiten führt gemäß dem Wertgesetz dazu, dass Lohnhöhen, Care-Qualität und Preise für Care zu den zentralen Variablen avancieren, deren konkrete Gestaltung entscheidend für die Konkurrenzfähigkeit privater Care-Unternehmen wird.

Die staatliche Regulation und Umverteilung hat hier eine ambivalente Rolle: Sie schwächt die Wirkung des Wertgesetzes ab, z.B. dadurch, dass sie ökonomische Umverteilungsmechanismen etabliert, die für Geld auf der Seite von Caretakern sorgen. Sie schafft allerdings auch den Rahmen, in dem das Wertgesetz überhaupt erst auf umfassende Weise in den Care-Bereich hineinwirken kann und vormals „äußere" Räume der Kapitalakkumulation stärker auch ins Innere des Akkumulationsregimes hineingezogen werden können. Damit schafft die staatliche Regulation auch die Voraussetzungen dafür, dass Konkurrenzdynamiken und Akkumulationsimperative ihre Wirkmächtigkeit entfalten und die Kommodifizierung von Care als sozio-ökonomische Tendenz eine Dynamik induzieren kann, welche jene Aspekte der Regulation, die der Kommodifzierung von Care bestimmte Grenzen und Standards setzten und sie damit überhaupt ermöglichen, tendenziell untergräbt, bis Widersprüche aufklaffen, Grenzen erreicht sind und das Modell in eine ökonomische und/oder gesellschaftliche Care-Krise treibt.

7.3 Tendenzen und Grenzen der Kommodifizierung von Care

> „Erwerbstätigkeit könnte sich grenzenlos weiterentwickeln, wenn es nur möglich wäre, bezahlte Dienstleistungen an die Stelle der Tätigkeiten zu setzten, die die Menschen [Männer, Frauen?, S.C.] bisher jeder [tatsächlich jede_r?, S.C.] selbst verrichtet und als ihre eigene, persönliche Angelegenheit betrachtet haben" (Gorz 1991: 72).

> „Wer behauptet, daß die Befreiung der Frau der Arbeiterklasse darin liegt, eine Arbeit außerhalb des Hauses zu finden, erfaßt nur einen Teil des Problems, aber nicht seine Lösung" (Dalla Costa/James 1973: 4).

Kommodifizierungsprozesse stoßen dort, wo es um Mensch (und Natur) geht, stets an eine Grenze, die historisch-regional verschiebbar, umkämpft und variabel, aber existent ist (vgl. Jessop 2001; Polanyi 1948). Ökonomisch äußern sich diese Grenzen als ökonomische Krisen des Kapitalismus, die immer wieder auftauchen und überwunden werden (müssen). Werden solche Grenzen durch die politisch-soziale und ökonomische Entwicklung erreicht, induziert dies in der Regel auch individuelle und gesellschaftliche Krisen, die in Anbetracht der Entwicklung der Produktivkräfte nicht nötig wären, denn Geld, Waren und Konsumgüter sind genug da – sie sind nur nicht gerecht (und d.h. effizient) genug verteilt. Diese Grenzen können Ansatzpunkte für politisches Handeln werden. Sie bieten die Möglichkeit dafür, dass soziale Bewegungen stattfinden, neue, nicht-hegemoniale Arbeits-, Lebens- und Reproduktionsformen entwickelt werden und die gesellschaftlich gestalteten Verteilungsrelationen des produzierten Wertes anders gestaltet werden.

Grenzen der Kommodifizierung von Care aufzuzeigen, ist wichtig, um auszuloten, an welchen Punkten kapitalistische Entwicklung „Ketten" der Regulation benötigt, damit die gesellschaftliche und die individuelle Reproduktion gesichert sind, und um aufzuzeigen, dass Konflikte um die Organisation und Finanzierung von Care und Care-Arbeit tatsächlich mehr sind als politisch regulierbare Vereinbarkeitsprobleme. Die Fragen „who cares?" and „who pays for it?" (Folbre 1994) werden dann deutlich als gesellschaftliche Fragen, in denen es nicht nur um die Interessen von Frauen oder um Gleichstellungs- und Vereinbarkeitspolitik geht, sondern auch um die menschlichen Möglichkeiten und die Grenzen des ökonomischen (und auch des menschlichen) Wachstums.

Welche ökonomischen Entwicklungstendenzen und ökonomischen (!) Grenzen sind angesichts einer Kommodifizierung von Care also zu erwarten? Welche allgemeinen Muster und Tendenzen der Veränderung von Wertströmen, Stabilitätsbedingungen und Entwicklungsdynamiken könnten sich durch die Kommodifizierung von Care in der Produktionsweise und in der Reproduktionsweise des Postfordismus einstellen?

Die Klärung dieser Fragen erfordert zunächst die Spezifikation der Begriffe „Tendenzen" und „Grenzen", die ich im Folgenden im Sinne eines „moderaten" Materialismus vornehme. Anschließend werde ich mit Hilfe der im Kapitel 2 entwickelten integralen Perspektive das erweiterte Reproduktionsschema von Marx[11] als Denkschema für die Untersuchung von Entwicklungstendenzen vorstellen, da dieses – sofern wir Care-Arbeiten hineindenken – ein analytisches Konzept ist, mit dem sozio-ökonomische Entwicklungstendenzen von ihrem möglichen Ergebnis her, d.h. vom Standpunkt der gesellschaftlichen Reproduktion im umfassenden Sinne, betrachtet werden können. Auf dieser Basis lassen sich dann Tendenzaussagen über die Entwicklungsmöglichkeiten und Grenzen der Kommodifizierung von Care im Postfordismus treffen.

7.3.1 Was ist eine Tendenz? Was eine Grenze?

Das gesellschaftliche Ganze als eine widerspruchsvolle Einheit zu verstehen – die vielfach determiniert ist und in der eine dominante kapitalistische Produktions-

11 Mit diesem arbeiten auch einige der Regulationstheoretiker (Aglietta 1979; Lipietz 1985).

weise mit anderen Produktionsweisen eine historisch spezifische Verbindung eingeht –, impliziert ein spezifisches Verständnis von Tendenzen, Gesetzen und Grenzen, die sich aus der Dynamik der kapitalistischen Produktionsweise heraus ableiten lassen. Allgemeine Entwicklungstendenzen des Kapitalismus müssen „nicht unbedingt das gleiche relative Gewicht für die Akkumulation oder die Regulation [oder die soziale Reproduktion, S.C.] besitzen. Wie […] in der Debatte um den Fordismus und den Postfordismus zu sehen ist, machen es die diesbezüglichen Unterschiede möglich, zwischen den verschiedenen Stufen und/oder Varianten des Kapitalismus zu unterscheiden" (Jessop 2003: 92).

Allgemeine sozio-ökonomische Bewegungsgesetze kapitalistischer Gesellschaftsformationen sind daher „als eine Tendenz zu verstehen, die in empirischen ökonomischen Datenreihen die Gestalt eines Zyklus von Konjunkturen und Krisen annehmen und historisch, regional und kulturell unterschiedlich sind" (Hübner 1989: 212). Die Krise wird in dieser Perspektive verstanden „als eine historische Konjunktur der Verdichtung aller […] Gegensätze einer konkreten kapitalistischen Gesellschaft […], nicht als das Resultat einer einzigen, in jeder kapitalistischen Gesellschaft ständig wirkenden Ursache" (Milios/Ekonomakis 2002: 178). Ein solches Krisenverständnis geht nicht allein von formal-logischen Widersprüchen aus, die statisch sind, sich nicht aufheben und nicht Elemente einer widerspruchsvollen Einheit sind, sondern versucht die Wirklichkeit als eine zu verstehen, die durch dialektische Widersprüche gekennzeichnet ist, die „Widersprüche eines Ganzen sind, sich periodisch aufheben und beständig reproduzieren" (Bucharin zit. n. Milios/Ekonomakis 2002: 179).

Ob und wie sich widersprüchliche Entwicklungstendenzen als Krisen artikulieren und wie sie bearbeitet werden, hängt auch, aber nicht alleine, vom Klassenkampf ab (Poulantzas 1975: 40f.), der „nur" ein (wichtiger) Bestandteil verschiedener sozialer Prozesse, Aushandlungen und Kämpfe, in denen implizit oder explizit darum gerungen wird, was die „richtigen" Formen von Arbeit, Leben, Reproduktion und Gesellschaft sind. Es sind letzten Endes diese sozialen Prozesse, Konflikte, Kämpfe und Kompromisse (vgl. Hirsch 2001: 43), welche die jeweiligen Formen bestimmen, „in denen die vielfältigen Widersprüche und Dilemmata [sowie die Entwicklungstendenzen, S.C.] […] unter den je spezifischen Umständen zum Ausdruck kommen" (Jessop 2003: 93). Ökonomisch artikulieren sich aufklaffende soziale Widersprüche in kapitalistischen Gesellschaftsformationen als konjunkturelle Störungen, Hindernisse in der ununterbrochenen Reproduktion der kapitalistischen Wirtschaft. „Diese resultieren aus der Gesamtheit der Widersprüche, die den Gesamtprozess der Produktion und Reproduktion einer kapitalistischen Gesellschaftsformation charakterisieren; sie sind nicht Manifestationen einer einfachen, ständig wirkenden, der Kapitalbeziehung immanenten Ursache: [z.B. der, S.C.] Unterkonsumtion" (Milios/Ekonomakis 2002: 183). Die „Grenzen des Wachstums" sind daher in erster Linie eine gesellschaftliche Kategorie, die sich ökonomisch artikuliert: „'Limits to growth' thus do not appear, in the first instance, as absolute shortages of laborpower, raw materials, clean water and air, and urban space, and the like, but as high-cost laborpower, resources, and infrastructure and space" (O'Connor 1998: 243).

Der kapitalistischen Produktionsweise ist eine expansive Tendenz eigen (vgl. MEW 23: 25; Luxemburg 1966: 280f.; Bucharin 1970: 65) und sie ist ein Produktionssystem, das vom „Stachel der Konkurrenz" angetrieben wird (Röttger 2003: 20) und zu einer permanenten Umwälzung und Revolutionierung des Produktionsprozesses tendiert. Mithin untergräbt die kapitalistische Produktion als Verwertungsprozess genau jene sozial-ökologischen Voraussetzungen, auf die sie im Arbeitsprozess angewiesen ist (vgl. Altvater 1987: 100ff.). Die „Macht der Veränderung" (Aglietta zit. n. Röttger 2003: 20) in der kapitalistischen Produktionsweise trägt ihr jeweiliges Regulationsprinzip nicht in sich. Sie trägt allerdings die Notwendigkeit in sich, dass es eine irgendwie geartete Form der Regulation geben muss, wenn die Reproduktion der kapitalistischen Gesellschaftsformation längerfristig besteht (Jessop 2001: 38; Deppe 1999: 35). Gleichzeitig ist die kapitalistische Produktionsweise nicht das alleinige Prinzip, nach dem sich die Gesellschaft, in der sie „stattfindet", formiert und sie ist in ihrer eigenen Entwicklung bestimmt von „außerhalb ihrer Entwicklungsstufe" liegenden Produktionsweisen, sozialem Handeln und nicht-kapitalistischen sozialen Beziehungen und Verhältnissen (vgl. Althusser 1969: 207ff.).

Ein moderat materialistisches Verständnis von Tendenzen und Grenzen der kapitalistischen Entwicklung nimmt auf der einen Seite allgemeine Tendenzen an, die aus der kapitalistischen Produktionsweise heraus entspringen, wie z.B. eine Tendenz zur Konkurrenz, Akkumulation, Privatisierung, Kommodifizierung und Produktivkraftsteigerung. Gleichzeitig wird jedoch davon ausgegangen, dass in konkreten Gesellschaftsformationen Überdetermination und Artikulation vorherrschen und verschiedene Produktionsweisen existieren. Die Logik des Kapitals ist also weit davon entfernt, die Bewegungsgesetze der Gesellschaft völlig zu bestimmen. Die Bewegungsgesetze des Kapitals sind vielmehr auch zu einem gewissen Grad kontingent und sie hängen von Prozessen und Entwicklungen ab, die nicht der Kontrolle des Kapitals unterliegen. Die Kommodifizierungstendenz, wie sie aus der kapitalistischen Produktionsweise heraus entspringt, ist eine theoretische Gesetzmäßigkeit, die wirkungsmächtig ist als historische Tendenz, die aber gleichwohl auch Gegentendenzen und andere Tendenzen hervorrufen kann und die sich zwar als Kommodifizierung im gesellschaftlichen Leben artikulieren kann, dies aber nicht notwendigerweise muss (Gibson-Graham 2006: 24). Sofern wir davon ausgehen, dass sich die Gesellschaft und darin das menschliche Leben nicht vollständig kommodifizieren lässt, ist anzunehmen, dass die Kommodifizierungstendenz immer wieder Widersprüche produziert, die sich ganz unterschiedlich artikulieren können, und, sofern sie sich zu entfalten vermag, über kurz oder lang an eine Grenze stoßen muss.[12]

In Anlehnung an das hier skizzierte moderat materialistische und gesellschaftliche Krisenverständnis verstehe ich die Grenzen der Kommodifizierung von Care als eine tendenzielle Grenze des Wachstums auf Basis einer gesellschaftlichen Vorstellung davon, wer Care erhält, wer die Arbeit macht und unter welchen Bedingungen sie stattfinden kann/soll. Diese Grenze ist eine gesellschaftlich gesetzte und verhandelbare, die historisch spezifisch und umkämpft ist und die sich ökonomisch entsprechend unterschiedlich artikulieren kann.

7.3.2 Das erweiterte Reproduktionsschema als Analyseinstrument

> „Die kapitalistische Gesellschaft ist eine 'Einheit von Gegensätzen'. Der Bewegungsprozess der kapitalistischen Gesellschaft ist ein Prozess ständiger Reproduktion kapitalistischer Widersprüche. Der Prozess der erweiterten Reproduktion ist ein Prozess der erweiterten Reproduktion dieser Widersprüche. [...] Die Schranke ist gegeben in einem bestimmten Grad der Spannung kapitalistischer Widersprüche" (Bucharin 1970: 98).

> „Der Bedarf an sozialen Praxen des Sorgens für andere [...] ist groß. Gleichzeitig ist nicht klar, ob und wie unter kapitalistischen Bedingungen Care Work so gestaltet werden kann, dass einer Unterversorgung und damit einer sozialen Reproduktionskrise begegnet wird." (Winker 2010: 340).

Ob Entwicklungen in Richtung Krise oder Stabilität des sozio-ökonomischen Systems tendieren, lässt sich eher vom Standpunkt des vermuteten „Endes" eines

---

12 Diese Grenzen können ökologische Grenzen sein, wie Altvater/Mahnkopf (1999) betonen, menschliche Grenzen, wie sie z.B. Jessop (2001) deutlich macht, und inhärente Grenzen der kapitalistischen Produktionsweise, die sich quasi aus sich selbst heraus an die Grenze treibt, worauf sich Marx konzentrierte. Bei Care-Arbeit wäre die ökonomische Grenze der Wert der investierten Care-Arbeitszeit, die immer mehr „wert ist", sofern die investierte Arbeitszeit in Care gleich bleibt und in anderen Bereichen der Ökonomie Produktivkraftsteigerung stattfindet. Die menschliche Grenze wäre hier, dass die Care-Arbeitskräfte dennoch genug verdienen müssen, um zu leben, und die Care-Arbeit bzw. die Care-taker dennoch ein gewisses Mindestmaß an Zeit benötigten, damit Care-Arbeit auch „Care" enthalten kann.

Prozesses als von seinem Anfang aus prognostizieren.[13] Die Frage der stabilen Reproduktion kapitalistischer Systeme ist nicht nur eine Frage der Produktionsbedingungen, sondern auch eine Frage der Reproduktionsbedingungen, und was produziert wird, muss auch derart konsumiert werden, dass der primäre Zweck der kapitalistischen Produktion – Mehrwert zu produzieren – sich realisieren kann. Die allerletzte „Ursache" von ökonomischen Krisen ist in der (neo-)marxistischen Krisentheorie allerdings nicht das Fehlen von Nachfrage, sondern das Fehlen von Mehrwert (vgl. Mattick 1969; Millios 1998).

Als Analyseinstrument, mit dem man die Entwicklung der Anatomie kapitalistischer Formationen und darin der Bedingungen der Kapitalreproduktion untersucht, skizziert Marx das Reproduktionsschema (vgl. zur Diskussion Milios/Ekonomakis 2002), das eine Hilfestellung zur Erfassung von Stabilitätsbedingungen und Krisentendenzen historisch spezifischer Akkumulationsregime bietet.[14] Marx unterscheidet unter Rückgriff auf das Reproduktionsschema als Erster in der Geschichte der Nationalökonomie zwischen den beiden Abteilungen der Produktion: Abteilung I (Produktionsmittel) und Abteilung II (Konsumgüter)[15] und zwischen Einzelkapital und Gesamtkapital (vgl. Lipietz 1985: 120). Er betrachtet im Reproduktionsschema die kapitalistische „Produktion als Ganzes,

---

13 So können wir feststellen, dass kapitalistische Unternehmen produzieren, damit und solange sie Gewinne erzielen. Ob dies gelingt oder nicht, wissen wir aber erst, wenn die produzierten Waren und ihre Werte sich auf dem Markt verkaufen konnten, der produzierte Wert sich verwertet hat und der erzielte Wert in verschiedenen Kanälen verteilt wurde. Ist der Prozess abgeschlossen, können wir feststellen, ob er funktioniert hat und ob es dabei auch gelungen ist, erneut die Bedingungen für Produktion, Verkauf und Distribution herzustellen oder sie zu verändern, wenn dies die Umstände erfordern.

14 Ich beziehe mich hier auf eine „weiche" und offene Marx-Interpretation, bei der die Nachfrage nach Konsumgütern seitens der Lohnabhängigen als *eine* von *vielen* Variablen, welche ausschlaggebend für Krisentendenzen und Stabilitätskonstellationen in der kapitalistischen Reproduktion sind, konzipiert wird (vgl. Milios/Ekonomakis 2002: 176).

15 Diesen Gedanken greift später die Regulationstheorie wieder auf. Dabei betont sie, dass diese Entwicklung der beiden Abteilungen der Produktion und ihres Verhältnisses zueinander keiner rationalen Logik folgt. Es gibt kein steuerndes Subjekt, das sich anbahnende Ungleichgewichte vollständig absehen und umsteuern kann. Letzten Endes sind es auch hier die sozialen Verhältnisse, welche die gesellschaftliche(n) Produktions-, Verteilungs-, Lebens- und Reproduktionsweise(n) strukturieren, und die Veränderung der sozialen Verhältnisse, die einen entscheidenden Einfluss auf die Entwicklung von Wertströmen und Wertgrößen in den verschiedenen Sektoren der kapitalistischen Produktion besitzen.

vom Standpunkt des Gesamtkapitals" aus (Luxemburg 1916: 420). Von dieser Perspektive aus formuliert er als ein Spannungsverhältnis im Kapitalismus den möglichen Widerspruch zwischen Einzel- und Gesamtkapital: So kann das, was für einzelne Kapitalbesitzer_innen profitabel ist (z.B. das Wachstum eines Pflegedienstes), aus der Perspektive des Gesamtkapitals genau das Gegenteil sein (z.B. fehlende Nachfrage oder Verteuerung von Arbeitskraft aufgrund der Verteuerung von Pflege, weniger Investitionen in Wachstumssektoren etc.).[16] Aus der Perspektive der erweiterten Reproduktion geht es daher nicht mehr um die wirtschaftliche Performanz einzelner Sektoren, Branchen oder Unternehmen, sondern um die qualitative und quantitative Entwicklung von Wertgrößen und Wertströmen in ihrer Zusammenfassung, die als soziales Gesamtkapital betrachtet wird (vgl. Robinson 1962).[17]

Rosa Luxemburg (1913) hat sich später auf das marxsche Reproduktionsschema bezogen[18]. Aus diesem leitet sie die kapitalistische Tendenz zur inneren und

16 So können z.B. aus der Perspektive von Einzelkapitalien, Wirtschaftssektoren oder Unternehmen Umsätze erhöht werden und Profite steigen, z.B. durch die Einführung neuer Technologien, Lohnkostensenkungen oder die Ausdehnung in neue, bislang noch nicht kapitalistisch erschlossene Bereiche. Eben diese Entwicklung kann aus der Perspektive des sozialen Gesamtkapitals jedoch das Umgekehrte bedeuten: fallende Mehrwertmassen und Profitraten und eine Reichtum vermindernde Entwicklung.

17 Im zweiten Band des *Kapitals* veranschaulicht Marx an einem hypothetischen Rechenbeispiel, wie die Reproduktion des Kapitals vom Standpunkt des Gesamtprozesses auszusehen hat, damit eine erweiterte Reproduktion stattfindet, die er als Stabilitätsbedingung einer kapitalistischen Konjunktur versteht. Er unterteilt die beiden Grundindustrien in Produktions- und Konsumtionsmittelindustrie und nimmt diese als zwei grobe gesellschaftliche Produktionssektoren an. Eine einfache Reproduktion (Null-Wachstum) erfordert im Prozess von Produktion und Konsumtion die Wiederherstellung der Ausgangsbedingung in beiden Industriegruppen. Sofern Akkumulation stattfinden soll, d.h. die erweiterte Reproduktion von Kapital gelingt, müssen sich die beiden Abteilungen in einem ungefähren Gleichgewicht zueinander entwickeln und muss das konstante Kapital der Abteilung II (Konsumgüterindustrie) schnell genug wachsen, damit die potenzielle Produktion der Kapitalgüterindustrie sich auch tatsächlich realisieren kann (vgl. hierzu Robinson 1962).

18 Die Pariser Schule der Regulationstheorie baut indirekt auf der Kritik von Rosa Luxemburg an den marxschen Reproduktionsschemata auf. Marx bezog in ihnen nicht-kapitalistische Bereiche nicht ein. Luxemburg verwies darauf, dass der Akkumulationsprozess des Kapitals nicht-kapitalistische Bereiche (oder Länder) „braucht" um sich ausweiten zu können und zu gewährleisten, dass erweiterte Reproduktion von Kapital stattfinden kann. Die Regulationstheorie bezieht diesen Gedanken auf moderne westliche Kapitalismen und sieht die kontinuierliche gesellschaftliche Ausweitung eines Systems von Massenproduktion und Massenkonsum und das

äußeren Landnahme ab. Darauf aufbauend setzt die Pariser Schule der Regulationstheorie die Kommodifizierung und Durchkapitalisierung der Reproduktionsbedingungen der Lohnabhängigen als eine entscheidende Variable für eine längerfristige stabile Akkumulation im modernen Kapitalismus.[19]

Mithilfe des erweiterten Reproduktionsschemas lässt sich die Frage nach den ökonomischen Grenzen der Kommodifizierung von Care als eine Frage der Verschiebung von Wertgrößen und Strömen in der Produktions- und Reproduktionsweise vom Standpunkt des Resultates, also der Reproduktion des Gesamtsystems, aus bearbeiten. Diese Analyseperspektive bietet eine Hilfestellung, um die ökonomische Kurzsichtigkeit zu vermeiden, die im Rahmen der Hegemonie des marktradikalen Ansatzes einer politisch gesteuerten Krisenpräventionsstrategie (Wirtschafts*politik*) im Wege stand[20].

Eindringen von Warenbeziehungen in die Reproduktion der Lohnabhängigen als die entscheidende Bedingung der fordistischen Form des Mehrwertes und der Kapitalakkumulation an (Hübner 1989: 122ff.).

19 Die „natürliche Schranke" der Kapitalakkumulation, d.h. die menschliche Grenze der Ausbeutung von Arbeitskraft (24-x Stunden pro Tag) kann nur dann überwunden werden, wenn es einen kontinuierlichen Produktivtransfer zwischen den beiden Abteilungen der Produktion gibt (vgl. Aglietta 1979: 111ff.). D.h., an Stelle der Gewinnsteigerung von Unternehmen und der Akkumulation von Kapital durch Mehrausbeutung der Arbeitskraft über die Länge des Arbeitstages oder die Senkung der Löhne tritt eine Erhöhung der intensiven Ausnutzung von Arbeitskraft durch Technikeinsatz und Arbeitsorganisation und eine kontinuierliche Verbilligung der Reproduktionskosten von Arbeitskraft - auch so lässt sich der Exploitationsgrad der Arbeit steigern. Dieses Prinzip der Akkumulation funktioniert allerdings nur unter bestimmten sozio-ökonomischen Bedingungen: Es setzt eine kohärente Entwicklung der beiden Abteilungen der Produktion voraus, da andernfalls die Nachfrage fehlen würde – hier liegen Marx und Keynes nicht weit auseinander (vgl. Mattick 1969). Die Nachfrage spielt hier allerdings deshalb eine Rolle, weil ohne ihr Wachstum (sei es binnenwirtschaftlich oder global) eine Übertragung der Produktivkraftentwicklung von Abteilung I auf Abteilung II nicht gewährleistet wäre, daher die Reproduktionskosten von Arbeitskraft nicht sinken würden, die Mehrwertraten im Produktionsprozess nicht steigen würden (vgl. hierzu ausführlich Milios/Ekonomakis 2002) und eine steigende organische Zusammensetzung des Kapitals über kurz oder lang fallende Profitraten mit sich brächte.

20 So stellt z.B. Gesine Schwan mit Blick auf die Ursachen der aktuellen Krise fest: „Eine besonders wichtige Folge des marktradikalen Ansatzes war, dass die Wirtschaft als Ganze vorherrschend aus Sicht der Einzelunternehmen – mit ihren durchaus legitimen, aber eben nicht zureichenden Perspektiven und Partikularinteressen – betrachtet und damit die gesamtwirtschaftliche Sicht vernachlässigt wurde. Methodisch wurde damit implizit das Ganze als die Summe der Teile betrachtet [...]. Systemtische

Angesichts der besonderen politischen Ökonomie von Care und Care-Arbeiten (vgl. Kapitel 3) stellt sich aus der Perspektive der erweiterten Reproduktion des Gesamtsystems die Frage, wie der Einzug von solchen Arbeiten in die kapitalistische Geld- und Warenökonomie Wertgrößen und Ströme verschiebt und welche Entwicklungswege (Krise oder Stabilität?) sich hier abzeichnen. Hierzu sollen im Folgenden einige (vorläufige) Thesen formuliert werden, die, wie oben dargelegt, als Tendenzaussagen zu verstehen sind und mit denen ich hoffe abschließend dazu anzuregen, Care-Fragen als gesamtökonomisch relevante Fragen zu diskutieren und weiter zu elaborieren.

7.3.3 Fallende allgemeine Profitrate durch die Kommodifizierung und Profitabilisierung von Care?

Eine zentrale Frage für die kapitalistische Entwicklung ist die Entwicklung der Profitrate, die einen entscheidenden Einfluss auf die quantitative Entwicklung des gesellschaftlichen Mehrproduktes besitzt. Die Entwicklung der Profitrate hängt davon ab, in welchem Verhältnis sich die gesamtgesellschaftlich produzierten Massen an Mehrwert zu den für deren Produktion notwendigen Kapitalmassen entwickeln (vgl. hierzu Gerlach 2003).[21] Ein Fallen der Profitrate „verlangsamt [...] die Bildung neuer selbständiger Kapitale und erscheint so als bedrohlich für die Entwicklung des kapitalistischen Produktionsprozesses [...]; befördert Überproduktion, Spekulation, Krisen, überflüssiges Kapital neben überflüssiger Bevölkerung“ (MEW 25: 252).[22]

Faktoren z.B., die eine Krise auslösen oder verstärken können, traten damit nicht mehr in den Blick“ (Schwan 2009: 8).

21 Die Profitrate p bestimmt sich als $p = m \div C$, wobei C hier das Gesamtkapital ist, welches sich zusammensetzt aus den Produktionsmitteln und Ressourcen (konstantes Kapital c) plus den Kosten der Arbeitskraft, d.h. bei Marx des variablen Kapitals (v). m ist die Mehrwertmasse, vgl. Gerlach (2003: 145).

22 Marx betont, dass ein *tendenzieller* Fall der Profitrate (der hoch umstritten ist) daraus resultiert, dass die Produktivität in kapitalistischen Wirtschaftssystemen eine so wichtige Rolle spielt und es einen großen Anreiz zur kontinuierlichen Verbesserung der Maschinerie gibt, womit der Wert der Produktionsmittel wächst (also das eingesetzte konstante Kapital c) (vgl. MEW 23: 651; MEW 25: 262; Gerlach 2003). Daraus erwächst kein *Gesetz* über eine besondere Periodizität von Krisen im Kapitalismus, aber eine Tendenz zur krisenhaften ökonomischen Entwicklung, die letzten Endes auf der Überproduktion von Kapital beruht (Matick 1969: 73).

In der marxistischen Diskussion werden in der Regel drei zentrale Entwicklungstendenzen im Kapitalismus benannt, die zu einem Fallen der Profitrate und also zu einer ökonomischen Krise führen können: erstens eine steigende organische Zusammensetzung des Kapitals, zweitens steigende Reproduktionskosten von Arbeitskraft und drittens ein Wachstum der unproduktiven Arbeit (vgl. Sablowski 2003). Von der Perspektive der erweiterten Reproduktion aus betrachtet wird deutlich, dass alle drei Tendenzen durch die Kommodifizierung von Care und Care-Arbeit (tendenziell) verstärkt werden können.

Erstens hat nach Marx die steigende organische Zusammensetzung des Kapitals[23] eine zentrale Bedeutung für die tendenziell fallende Profitrate. In der steigenden organischen Zusammensetzung des Kapitals zeigt sich, dass die kapitalistische Produktion in erster Linie die „Produktion für das Kapital ist und nicht umgekehrt die Produktionsmittel bloße Mittel für eine stets sich erweiternde Gestaltung des Lebensprozesses für die Gesellschaft der Produzenten sind" (MEW 25: 260). Die organische Zusammensetzung des Kapitals steigt dann, wenn ein Wachstum an Produktionsmitteln auf der einen Seite nicht mit einer steigenden Ausweitung von warenförmigem Konsum und Lohnarbeit auf der anderen Seite einhergeht und in der Folge die Mehrwertmenge insgesamt tendenziell sinkt. Die Ausdehnung von warenförmiger Care-Arbeit kann eine Tendenz zur steigenden organischen Zusammensetzung insgesamt verstärken, da hier Arbeitskräfte und materielle Ressourcen der Nachfrage gebunden werden, die nicht zur Vermehrung der Mehrwertmasse beitragen (vgl. ähnlich Kalmring 2003: 101).

Zweitens kann die Profitrate fallen, wenn der Wert des variablen Kapitals (Arbeitskraft) im Verhältnis zum konstanten (Produktionsmittel) ansteigt (MEW 25: 251). Der Wert des variablen Kapitals steigt z.B. dann, wenn die

---

23 Die organische Zusammensetzung des Kapitals steigt tendenziell, da alle Methoden „zur Steigerung der gesellschaftlichen Produktivkraft der Arbeit in der kapitalistischen Produktionsweise „zugleich Methoden der gesteigerten Produktion des Mehrwertes oder Mehrprodukts [sind, S.C.], welches seinerseits das Bildungselement der Akkumulation" ist (MEW 23: 653). Die „kontinuierliche Rückverwandlung von Mehrwert in Kapital stellt sich dar als wachsende Größe des in den Produktionsprozess eingehenden Kapitals." (Ebd.) Das tendenzielle Sinken der Profitrate ist hier mit einem tendenziellen Steigen in der Rate des Mehrwertes eng verbunden, sofern Letztere durch die Erhöhung des Ausbeutungsgrades der Arbeit durch Produktivkraftsteigerung angestrebt wird (MEW 25: 250). Durch die Steigerung der Arbeitsproduktivität kann die Profitrate fallen, wenn der Wertzuwachs der Produktionsmittel (des konstanten Kapitals) nicht proportional mit dem Zuwachs ihres Umfanges steigt, d.h. relativ sinkt, da ja die Produktivkraft der Arbeit, welche diese produziert, steigt (MEW 23: 651).

Reproduktionskosten von Arbeitskraft steigen. Gründe hierfür können erkämpfte Lohnsteigerungen sein (ebd.: 250), aber auch Veränderungen in den Reproduktionsbedingungen von Lohnabhängigen, z.B. wenn Care-Arbeiten in Warenform zunehmend einen direkten Bestandteil der Reproduktionskosten von Arbeitskraft ausmachen (vgl. Winker 2010: 337) und eine Institutionalisierung der Form dazu führt, dass Care-Arbeit besser bezahlt, d.h. teurer wird.[24] Der Lohn und seine Höhe hängen nicht allein von den Lohnverhandlungen ab und nicht allein „vom Umfang der Bedürfnisse[n][25] […], sondern vor allem auch vom Grad der Kommodifizierung ihrer Befriedigung. Hier liegt eine Verknüpfung des Lohnverhältnisses mit dem Geschlechterverhältnis vor, insofern Hausarbeit trotz aller Veränderungen der Haushaltsform immer noch überwiegend Frauenarbeit ist“ (Sablowski 1994: 140). Hier zeigt sich außerdem eine Verknüpfung des Lohnverhältnisses mit den Care-Lohnverhältnissen, sofern eine Erhöhung der Löhne von Care-Arbeiter_innen oder eine Verbesserung ihrer Arbeitsbedingungen einen Einfluss auf die Reproduktionskosten von Arbeitskraft hat.

Drittens kann die Profitrate auch fallen, wenn der Anteil an Care-Arbeiten, die aus der Perspektive des Gesamtkapitals her betrachtet unproduktiv sind, an der gesellschaftlichen Gesamtarbeit überdurchschnittlich wächst (vgl. hierzu Kalmring 2003; Moosley 1997). Diese Tatsache ist zunächst unabhängig davon, ob hier schnell oder langsam gearbeitet wird, ob diese Arbeiten gesellschaftlich zentral sind oder nicht (MEW 42: 533), ob hier individuell ein Profit gemacht wird oder nicht, denn die Arbeitskräfte, die hier arbeiten, werden von bereits produziertem Wert bezahlt – von Revenuen – und die eingekaufte Arbeit bildet keine Basis dafür, dass Profite gemacht, Kapital reproduziert und somit ein erneuter Zyklus der erweiterten Reproduktion stattfinden kann (vgl. Rose 1977: 32.). Die Ausdehnung von Warenbeziehungen und die Durchkapitalisierung der Gesellschaft in jene Care-Bereiche hinein, in denen Menschen abhängig und in ihrer Handlungsfähigkeit stark einschränkt sind, bedeutet eine Ausweitung von unproduktiver Arbeit, die aus der Perspektive des Gesamtkapitals bereits produzierten Reichtum voraussetzt und keinen produziert. Nehmen unproduktive

---

24 Gründe können auch sein, dass sich die Produktionsbedingungen der warenförmigen Konsumgüter und Lebensmittel für die Lohnabhängigen so verändern, dass sie teurer werden, z.B. durch Fair-Trade-Abkommen oder durch Auflagen zum Umwelt- und Ressourcenschutz etc.

25 Der Umfang der Bedürfnisse ist sowohl biologisch bestimmt, als auch und im Wesentlichen gesellschaftlich, denn was zu einem angemessenen Reproduktionsstandard an Waren nötig ist, bestimmt sich historisch-regional vor allem in gesellschaftlichen Aushandlungen darüber, was für welche sozialen Gruppen „angemessen“ ist.

Care-Arbeiten einen zunehmenden Anteil der gesellschaftlichen Gesamtarbeit in Anspruch, z.B. weil hier Löhne steigen und/oder die Nachfrage nach diesen Arbeiten wächst oder der Anteil produktiver Lohnarbeiten abnimmt (z.B. aufgrund technologischer Entwicklungen oder der Auslagerung produktiver Lohnarbeit an lohnkostengünstigere Standorte), liegt eine „hervorragende Bedeutung" der Kommodifizierung von Care aus der Perspektive des gesellschaftlichen Gesamtkapitals darin, dass sie bereits produzierten Mehrwert voraussetzt (Kalmring 2003: 103) und ihre Ausweitung und Institutionalisierung einen negativen Einfluss auf die Entwicklung der Profitrate haben kann.

Sofern ein Profit in diesen Branchen erzielt wird, handelt es sich um einen Profit, der aus einem Wertetransfer und nicht einem Wertezuwachs resultiert (vgl. Tarbuck 1983; Kalmring 2003: 96). Diese Akkumulation basiert nicht auf der direkten Ausbeutung von Arbeitskraft im Produktionsprozess, sondern setzt (wie oben unter 2.1 diskutiert) ein bereits produziertes Mehrprodukt *voraus*. Akkumulation, sofern sie in einer privatwirtschaftlichen Care-Ökonomie stattfindet, funktioniert anders als die „normale" Akkumulation innerhalb eines kapitalistisch organisierten Produktionsprozesses.

Dort, wo die privatwirtschaftlich organisierte Care-Arbeit über einen kollektiven Care-Schatz finanziert wird (wie im Beispiel von home Care) und trotzdem ein Profit entsteht, hat die Akkumulationsstrategie Ähnlichkeiten mit der von David Harvey (2003: 157) identifizierten Akkumulation durch Enteignung öffentlichen Eigentums,[26] in deren Folge sich die Grenzen der Kommerzialisierung und Kommodifizierung in der Gesellschaft verschieben (vgl. Harvey 2007: 206). Die Akkumulation durch die Aneignung eines kollektiven Care-Schatzes seitens privater profitorientierter Care-Unternehmen unterscheidet sich allerdings von der Akkumulation durch Enteignung, so wie Harvey sie konzipiert, in einem

26 Findet Akkumulation in warenförmigen Care-Ökonomien statt, die zwar privatwirtschaftlich organisiert, aber weitestgehend öffentlich finanziert sind, dann vollzieht sich eine Umverteilung öffentlicher Gelder, die im Rahmen eines sozialen Kompromisses für die Versorgung, Fürsorge oder Betreuung abhängiger Personen bestimmt wurden, in die private Hand. Letzere organisiert im Gegenzug die Care-Arbeit, die nötig ist, um den jeweiligen gesellschaftlichen Care-Kompromiss zu realisieren. Allerdings bleibt der Staat hier der Garant der ökonomischen Basis der Nachfrage und der Finanzier der Care-Arbeit, und dies ist eine zentrale Voraussetzung der privaten Akkumulation in der Care-Ökonomie. Die Privatisierung der Organisation, Durchführung und der Gewinn- und Verlustmöglichkeiten des Care-Arbeitsprozesses unter den gegebenen ökonomischen Beschränkungen und Möglichkeiten (die sich in der Regel nach den staatlichen Erstattungssätzen richten) ändert nichts daran, dass die Care-Verantwortung weiterhin öffentlicher Auftrag bleibt.

wesentlichen Punkt: Akkumulation findet hier auf Basis einer Umverteilung eines kollektiven Care-Schatzes in die private Hand statt, die jedoch nicht nur punktuell ist, sondern kontinuierlich verläuft, solange die Care-Verantwortung öffentliche – und daher auch öffentlich finanzierte – Angelegenheit bleibt. Da dies eine Form der Enteignung kollektiver Mittel ist, trifft die Bezeichnung einer *kontinuierlichen Akkumulation durch Enteignung bzw. Umverteilung von öffentlicher in private Hand* hier am ehesten zu.

Auch wenn Einzelkapitale in der Care-Ökonomie einen Profit machen oder „Cash for Care" indirekt zur Profitproduktion beiträgt, bleibt die profitable Care-Ökonomie aus der Perspektive des *Gesamtkapitals* jedoch eine Art „parasitäre Ökonomie" (vgl. zum Begriff Mutari/Figart 2003:77), die sich allein dadurch halten und existieren kann, dass Transferleistungen von anderen, sich selbst erhaltenden Industrien gewährleistet werden. Staatliche Transferleistungen und Subventionen, welche die Care-Ökonomie stützen, reduzieren die produzierten Mehrwertmassen und können daher keinesfalls die treibenden Kräfte des kapitalistischen Wachstums sein (vgl. Rose 1977: 38) – wohl aber die von sozialer Reproduktion und gesellschaftlicher und menschlicher Entwicklung.

7.3.4 Tendenz und Gegentendenz: Ausweitung unproduktiver Arbeit vs. Freisetzung neuer Arbeitskräfte

Die „unproduktive" Care-Lohnarbeit erscheint, sofern wir die soziale Reproduktion in Gänze einbeziehen, keineswegs als neu entstehende Arbeit. Der Anteil an warenförmiger Care-Arbeit, dessen Zunahme auf der Transformation von Genderregimen und einem Formwechsel von privater Care-Arbeit beruht, setzt zuvor in der Hausfrauenarbeit gebundene Arbeitskräfte frei, die aus der Perspektive des Gesamtkapitals potenziell produktive Arbeitskräfte sind. Was Kalmring bezüglich sogenannter Zirkulationsarbeiten feststellt, trifft hier ähnlich auf bezahlte Care-Arbeiten zu: Durch ihre Verausgabung wachsen die aggregierten Wertgrößen nicht, gleichwohl sind „Zirkulationsarbeiten [und bezahlte Care-Arbeiten, S.C.] nicht nur unproduktiv, sie können auch indirekt produktiv sein, wenn durch ihre Ausweitung und ggf. Effektivierung Ressourcen freigesetzt werden, die dann produktiv verwendet werden können" (Kalmring 2003: 99; vgl. auch MEW 25: 293).

Moderne Kapitalismen tendieren zu einer relativen Ausweitung unproduktiver Arbeiten im Verhältnis zur produktiven Arbeit, und dieses Verhältnis in einem ungefähren Gleichgewicht zu halten, ist eine ihrer zentralen Stabilitätsbedingungen (vgl. Moseley 1997). Somit ist auch die Frage nach dem Gesamteffekt der Kommodifizierung von Care auf die Entwicklung der allgemeinen Profitrate eine

Frage nach dem *Verhältnis* der Ausweitung unproduktiver Care-Lohnarbeiten auf der einen Seite und der hierdurch frei werdenden, in der Regel weiblichen Arbeitskraft und ihrer Verwertung auf der anderen Seite. Dieses Verhältnis wird entscheidend durch Arbeitsmarkt-, Familien- und Sozialpolitik gestaltet. Eine arbeitsmarktzentrierte Familien- und Sozialpolitik, in der insbesondere gut qualifizierte Frauen dazu ermuntert werden, Beruf und Familie zu verbinden, und die nahelegt, dass diese Frauen einen Teil „ihrer" Care-Arbeit von gering qualifizierten und unterdurchschnittlich bezahlten Frauen machen lassen, oder diese Care-Arbeit in Care-Institutionen effizienter organisiert wird, ist aus dieser Perspektive eine Reichtum vermehrende Vereinbarkeitspolitik und kann Tendenzen einer sinkenden Profitrate unter Umständen abfedern oder kompensieren. Werden zuvor im Haushalt privat organisierte Betreuungs- und Pflegearbeiten aus der Haushaltsproduktion ausgelagert und marktförmig effizienter organisiert und die so frei werdenden Arbeitskräfte in der produktiven Ökonomie eingesetzt, kann die Profitrate wachsen bzw. weniger stark fallen. Alternativ könnten allerdings auch die Löhne für Care-Arbeiter_innen steigen.[27]

7.3.5 Kohärente Transformation von Abteilung I und II und ökonomische Wachstumszyklen auf Basis von kommodifiziertem Care

Seitens einiger Marxist_innen (aber auch von nicht-marxistischen politischen Ökonom_innen, prominent hierunter Thomas Malthus) wird eine Tendenz zur Unterkonsumtion im Kapitalismus angenommen (vgl. Luxemburg 1913: 413f.; für einen Überblick Sablowski 2003). Im Verlauf der Entwicklung und Weiterentwicklung des Marxismus wurde diese These der Tendenz zur Unterkonsumtion immer wieder debattiert und als harte Aussage angezweifelt (vgl. z.B. Luxemburg 1966 vs. Bucharin 1970). Unterkonsumtion ist die andere Perspektive auf die

27 Gesetzt, fünf Frauen gehen erstmals einer Erwerbsarbeit im produktiven Sektor nach und stellen eine_n unproduktive_n Care-Arbeiter_in für die Betreuung ihrer fünf Kinder an, zahlen jeweils 15 % ihres Lohns an diese_n und verdienen alle gleich, dann haben alle das gleiche Einkommen und aus der Perspektive des Gesamtkapitals ist aus sechs unproduktiven Arbeiter_innen eine geworden (vgl. Schettkat 2010: 35). „[N]immt man noch an, dass die Gehälter der erwerbstätigen Mütter mit der gesamtwirtschaftlichen Produktivität steigen, so kann auch das Gehalt der Erzieherin im gleichen Masse wachsen. Es gibt keinen Grund, dass die Dienstleistung 'Kindererziehung' 'unbezahlbar' wird, weil die Einkommen steigen" (ebd.) – sofern der Produktivitätszuwachs zu einem ausreichenden Anteil in Löhne und deren Care-Bestandteile fließt.

bereits erwähnte Überproduktion: „Die die Produktionsmittel erzeugenden Zweige, mögen sie an sich so groß sein, erscheinen als Vorstufen der Produktion von Konsumtionsmitteln [...]. Der Anteil der Produktionsmittel zeigt in Bezug auf den Wert eine relative Zunahme. Was bedeutet das? Es bedeutet, dass – in Produkten ausgedrückt – auch eine ungeheure Vermehrung der Konsumtionsmittel erfolgt. Je höher die organische Zusammensetzung des Kapitals und die Produktivität der gesellschaftlichen Arbeit, desto größer ist auch die Masse der Konsumtionsprodukte, die auf den Markt geworfen wird" (Bucharin 1970: 48f.). Sofern diese Konsumtionsprodukte keinen Absatz finden, verwertet sich produzierter Wert nicht, wird kein Mehrwert geschaffen, sondern Kapital vernichtet und eine ökonomische Krisentendenz stellt sich ein. Daher formulieren die Regulationstheoretiker_innen als eine Stabilitätsbedingung für die kapitalistische Akkumulation die kohärente Transformation der beiden Abteilungen I und II der Produktion (vgl. Lipietz 1985: 119), und diese Kohärenz hängt davon ab, was unter welchen Bedingungen produziert wird und inwiefern die Reproduktionsweise der Lohnabhängigen die entsprechende Nachfrageentwicklung erlaubt – oder nicht erlaubt (Aglitta 1979: 67).

Anders als im Fordismus ist der Zusammenhang von Produktivitätsgewinnen und Beschäftigung im Postfordismus in den meisten Ländern des globalen Nordens regressiv (vgl. Schettkat 2010: 27/Abb. 6), d.h., Produktivitätsgewinne im industriellen Sektor führen in diesem eher zu rückläufiger Beschäftigung, auch weil die Steigerung der Arbeitsproduktivität nicht – wie noch im Fordismus – durch eine wachsende Nachfrage überkompensiert wird, da Löhne rückläufig und Märkte tendenziell gesättigt sind (vgl. Schettkat 2010: 27; Appelbaum/Schettkat 1999). Die freigesetzten Arbeitskräfte können in post-industriellen Dienstleistungsökonomien im Dienstleistungssektor Beschäftigung finden, sofern hier eine ausreichende Nachfrage nach entsprechenden Leistungen vorhanden ist, was in der Regel dann der Fall ist, wenn die weibliche Erwerbstätigkeit hoch ist und der Sektor entweder staatlich organisiert oder stark subventioniert ist (wie z.B. in Schweden) bzw. die Löhne und Preise der Leistungen entsprechend niedrig sind, so dass eine ausreichend hohe Massennachfrage nach diesen Dienstleistungen gewährleistet ist (wie in den USA) (vgl. Esping-Andersen 1999). Insbesondere in der vornehmlich marktförmigen „Lösung" des post-industriellen Beschäftigungsproblems können – anders als im Modell der hochproduktiven, -industriellen Massenproduktion à la Ford – die Produzent_innen von warenförmigen Care-Dienstleistungen in der Regel mit ihren niedrigen Löhnen nicht aus eigener Kraft zu einer Massenbasis der Nachfrage nach den von ihnen produzierten „Care-Produkten" werden. Länger andauernde, sich selbst verstärkende Wachstumszyklen wie im Fordismus, in denen ein wachsendes Produktionsvolumen einem wachsenden Konsumvolumen gegenübersteht und sowohl Reallöhne als auch Profite kontinuierlich steigen können, sind in Volkswirtschaften mit einem hohen Anteil an zeitintensiven und unproduktiven Care-Dienstleistungen nicht im selben Maße denkbar. Produktivitätszuwächse in der Ökonomie können zwar – sofern die Verteilungsrelationen dies erlauben – zu einem höheren Pro-Kopf-Einkommen, einer wachsenden Nachfragebasis nach unproduktiven Care-Dienstleistungen und einer wachsenden Beschäftigung in diesen Zweigen führen. Langfristig gesehen führt dies aus der Perspektive des *ökonomischen* Wachstums allerdings zu einer „stationären" Ökonomie (Schettkat 2010: 28), d.h. im zeitintensiven, unproduktiven Care-Dienstleistungssektor stößt das ökonomische Wachstum einer Ökonomie, in der „Zeit Geld ist", an eine Grenze.

So ist zwar richtig, was in den aktuell gängigen ökonomischen Theorien zum Wachstum des Dienstleistungssektors (vgl. zum Überblick Schettkat 2010) angenommen wird, dass nämlich tendenziell „mit wachsendem Einkommen die Nachfrage nach Dienstleistungen zunimmt" oder zumindest zunehmen kann (vgl. Bosch 2005: 87). Allerdings gilt dies nur dann, wenn das ungefähre Gleichgewicht zwischen dem Wachstum der produktiven Ökonomie und dem der unproduktiven marktförmigen Dienstleistungen aufrechterhalten werden kann. Hier zeigt sich eine Widersprüchlichkeit, die durch gesellschaftliche Regulationsprozesse innerhalb postfordistischer Gesellschaftsformationen in ein immer auch prekäres Gleichgewicht gebracht werden muss, damit sich Produktions-, Konsumtions- und Reproduktionsweise einigermaßen kohärent zueinander entwickeln und die soziale Reproduktion inklusive der Reproduktion des Kapitals gewährleistet werden kann. Dieses Gleichgewicht ist prekär, da es sich hier um einen strukturellen Widerspruch handelt. Es zu halten erfordert einen Werttransfer von produktiven Wirtschaftszweigen, in denen die Arbeitsproduktivität wächst, zu unproduktiven Wirtschaftszweigen, in denen sie nicht oder nicht gleichermaßen schnell wächst (vgl. Himmelweit 2005). Das gängige Argument in der volkswirtschaftlichen Dienstleistungsdiskussion – dass diese für Volkswirtschaften zu teuer würden, wenn die Arbeitsproduktivität insgesamt wächst – stellt sich also als falsch heraus (Schettkat 2010: 33), allerdings erfordert ein konstantes oder wachsendes Angebot von *zeitintensiven und unproduktiven* Care-Dienstleistungen eine politische Regulation der Verteilungsrelationen des gesamtgesellschaftlich produzierten Wertes zugunsten der Angebots- und/oder der Nachfrageseite, der Löhne oder Preise in diesem Care-Sektor der Ökonomie.

Sofern es im Kapitalismus für alle Geschlechter mit einer privatisierten sozialen Reproduktion eine Reihe an Care-Dienstleistungen gibt, die für die individuelle

Reproduktion zentral oder gar existenziell sind, entsteht ein individuelles, gesellschaftliches und unter Umständen auch ökonomisches Problem, wenn wenig verdiendende (Care-)Arbeiter_innen im größeren Stil zu Nachfrager_innen nach warenförmigen Care-Dienstleistungen werden (z.B. im Falle von Krankheit, Alter, Ausbildungs- und Betreuungsverantwortung) und dabei nicht ausreichend ökonomisch unterstützt werden. Care-Ketten, die auf Basis ungleicher Reproduktionsbedingungen der jeweiligen bezahlten Care-giver funktionieren, können dieses Problem temporär kanalisieren und „verlagern" – hin zu jeweils ökonomisch schlechter gestellten Arbeiter_innen, v.a. Frauen –, aber nicht beheben. In einer kapitalistischen Gesellschaftsformation, in der alle Geschlechter einer Erwerbsarbeit nachgehen und die soziale Reproduktion stark privatisiert ist, existiert daher eine Tendenz zur Krise – sowohl in der Care-Ökonomie als auch in der Ökonomie insgesamt. Die Kommodifizierung von Care kann eine Tendenz zur Unterkonsumtion im konsumgüterproduzierenden Sektor der Ökonomie verstärken, z.B. wenn ein signifikanter (und relativ wachsender) Anteil des individuellen Einkommens, der Ersparnisse und gegebenenfalls auch Kredite für den Kauf von Gesundheits-, Pflege- oder Bildungsdienstleistungen verwendet werden und diese unproduktiven Beschäftigungszweige wachsen (oder Löhne hier steigen), ohne dass es eine hiermit kohärente positive Entwicklung in den produktiven Beschäftigungszweigen und eine entsprechende, ein Gleichgewicht herstellende Umverteilung des produzierten Wertes von produktiven zu unproduktiven Bestandteilen der gesellschaftlichen (Re-)Produktion im umfassenden Sinne gibt.

Die jüngste ökonomische Krise in der Weltwirtschaft könnte ausgehend von den Entwicklungen im US-Kapitalismus mit seiner neoliberalen und *workfare*-orientierten Arbeitsmarkt-, Sozial- und Bildungspolitik und seinem rudimentären öffentlichen Gesundheitssystem (vgl. Grell/Sambale/Eick 2002; Esping-Andersen 1999) im Anschluss an Young (2010) als eine Unterkonsumtionskrise (re-)interpretiert werden, die auch mit der Kommodifizierung von Care und Care-Arbeit zusammenhängt: Auf Kredit gekaufte Häuser garantieren in den USA als einer *home owner society* auch für die niedrigeren Einkommensschichten – wenn alles gut läuft, d.h. die Immobilienpreise steigen – ein ausreichend hohes Konsumniveau, die Altersversicherung, die Ausbildung der Kinder oder eine Gesundheitsversorgung im Krankheitsfall – auch wenn diese vergleichsweise teuer ist und durch die Löhne (vor allem die im Niedriglohnbereich der personennahen Dienstleistungen) allein nicht gewährleistet wäre. Im Bedarfsfall können die Häuser dann „Cash" abwerfen, indem sie verkauft oder mit Hypotheken belastet werden (vgl. Young 2010: 267). Eine angesichts der Lohnentwicklung vergleichsweise hohe Konsumnorm, zu der u.a. auch marktförmige Care-, Gesundheits- und

Bildungsdienstleistungen gehören, kann so über einen längeren Zeitraum hinweg aufrechterhalten werden. Das Modell kommt dann in eine Krise, wenn Immobilienpreise nicht mehr steigen, weil der Markt gesättigt ist, Kredite im größeren Ausmaß nicht mehr getilgt und/oder Hypotheken nicht mehr abbezahlt werden können. Das Modell der verschuldeten Hausbesitzer_innen wird dann in seiner Krise zu einer Gesellschaft der zahlungsunfähigen Schuldner_innen – darunter in der aktuellen Krise überproportional viele *women of color* (vgl. ebd.: 272).

Was sich dann als Krise der großen US-Immobilienbanken auf den Finanzmärkten manifestiert, ist so betrachtet das Aufbrechen einer widersprüchlichen Entwicklung in der US-amerikanischen Produktions- *und* Reproduktionsweise. Sinkende Löhne und steigende Lebenshaltungskosten in den USA begünstigen hier eine Tendenz zur Unterkonsumtion – sowohl der für die individuelle Reproduktion wichtigen bis existenziellen, relativ teuren Care-, Gesundheits- und Bildungsdienstleistungen als auch der warenförmigen Konsumgüter. Das staatlich gestützte Gesellschaftsmodell der Hausbesitzer_innen in einer Dienstleistungsökonomie mit einem hohen Anteil an Niedriglohnjobs (im Care-Bereich), in dem die Verallgemeinerung von Hausbesitz und die Vergabe von Risikokrediten und Hypotheken über einen längeren Zeitraum hinweg „günstig" zusammenwirken und einen Teufelskreis bilden – Immobilienpreise steigen, Kredite bilden Kapital und werfen Zinsen ab, Häuser werden gewinnbringend verkauft etc. –, kanalisiert diese Tendenz über einen gewissen Zeitraum hinweg, aber nur bis zu einem kritischen Punkt. Die dann krisenhafte ökonomische Entwicklung ist (auch) ein Zeichen dafür, dass dort, wo es um existenzielle Abhängigkeiten und um „Bereiche wie Wohlfahrt, Bildung und Gesundheit" geht, über kurz oder lang eine „Schranke einer ungehemmten Kapitalverwertung" erreicht wird (Kalmring 2003: 92; Smith 1992: 287f.).

Akkumulation, die auf einer intensiven Ausdehnung[28] des Wertgesetzes auf Bereiche der sozialen Reproduktion basiert, die sich nicht ohne Weiteres nach einem „Schneller-besser-weiter-mehr-und-billiger-Imperativ" re-organisieren lassen, stößt früher oder später nicht nur an ihre ökonomischen, sondern auch an ihre menschlichen und gesellschaftlichen Grenzen. Aus der Perspektive der sozialen Reproduktion artikulieren sich diese Prozesse als individuelle und gesellschaftliche Krisen, die durch einen Mangel an Zeit und Anerkennung für Care-Arbeit und einen mangelnden Zugang zu Versorgung, Betreuung und Fürsorge in Lebenslagen, in denen dies gebraucht wird, entstehen.

---

28 Akkumulation kann ebenso auf extensiver und geografischer Ausdehnung basieren (vgl. Luxemburg; vgl. Glassmann 2006: 622: vgl. Katz 2001).

7.3.6 Care-Seiten der politischen Ökonomie des Postfordismus: der „care squeeze[29]"

> „Maßnahmen einer Care-Revolution, die für eine ökonomisch hoch entwickelte demokratische Gesellschaft als selbstverständlich gelten müssten, werden sich nicht leicht durchsetzten lassen, da sie kostenintensiv sind und Profitraten beeinträchtigen" (Winker 2010: 342).

Die *relative* Verteuerung bzw. Wertsteigerung für Care angesichts der ökonomischen und gesellschaftlichen Transformation auf dem Weg zum Postfordismus auf der einen Seite und die weiterhin gültige ökonomische Rationalität innerhalb eines kapitalistisch dominierten Wirtschaftssystems, für das zeitintensive Care-Arbeiten nichts „wert" sind und möglichst schnell und kostengünstig erledigt werden sollten auf der anderen Seite, führen zu einem *care squeeze* in der sozialen Reproduktion. Verschiedenste Untersuchungen zur Entwicklung der sozialen Reproduktion und der Care-Ökonomien in den Ländern des globalen Südens wie auch des Nordens (Ravazi 2009; Bakker/Gill 2003, 2008; WIDE 2009) zeigen diesen *care squeeze* in seinen unterschiedlichen Facetten: eine Reduktion der unbezahlten Lebenszeit, die für Care zur Verfügung steht, weil v.a. immer mehr Frauen einen größeren Anteil ihrer Zeit in die bezahlte Arbeit investieren (müssen); einen Abbau der öffentlichen Care-Versorgungsstruktur und der gesellschaftlich bereitgestellten und organisierten „Care-Zeit" angesichts von sinkenden öffentlichen Ausgaben für die soziale Reproduktion, die eine Konsequenz des politisch hervorgerufenen *fiscal squeeze* ist; schließlich eine Verminderung der Care-Qualität innerhalb des privatwirtschaftlichen Care-Sektors, die Ergebnis eines Kostendrucks in diesem Sektor aufgrund der gewachsenen Konkurrenz ist und in deren Zuge Care-Arbeit immer mehr auf ihre instrumentellen Tätigkeiten reduziert und das Care-Element tendenziell aus dem Arbeitsprozesses herausgedrängt wird (vgl. Grown/Elson/Cagatay 2000: 1147; Novak 2011; Kumbruck 2009). Dieser *care squeeze* spiegelt sich wider in der Veränderung von Räumen, Orten und Institutionen, in denen Care zentral ist – z.B. auf Spielplätzen, in Kindergärten, Schulen, Pflegeheimen (vgl. Katz 2001) –, und er lässt sich daran ablesen, dass immer weniger Menschen dazu bereit oder in der Lage sind (sofern sie Alternativen haben), unter den heute vorherrschenden Bedingungen schlecht bezahlte oder unbezahlte Care-Arbeit zu leisten.

Rückgreifend auf das Konzept des gesamtgesellschaftlich produzierten Care-Kapitals (Lynch et al. 2009) und den Analysestandpunkt der Reproduktion

29 Grown/Elson/Cagatay 2000: 1147

einnehmend, stellt sich mir die Frage, ob die Kommodifizierung von Care und Care-Arbeit im Postfordismus nicht die Bedingungen demontiert, die geschaffen und erhalten werden müssen, damit die „Produktionsbasis" des gesellschaftlichen Care-Kapitals erhalten bleibt: handlungsfähige Menschen, die in der Lage und bereit dazu sind, für andere Menschen, die abhängig sind, zu sorgen, wenn diese es brauchen, und deren eigene Reproduktion und gesellschaftliche Anerkennung trotzdem gewährleistet ist. Langfristig gesehen wird eine Reduktion des gesellschaftlichen Care-Kapitals und ein Herausdrängen des Care-Elements aus den zwischenmenschlichen Interaktionsformen unter Zeit- und Kostendruck die Zunahme von individuellen, sozialen und auch volkswirtschaftlichen Folgekosten eines gesellschaftlichen Care-Mangels nach sich ziehen.

Angesichts der Kommodifizierung von Care und Care-Arbeit und der Zeitknappheit bei Care innerhalb des Modus der sozialen Reproduktion wird die Allokation von Care tendenziell dorthin geleitet, wo Geld vorhanden ist und/oder Care-Arbeitskraft besonders billig ist. Dies ist ein Mechanismus, der selbstredend in dieser Form existierende Ungleichheiten verstärkt (vgl. Nelson 2007). Eine derartige Verschiebung im gesellschaftlichen Umgang mit Menschen in abhängigen Lebenslagen impliziert nicht nur die Emergenz neuer Formen der Lohnarbeit und Veränderungen in der Ökonomie. Darin eingeschlossen sind auch und gerade Veränderungen in den menschlichen Beziehungs- *und* Lebensweisen, dem Verhältnis zu uns selbst (vgl. Madörin 2006), unserem Altern, Sterben und Kranksein (unter Zeit- und Kostendruck) und dem Verhältnis von uns zu unseren – abhängigen – Mitmenschen.

Wünschenswert wäre, wenn in den aktuellen Debatten über einen sozial-ökologischen und ökonomischen Wandel des westlichen Wirtschafts- und Gesellschaftssystems Care-Fragen gleichberechtigt mit debattiert würden, z.B. hinsichtlich dessen, wie qualitativ und quantitativ *für alle* – unabhängig von Geschlecht, Einkommen, ethnischer Zugehörigkeit und Lebensform – ausreichendes gesellschaftliches Care-Kapital produziert werden könnte; wie die Produktion des Care-Kapitals für alle organisiert werden könnte, ohne hierfür soziale Ungleichheitskategorien, exkludierende Staatsbürger_innenrechte oder sozialpolitischen Arbeitszwang einspannen zu müssen; oder ob ein Teil der politischen Krise auch darin begründet liegt, dass von der Care-Krise bislang erstaunlich wenig die Rede ist – obwohl sie auf der individuellen und Haushaltsebene längst für viele Realität geworden ist (vgl. Bezanzon 2006; WIDE 2009; Folbre 1994).

Zusammenfassung und Ausblick: Die Care-Ökonomie als Bestandteil einer integralen Ökonomie(-theorie)

> „In einer Zeit, in der auf die politische Gemeinschaft gleichzeitig mehr konkrete, unabweisbare Fürsorgetätigkeiten zukommen und Frauen gleichzeitig ihr selbstverständliches Recht auf Teilhabe am Erwerbsarbeitsmarkt wahrnehmen, [...] könnte die Anerkennung der pluralen fürsorglichen Praxis zum Fokus von politischen Energien für eine sozial nachhaltige Gestaltung der Dienstleistungsgesellschaft werden" (Senghaas-Knobloch 2008: 193).

Ökonomische und gesellschaftliche Entwicklungen haben stets eine Care-Seite – auch wenn diese in den Wirtschafts- und Gesellschaftswissenschaften mit ihrem androzentrischen und produktivistischen Blick selten gesehen wird. Übergeordnetes Ziel der vorliegenden Arbeit war, einen theoretischen Rahmen einer politischen Ökonomie von Care zu erarbeiten (Kap. 1–3). Mit diesem theoretischen Rahmen wurde aufgezeigt, dass die Care-Seite des Postfordismus gesellschaftlich *und* ökonomisch überaus relevant ist. Im weiteren Verlauf wurde die Relevanz von Care wie folgt konkretisiert:

Die Gewährleistung von Care ist sowohl für das menschliche Wohlbefinden als auch für die gesellschaftliche Kohärenz eine zentrale Voraussetzung. Care ist überdies die „andere Seite" der politischen Ökonomie. Widersprüche und Grenzen des kapitalistischen Wirtschaftssystems tauchen unter Anderem dort auf, wo es um „Care-Fragen" geht, d.h. um Fragen danach, wie innerhalb des kapitalistischen Systems Menschen angemessen versorgt, betreut, umsorgt und gepflegt werden können, wer hierfür zuständig ist (oder gemacht wird) und wer die Kosten hierfür zu tragen hat (vgl. Folbre 1994).

Wie die theoretische Analyse (Kap. 1–3 und 7) und das Konkretum USA/New York City (Kap. 4- 6) zeigen, hat die Art und Weise, wie Fragen der Care-Versorgung gesellschaftlich beantwortet werden, einen Einfluss auf die Gestalt und Gestaltung historisch verschiedener Modelle des (kapitalistisch dominierten) Wirtschaftens (Kap. 2). Care-Fragen haben demnach nicht ausschließlich gesellschaftliche oder geschlechterpolitische Relevanz, sondern die historisch unterschiedlichen Antworten, die Gesellschaften auf sie geben, gestalten die ökonomischen Verhältnisse mit und prägen die jeweilige Verfasstheit – Stabilität oder Krisenhaftigkeit – eines sozio-ökonomischen Systems (Kap. 7). Da Care-Fragen bislang immer (auch) Fragen von Geschlechterverhältnissen waren und (auch) in diesem Rahmen gesellschaftlich verhandelt wurden, zeigt sich insofern eine zentrale ökonomische Relevanz von Geschlechterverhältnissen, die in ihrer historischen Form und Verschiedenheit das „Gesicht" des Kapitalismus aktiv mitgestalten, die integral in die Ökonomie eingebettet sind und deren konkrete

Gestalt und Gestaltung sich auf die Stabilität des ökonomischen und gesellschaftlichen Systems auswirkt. Allerdings stehen Geschlechterverhältnisse nie für sich alleine, sondern sind stets in Artikulationsverhältnisse mit einer ganzen Reihe weiterer sozialer Verhältnisse verstrickt – darunter Klassenverhältnisse, *race relations*, Generationenverhältnisse und die Formen von Staatsbürger_innenschaft, Wohlfahrt und Migration. Diese Verhältnisse gestalten in ihrer gemeinsamen Artikulation historisch spezifische Weisen der Care-Organisation. Vielfach „überdeterminierte" Geschlechterverhältnisse und durch sie strukturierte Organisationsformen von Care können ökonomische Verhältnisse stabilisieren; von ihnen können aber auch ökonomische Krisentendenzen ausgehen.

Eine Care-Seite der politischen Ökonomie des Postfordismus ist die Kommodifizierung von Care. Warenförmige Care-Dienstleistungen avancieren in vielen postfordistischen Dienstleistungsgesellschaften zu einer zentralen Quelle von Lohnarbeit *und* Care. Diese strukturelle Transformation im Modus der sozialen Reproduktion und der Produktion wird in sozialen Auseinandersetzungen und Aushandlungen zwischen verschiedenen sozialen Akteur_innen innerhalb verschiedener Verhältnisse „gemacht" – darunter Klassen- und Geschlechterverhältnisse, *race relations* sowie Konzepte von Staatsbürger_innenschaft und Migration.

Michael Hardt und Antonio Negri (2004: 126) meinen angesichts dieser Zunahme sogenannter „affektiver Arbeiten" in der postmodernen Welt ein Ende der Differenz zwischen Produktion und Reproduktion erkennen zu können. Die Zunahme von bezahlten Arbeitsverhältnissen in einer privatwirtschaftlich organisierten Care-Ökonomie kann zwar vielleicht auf den ersten Blick auf ein solches Ende der Differenz hindeuten. Eine feministisch informierte Kritik der politischen Ökonomie, welche die Besonderheiten von Care kennt und die den Standpunkt der Reproduktion einnimmt, kann demgegenüber aufzeigen, dass die Grenze des Kapitalismus weiterhin dort liegt, wo es um Care geht. Der Widerspruch zwischen Care und kapitalistischer Produktionsweise wird im Postfordismus vielmehr auf unterschiedliche Weisen reguliert und kanalisiert. Von einer Auflösung des Widerspruchs zwischen Care und kapitalistischer Produktionsweise kann aber nicht die Rede sein, da es sich hier um einen strukturellen Widerspruch handelt.

Unter Rückgriff auf die Formanalyse (Kap. 3) und die Untersuchung der ökonomischen Einbettung der drei konkreten Formen domestic Work, home-based Child Care und home Care (Kap. 6) konnte geklärt werden, dass auch Care in Warenform nichts daran ändert, dass ein Bestandteil der gesellschaftlichen Arbeit aus der Perspektive des sozialen Gesamtkapitals als weitestgehend unproduktive

Care-Arbeit verausgabt werden muss. Aus der Perspektive des Einzelkapitals ist diese unproduktive Care-Arbeit nicht relevant. Unter Umständen ist ihre Existenz sogar von ökonomischem Nachteil für die Einzelkapitalien, sofern ihre Finanzierung die individuellen Profite mindert (z.B. durch einen Care-Bestandteil in den Löhnen oder steuerliche Abgaben für Care).

Ob als Care-Bestandteil in den Löhnen von Care-Verantwortlichen oder als Care-Schatz, der individuell (z.B. als private Pflegeversicherung) oder kollektiv (z.B. als öffentliche Pflegeversicherung) von den Löhne angespart wird, in jedem Fall setzt die Existenz des Geldes für den Kauf von warenförmigem Care voraus, dass Arbeitskraft verausgabt wurde, die in der Zeit ihrer Arbeitskraftveräußerung von eigener Care-Verantwortung freigestellt ist (oder die ihre Arbeitskraftveräußerung mit ihrer Care-Verantwortung verbinden kann). Dieser Anteil der gesellschaftlichen Arbeitskraft produziert ein „Care-Mehrprodukt", welches nicht in die Akkumulation von Kapital, nicht in die Erneuerung von Produktionsmitteln, nicht in die Bezahlung von „produktiven" Lohnabhängigen und nicht in andere Bereiche der Produktion und/oder der sozialen Reproduktion fließt, sondern für die Bezahlung von Care-Arbeiter_innen verwendet wird.

In kapitalistischen Gesellschaftsformationen mit einer privatisierten und kommodifizierten sozialen Reproduktion und Lohnarbeit für alle Geschlechter muss in der Regulationsweise ein immer auch prekäres Gleichgewicht zwischen vier Größen hergestellt und gehalten werden, um die menschliche Care-Sicherheit zu gewährleisten: *erstens* dem expansiven Streben einer Produktionsweise, für die Kosten und Arbeitszeit für Care eine Grenze des Wachstums darstellen; *zweitens* zwischen den Interessen von Care-Konsument_innen, für die Ausgaben von Care eine Belastung des individuellen Haushaltseinkommens darstellen; *drittens* den Bedingungen für eine stabile soziale Reproduktion, die ohne Zeit für Care und Mindeststandards an Care-Qualität nicht funktionieren kann, und *viertens* den Löhnen von Care-Arbeiter_innen, die nicht unter einen (historisch variablen) kritischen Punkt fallen dürfen, wenn deren Reproduktion gewährleistet, d.h. ein ausreichendes Angebot an Arbeitskräften und ein ausreichend hoher Konsum auch in diesem Bereich vorhanden sein soll.

Wie diese verschiedenen Faktoren und Dynamiken in der Emergenz und Ausweitung von warenförmiger Care-Arbeit wirkungsmächtig sind und wie darin verschiedene soziale Akteur_innen handeln, Veränderungen bewirken und im wechselseitigen Handeln Formen von warenförmigem Care konstituieren und verändern, zeigt konkret das Beispiel der globalen Stadt New York. Die Stadt New York bietet ideale – nahezu laborähnliche – Bedingungen zur Untersuchung der Kommodifizierung und Durchkapitalisierung von Care: eine hohe weibliche Erwerbstätigkeit, einen rudimentären Sozialstaat, der sich vor allem auf Cash-Transfers und Arbeitszwang spezialisiert, eine starke Lohnspreizung und eine Vielzahl verletzlicher, migrantischer Arbeitskräfte, die häufig keinen legalen Aufenthaltsstatus haben. Letztere sind von Arbeits-, Sozial- und Staatsbürger_innenrechten weitestgehend ausgeschlossen, auf Lohneinkünfte (um fast jeden „Preis") angewiesen und haben es daher besonders schwer, sich kollektiv zu organisieren oder ihren Job zu wechseln, wenn Arbeitsbedingungen und Lohnhöhen „nicht stimmen". Es zeigte sich, dass v.a. historisch wechselnde Gruppen von marginalisierten Frauen in den USA die schlecht bezahlte Care-Arbeit taten und tun.

Ergebnis ist, dass staatliche Subventionen, ein kollektiver Care-Schatz, Arbeitszwang, Care-Enteignungsprozesse und Diskriminierungen von undokumentierten Arbeitskräften oder Arbeitskräften *of color* auf dem New Yorker Arbeitsmarkt zentrale sozio-ökonomische Faktoren waren, die bewirkten, dass die warenförmige Care-Ökonomie dort in einem hohen Maße wachsen konnte. Selbst im „Postfordismus-Labor" New York City existiert also kaum eine tatsächlich „nur" privatwirtschaftlich organisierte und privat finanzierte Care-Ökonomie.

Auch der staatliche nicht oder kaum regulierte Kapitalismus, in dem Produktionsverhältnisse weitestgehend „sich selbst überlassen" und politisch wenig gesteuert werden und in dem sich „entfesselte Märkte" in „Satansmühlen" verwandeln (Polany zit. n. Dullien et al. 2009: 16), die das gesellschaftliche Geschehen „regieren", stößt bei Care an eine Grenze – die er aus sich selbst heraus nicht zu überwinden vermag. Mit der Kommodifizierung von Care wird der strukturelle und grundsätzliche Widerspruch im Kapitalismus zwischen Produktion und sozialer Reproduktion, der in der bisherigen Geschichte v.a. im vergeschlechtlichten „Äußeren" der Geld- und Warenökonomie kanalisiert wurde, nunmehr auch innerhalb der Geld- und Warenökonomie deutlich sichtbar.

Da es sich hier um strukturell begründete Widersprüche handelt, war davon auszugehen, dass an ihnen gesellschaftliche Konflikte und Spannungen entstehen müssen. Tatsächlich war die warenförmige Care-Ökonomie von New York City im Herbst 2010 im Hinblick auf soziale Kämpfe und Organisierungsversuche von Care-Arbeiter_innen stark in Bewegung, und auch zuvor hatten immer wieder Kämpfe und Aushandlungen um die konkrete Gestaltung der Formen von Care stattgefunden. *Domestic Worker* stritten für eine *Bill of Rights*, *Home-based-Child-Care-Arbeiter_innen* gingen gemeinsam mit Eltern und ihrer neuen Gewerkschaft UFT auf die Straße, und die Dienstleistungsgewerkschaft SEIU war gerade dabei, eine größere Kampagne ins Leben zu rufen, um auf die Krise in der Altenpflege, die weiterhin miserablen Arbeitsbedingungen von *home Care Workern* und die zweifelhaften Praktiken profitorientierter Home-Care-Agenturen aufmerksam zu machen.

Die Rekonstruktion der historischen Emergenz und Entwicklung dieser drei Formen ergab, dass es in der US-Gesellschaft stets marginalisierte Frauen waren und sind, die einen wesentlichen Anteil dieser Niedriglohn-Care-Arbeit verrichteten und verrichten. Allerdings veränderten sich die sozialen Formen, sowohl durch die sozialen Kämpfe dieser Frauen als auch die Transformationen innerhalb der US-amerikanischen Gesellschaft und Ökonomie auf dem Weg zum Postfordismus. Geschlechtergleichstellung und *Workfare*-Politiken für alle Geschlechter, Privatisierungsprozesse in der Organisation der weiterhin öffentlich finanzierten Altenpflege und eine arbeitsmarktbezogene Familienpolitik in der „Cash for Care" ein zentrales Policy-Instrument wurde, unterstützten die Verallgemeinerung dieser Formen bis weit in die unteren Mittelschichten hinein. Am unteren Rand der warenförmigen Care-Ökonomie breiteten sich *Low-budget*-Varianten von Care aus. Die angesichts dieser strukturellen Transformationen im postindustriellen Kapitalismus emergierende und wachsende „Klasse" der (bezahlten) Care-Arbeiter_innen organisiert sich zum Teil erfolgreich für eine Aufwertung, Institutionalisierung und Anerkennung von bezahlter Care-Arbeit als „richtiger" Lohnarbeit, d.h. Lohnarbeit, die bei der sozialen Absicherung, den Lohnhöhen und grundlegenden Arbeitsrechten den nationalen Mindeststandards entspricht. In Anbetracht der aktuellen Krise in den USA zeigte sich, dass die zaghaften Erfolge von Care-Arbeiter_innen im Hinblick auf die Aufwertung ihrer Arbeit durch ökonomische Krisen, steigende Arbeitslosigkeit und öffentliche Sparprogramme mit einer starken Gegentendenz konfrontiert sind. Gleichwohl wird es angesichts eines steigenden Organisierungsgrades von Care-Arbeiter_innen schwieriger, die Lohnhöhen und Arbeitsbedingungen einem *Downgrading* zu unterziehen. Insofern bezahlte Care-Arbeit für viele Menschen eine Einkommensquelle geworden ist und hinsichtlich der Beschäftigungszahlen und Brutto-Löhne die warenförmige Care-Ökonomie ein kleiner, aber signifikanter Teil der Ökonomie New Yorks geworden ist, haben Ab- und Aufwertungsprozesse hinsichtlich der Lohnhöhen in diesem Bereich auch einen Einfluss auf die weitere ökonomische Entwicklung.

Im Zuge der Kommodifizierung von Care als Care-Seite des Postfordismus hat die kapitalistische Entwicklung ihr inhärentes Care-Problem verschärft und eine in mehreren Dimensionen widersprüchliche Konstellation hervorgebracht:

Erstens gibt es eine wachsende Anzahl an „unproduktiven" Care-Arbeiter_innen, die aus „Care-Bestandteilen" in den Lohnfonds und/oder den Revenuen bezahlt werden. Diese Care-Bestandteile des gesellschaftlich produzierten Wertes stehen nicht für die erweiterte Reproduktion von Kapital und produktiven

Arbeitskräften zur Verfügung und setzen aus der Perspektive der Akteur_innen in der kapitalistischen Produktionsweise dem ökonomischen Wachstum eine Grenze. Daraus ergibt sich tendenziell ein struktureller Druck auf die Löhne von Care-Arbeiter_innen, der, wenn das Profitmotiv zusätzlich in die Form hineinwirkt, verstärkt wird. Dies geschieht insbesondere dort, wo größere Volumen an öffentlichen Geldern im Spiel sind. In New York City war das die staatlich finanzierte Altenpflege, in der sich in den letzten Jahren auch zunehmend profitorientierte Care-Unternehmen ansiedelten. Die Analyse dieser Einzelphänomene im Gesamtbild von Wertströmen und Verteilungsrelationen im Rahmen des erweiterten Reproduktionsschemas von Marx (Kap. 5) bestätigte, was sich am konkreten Beispiel von New York City bereits abzeichnete: Die Kommodifizierung, Re-Kommodifizierung (Privatisierung) und Durchkapitalisierung von Care und Care-Arbeiten mag zwar vordergründig (kurzfristig) öffentliche Care-Kosten reduzieren, produktive weibliche Arbeitskräfte freisetzen und für Einzelkapitalien, die im Care-Bereich profitabel zu wirtschaften verstehen, eine ökonomisch rationale Strategie sein. Als Basis für eine nachhaltige volkswirtschaftliche Wachstumsstrategie im Sinne des hegemonialen ökonomischen Wachstumsparadigmas ist Care in Warenform jedoch nicht geeignet.

Zweitens steigt der relative Wert von Care-Arbeit unter der Wirkung des Wertgesetzes und der Entwicklung der Produktivkräfte kontinuierlich an, weil in anderen Wirtschaftszweigen die Stückkosten dadurch sinken, dass die Arbeitsproduktivität durch technologischen Fortschritt zunimmt und/oder Teile der Produktion an lohnkostengünstige Standorte verlagert werden. Auf den Höhen seiner Entwicklung kommt „den Kapitalismus" Care-Arbeit relativ immer teurer zu stehen und wird immer „wertvoller". Von dieser Entwicklungsdynamik geht ein struktureller Abwärtsdruck auf die Löhne von Care-Arbeiter_innen, die Qualität von Care-Dienstleistungen und/oder ein Aufwärtsdruck auf die Preise von Care aus. Dabei sind es genau diese unproduktiven, zeitintensiven Care-Arbeiten, die – da sie standortgebunden und arbeitsintensiv sind – in den westlichen Dienstleistungsgesellschaften für einen wachsenden Anteil der Lohnabhängigen Quelle des Einkommens und Basis des Konsums warenförmiger Güter und Dienstleistungen sind.

Drittens resultiert aus den beiden bisherigen Punkten die Tendenz zu einer fallenden Profitrate, sofern die unproduktive Care-Arbeit einen relativ immer größeren Anteil der gesellschaftlichen Arbeitskraft beansprucht und die Zunahme der organischen Zusammensetzung des Kapitals[1] nicht durch eine schnellere

1 Die organische Zusammensetzung des Kapitals steigt, wenn es einen wachsenden Bestand an konstantem Kapital gibt, z.B. Maschinen und produktivkraftsteigernde

Zunahme der produktiven Lohnarbeit (über-)kompensiert wird. Diese Tendenz zu einer fallenden Profitrate angesichts der Kommodifizierung von Care-Arbeit verdeutlicht auf hervorragende Weise, dass Geschlechterverhältnisse ökonomische Verhältnisse und Dynamiken mitgestalten und daher integral in die politik-ökonomische Theorie einbezogen werden müssen.

Viertens besteht dort, wo ein wachsender Anteil der Lohnabhängigen über den Verkauf ihrer Arbeitskraft als Care-Arbeitskraft ihr Geld verdient, eine strukturelle Tendenz zur Unterkonsumtion, da Löhne von Care-Arbeiter_innen tendenziell niedrig sind und/oder Preise für Care-Dienstleistungen eher hoch. Diese Tendenz wird verstärkt, wenn aufgrund von Transformationsprozessen innerhalb des Modus der sozialen Reproduktion (Abbau des öffentlichen Sektors, steigende weibliche Erwerbstätigkeit, Individualisierung und Defamiliarisierung) der Konsum von warenförmigen Care-Dienstleistungen in abhängigen Lebenslagen zu einem Bestandteil des „notwendigen" Konsums wird und schlecht verdienende Care-Arbeiter_innen selbst zu Nachfrager_innen von marktförmiger Care-Arbeit werden (müssen). Aus einer integralen polit-ökonomischen Perspektive erscheint damit die von der US-Ökonomie ausgehende aktuelle Krise, ebenso wie die Krise des Fordismus, als eine ökonomische Krise, die auch durch die Veränderungen in den Geschlechterverhältnissen und den Organisationsformen von Care mit vorangetrieben wird und also in der Reproduktionsweise einen zentralen „Ort" besitzt.

Unabhängig davon, in welcher Organisationsform, und d.h. auch dann, wenn Care auf dem Privatmarkt nachgefragt und Care-Arbeit hier angeboten wird: Care für Menschen zu mobilisieren, die abhängig sind, setzt die Existenz von Geld, Zeit und Arbeitskraft voraus, die weder für sich für selbst noch für das Kapital arbeitet. Hier wird zwar ein gesellschaftlicher und individueller Wert von höchstem Rang produziert – und ohne Care-Arbeit würde weder die Gesellschaft noch das Wirtschaftssystem funktionieren – ökonomisches Wachstum unter den (bislang) hegemonialen Wachstumsparadigmen lässt sich auf der Basis von privatwirtschaftlichen Care-Dienstleistungen jedoch nicht generieren. Wird Care-Arbeit innerhalb dieser Paradigmen bewertet und über das Geld vergleichbar gemacht und verglichen mit aller weiteren bezahlten Arbeit, schneidet sie schlecht ab: Sie ist langsam, also teuer, wertschöpfungsschwach bis unproduktiv und wenig innovativ. Auch der postfordistische Kapitalismus ist an eine Care-Grenze gestoßen, und es bestätigt sich erneut, dass es sich bei der Care-Grenze

---

Technologien und im Verhältnis zu diesem konstanten Kapital das variable Kapital, d.h. die produktive Arbeit, nicht gleichermaßen wächst.

um eine strukturelle Grenze der kapitalistischen Produktionsweise handelt, die gesellschaftliche Widersprüche hervorruft, wenn ein „kritischer" Punkt erreicht oder überschritten ist.

Es ist deutlich geworden, dass die gesellschaftlichen Bearbeitungsformen dieses Widerspruches historisch-regional verschieden sein können und die Art und Weise der Bearbeitung im Rahmen von historisch-konkreten, miteinander artikulierten gesellschaftlichen Verhältnissen einen wesentlichen Einfluss auf die Gestalt und Gestaltung des jeweiligen Wirtschaftsmodelles besitzen. Der grundsätzliche Widerspruch zwischen Produktion und sozialer Reproduktion, zwischen Profit/Produktivität/Akkumulation und Wachstumsparadigma auf der einen und Care/Zeit/Reproduktion, menschlicher Entwicklung und den ökonomischen, sozialen und ökologischen Grenzen des Wachstums auf der anderen Seite verlangt, sofern seine Kanalisierung innerhalb eines kapitalistisch dominierten Wirtschaftsmodelles versucht wird, nach einer „starken" Regulation. Die „unsichtbare Hand" des kapitalistischen Marktes, d.h. das „freie", in seiner gesellschaftlichen Auswirkung weitestgehend unbegrenzte, Spiel von Angebot und Nachfrage im Rahmen des Wertgesetzes ist dabei Teil des Problems – und nicht die Lösung.

Die Care-Seiten und Care-Krisen des Postfordismus bergen auch Ansatzpunkte zu Veränderungen in den hegemonialen politischen und ökonomischen Wirtschafts-, Gesellschafts- und Care-Modellen, die in verschiedene Richtungen gehen können. Zum Beispiel Japan: eine alternde Gesellschaft mit starken Individualisierungsprozessen und einer ernsthaften Care-Krise – insbesondere in der Altenpflege. Der Care-Krise versucht man in Japan an verschiedenen Fronten zu begegnen – sowohl durch technologische wie auch sozial-politische Neuerungen. Im öffentlichen Diskurs haben dort vor allem zwei Innovationen Aufmerksamkeit erregt. Auf der einen Seite sollen Pflegeroboter japanische Pfegebedürftige beim Gehen, Waschen und Essen unterstützen, wenn es nicht genügend Pflegekräfte gibt. Auf der anderen Seite wird in Japan ein neues und innovatives Care-Modell eingeführt, welches nach dem Prinzip der Komplementärwährung funktioniert. Die Anfang der 1990er gegründete *Sawayaka Welfare Foundation* hat sich das Ziel gesetzt, mit der Einführung eines Zeittauschsystems möglichst viele Menschen zu motivieren, für andere zu sorgen – auch dann, wenn sie z.B. keine Familiengehörigen haben. *Fureai kippu* wurde dieses Pflege- und Betreuungssystem benannt, das heißt in etwa „Pflege-Beziehungs-Gutschrift". Menschen, die Care-Arbeit für andere tun, werden in diesem System nicht bezahlt, sondern bekommen auf einem Zeitkonto ein Care-Guthaben gutgeschrieben – von dem sie dann, wenn sie selbst Pflege brauchen, profitieren können. Dieses Guthaben ist übertragbar, z.B. an die eigenen Eltern, wenn diese gepflegt werden müssen, aber man selbst nicht pflegen kann oder will. Das *Fureai-kippu*-System ist nur ein Beispiel, das zeigt, dass über die Verteilung von Care-Arbeit und den Zugang zu Care jenseits von Cash-Nexus und Kleinfamilie bereits nachgedacht wird und vielerorts nachgedacht werden muss.

Die Care-Frage hat – da sie so viele Menschen betrifft – das Potenzial für breitere politische Bewegung (siehe Eingangszitat). So könnte die Kommodifizierung von Care dazu beitragen, dass Care-Fragen aus dem Privaten, Unsichtbaren, den Haushalten und den „Frauen- oder Vereinbarkeitsfragen" hinaus auf die Arbeitsmärkte, in die Gewerkschaften und in den öffentlichen Diskurs hineingetragen werden. In Ansätzen geschieht dies bereits – auch deshalb, weil die Care-Krise immer schwieriger zu ignorieren ist. Fragen danach, wer für Care-Arbeit zuständig ist, wer zu welchen Konditionen versorgt, gepflegt, betreut wird, sich entwickeln darf, wer mit Zeit und Care würdevoll sterben kann und unter welchen Um- oder Zuständen die hierfür nötige Arbeit getan werden kann/muss, müssen allerdings noch stärker als bisher als gesamtgesellschaftlich und ökonomisch relevante Fragen gestellt und diskutiert werden. Dies gilt für politische Akteur_innen ebenso wie für soziale Bewegungen, Parteien, Gewerkschaften und Community-Gruppen – und für Privatpersonen in verschiedenen Lebensmodellen. Und wenn das angestrebte Ziel ein Wirtschafts- und Gesellschaftsmodell ist, welches zukunftsfähig, ökonomisch, sozial und ökologisch nachhaltig sein soll, müssen sie auch anders, geschlechtergerechter und solidarischer beantwortet werden als bisher.

Ein Zurück zur Hausfrauen-Care-Form ist hier ganz offenkundig keine Lösung. Mit gutem Grund hat sich die Frauenbewegung gegen eine Festlegung auf bestimmte Tätigkeiten und Organisationsformen von Arbeit qua Geschlecht gewendet. Eine Aufwertung von traditionell als weiblich konnotierten, universellen Eigenschaften, Tätigkeiten, Werten und Arbeiten – darunter *Care* – könnte ein Gegengewicht zu der derzeitigen Hegemonie eines „verrückten" ökonomischen und gesellschaftlichen Paradigmas sein, in dem Care-Arbeit teuer statt wertvoll, wertschöpfungsschwach statt zeitintensiv/anspruchsvoll, de-qualifiziert statt professionalisiert, abgewertet statt aufgewertet und feminisiert/marginalisiert statt anerkannt wird. Insofern sollte Care als ein zentrales „Gut" gelten, welches – auf der Basis eines gewissen materiellen Wohlstandsniveaus – wesentlich für das menschliche Wohlbefinden und die menschliche Entwicklung ist und dessen Verfügbarkeit für ein gutes Wachsen, Leben und Sterben von Menschen wichtig ist.

Angesichts der ökologischen und menschlichen Grenzen des Wachstums wäre eine Umkehrung der Wertmaßstäbe sinnvoll. Eine derartige Rückbesinnung auf traditionell als weiblich konnotierte Care-Tätigkeit und eine Ethik des Füreinander-Sorgens sollte jenseits eines Rekurses auf das – inzwischen ohnehin als „nicht soziale" Kategorie zweifelhafte – biologische Geschlecht angestrebt werden. Dass die beschriebene Problematik zwar eng mit Geschlechterverhältnissen verknüpft ist, jedoch inzwischen über Geschlechterfragen hinausgeht, wird nicht zuletzt daran klar, dass in den abgewerteten Care-Zweigen der bezahlten und nicht bezahlten Ökonomie auch immer mehr (häufig marginalisierte) Männer arbeiten. Und schließlich ist angesichts einer alternden Bevölkerung in vielen westlichen Dienstleistungsgesellschaften zu erwarten, dass eine Verallgemeinerung zumindest von Pflegearbeiten als Quelle von Care und Lohn auf alle Geschlechter zunehmen wird.

„*Think big now*!" fordert Nancy Fraser (2009: 117) in dieser aktuellen Krise des kapitalistischen Wirtschaftssystems Feminist_innen und Nicht-Feminist_innen auf – wohl wissend, dass Krisenzeiten häufig Zeiten sind, in denen sozioökonomischer Wandel beschleunigt stattfinden *kann*. Eine Care-Revolution vorzustellen als politischen Weg hin zu einer nachhaltigen, solidarischen und menschenfreundlichen Gesellschaft mit einer entsprechend „anderen" Ökonomie, wäre ein solch „großer Gedanke". Eine Care-Revolution würde ein Modell auf den Weg bringen, in dem die individuelle und soziale Reproduktion mehr „gesellschaftliche Zeit" und die derzeit hegemoniale Produktionsweise entsprechend weniger „gesellschaftliche Zeit" bekommen würde. Ein dann geringeres ökonomisches Wachstum würde ausgeglichen durch eine gerechtere (und damit effizientere) Verteilung des Produzierten. Eine Care-Revolution als politisches Ziel bedeutet, gesellschaftliche Bedingungen anzustreben, in denen „Fürsorge für" und „Sorge um" mehr wert/Mehrwert wären und Menschen, die Care benötigen, einen Zugang hierzu hätten – unabhängig von ihrem Einkommen. Jene, die bezahlte oder unbezahlte Lebenszeit für Care verwenden würden, würden ausreichend Zeit und ausreichend Geld für ihre eigene Reproduktion erhalten und sie wären anerkannt als Menschen, die gesellschaftlich wichtige Arbeit tun – egal welches Geschlecht sie tragen oder wo sie herkommen. Arbeitsbedingungen, Zeitnöte und Arbeitskräftemangel in der bezahlten und unbezahlten Care-Ökonomie würden sich entspannen. Ein solches Modell ist – wie Winker (2011) herausstellt – ohne eine drastische und v.a. verbindliche Reduktion der „Normal"-Arbeitszeit kaum möglich.

Vorsicht ist dort angebracht, wo dergleichen Forderungen – wie „mehr Zeit für Care (für alle)" oder eine „Reduktion der durchschnittlichen Lohnarbeitszeit bei vollem Lohnausgleich" – an den Status quo einer weitestgehend an lohnkostengünstige Standorte verlagerten und in den Stückkosten konkurrenzlos „billigen"

Produktion von warenförmigen Konsumgütern und Lebensmitteln anknüpfen. Eine Care-Revolution, die ihren Namen verdient, müsste von vornherein mit einer fürsorglichen und d.h. auch *solidarischen* Ethik und Politik einhergehen. Dazu gilt es, Wege zu suchen, wie materielle Versorgung und „Zeitwohlstand" gleichermaßen gewährleistet werden können, ohne dass sie auf sozialer und ökonomischer Ungleichheit und Enteignungsprozessen weltweit aufbauen müssen. Ohne einen grundlegenden Wandel sowohl in den gesellschaftlichen Verteilungsrelationen des produzierten Wertes und den globalen Ungleichheitsverhältnissen als auch in den hegemonialen Lebensformen ist eine Care-Revolution wohl nicht zu haben.

Ökonomisch gesehen wären auf dem aktuellen Stand der Entwicklung der Produktivkräfte im aktuellen Kapitalismus weder eine „Care-Revolution" noch die Sicherung der menschlichen Grundbedürfnisse weltweit ein Problem.

Literatur

Acharya, Meena (2008): *Global integration of subsistence economies and women's empowerment: an experience from Nepal.* In: Bakker, Isabella; Silvey, Rachel (Hg.): *Beyond States and Markets. The challenges of social reproduction.* London, S. 55-72.

Acker, Joan (1988): *Class, Gender and the relations of Distribution.* In: *Signs* 13: 473-497.

– (2007): *Class questions. Feminist Answers.* New York.

Aglietta, Michel (1979): *A Theory of Capitalist Regulation. The US Experience.* London.

Akthar, Saima; Antos, Susan (2010): *Mending the Patchwork. A report examining county-by-county inequalities in child care subsidy administration in New York State.* Empire Justice Center. Unter: http://www.empirejustice.org/assets/pdf/publications/reports/mending-the-patchwork-1.pdf, Einsicht am 10.06.2010.

Altvater, Elmar; Haug, Fritz; Negt, Oskar et al. (1999): *Turbo-Kapitalismus. Gesellschaft im Übergang ins 21. Jahrhundert.* Hamburg.

Altvater, Elmar; Mahnkopf, Birgit (1999): *Grenzen der Globalisierung. Ökonomie, Ökologie und Politik in der Weltgesellschaft.* Münster.

Andersen, Bridgit (2006): *Doing the dirty work? Migrantinnen in der bezahlten Hausarbeit in Europa.* Berlin.

Anttonen, Anneli (2005): *Empowering social policy: The role of the social care services in modern welfare states.* In: Kangas, Olli; Palme, Joakim (Hg.): *Social Policy and Economic Development in the Nordic Countries.* Genf, S. 88-117.

Apitzsch, Ursula; Schmidbaur, Marianne (Hg.) (2010): *Care und Migration. Die Entsorgung menschlicher Reproduktionsarbeit in der globalen Peripherie.* Opladen.

Appelbaum, Eileen; Schettkat, Ronald (1999): *Are Prices Unimportant? The Changing Structure of the Industrialized Economies.* In: Ten Raa, Thijs; Schettkat, Ronald (Hg.): *The Growth of Service Industries: The Paradox of Exploding Costs and Persistent Demand.* Cheltenham, S. 121-131.

Auth, Diana; Buchholz, Eva; Janczyk, Stefanie (2010) (Hg.): Selektive Emanzipation. Analysen zur Gleichstellungs- und Familienpolitik. Opladen.

Baatz, Dagmar; Rudolph, Clarissa; Satilmis, Ayla (Hg.) (2004): *Hauptsache Arbeit? Feministische Perspektiven auf den Wandel von Arbeit.* Münster.

Badura, Bernhard; Gross, Peter 1981: *Sozialpolitische Perspektiven. Eine Einführung in Grundlagen und Probleme sozialer Dienstleistungen.* München.

Bakker, Isabella (2003): *Neo-liberal Governance and the Reprivatization of Social Reproduction: Social Provisioning and Shifting Gender Orders.* In: Bakker, Isabella; Gill, Stephen (Hg.) (2003): *Power, Production and Social Reproduction. Human In/security in the Global Political Economy.* Toronto, S. 66-83.

– (Hg.) (1994): *The Strategic Silence. Gender and Economic Policy.* London.

Bakker, Isabella; Gill, Stephen (2008): *New constitutionalism and social reproduction.* In: Bakker, Isabella; Silvey, Rachel (Hg.) (2008): *Beyond States and Markets. The challenges of social reproduction.* London, S. 19-34.

Bakker, Isabella; Gill, Stephen (Hg.) (2003): *Power, Production and Social Reproduction. Human In/security in the Global Political Economy.* Toronto.

Bakker, Isabella; Silvey, Rachel (Hg.) (2008): *Beyond States and Markets. The challenges of social reproduction*. London.

Barrett, Michèle (1983): *Das unterstellte Geschlecht. Umrisse eines materialistischen Feminismus*. Berlin.

Beauvoir, Simone (1951): *Das andere Geschlecht. Sitte und Sexus der Frau*. Hamburg .

Becker, Joachim (2002): *Akkumulation, Regulation, Territorium. Zur kritischen Rekonstruktion der französischen Regulationstheorie*. Marburg.

Beer, Ursula (1990): *Geschlecht, Struktur, Geschichte. Soziale Konstituierung des Geschlechterverhältnisses*. Frankfurt a.M.

Benjamin, Jessica (1993): *Die Fesseln der Liebe. Psychoanalyse, Feminismus und das Problem der Macht*. Frankfurt a. M.

Benston, Margaret (1969): *The political economy of women's liberation*. In: *Monthly Review* 21 (4): 13-27.

Benz, Martina/Schwenken, Helen (2005): *„Jenseits von Autonomie und Kontrolle: Migration als eigensinnige Praxis"*. In: *PROKLA 140*, Nr. 3, 35. Jg., S. 363-377.

Berger, John (1974): *The look of things*. New York.

Berneria, Lourdes; Sen, Gita (1981): *Class and Gender Inequalities and Women's Role in Economic Development. Theoretical and Practical Implications*. In: *Feminist Studies* 3: 203-25.

Bernhardt, Annette; Milkman, Ruth; Theodore, Nik et al. (2008): *Broken Laws. Unprotected Workers. Violations of Employment and Labor Laws in Americas Cities*. Unter http://www.leg.wa.gov/JointCommittees/UECI/Documents/112009/Broken Laws unprotected Workers.pdf, Einsicht am 15.09.2011.

Bezanson, Kate (2006): *Gender, the State, and Social Reproduction. Household Insecurity in Neo-Liberal Times*. Toronto.

Bezanson, Kate; Luxton, Meg (Hg.) (2006): *Social Reproduction. Feminist Political Economy Challenges Neo-liberalism*. Montreal.

Bieling, Hans-Jürgen (1996): *Wohlfahrtsstaaten und europäische Integration*. In: Bruch, Michael; Krebs, Hans-Peter (Hg.): *Unternehmen Globus: Facetten nachfordistischer Regulation*. Münster, S. 59-89.

Biesecker, Adelheid (2009): *Vorsorgendes Wirtschaften als Alternative. In: Antworten aus der feministischen Ökonomie auf die globale Wirtschafts- und Finanzkrise*. WISO Diskurs der Friederich Ebert Stiftung. Berlin, S. 32-49.

Biklen, Molly (2003): *Note: Healthcare in the Home: Reexamining the Companionship Services Exemption to the Fair Labor Standards Act*. In: *Columbia Human Rights Law Review* 35: 113-50

Binsbergen, Wim M.J. van; Geschiere, Peter L. (Hg.) (2005): *Commodification. Things, Agency, and Identities. The social life of things revisited*. Münster.

Blau, David (2002): *The child care problem. An economic Analysis*. Boston.

Boris, Eileen; Klein, Jennifer (2007): *We were the invisible workforce: Unionizing home care.* In: Cobble, Dorothy Sue (Hg.): *The Sex of Class. Women transforming American labor.* Ithaca NY, S. 159-177.

Boris, Eileen; Klein, Jennifer (2008): *Labor on the home front. Unionizing home-based care workers.* In: *Women, The Working Poor, and the new labor movement.* In: New Labor Forum 17(2): 32-41.

– (2009): *There's no place like home: long-term Care, Welfare State Privatization and the Growth of Low-wage Labour in New York.* Paper for Workplace Theory Workshop, Yale University, March 9, 2009. Unter: http://www.law.yale.edu/documents/pdf/Intellectual_Life/Klein-TheresNoPlaceLikeHome.pdf, Einsicht am 10. 06. 2010

Bosch, Gerhard (2005): *Das deutsche Beschäftigungsmodell zwischen Dekommodifzierung und Vermarktlichung.* In: Kurz-Scherf, Ingrid; Corel, Lena; Janczyk, Stefanie (Hg.): *In Arbeit. Zukunft. Die Zukunft der Arbeit und der Arbeitsforschung liegt in ihrem Wandel.* Münster, S. 86-104.

Bosch, Gerhard; Wagner, Alexandra (2002): *Dienstleistungsbeschäftigung in Europa – ein Ländervergleich.* In: Bosch, Gerhard; Hennicke, Peter; Hilbert, Josef et. al (2002): *Die Zukunft von Dienstleistungen. Ihre Auswirkungen auf Arbeit, Umwelt und Lebensqualität.* Frankfurt a.M., S. 41-62.

Botshon, Beth Miranda (2007): *Other people's children. A Short documentary film.* The Red Productions.

Bourdieu, Pierre; Wacquant, Loic (1996): *Reflexive Anthropologie.* Frankfurt a. M.

Boushey, Heather; Gundersen, Bethany (2001): *When Work Just isn't enough: Measuring Hardships Faced by Families after Moving from Welfare to Work.* Washington, D.C., Economic Policy Institute. Unter: http//www.epinetorg/briefingpapers/hardshipbp.pdf, Einsicht am 15. 12. 2010.

Boyer, Robert; Saillard, Yves (1995): *A summary of Régulation Theory.* In: Dies. (Hg.): *Regulation Theorie. The State of the art.* London, S. 36-44.

– (2002): *Régulation Theory. The State of the art.* London.

Braig, Marianne; Lentz Carola (1983): *Wider die Enthistorisierung der Marxschen Werttheorie. Kritische Anmerkungen zur Kategorie: 'Subsistenzproduktion'.* In: *Prokla Zeitschrift für politische Ökonomie und sozialistische Politik* 13 (50): 5-21.

Brand, Ulrich; Raza, Werner (Hg.) (2003): *Fit für den Postfordismus? Theoretisch-politische Perspektiven der Regulationstheorie.* Münster.

Braun, Anneliese (1999): *Zwischen Produktion und Reproduktion des Lebens – marxistische und feministische Ideen vor einer gemeinsamen Herausforderung?* In: *Utopie Kreativ* 109/110: 114-124.

Bridgman, Anne (1989): *Early Childhood Education and Childcare.* Arlington.

Brodie, Jane (1994): *Shifting the Boundaries: Gender and the Politics of Restructuring.* In: Bakker, Isabella (Hg.): *The Strategic Silence. Gender and Economic Policy.* London, S. 46-60.

Butler, Judith (1997): *Körper von Gewicht.* Frankfurt a.M.

Candeias, Mario (2004): *Die Politische Ökonomie der USA an der Wende zum 21. Jahrhundert*. Unter: http://www.rosalux.de/fileadmin/rls_uploads/pdfs/manuskripte3.pdf, Einsicht am 25.09. 2011.

– (2004): *Neoliberalismus Hochtechnologie Hegemonie. Grundrisse einer transnationalen kapitalistischen Produktions- und Lebensweise. Eine Kritik*. Hamburg.

Candeias, Mario; Deppe, Frank (Hg.) (2001): *Ein neuer Kapitalismus? Akkumulationsregime – Shareholder Society – Neoliberalismus und Neue Sozialdemokratie*. Hamburg.

Cannings, Kathleen; Lazonik, William (1975): *The Development of the Nursing Labor Force in the United States: a Basic Analysis*. In: *International Journal of Health Sciences* 5 (2): 185-216.

Caress, Barbara (1988): *Home is where the patients are: New York's Home Care Workers Contract Victory*. In: *Health/PAC Bulletin* 18: 4-14.

CCI – Child Care, Inc. (2004): *Investing in New York City. An Economic Analysis of the Early Care and Eduaction Sector*. Unter: http://www.childcareinc.org/publications/Economic_Impact_Report_Website.pdf, Einsicht 10.02.2010.

– (2008): *Key Facts about Early Care and Education in New York City*. Unter: http://www.childcareinc.org/publications/2008CCI-Primer-final.pdf, Einsicht 10.02.2010.

Center for the Child Care Workforce (1998): *State Initiatives to Train TANF Recipients for Child*

– (1998): *Worthy Work, Unlivable Wages: The National Child Care Staffing Study, 1988-1997*. Washington, DC.

Children's Aid Society (2000): *Families Pay High Price Waiting for Child Care Subsidies*. In: *News* Spring 2000: 1-2: Unter: http://www.childrensaidsociety.org/files/upload-docs/cas-spring 2000.pdf, Einsicht am 15.09.2011.

Children's Defense Fund (1996): *The State of America's Children Yearbook*. Washington, DC.

Chorus, Silke (2011): *Care-Seiten in der politischen Ökonomie*. In: *Das Argument* 292: 392-401.

– (2007a): *Ökonomie und Geschlecht? Regulationstheorie und Geschlechterverhältnisse im Fordismus und Postfordismus*. Saarbrücken.

– (2007b): *Who Cares? Kapitalismus, Geschlechterverhältnisse und Frauenarbeiten. Regulationstheoretische Sehkorrekturen*. In: *Feministischen Studien* 2/2007: 202-216.

Connell, Robert W. (1987): *Gender and Power. Society, the Person and Sexual Politics*. Cambridge.

– (1999): *Der gemachte Mann. Konstruktion und Krise von Männlichkeit*. Opladen.

Cossmann, Brenda; Fudge, Judy (Hg.) (2002): *Privatization, Law and the Challenge to Feminism*. Toronto.

Dalla Costa, Mariarosa; James, Selma (1973): *Die Macht der Frauen und der Umsturz der Gesellschaft*. Berlin.

Daly, Mary (2001) (Hg.): *Care Work: The Quest for Security. International Labour Organization*. Genf.

Daly, Mary; Lewis, Jane (1998): *Introduction: Conceptualizing social care in the context of welfare state restructuring.* In: Lewis, Jane (Hg.): *Gender, Social Care and Welfare State Restructuring.* Farnham, S. 1-24.

Daly, Mary; Rake, Katherine (2003): *Gender and the welfare state.* Cambridge.

Demirović, Alex (1992): *Regulation und Hegemonie. Intellektuelle, Wissenspraktiken und Akkumulation.* In: Ders.; Krebs, Hans-Peter; Sablowski, Thomas (Hg.): *Hegemonie und Staat. Kapitalistische Regulation als Projekt und Prozess.* Münster, S. 128-158.

Demirović, Alex; Krebs, Hans-Peter; Sablowski, Thomas (Hg.) (1992): *Hegemonie und Staat. Kapitalistische Regulation als Projekt und Prozess.* Münster.

Dokmanovic, Mirjana (2009): *WIDE and Women's working group for financing for development.* Unter: http://www.un-ngls.org/IMG/pdf_mirjana_dokmanovic.pdf , Einsicht 25.09. 2011.

Domestic Workers United & Data Center (2006): *Home is where the work is. Inside New York's Domestic Work Industry.* New York. Unter http://www.datacenter.org/wp-content/uploads/homeiswheretheworkis.pdf, Einsicht am 15.09.2011.

Domestic Workers United & National Domestic Workers Alliance & Urban Justice (2010): *Domestic Workers and Collective Bargaining. A proposal for immediate inclusion in the New York State Labor Relations Act.* Unter: http://www.domesticworkersunited.org/media/files/281/CDP_Report_DWU_FINAL_DEC.pdf, Einsicht am 15.09.2011.

Donath, Susan (2000): *The other economy: a suggestion for a distinctively feminist economics.* In: Feminist Economics.Vol. 6, No.1: 101-130.

Dörre, Klaus; Röttger, Bernd (2003): *Das neue Marktregime. Konturen eines nachfordistischen Produktionsmodells.* Hamburg.

Drews, Dennis (2008): *Skill Premia & Supply Chains.* Marburg.

Editorial Desk of New York Times (2002): *A Break For Low-Wage Workers.* In: *New York Times* 11.11.2002.

Ehrenreich, Barbara; Hochschild, Arlie (2004): *Global Woman: Nannies, Maids, and Sex Workers in the New Economy.* New York.

Elson, Diane (1991): Male Bias in the Development Process. Manchester.

– (1993): *Feministische Ansätze in der Entwicklungsökonomie.* In: *PROKLA Zeitschrift für kritische Sozialwissenschaft* 23 (4): 529-550.

– (1994): *Micro, Meso, Macro: Gender and Economic Analysis in the Context of Policy Reform.* In: Bakker, Isabella (Hg.) (1994): *The Strategic Silence. Gender and Economic Policy.* London, S. 33-46.

– (1995): *Gender Awareness in Modelling Structural Adjustment.* In: *World Development* 23 (11), S. 1851-1869.

– (1998): *Talking to the Boys: Gender and Economic Growth Models.* In: *World Development* 23 (11): 1851-1868.

Elson, Diane; Cagatay, Nulufer (2000): *The Social Content of Macroeconomic Policies.* In: *World Development* 28 (7): 1347-1364.

Engels, Friedrich (1880): *Die Entwicklung des Sozialismus von der Utopie zur Wissenschaft.* In: *Marx-Engels-Werkausgabe (MEW)* Bd. 19. Berlin, S. 177-228.

Esping-Andersen, Gosta (1990): *The Three World of Welfare Capitalism.* Cambridge.

– (1999): *Social Foundations of Postindustrial Economies.* Oxford.

– (2002): *Why We Need a New Welfare State.* Oxford.

Esser, Josef; Görg, Christoph; Hirsch, Joachim (Hg.) (1994): *Politik, Institution und Staat. Zur Kritik der Regulationstheorie.* Hamburg.

Finch, Janet (1989): *Family obligations and social changes.* London.

Finch, Janet; Mason, Jennifer (1983): *A Labor of Love: Women, Work and Caring.* London.

Firestein, Netsy; Dones, Nicola (2007): *Unions Fight for Work and Family Policies – Not for Women Only.* In: Cobble, S. Dorothy (Hrsg.): *The Sex of Class. Women Transforming American Labor.* Cornell University Press, S. 140-155.

Florida, Richard (2010): *America Needs to make its Bad Jobs Better.* In: *Financial Times*, 06.07.2010. Unter: http://cachef.ft.com/cms/s/0/e8e85ece-8865-11df-aade-00144feabdc0.html#axzz1Yyn6KRqV, Einsicht am 25.September 2011.

Folbre, Nancy (1994): *Who pays for the kids? Gender and the Structures of Contraint.* London.

– (2001): *The invisible heard: Economics and Family values.* New York.

– (2003): *Caring Labor. Transcription of a video by Oliver Ressler.* Unter: http://www.republicart.net/, Einsicht am 25.09. 2011.

– (2006): *Demanding quality: Worker/consumer coalitions and "high road" strategies in the care sector.* In: *Politics and Society.* 34 (1): 11-31.

– (2007): *Märkte, Ungleichheit und Fürsorge in den USA.* In: *Feministische Studien* 2 217-233.

Folbre, Nancy; England, Paula (2003): *Contracting for care.* In: Ferber, Marianne A.; Nelson, Julie A. (2003): *Feminist economics today. Beyond economic man.* Chicago, S. 61-79.

Folbre, Nancy; Nelson, Julie A. (2000): *For love or money – or both?* In: *Journal of Eocnomic Perspectives.* 14 (4): 123-140.

Ford, Henry (1923): *Mein Leben und Werk.* Leipzig.

Fraser, Nancy (2004): *Feministische Politik im Zeitalter der Anerkennung. Ein zweidimensionaler Ansatz.* In: Beerhorst, Joachim; Demirovic, Alex; Guggemos, Michael (Hg.): *Kritische Theorie im gesellschaftlichen Strukturwandel.* Frankfurt a.M., S. 165-179.

– (2009): *Feminism, Capitalism and the Cunning of History.* In: *New Left Review* 56: 97-119.

Freeman, Richard B.; Schettkat, Ronald (2005): *Marketization of household's production and the EU-US gap in work.* In: *Economic Policy.* Januar 2005: 5-50.

Fuchs, Stefen A. (2010): *New York Enacts Bill of Rights for Domestic Workers.* In: *ASAP: A Timely Analysis of Legal Developments.* Unter: http://www.littler.com/PressPublications/Documents/2010_09_East_NY_EnactsBillOfRights_DomesticWorkers.pdf, Einsicht am 01.10.2010.

Fuller, Bruce; Kagan, Sharon L.; Caspary, Gretchen L.; Gauthier; Christiane A. (2002): *Welfare Reform and Child Care Options for Low-Income Families.* In: *The Future of Children* 12 (1): 96-119. Unter: http://www.futureofchildren.org/futureofchildren/publications/docs/12_01_FullJournal.pdf, Einsicht 30.08.2011

FUREE – Families for Racial and Economic Justice (2006): *Stop the Shutdowns! Read Furees Report on NYSs Unfair Egress Policy that's forcing Child Day Care Center to Close. History of the Child Care Campaign.* Unter: http://www.furee.org/cc.html, Einsicht am 01.02.2010.

Gavanas, Anna; Williams, Fiona (2004): *Eine neue Variante des Herr-Knecht-Verhältnisses? Überlegungen zum Zusammenspiel von Geschlechterverhältnis, Familienarbeit und Migration.* In: Leitner, Sigrid; Ostner, Ilona et. al. (2004): *Wohlfahrtsstaaten und Geschlechterverhältnis im Umbruch. Was kommt nach dem Ernährermodell?* Stuttgart, S. 308-329.

Gerlach, Olaf (2003): *Tendenzieller Fall der Profitrate, Technologieentwicklung und (R) evolution.* In: Gerlach, Olaf; Kalmring, Stefan; Nowak, Andreas (Hg.): *Mit Marx ins 21. Jahrhundert. Zur Aktualität der Politischen Ökonomie.* Münster, S. 145-158.

Gershuny, Jonathan (2000): *Changing Times: Work and Leisure in Postindustrial Society.* Oxford.

Gershuny, Jonathan; Sally, Jones (1986): *Time Use in Seven Countries.* Dublin.

Gibson-Graham, J.K. (2006): *The End of Capitalism (as we knew it). A Feminist Critique of Political Economy.* Minneapolis.

Giddings, Lisa; Dingeldey; Irene; Urbricht, Susan (2004): *The Commodification of Lone Mothers Labor: A Comparison of the US and German Policies.* In: *Feminist Economics* 10 (2): 115-142.

Giesecke, Hermann (2005): *„Humankapital" als Bildungsziel? Grenzen ökonomischen Denkens für das pädagogische Handeln.* In: *Neue Sammlung* 3/2005: 377-389. Gildemeister, Regine; Angelika Wetterer (1992): *Wie Geschlechter gemacht werden. Die soziale Konstruktion der Zwei-Geschlechtlichkeit und ihre Reifizierung in der Frauenforschung.* In: Knapp, Gudrun- Axeli (Hg.): *TraditionenBrüche: Entwicklungen feministischer Theorie.* Freiburg, S. 201-254.

Gill, Stephen (1995): *Globalization, Market Civilization and Disciplinary Neoliberalism.* In: *Millennium* 23 (3): 399-423.

Glassmann, Jim (2006): *Primitive accumulation, accumulation by dispossession, accumulation by „extra economic" means.* In: *Progress in Human Geography* 30 (5): 608-625.

Glazer, Nona (1993): *Women's Paid and Unpaid Labor: The Work Transfer in Health Care and Retailing.* Philadelphia.

Glenn, Evelyn Nakano (1992): *From Servitude to Service Work. Historical Continuities in the racial division of reproductive labour.* In: *Signs* 18: 1-46.

Görg, Christoph (1994): *Regulation – ein neues Paradigma?* In: Esser, Josef; Görg, Christoph; Hirsch, Joachim (Hg.): *Politik, Institution und Staat. Zur Kritik der Regulationstheorie.* Hamburg, S. 13-133.

Gorz, André (1991): *Und jetzt wohin?* Nördlingen.

Graham, Hilary (1983): *Caring: "A labour of love"*. In: Finch, Janet; Mason, Jennifer (1983): A Labor of Love: Women, Work and Caring. London, S. 13-49.

Gramsci, Antonio (1967): *Philosophie der Praxis*. Frankfurt a.M.

– (1991): *Gefängnishefte. Kritische Gesamtausgabe* (Hrsg. von Klaus Bochmann und Wolfgang Fritz Haug). Band 1. Hamburg.

Gregory, Charles O. (1961): *Labor and the law 2d rev. ed., with 1961 supplement*. New York: Norton

Grell, Britta (2008): *Workfare in den USA. Das Elend der US-amerikanischen Sozialhilfepolitik*. Bielefeld.

Grell, Britta; Sambale, Jens; Eick, Volker (2002): *Workfare zwischen Arbeitsmarkt- und Lebensstilregulierung. Beschäftigungsorientierte Sozialpolitik im deutsch-amerikanischen Vergleich*. In: *PROKLA Zeitschrift für kritische Sozialwissenschaft* 32, H. 129 (4): 557-577.

Greenhouse, Steven (1998): *Unions Unite in a Campaign For Child Care*. New York Times, 02.03.1998.

Grossman, J. (1978): *Fair Labor Standards Act of 1938: Maximum Struggle for a Minimum Wage*. In: *Monthly Labor Review* 101 (6): 22–30.

Hardt, Michael; Negri, Antonio (2004): *Multitude*. Frankfurt a.M.

Hartmann, Detlef (1981): *Die Alternative: Leben als Sabotage – Zur Krise der technologischen Gewalt*. Berlin.

Hartmann, Heidi (1979): *The Unhappy Marriage of Marxism and Feminism: Towards a more Progressive Union*. In: *Capital and Class* 8: 1-33.

Hartwig, Jochen (2005): *Sind unsere gesamtwirtschaftlichen Probleme überhaupt lösbar?* In: KOF- Working Paper Nr. 112. Zürich. Unter: http://www.kof.ch/pdf/wp_112.pdf, Einsicht: 25.09. 2011.

– (2006): *What drives health care expenditure? Baumols model of "unbalanced growth" revisited*. In: KOF Working Paper Nr. 133, Zürich. Unter: http://www.kof.ch/pdf/wp_133.pdf, Einsicht: 25.09. 2011.

– (2007): *Can Baumols Model of Unbalanced Growth Contribute to Explaining the Secular Rise in Health Care Expenditure? An Alternative Test*. In: KOF Working Paper, Nr. 178. Zürich. Unter: http://www.kof.ch/pdf/wp_178.pdf, Einsicht: 25.09. 2011.

Harvey, David (2003): *The new Imperialism*. Oxford.

– (2007): *Kleine Geschichte des Neoliberalismus*. Zürich.

Haug, Frigga (1990): *Ökonomie der Zeit, darin löst sich schließlich alle Ökonomie auf. Neue Herausforderungen an einen sozialistischen Feminismus*. In: *Das Argument, Zeitschrift für Philosophie und Sozialwissenschaften*: 184: 879-893.

– (1999): *Familienarbeit – Hausarbeit*. In: Haug, Wolfgang Fritz (Hg.) (1994): HKWM 1994 Bd. 4. Hamburg, S. 118 – 129.

– (2011): *Das Care-Syndrom. Ohne Geschichte hat die Frauenbewegung keine Perspektive*. In: *Das Argument* 292, 52 (3): 345-365.

Haug, Wolfgang Fritz (1999): *Form.* In: *Historisch-kritisches Wörterbuch des Marxismus.* Band 4. Hamburg.

– (2005): *High-Tech Kapitalismus. Analysen zu Produktionsweise, Arbeit, Sexualität, Krieg und Hegemonie.* Berlin.

Häußermann, Hartmut; Siebel, Walter (1993) (Hg.): *New York – Strukturen einer Metropole* Frankfurt/Main.

– (1995): *Dienstleistungsgesellschaften.* Frankfurt a.M.

Heinrich, Michael (2005): *Kritik der politischen Ökonomie. Eine Einführung.* Stuttgart.

Heinrich, Michael (2006): *Die Wissenschaft vom Wert. Die Marxistische Kritik der politischen Ökonomie zwischen wissenschaftlicher Revolution und klassischer Tradition* (4. korr. Auflage). Münster.

– (2008): *Wie das Marxsche Kapital lesen?* Stuttgart.

Hillmann, Felicitas (1997): *This is a migrants world: Städtische ethnische Arbeitsmärkte am Beispiel New York City.* WZB Discussion paper FS I 97-103,Wissenschaftszentrum Berlin für Sozialforschung. Berlin.

Himmelweit, Susan (1995): *The discovery of „Unpaid Work". The Social Consequences of the Expansion of "Work".* In: *Feminist Economics* 2 (2): 1-19.

– (2005): *Can we afford (not) to care: prospects and policy.* In: GeNet Working Paper No 11. Gender Equality Network, Economic and Social research Council. Cambridge.

Hirsch, Joachim (1990): *Kapitalismus ohne Alternative? Materialistische Gesellschaftstheorie und Möglichkeiten einer sozialistischen Politik heute.* Hamburg.

– (1992): *Regulation, Staat und Hegemonie.* In: Demirovic, Alex; Krebs, Hans-Peter; Sablowski, Thomas (Hg.) (1992): *Hegemonie und Staat. Kapitalistische Regulation als Projekt und Prozess.* Münster, S. 203-232.

– (1994): *Politische Form, politische Institution und Staat.* In: Esser, Josef; Görg, Christoph; Hirsch, Joachim (Hg.) (1994): *Politik, Institution und Staat. Zur Kritik der Regulationstheorie.* Hamburg, S. 157-213.

– (1995): *Der nationale Wettbewerbsstaat. Staat, Demokratie und Politik im globalen Kapitalismus.* Berlin.

– (2001): *Weshalb Periodisierung?* In: Candeias, Mario; Deppe, Frank (Hg.) (2001): *Ein neuer Kapitalismus? Akkumulationsregime – Shareholder Society – Neoliberalismus und Neue Sozialdemokratie.* Hamburg, S. 41-48.

– (2002): *Herrschaft, Hegemonie und politische Alternativen.* Hamburg.

– (2009): *Weltwirtschaftskrise 2.0 oder der Zusammenbruch des neoliberalen Finanzkapitalismus*; in: Zeitschrift für kritische Theorie 28-29, S. 182-186.

Hirsch, Joachim; Roth, Roland (1986): *Das neue Gesicht des Kapitalismus. Vom Fordismus zum Post-Fordismus.* Hamburg.

HKWF (2003): *Historisch-Kritisches Wörterbuch des Feminismus.* Hrsg. von Frigga Haug. Hamburg.

HKWM (1994ff): *Historisch-kritisches Wörterbuch des Marxismus.* Hrsg. von Wolfgang Fritz Haug. Hamburg.

Hochschild, Alie (2005): *Love and Gold: For Women, Power and Justice: A Global Perspective*. Unter: http://lnx.a77web.it/index.php?option=com_docman&task=doc_view&gid=18, Einsicht am 15.09.2011.

Hochschild, Arie Russell (2001): *Globale Betreuungsketten und emotionaler Mehrwert*. In: Hutton, Will; Giddens, Anothony (Hg.): *Die Zukunft des globalen Kapitalismus*. Frankfurt/New York, S. 157-176.

Hochschild, Arie Russell; Hutton, Will; Giddens, Anthony (2000): *Global Care Chains and Emotional Surplus Value. On the Edge Living with Global Capitalism*. London, S. 130-146.

Hoffmann, Edeltraud (1988): *Beschäftigungstendenzen im Dienstleistungssektor der USA und der Bundesrepublik Deutschland*. In: *Mitteleitungen aus der Arbeitsmarkt- und Berufsforschung*, Sonderdruck 21. Jg. 2. Nürnberg.

Home Care Crisis A – HCC (2009a): *Fact Sheet Home Care by numbers*. 1199 SEIU. Unter: http://homecarecrisis.org, Einsicht am 15.12.2009.

Home Care Crisis B – HCC (2009b): *Fact Sheet Home Care in New York City: The Living Wage vs The Non-Living Wage Workforce*. 1199 SEIU. Unter: http://homecarecrisis.org, Einsicht am 15.12.2009

Home Care Crisis C – HCC (2009c): *Fact Sheet Profit Before Care? The Case of the For-Profit Takover.* 1199 SEIU. Unter: http://homecarecrisis.org, Einsicht am 10.06.2010

Hooks, bell (1981): *Ain't I a women: Black Women and Feminism*. London.

Hoppe, Hella (2002): *Feministische Ökonomik. Gender in den Wirtschaftstheorien und ihren Methoden*. Berlin.

Hübner, Kurt (1989): *Theorie der Regulation. Eine kritische Rekonstruktion eines neuen Ansatzes der Politischen Ökonomie*. Berlin.

Hughes, Colin; McCuaig, Kerry (2000): *When mom must work: Family day care as a welfare-to-work option*. Ontario Coalition for Better Child Care. Unter: http://www.childcarecanada.org/CPAG_CCEF/moms_welfare, Einsicht am 10.06.2010.

IBO New York City – Independent Budget Office (2005): *As City Plans Child Care Improvements, Funding Tightens*. In: *Fiscal Brief*, December 2005.

ILO – International Labor Organisation (2002): *Decent work and the informal economy*. In: Report VI. 90th Session. Genf.

– (2010): *Decent work for domestic Workers*. In: Report IV (1). 99th Session. Genf.

Inter Pares (2004): Towards a feminist political economy. Inter Pares Occasional Paper, No.5. Ontario.

Jagger, Alison M. (1983): Feminist Politics and Human Nature. Brighton.

Jenson, Jane (1989): *The talents of women, the skills of men: flexible specialization and women*. In: Wood, Stephen (Hg.): *The transformation of work?* London, S. 141-156.

– (1997): Who cares? Gender and welfare regimes. In: Social Politics. 4 (2): 182-187.

Jessop, Bob (2000): *Die geschlechtsspezifische Selektivität des Staates*. In: Kreisky, Eva; Lang, Sabine; Sauer, Birgit (Hg.): *EU. Geschlecht. Staat*. Wien, S. 55-85.

– (2001): *Kritischer Realismus, Marxismus und Regulation*. In: Candeias, Mario; Deppe, Frank (Hg.): *Ein neuer Kapitalismus? Akkumulationsregime – Shareholder Society – Neoliberalismus und Neue Sozialdemokratie*. Hamburg, S. 16-40.

– (2001b): *Nach dem Fordismus. Das Zusammenspiel von Struktur und Strategie*. In: *Das* Argument – *Zeitschrift für Philosophie und Sozialwissenschaften*. 43. Jg., 239 (1): 9-22.

– (2002): *The Future of the Capitalist State*. Cambridge.

Joachimsen, Maren A. (2003): *Careful Economics. Integrating Caring Acitities and Economic Science*. Boston.

Kaldor, Nicholas (1966): *Causes of the Slow Rate of Economic Growth of the United Kingdom* [Inaugural lecture]. Cambridge.

Kalmring, Stefan (2003): *Produktive und unproduktive Arbeit vom Standpunkt des Kapitals*. In: Gerlach, Olaf; Kalmring, Stefan; Nowak, Andreas (2003) (Hg.): *Mit Marx ins 21. Jahrhundert. Zur Aktualität der Politischen Ökonomie*. Münster, S. 90-108.

Kannankulam, John (2008): *3. Exkurs: Die formanalytische Begründung des Staates*. In: Kannankulam, John (2008): *Autoritärer Etatismus im Neoliberalismus. Zur Staatstheorie von Nicos Poulantzas*. Hamburg, S. 36-57.

Kaplinsky, Raphael (2000): *Globalisation and Unequalisation: What Can Be Learned from Value Chain Analysis*. In: *Journal of Development Studies* 37 (2): 117-146.

Karakayalı, Serhat; Tsiano, Vassilis (2005): *Mapping the order of New Migration. Undokumentierte Arbeit und die Autonomie der Migration*. In: PERIPHERIE 25 (97/98): 35-64.Unter: http://www.preclab.net/text/Karakayali-Tsianos_Mapping-the-order.pdf, Einsicht am 20.06. 2010.

– (2007): *Movements that matter. Eine Einleitung*. In: TRANSIT MIGRATION Forschungsgruppe (Hg.): *Turbulente Ränder. Neue Perspektiven auf Migration an den Grenzen Europas*. Bielefeld, S. 7-17.

Katz, Cindi (2001): *Vagabond Capitalism and the Necessity of Social Reproduction*. In: *Antipode* 33 (4): 708-725.

Kilkey, Majella; Bradshaw, Jonathan (1999): *Lone Mothers, Economic Well-Being, and Policies*. In: Sainsbury, Diane (1999) (Hg.): *Gender and welfare state regimes*. Oxford, S.147-185.

Kittay, Eva Feder (2005): Dependency, Difference and Global Ethic of Longterm Care. In: *The Journal of Political Philosophy*. 13(2): 443-469.

Klenner, Christina; Stolz-Willig, Brigitte (1999): *Arbeitsplatz Privathaushalt – Rückkehr zur Dienstbotengesellschaft oder Emanzipationschance? Eine Replik auf Claudia Weinkop*. In: Behning, Ute: *Das Private ist ökonomisch. Widersprüche der Ökonomisierung privater Familien- und Haushaltsdienstleistungen*. Berlin, S. 153-171.

Knijn, Trudie; Ostner, Ilona (2002): *Commodification and de-commodification*. In: Hobson, Lewis; Siim, Birte (Hg.): *Contested Concepts in Gender and Social Politics*. Cheltenham, S. 141-170.

Knittler, Käthe; Birkner, Martin (2006): *F*rau am Herd *&* Arbeitswert. *Zur Geschichte und möglichen Zukunft feministischer Auseinandersetzung mit der marxschen Kritik der* *politischen Ökonomie.* In: Hoff, Jan; Petrioli, Alexis; Stützle, Ingo; Wolf, Frieder Otto (Hg.): *Das Kapital neu lesen. Beiträge zur radikalen Philosophie*. Münster, S.304-324.

Koch, Max (2003): *Arbeitsmärkte und Sozialstrukturen in Europa. Wege zum Postfordismus in den Niederlanden, Schweden, Spanien, Großbritannien und Deutschland.* Wiesbaden.

Kohli, Martin (2009): *Health care industries and the New York City labor market.* In: *Monthly Labor Review* September 2009.

Kohlmorgen, Lars (2004): *Regulation – Klasse – Geschlecht. Die Konstituierung der Sozialstruktur im Fordismus und Postfordismus.* Münster.

Kolodner, Meredith (2009): *Home-based day care workers get raises, but city to cut 1,100 kids from program to pay for it.* In: *New York Daily News.* 14. Mai 2009. Unter: http://www.nydailynews.com/ny_local/2009/05/14/2009-05-14_homebased_day_care_workers_get_raises_but_city_to_cut_1100_kids_from_program_to_.html, Einsicht am 15. 02. 2010.

Krebs, Hans-Peter; Sablowski, Thomas (1994): *Ökonomie als soziale Regularisierung.* In: Demirovic, Alex; Krebs, Hans-Peter; Thomas Sablowski (Hg.): *Hegemonie und Staat. Kapitalistische Regulation als Projekt und Prozess.* Münster.

Kreckel, Reinhard (2003): *Politische Soziologie der sozialen Ungleichheit* (3. überarb. und erw. Aufl.). Frankfurt a.M.

Kulawik, Teresa (2005): *Wohlfahrtsstaaten und Geschlechterregime im internationalen Vergleich.* In: *gender...politik...online.* Unter: http://web.fu-berlin.de/gpo/pdf/kulawik/kulawik.pdf, Einsicht: 02.03.2006.

Kumbruck, Christine (2009): *Diakonische Pflege im Wandel: Nächstenliebe unter Zeitdruck: Studien zur Pflege.* Berlin.

Kurz-Scherf, Ingrid (1995): *Vom guten Leben. Feministische Perspektiven diesseits und jenseits der Arbeitsgesellschaft.* In: Belitz, Wolfgang (Hg.): *Wege aus der Arbeitslosigkeit.* Reinbek, S. 181-206.

Lang, Sabine; Mayer, Margit; Scherrer, Christoph (Hg.) (1999): *Jobwunder USA – Modell für Deutschland?* Münster.

Laslett, Barbara; Brenner, Johanna (1989): *Gender and Social Reproduction: Historical Perspectives.* In: Annual Review of Sociology. 15: 381-404.

Lehndorff, Steffen (1999): *Marktsteuerung von Dienstleistungen.* In: Altvater, Elmar; Haug, Fritz; Negt, Oskar et al. (1999): *Turbo-Kapitalismus. Gesellschaft im Übergang ins 21. Jahrhundert.* Hamburg, 153-171.

Leira, Arnlaug; Saraceno, Chiara (2004): *Care: actors, relationships and contexts.* In: Hobson, Barbara; Lewis, Jane; Siim, Birte (Hg.): *Contested Concepts in Gender and Social Politics.* Cheltenham, S. 55-84.

Leitner, Sigrid (2010): *Familialismus in konservativen Wohlfahrtsstaaten. Zum Wandel des Geschlechterleitbilds in der Kinderbetreuungs- und Altenpflegepolitik.* In: Auth, Diana; Buchholz, Eva; Janczyk, Stefanie (Hg.): *Selektive Emanzipation. Analysen zur Gleichstellungs- und Familienpolitik.* Opladen, S. 197-217.

Lerman, R. I., & Ratcliffe, C. (2001): *Are single mothers finding jobs without displacing other workers?* In: *Monthly Labor Review*, 124(7), 3-12.

Lewis, Jane (2000): *Work and Care.* In: *Social Policy Review*. 12: 48-67.

– (2001): *The decline of the male breadwinner model: The implications for work and care.* In: *Social Politics*. 8 (2): 152-170.

– (2008): *Gender and welfare state change.* In: Leibfried, Stephan; Mau, Steffen (Hg.): *Welfare states: construction, deconstruction, reconstruction*. Cheltenham.

Light, Ivan; Bonacich Edna (1988): *Immigrant entrepreneurs; Koreans in Los Angeles, 1965-1982*. Berkely.

Lipietz, Alain (1985): *Akkumulation, Krisen und Auswege aus der Krise: Einige methodische Überlegungen zum Begriff „Regulation"*. In: *PROKLA Zeitschrift für kritische Sozialwissenschaft* 58: 108-137.

– (1992): *Vom Althusserismus zur „Theorie der Regulation"*. In: Demirovic, Alex; Krebs, Hans-Peter; Sablowski, Thomas (Hg.) (1992): *Hegemonie und Staat. Kapitalistische Regulation als Projekt und Prozess*. Münster, S. 9-55.

– (1992b): *Towards a New Economic Order. Postfordism, Ecology and Democracy*. Cambridge.

– (1998): *Nach dem Ende des Goldenen Zeitalters. Regulation und Transformation kapitalistischer Gesellschaften. Ausgewählte Schriften von Hans-Peter Krebs*. Berlin.

Lindner, Kolja (2010): *Marx's Eurocentrism. Postcolonial studies and Marx scholarship*, in: Radical Philosophy, 161 (2010), S. 27-41.

Lowi, Theodore L. (1998): *Think Globally, Lose Locally*. In: Boston view, April/Mai 1998, S.4-10.

Lutz, Helma (Hg.) (2008): *Migration and Domestic Work. A European Perspective on a Global Theme*. Ashgate.

Luxemburg, Rosa (1913): *Die Akkumulation des Kapitals. Ein Beitrag zur ökonomischen Erklärung des Imperialismus*. Gesammelte Werke Band 5. Berlin, S. 5- 411.

– (1916, 1921): *Antikritik. Die Akkumulation des Kapitals oder was die Epigonen aus der Marxschen Theorie gemacht haben*. Gesammelte Werke Band 5, Berlin, S. 413-523.

– (1973): *Gesammelte Werke*. Band 3, 1911 bis 1914. Berlin.

Luxton, Meg (2006): *Feminist Political Economy in Canada and the Politics of Social Reproduction*. In: Bezanson, Kate; Luxton, Meg (Hg.) (2006): *Social Reproduction. Feminist Political Economy Challenges Neo-liberalism*. Montreal, S. 11-45.

Lydandrou, Photis (2005): *Globalization as commodification*. In: *Cambridge Journal of Economics* 29 (5): 769-797.

Mackert, Jürgen; Müller, Hans-Peter (2007): *Moderne (Staats)Bürgerschaft. Nationale Staatsbürgerschaft und die Debatten der Citizenship Studies*. Wiesbaden.

Madörin, Marscha (2004 [1999]): *Robinson Crusoe und der Rest der Welt*. In: Boudry, Pauline; Kuster, Brigitta; Lorenz, Renate (Hg.): *Reproduktionskonten fälschen! Heterosexualität, Arbeit und Zuhause*. Berlin, S. 132-156.

– (2006): *Plädoyer für eine eigenständige Ökonomie der Care-Ökonomie.* In: Niechoj, Thorsten; Tullney, Marco (Hg.): *Geschlechterverhältnisse in der Ökonomie.* Marburg, S. 277-299.

– (2001): *Makroökonomie und Gender. Neue wirtschaftstheoretische und -politische Herausforderungen. Ein Grundlagenpapier.* Pressekonferenz vom 7. März 2001. Erklärung von Bern. NGO-Koordination Post Beijing Schweiz, Frauenrat für Außenpolitik. Unter: http://www.evb.ch/cm_data/Makrooekonomie_und_Gender.pdf, Einsicht am 25.03.2006.

– (2006): *Grundkonzepte, die in feministischen Wirtschaftstheorien und in einer feministischen Wirtschaftspolitik nicht fehlen dürfen.* Unter: www.glow-boell.de/media/de/txt_rubrik_3/Madoerin.pdf, Einsicht am 22.03.2006.

– (2007): *Neoliberalismus und die Reorganisation der Care-Ökonomie. Eine Forschungsskizze.* In: *Denknetz Jahrbuch* 2007. Zürich, S. 141-162.

– (2009): *Wie Care-Arbeit denken. Beziehungs- oder Sorgearbeit? Versuch einer Orientierung.* In: *Care-Ökonomie. Neue Landschaften von feministischen Analysen und Debatten.* In: Olympe. Feministische Arbeitshefte zur Politik. 30: 66-70.

Mahnkopf, Birgit (Hg.) (1988): *Der gewendete Kapitalismus? Kritische Beiträge zur Theorie der Regulation.* Münster.

Maier, Friederike (1993): *Homo Oeconomicus. Zur geschlechtsspezifischen Konstruktion der Wirtschaftswissenschaften.* In: *PROKLA Zeitschrift für kritische Sozialwissenschaft* 23 (4): 551-571.

Maier, Friederike (2004): *Volkswirtschaftliche Arbeitsmarktanalysen und -theorien und Frauenarbeit.* In: GenderA Discussion Papers 10/2004.

Martiniano, Robert; Armstrong, David; Bates, Alison; Moore, Jean (2010): *The Health Care Workforce in New York, 2008: Trends in the Supply and Demand for Health Workers.* Rensselaer, NY: Center for Health Workforce Studies, School of Public Health, SUNY Albany.

Marx, Karl (1847): *Das Elend der Philosophie, Antwort auf Proudhons „Philosophie des Elendes".* In: Marx-Engels-Werkausgabe (MEW) Band 4. Berlin.

– (1857/58): *Grundrisse der Kritik der politischen Ökonomie.* In: Marx-Engels-Werkausgabe (MEW) Band 42. Berlin.

– (1859): *Zur Kritik der politischen Ökonomie.* In: *Marx-Engels-Werkausgabe (MEW)* Band 13. Berlin.

– (1861-63): Theorien über den Mehrwert. In: Marx-Engels-Werkausgabe (MEW) Band 26.1-26.3 158-169.

– (1967-1994): *Das Kapital. Kritik der politischen Ökonomie.* 3 Bände. In: *Marx-Engels-Werkausgabe (MEW)* Band 23-25. Berlin.

Marx, Karl; Engels, Friederich: *Werke [MEW],* herausgegeben vom Institut für Marxismus-Leninismus beim ZK der SED. Berlin.

– (1845): *Das Kommunistische Manifest.* In: *Marx-Engels-Werkausgabe (MEW)* Band 4. Berlin.

– (1845): *Die Deutsche Ideologie*. In: *Marx-Engels-Werkausgabe (MEW)* Band 3.

Maslow, Abraham Harold (1943): *A Theory of Human Motivation*. In: *Psychological Review* 50: 370-96.

Mattick, Paul (1969): *Marx and Keynes. The Limits of the Mixed Economy*. Boston. Unter: http://www.marxists.org/archive/mattick-paul/1969/marx-keynes/index.htm, Einsicht am 15.09.2011.

Mattik, Paul (1974): *Krisen und Krisentheorien*. In: Ders. et al.: *Krisen und Krisentheorien*. Frankfurt a.M., S. 337-362.

May, Martha (1982): *The Historical Problem of the Family Wage – The Ford-Motor Company and the 5-Dollar Day*. In: *Feminist Studies* 8 (2): 399-424.

– (2003*): Unternehmer seiner selbst: Die neoliberale Variante von Selbstbildung, Eigenverantwortung und Autonomie*. In: *Widersprüche. Zeitschrift für sozialistische Politik im Bildungs-, Gesundheits- und Sozialbereich*. 23.Jg, 89 (3): 75-92.

McCall, Leslie (2007): *Increasing Class Disparities among Women and The Politics of Gender Equity*. In: Cobble, Dorothy Sue (Hg): *The Sex of Class. Women Transforming American Labor*. NewYork, S. 15-35.

McDowell, Linda (1991): *Life without Father and Ford – The New Gender Order of Post-Fordism*. In: *Transactions* 16 (4): 400-419.

– (1991): Life without Father and Ford – The New Gender Order of Post-Fordism. In: *Transactions* 16 (4): 400-419.

McGrath, Siobhán; DeFilippis, James (2009): *Social reproduction as unregulated work*. In: *Work, Employment & Society* 23 (1): 66-83.

Meagher, Gabrielle (2006): *What can we expect form paid carers?* In: *Politics and Society* 34 (1): 33-53.

Merton College, Oxford University (2011): *Making Connections: Migration, Gender and Care Labour inTransnational Context*. Conference 14 – 15 April 2011. Unter: http://www.compas.ox.ac.uk/events/previous/events-2011/making-connections-conference/#c1146, Einsicht am 15.09.2011.

Mies, Maria (1983): *Subsistenzproduktion, Hausfrauisierung, Kolonisierung*. In: *Beiträge zur feministischenTheorie und Praxis* 6: 115-124.

– (1986): *Patriarchy and Accumulation On A World Scale: Women in the International Division of Labour*. London.

Milios, Jannis (1999): *Zur Darstellung von Marx' Krisentheorie im dritten Band des Kapital*. In: Beiträge zur Marx-Engels-Forschung. Neue Folge 1998, S. 47-60.

Milios, Jannis; Economakis, Georg (2002): *Zur Entwicklung der Krisentheorie aus dem Kontext der Reproduktionsschemata: von Tugan-Baranowskij zu Bucharin*. In: *Beiträge zur Marx-Engels-Forschung*. Neue Folge 2002, S. 160-184.

Mink, Gwendolyn (1999): *Whose Welfare?* New York.

Mitchell, Katharyne; Marston, Sallie A.; Cindi Katz (2003): *Life's Work: An Introduction, Review and Critique*. In: *Antipode* 35 (3): 415-442.

Molyneux, Maxine (1979): *Beyond the domestic labor debate*. In: *New Left Review* 1 (116): 3-27.

Moody, Kim (2007): *From Welfare State to Real Estate: Regime Change in New York City, 1974 to the Present*. New York Press

Mundlak, Guy; Shamir, Hila. (2008): *Between intimacy and alienage: The legal construction of domestic and carework in the Welfare State*. In: Lutz, Helma (Hg.): *Migration and domestic work: A European perspective on a global theme*. Aldershot, S. 161-176.

NACCRRA – The Nation's Network of Child Care Resource & Referral (2009): *The Impact of the Recession on Child Care. A Survey of Local Child Care Resource & Referral Agencies*. April 9, 2009. Unter: http://www.naccrra.org/policy/economic-stimulus-briefing-room/docs/EconImpact_One_Pager.pdf, Einsicht am 01.05.2010.

– (2010): *Report: State Budget Cuts: America's Kids Pay Price*. Unter: http://www.naccrra.org/policy/economic-stimulus-briefing-room/docs/January6FinalNACECMVOI.pdf, Einsicht am 16.06.2010.

– (2010): *The Current Economy's Impact on Child Care*. Unter: http://www.naccrra.org/policy/economy/, Einsicht am 10.06.2010.

Nadasen, Premilla (2009): *Sista Friends and other allies. Domestic workers united and coalition politics*. Unv. Manuskript.

Nadasen, Premilla, Mittelstadt, Jennifer; Chappell, Marisa (2009): *Welfare in the United States. A History in Documents, 1935-1996*. New York/London.

Nadasen, Premilla; Boris, Eileen (2008): *Domestic Workers Organize!* In: *Working USA. The Journal of Labor and Society* 11: 413-437.

Nelson, Julie (1996): *Feminism, objectivity and economics*. London.

Neusüß, Christel (1985): *Die Kopfgeburten der Arbeiterbewegung oder Die Genossin Luxemburg bringt alles durcheinander*. Hamburg.

New York State Bureau of Labor Market Information (2010): *Division of Research and Statistics Significant Industries, A Report to the Workforce Development System*. New York. Unter: http://www.labor.ny.gov/stats/PDFs/Significant_Industries_Report_0610.pdf, Einsicht am 15.09.2011.

New York State Department of Health (2001): *Certified Home Health Agency Cost Reports*. New York.New York State Department of Health (2007): *Certified Home Health Agency Cost Reports*. New York.

New York State Department of Labor (2006-2011): Long Term Occupational Projections 2006 -2012). Unter: http://www.labor.state.ny.us/stats/demand_print.asp, Einsicht am 15.09.2011.

– (2010): *Current Population Survey Data New York State: 1970 – 2009*. Unter: http://www.labor.ny.gov/stats/PDFs/current_pop_survey_data.pdf, Einsicht am 15.09.2011.

– (2010): *Labor Statistics for the New York City Region 2010*. Unter http://www.labor.ny.gov/stats/nyc/index.shtm, Einsicht am 02.02.2011.

– (2010): *Feasibility of Domestic Worker Collective Bargaining*. New York. Unter: http://www.labor.ny.gov/sites/legal/laws/pdf_word_docs/Domestic_worker_report.pdf, Einsicht am 15.09.2011.

New York Union Child Care Coalition (2004): *Facilitated Enrollment Project Report*. Unter: http://www.empirejustice.org/assets/pdf/issue-areas/child-care/nyucc-facilitated-enrolment.pdf, Einsicht am 30.08.2010

Notburger, Ott (1995): *Fertility and division of work in the family: A game theoretic model of household decisions*. In: Kuiper, Edith; Sap, Jolande (Hg.): *Out of the Margin*. London, S. 80-99.

Notz, Gisela (1999): *Über den traditionellen Arbeitsbegriff und die Notwendigkeit seiner Veränderung*. In: *Utopie kreativ* H. 109/110: 151-161.

Nowak, Iris (2011): *Fürsorgliche Praxis als prekläre Lohnarbeit. Fragen zu den Erfahrungen der Beschäftigten*. In: *Das Argument* 292: Care – eine feministische Kritik der politischen Ökonomie. 53 (3): 381-392.

NYC Office of Management and Budget (2007): *Monthly Report on Current Economic Conditions*. Unter: http://www.nyc.gov/html/omb/downloads/pdf/ec11_07.pdf, Einsicht am 10.09.2011.

– (2009): *January 2009. Financial Plan. Fiscal Years 2009-2012,* in: http://www.nyc.gov/html/omb/downloads/pdf/sum1_09.pdf, Einsicht am 15.09.2011

O'Connor, James (1998): *Natural Causes. Essays in Ecological Marxism*. New York.

OHRS – Offical Health Research and Service Administration (2008): *National Sample Survey of Registered Nurses*.

Olympe Feministische Arbeitshefte zur Politik (2009): *Care-Ökonomie. Neue Landschaften von feministischen Analysen und Debatten*. Heft 30: Ottenbach.

Orloff, Ann Shola (2006): *From Maternalism to employment for all: Tate policies to improve womens employment across the affluante democratie*. In: Levy, Jonah (Hg.): *The State after Statism*. Cambridge.

– (2007): *Fareweill to Maternalism: Welfare Reform, Ending Entitlement for Poor Single Mothers, and Expanding the Claims of Poor employed Parents*. In: Institute for Policy Research Northwestern University- Working Paper Series, WP-00-07.Unter: http://www.northwestern.edu/ipr/publications/papers/2000/WP-00-07.pdf, Einsicht am 10. 06. 2010.

Ostendorf, Berndt (2007): *Einwanderungsland USA? Zwischen NAFTA und Terrorismus*. In: *Rat für Migration: Politische Essays zu Migration und Integration*. 1/2007. Unter: http://www.rat-fuer-migration.de/PDF/Ostendorf-Einwanderungsland-USA.pdf, Einsicht am 15. 06. 2010.

Ostner, Ilona (1978): *Beruf und Hausarbeit. Die Arbeit der Frau in unserer Gesellschaft*. Frankfurt a.M.

Ostner, Ilona; Lewis, Jane (1994): *Gender and the Evolution of European Social Policy*. Working Paper 4 of the Centre of Social Policy Research. University of Bremen.

Palmer, Phyllis (1987): *Housewife and Household Worker: Employer – Employee Relations in the Home, 1928-1941*. In: Groneman, Carole; Beth, Mary (Hg.): *To Toil the Livelong Day: Americas Women at work, 1780-1980*. New York, S. 179-195.

Paraprofessional Health Care Institute (2010): *State Chart Book on Wages for Personal and Home Care Aides, 1999-2009*. Unter: http://www.directcareclearinghouse.org/download/PCA_Wage_Chart_Book_1999_2009.pdf, Einsicht am 6.02.2011.

– (2009a): *Facts 3: Who are direct-care workers?* January 2009. Unter: http://www.PHInational.org, Einsicht am 10.02.2010.

– (2009b): *State Facts: New York City's home Care Workforce*. December 2009. Unter: www.PHInational.org, Einsicht am 10.03.2010.

Parrenas, Rhacel Salazar (2001): *Servants of Globalization: Women, Migration, and Domestic Work*. Standford.

– (2005): *Children of Global Migration: Transnational Families and Gendered Woes*. Standford.

Peggie R. Smith (2000): *Organizing the Unorganizable: Private Paid Household Workers and Approaches to Employee Representation*. In: *North Carolina Law Review* 79: 45-52.

Peter, Waltraut (2005): *Der amerikanische Earned Income Tax Credit als Beispiel einer „make work pay"-Strategie*. In: IW-Trends – Vierteljahresschrift zur empirischen Wirtschaftsforschung aus dem Institut der deutschen Wirtschaft Köln 32 (3). Unter: http://www.iwkoeln.de/Portals/0/pdf/trends03_05_1.pdf, Einsicht am 10.02.2010.

Phillips, Jack (2010): *March across Brooklyn Bridge highlights Child Care Cuts*. In: *Epoch Times*, 21.04.2010. Unter: http://www.theepochtimes.com/n2/content/view/33872/, Einsicht am 15.10. 2010.

Picchio, Antonella (1992): *Social reproduction: The political economy of the labour market*. Cambridge.

Pietilä, Veikko (1994): *abstrakt – konkret*. In: *HKWM* Band 1, S. 51-56.

Piore, Michael J. (1979): *Birds of Passage: Migrant Labor and Industrial Societies*. Cambridge.

Piperno, Flavia (2007): *From Care Drain to Care Gain: Migration in Romania and Ukraine and the rise of transnational welfare*. In: *Development* 50(4): 63-68.

Plonz, Sabine; Haug, Frigga et al. (2011) (Hg.): *Care – eine feministische Kritik der politischen Ökonomie? Das Argument* 292. 53 (3).

Polanyi, K. [1944] (1974): *The Great Transformation*. Frankfurt a.M.

Portes, Alejando; Rumbaut, Ruben G. (1990): *Immigrant America: A Portrait*. Berkeley.

Poulantzas, Nicos (1975): *Klassen im Kapitalismus – heute*. Berlin.

Power, Marilyn (2004): *Social Provisioning as a Starting Point for Feminist Economics*. In: *Feminist Economics* 10 (3): 3-19.

Prokop, Ulrike (1976): *Weiblicher Lebenszusammenhang: Von der Beschränktheit der Strategien und der Unangemessenheit der Wünsche*. Frankfurt a.M.

Pühl, Katharina (2004): *Neoliberale Paradoxien? Geschlechtsspezifische Veränderungen durch sozialpolitische Reregulierungen als Herausforderung feministischer Theorie*. In: *Zeitschrift für Frauenstudien und Geschlechterforschung* 22 (2/3): 40-51.

Pühl, Katharina; Brenssell, Ariane (2003): *Geschlechterverhältnisse im Neoliberalismus oder Geschlechterverhältnisse als neoliberale Hegemonie?* In: Bundeskoordination entwicklungspolitisch arbeitender Gruppen BUKO (Hg.): *radikal global. Bausteine für eine internationalistische Linke*. Berlin.

Quadagno, Jill; Street, Debra (2006): *Recent Trends in U.S. Social Welfare Policy: Minor Retrenchment or Major Transformation?* Research on Aging. Unter: http://roa.sagepub.com/cgi/content/abstract/28/3/303, Einsicht am 10.06.2010.

Razavi, Shahra (2007): *The Political and Social Economic of Care in a Development Context. Conceptual Issues, Research Questions and Policy Options*. Programm Paper No.3. United Nationals Research Institute for Social Development. Gender and Development.

Rerrich, Maria S. (2010): *Care und Gerechtigkeit. Perspektiven der Gestaltbarkeit eines unsichtbaren Arbeitsbereichs*. In: Apitzsch, Ursula; Schmidbaur, Marianne (Hg.): *Care und Migration. Die Ent-Sorgung menschlicher Reproduktionsarbeit in der globalen Peripherie*. Opladen, S. 77-95.

Rhee, Nari; Zabin, Carol (2009): *The Social Benefits of Unionization in the Long-Term Care Sector*. In: Logan, John (Hg): *Academics on Employee Free Choice. Multidisciplinary Approaches to Labor Law Reform*. UC Berkely Center for Labor Research and Education. Berkley, S. 83-95.

Roberts, San (2010): *Calculating Poverty in New York: More by City Standard, and Less by Federal One*. New York Times, 02.03.2010.

Robinson, Joan (1962): *Essays in the Theory of economic Growth*. London.

Rose, Stephen (1977): *On Classifying State Expenditures*. In: *Review of Radical Political Economics* 9 (4): 31 -42.

Ross, Andreas (2010): *Sozialhilfe in New York Die Hauptstadt der Nicht-Coucher*. In: *Frankfurter Allgemeine Zeitung*, 12. März 2010. Unter: http://www.faz.net/artikel/C30190/sozialhilfe-in-new-york-die-hauptstadt-der-nicht-coucher-30084234.html, Einsicht am 15.09.2011.

Röttger, Bernd (1997): *Neoliberale Globalisierung und eurokapitalistische Regulation. Die politische Konstitution des Marktes*. Münster.

Ruf, Anja (1990): *Frauenarbeit und Fordismus-Theorie*. Dissertation am FB Gesellschaftswissenschaften der Goethe-Universität, Frankfurt a. M.

Sablowski, Thomas (1994): *Zum Status des Hegemoniebegriffs in der Regulationstheorie*. In: Esser, Josef; Görg, Christoph; Hirsch, Joachim (Hg.) (1994): *Politik, Institution und Staat. Zur Kritik der Regulationstheorie*. Hamburg, S. 133-157

Sablowski, Thomas (2003): *Krisentendenzen der Kapitalakkumulation*. In: Das Argument 251. 45 (3): 438-452.

Saraceno, Chiara (2008): *Gender and Care: Old Solutions, New Developments?* RSCAS DL 2008/02. Robert Schuman Center for Advanced Studies, European University Institute Florence.

Sarvasy, Wendy; Longo, Patricia (2004): *The Globalization of Care: Kant's World Citizenship and Filipina Migrant Domestic Workers*. In: *International Feminist Journal of Politics* 6(3): 392-415.

Sassen, Saskia (1991): *The Global City: New York – London – Tokio.* Princeton.

– (1993): *Die informelle Ökonomie von New York (U.S.A.).* In: Ernst, Rainer W. et al. (1993): *Arbeit und Wohnen in städtischen Quartieren.* Basel, S. 277-303.

– (1996): *Metropolen des Weltmarktes.* Frankfurt a. M.

– (Hg.) (2002): *Global networks, linked cities.* New York.

Sauer, Birgit (1997): *Krise des Wohlfahrtsstaates: Eine Männerinstitution unter Globalisierungsdruck.* In: Braun, Helga; Jung, Dörthe (Hg.) (1997): *Globale Gerechtigkeit? Feministische Debatten zur Krise des Sozialstaats.* Hamburg, S. 113-147.

Scarr, Sandra; Weinberg, Richard A. (1986): *The Early Childhood Enterprise: Care and Education of the Young.* In: *American Psychologist* 41(10): 1140-6.

Schettkat, Ronald (2010): *Dienstleistungen zwischen Kostenkrankheit und Marketization.* WISO Diskurs der Friederich-Ebert Stiftung. Berlin.

Seccombe, Wally (1974): *The Housewife and her Labour under Capitalism.* In: New Left Review I/83: 3-24.

– (1992): *A Millennium of Family Change: Feudalism to Capitalism in Northwestern Europe.* New York.

Sen, Rinku (2006): *The Welfare Nanny Diaries.* In: Colorlines. The national newsmagazine on race and politics. Unter: http://colorlines.com/archives/2006/09/the_welfare_nanny_diaries.html, Einsicht am 10. 06.2010.

Senghaas-Knobloch, Eva (2005): *Fürsorgliche Praxis und die Debatte um einen erweiterten Arbeitsbegriff in der Arbeitsforschung.* In: Kurz-Scherf, Ingrid; Corel, Lena; Janczyk, Stefanie (Hg.) (2005): *In Arbeit: Zukunft. Die Zukunft der Arbeit und der Arbeitsforschung liegt in ihrem Wandel.* Münster, S. 54-69.

Shellenbarger, Sue (2004): *As Cost of Child Care Rises Sharply, Heres How Some Families Are Coping.* In: *The Wall Street Journal*, 12.10.2004.

Smith, Adam (1976): *An Inquiry into the Nature and Causes of the Wealth of Nations.* Bd. 1. Oxford.

Solow, R. (1956): *A Contribution to the Theory of Economic Growth.* In: *The Quarterly Journal of Economics* 70(1): 65-94.

SSA – Social Security Administration (2011): *Social Security Handbook online.* Unter: www.socialsecurity.gov, Einsicht am 01.03.2011.

Statistisches Bundesamt (2010): *Volkswirtschaftliche Gesamtrechnungen der Länder.* Statistisches Bundesamt. Unter: http://www.berlin.de/imperia/md/content/senwirtschaft/konjunkturdaten/a_05.pdf?start&ts=1296737819&file=a_05.pdf, Einsicht am 01.04.2011.

Stiegel, Barbara (2009): *Zur Care-Arbeit in Deutschland.* In: *Antworten aus der feministischen Ökonomie auf die globale Wirtschafts- und Finanzkrise.* WISO Diskurs der Friederich Ebert Stiftung. Berlin, S. 27-32.

Stohr, Kate (2002): *Day Care in New York.* In: *GothamGazette.com*, 2.Dez. 2002. Unter: www.gothamgazette.com/iotw/day care, Einsicht 05.02.2010.

Tait, Vanessa (2005): *Poor Workers Unions: Rebuilding Labor From Below.* Cambridge.

– (2007): *Expanding Labors Vision: The Challenges of Workfare and Welfare Oranizing.* In: Cobble, Dorothy Sue (Hg): *The Sex of Class. Women Transforming American Labor.* New York, S. 177-194.

The National Child Care Association (2002): *The National Economic Impacts of the Child Care Sector.* Unter: http://nccic.acf.hhs.gov/node/23068, Einsicht am 30.08.2011.

Tronto, Joan C. (1993): *Moral Boundaries: A Political Argument for an Ethic of Care.* New York.

Twigg, Julia (2000): *Bathing: The Body and Community Care.* London.

U.S. Bureau of Labor Statistics (2008): *Occupational Employment Statistics.*

– (2009): *Division of International Employment Comparison.* Unter: www.bls/gov/ilc, Einsicht am 15.02.2010.

U.S. Census Bureau (2005): *New York – Race and Hispanic Origin for Selected Large Cities and Other Places: Earliest Census to 1990.* Unter: http://www.census.gov/population/www/documentation/twps0076/NYtab.pdf, Einsicht am 15. 09.2011.

– (2007): *ACS Demografic and Housing Estimates.* New York City, New York.

– (2007): *American Community Survey (ACS): New York Demographic and Housing Estimates.*

– (2010): *American Community Survey (ACS): Race and Hispanic Origin for Selected Large Cities and Other Places. Earliest Census to 1990.* Unter: http://www.census.gov/population/www/documentation/twps0076/NYtab.pdf, Einsicht am 10.06.2010.

U.S. Departement of Commerce, Bureau of Economic Analysis (2011): *Gross Domestic Product by Metropolitan Area.*

U.S. Department of Health and Human Services, Centers for Medicare and Medicaid Services (2009): *Your Medicare rights and protections.* Unter: http://www.medicare.gov/Publications/Pubs/pdf/10112.pdf, Einsicht am 01.03.2011.

– (2011): *Medicare&you. Official U.S. government Medicare Handbook 2011.* Unter: http://www.medicare.gov/Publications/Pubs/pdf/10050.pdf, Einsicht am 01.03.2011.

U.S. Department of Health and Human Services, Centers for Medicare & Medicaid Services, Office of the Actuary, National Health Statistics Group (2005): *Expenditures for Health Services and Supplies, by Type of Sponsor; Selected Calendar Years 1960-2009.*

U.S. Department of Health and Human Services, Centers for Medicare & Medicaid Services, Office of the Actuary (2007a): *National Health Statistics Group; Medicare State Estimates 1991-2004.*

– (2007b): *National Health Statistics Group; Medicaid/Medicare State Estimates by State of Residence.* Unter: https://www.cms.gov/NationalHealthExpendData/downloads/res-mcare.pdf, Einsicht am 15.09.2011.

U.S. Department of the Treasury (2009a): *Child Tax Credit.* Publication 972, Cat. No. 26584R – OMB No. 1545–0074. Unter: www: http://www.irs.gov/pub/irs-pdf/p972.pdf, Einsicht am 20.06.2010.

U.S. Department of the Treasury (2009B): *Child and Dependent Care Expenses*. Publication 503 Cat. No. 15004M. Unter: www: http://www.irs.gov/pub/irs-pdf/p503.pdf, Einsicht am 20. 06.2010.

Ungerson, Claire (1997): *Social Politics and the commodification of care*. In: *Social politics* 4 (3): 362-82.

Ungerson, Claire (2000): *Cash in Care*. In: Harringston Meyer, Madonna (Hg.): *Care, Work, Gender, Labor and the Welfare State*. New York, S. 68-88.

Ungerson, Claire; Yeandle, Sue (2007): *Cash for Care in developed Welfare States*. Basingstoke.

UNH – United Neighborhood Houses (2009): *New York City's Child Care Funding Crisis*. Unter: www.unhny.org, Einsicht 10.06.2010.

United Federation of Teachers UFTnews (2009): *UFT reaches contract with state for home child care providers*. 31 Juli 2009. Unter: www.uft.org/news/issues/press/contract_for_home_child:provider , Einsicht am 10.06.2010.

United Federation of Teachers UFTnews (2011): *Child care Workers protest City Funding cut*. 26.05.2011. In: http://www.uft.org/news-stories/child-care-workers-protest-city-funding-cut, Einsicht am 30.08.2011.

UNRISD (2005): *Gender Equality: Striving for Justice in an Unequal World*. Genf.

Vaneck, J. (1980): *Time Spent in Houswork*. In: Amsterdam, A.H. (Hg.): *The Economics of Women and Work*. Harmonsworth.

Waring, Marilyn (1988): *If Women Counted. A New Feminist Economics*. San Fransisco.

Weaver, R. Kent (1998): *Ending Welfare as We Know It: Policymaking for Low-Income Families in the Clinton/Gingrich Era*. In: Margaret Weir (Hrsg.): *The Social Divide: Political Parties and the Future of Activist Government*. Washington, DC: Brookings, S. 361-416.

Weaver, R. Kent (2000): *Ending Welfare as We Know it*. Washington.

Weber, Thomas (1994): *Artikulation, Gliederung*. In: Haug, W.F. (Hg.): Historisch-kritisches Wörterbuch des Marxismus, Bd. I. Hamburg: Argument, S. 613-628.

Weil, Francois (2004): *A History of New York*. Columbia University Press

Wells, Robin; Krugman, Paul (2006): *The Health Care Crisis and What to Do About it*. In: The New York Book Review 53(4). Unter: http://www.nybooks.com/articles/archives/2006/mar/23/the-health-care-crisis-and-what-to-do-about-it/, Einsicht am 10.06.2010.

Wetterer, Angelika (2005): *Rhetorische Modernisierung & institutionelle Reflexivität: Die Diskrepanz zwischen Alltagswissen und Alltagspraxis in arbeitsteiligen Geschlechterarrangements*. In: *Freiburger FrauenStudien. Zeitschrift für Interdisziplinäre Geschlechterforschung*. Ausgabe 15, Arbeit und Geschlecht: 75-96.

WIDE (2009): *Anual conference 2009 in Basel: We care! Feminist responses to the Care Crisis*. Unter: http://62.149.193.10/wide/download/WIDE%20CONF%20REPORT%2009.pdf?id=1030, Einsicht am 25.10. 2011.

Wigfield, Andrea (2001): *Post-Fordism, Gender and Work*. Ashgate.

Wildemann, Horst: (2001): *Das Just-In-Time-Konzept*. München.

Williams, Fiona (2010): *Themes and Concepts in Migration, Gender and Care*. In: *Social Policy and Society* 9 (3): 385-396.

Winker, Gabriele (2011): *Soziale Reproduktion in der Krise – Care Revolution als Perspektive*. In: Das Argument 292: *Care – eine feministische Kritik der politischen Ökonomie* 53(3): 333-345.

Wolf, Frieder Otto (2008): *Reproduktion und Ideologie bei Louis Althusser. Eine aktualisierende Annäherung*. In: Peter, Gerd, Wolf, Frieder Otto (Hg.): *Welt ist Arbeit. Im Kampf um die neue Ordnung*. Münster, S. 41- 54.

Woods, Dorian (2004): *Das adult worker model in den USA und Großbritannien*. In: Leitner, Sigrid; Ostner, Ilona, Schratzenstaller, Margit (Hg.) (2004): *Wohlfahrtsstaaten und Geschlechterverhältnis im Umbruch. Was kommt nach dem Ernährermodell?* Stuttgart, S. 209-233.

Woods, Dorian R. (2003): *Alleinerziehende Mütter und Trends in den U.S.-amerikanischen und deutschen Sozialhilfemaßnahmen*. In: Wahler, Charlotte (Hg.): *Forschen mit Geschlecht? Dokumentation der neunten Wissenschaftlerinnen-Werkstatt der Promovendinnen der Hans-Böckler-Stiftung von 19.-22. September 2002*: Düsseldorf.

wsws.org -World Socialist Web Site (2004): *Home health and day care workers strike in New York*. 14. Juni 2004. Unter: http://www.wsws.org/articles/2004/jun2004/1199-j14.shtml, Einsicht am 10.05. 2010.

Yeates, Nicola (2004): *Global Care Chains*. In: *International Feminist Journal of Politics* 6 (3): 369 – 391.

Young, Brigitte (1998): *Genderregime und Staat in der globale Netzwerk-Öknomie*. In: *PROKLA Zeitschrift für kritische Sozialwissenschaft* 111, 28 (2): 175-198.

Young, Brigitte (2010): *The Gendered Dimension of Money, Finance and The Subprime Crisis*. In: Bauhardt, Christine; Çaglar, Gülay (Hg.): *Gender and Economics. Feministische Kritik der politischen Ökonomie*. Wiesbaden, S. 258-78.

Zein-Elabdin, Eiman (2003): *The difficulty of a feminist economics*. In: Barker, Drucilla K.; Kuiper, Edith: *Toward a feminist philosophy of economics*. New York, S. 320-338.

Zhou, Min and John Logan (1989): *Returns on Human Capital in Ethnic Enclaves: New York City's Chinatown*. In: *American Sociological Review* 54 (October): 809-820.

Forum Frauen- und Geschlechterforschung

Band 35
Eva Sänger / Malaika Rödel (Hrsg.)
Biopolitik und Geschlecht
Zur Regulierung des Lebendigen
2012 - 288 Seiten - € 29,90
ISBN 978-3-89691-235-0

Band 34
Birgit Bütow / Chantal Munsch (Hrsg.)
Soziale Arbeit und Geschlecht
Herausforderungen jenseits von Universalisierung und Essentialisierung
2012 – 293 Seiten – € 29,90
ISBN 978-3-89691-234-3

Band 33
Beate Binder / Ina Kerner / Eveline Kilian / Gabriele Jähnert / Hildegard Nickel (Hrsg.)
Travelling Gender Studies
Grenzüberschreitende Wissens- und Institutionentransfers
2011 – 244 Seiten – € 27,90
ISBN 978-3-89691-233-6

Band 32
Elvira Scheich / Karen Wagels (Hrsg.)
Körper Raum Transformation
***gender*-Dimensionen von Natur und Materie**
2011 – 258 Seiten – € 27,90
ISBN 978-3-89691-232-9

Band 31
Mechthild Bereswill / Anke Neuber (Hrsg.)
In der Krise?
Männlichkeiten im 21. Jahrhundert
2011 – 194 Seiten – 24,90 €
ISBN 978-3-89691-231-2

Band 30
Sandra Smykalla / Dagmar Vinz (Hrsg.)
Intersektionalität zwischen Gender und Diversity
Theorien, Methoden und Politiken der Chancengleichheit
2011 – 317 Seiten – 29,90 €
ISBN 978-3-89691-230-5

Band 29
Regina-Maria Dackweiler / Reinhild Schäfer (Hrsg.)
Wohlfahrtsstaatlichkeit und Geschlechterverhältnisse aus feministischer Perspektive
2010 – 248 Seiten – € 27,90
ISBN 978-3-89691-229-9

Band 28
Alexandra Manske / Katharina Pühl (Hrsg.)
Prekarisierung zwischen Anomie und Normalisierung
2009 – 274 Seiten – € 27,90
ISBN 978-3-89691-228-2

Arbeit – Demokratie – Geschlecht

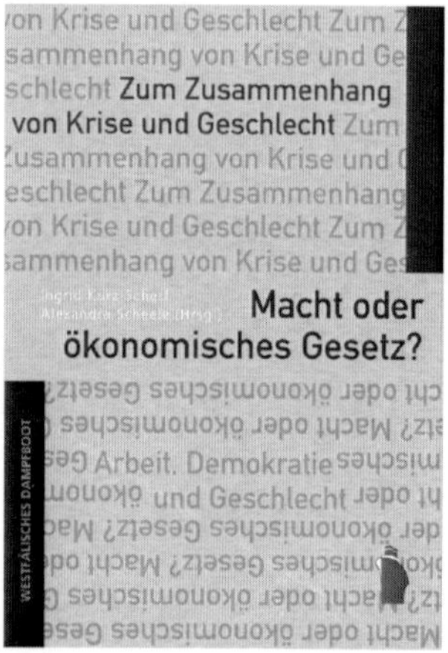

Band 16
Ingrid Kurz-Scherf / Alexandra Scheele (Hrsg.)
Macht oder ökonomisches Gesetz?
Zum Zusammenhang von Krise und Geschlecht
2012 – 313 Seiten – € 34,90
ISBN 978-3-89691-903-8

Band 15
Maria Funder / Martina Sproll
Symbolische Gewalt und Leistungsregime
Geschlechterungleichheit in der betrieblichen Arbeitspolitik
2012 – 275 Seiten – € 29,90
ISBN 978-3-89691-899-4

Band 14
Karen Jaehrling / Clarissa Rudolph (Hrsg.)
Grundsicherung und Geschlecht
Gleichstellungspolitische Befunde zu den Wirkungen von Hartz IV
2010 – 248 Seiten – € 27,90
ISBN 978-3-89691-866-6

Band 13
Lena Correll
Anrufungen zur Mutterschaft
Eine wissenssoziologische Untersuchung von Kinderlosigkeit
2010 – 330 Seiten – € 34,90
ISBN 978-3-89691-787-4

Band 12
Stefanie Janczyk
Arbeit und Leben: Eine spannungsreiche Ko-Konstitution
Zur Revision zeitgenössischer Konzepte der Arbeitsforschung
2009 – 257 Seiten – € 27,90
ISBN 978-3-89691-775-1

Band 11
Ingrid Kurz-Scherf/Julia Lepperhoff/ Alexandra Scheele (Hrsg.)
Feminismus: Kritik und Intervention
2009 – 299 Seiten – € 29,90
ISBN 978-3-89691-777-5

Band 10
Anja Lieb
Demokratie: Ein politisches und soziales Projekt?
Zum Stellenwert von Arbeit in zeitgenössischen Demokratiekonzepten
2009 – 242 Seiten – € 27,90
ISBN 978-3-89691-761-4

WESTFÄLISCHES DAMPFBOOT
E-Mail: info@dampfboot-verlag.de
http://www.dampfboot-verlag.de